主　　编　曹士兵　国家法官学院副院长

副 主 编　关　毅　国家法官学院科研部主任

　　　　　刘　畅　国家法官学院科研部副主任

主编助理　边疆戈　国家法官学院科研部编辑

　　　　　苏　烽　国家法官学院科研部编辑

编辑人员名单（按姓氏笔画为序）

边疆戈　关　毅　刘　畅　苏　烽　胡田野

曹士兵　谭　红

全国专家型法官
司法意见精粹

国家法官学院◎编

合同与借贷担保卷
Volume of Contract and Loan Guarantee Law

中国法制出版社
CHINA LEGAL PUBLISHING HOUSE

序　言

司法正义是现代文明社会的重要指标，正义是抽象的，存在于每个人的心中，而感知正义的最好途径是通过法官在每一件具体案件中的裁决。法官作为裁判者，社会期望法官具有良好的司法能力，衡量法官司法能力的途径之一就是看其适用法律、解释法律、表达法律思想的审判实践与法学理论相结合的学术作品。

国家法官学院作为最高人民法院的教育培训与应用法学研究基地，探索如何尽快提高和加强法官的司法能力一直是我们的工作重点。为加强法院系统的学术研究氛围，提高法官业务素质，最高人民法院于1989年举办了全国法院系统首届学术讨论会并进行优秀论文评选。自此，全国法院系统逐渐兴起了注重司法审判问题研究、注重法学理论与审判实践相结合的实证研究之风，涌现出越来越多的学者型法官。经过近三十年的耕耘，全国法官的业务水平在整体上已经有了显著的提高，全国法院学术讨论会的影响和规模也日渐兴盛，成为中国司法领域享誉盛赞的学术品牌。作为法院系统内每年最重要的一次学术实力的评比，各级法院都十分重视，不断规范组织程序，完善学术研究机制，每一篇论文从选题、调研，收集资料、研究分析，到最后写作、修改，都经过了逐级审核评比。在此展现给大家的成果都是经过层层筛选后脱颖而出的，其中不乏获得一、二等奖的佳作。这些论文要么在司法理论上有独到新颖的见解，要么在审判实务中具有指导意义和实践价值。

每年在全国法院系统选送的1600余篇论文中，能够获得一、二等奖并被收入论文集正式出版的，只占其中的十分之一，还有很多优秀论文，由于篇幅限制或主题相近等原因未能入选，但是同样具有相当高的理论水平和实际应用价值。

作为全国法院学术讨论会的承办单位之一，国家法官学院有责任和义务在加强法官教育培训和审判实务研究的同时，为全国的学者型法官搭建一个展示自己的平台，将他们的科研成果转化为指导法官办案的理论工具和经验参考，转化为法律教学的教材和资料，真正体现科研就是生产力的宗旨。

为促进全国法院学术讨论会论文成果的转化和应用，进一步推动全国法院司法审判理论和实证研究工作的新发展，全国法院学术讨论组织委员会办公室自2013年始决定将学术讨论会征集到的部分优秀论文不定期地分专题结集出版，丛书定名为《全国专家型法官司法意见精粹》。出版本丛书的宗旨和定位是进一步展现全国法院系统的学术研究新成果，力求从实务的角度及时向司法人员提供更多更有效的裁判思路和法律适用方法，向从事法律教学的人员提供更丰富更有益的实证材料。

展现在读者眼前的这套丛书正是国家法官学院近年来加强司法实证研究，将更多的理论研究成果应用于审判实践的一项有益尝试。本丛书已出版八个分册，分别为：《侵权赔偿卷》《婚姻家庭卷》《合同与担保卷》《公司与金融卷》《土地与房产卷》《刑事证据卷》《未成年人犯罪卷》《新型盗窃罪与量刑制度卷》。今年再继续出版《侵权赔偿卷》《婚姻家庭与继承卷》《合同与借贷担保卷》《公司与金融卷》，并新增一个分册：《行政与国家赔偿卷》。各分册所收录的内容都是法院系统最新的研究成果，及时反映年度审判实践的热点议题和司法观点。

我们坚持走中国特色社会主义法治道路，加快构建中国特色社会主义法治体系，建设社会主义法治国家，就要在具体的司法保障环节牢固树立宪法法律权威，在司法体制改革和司法审判技能上提出更高的标准和要求，让每个公民都能在具体的案件中体会到公正司法与司法公信力的真实存在。司法作为一门实践的艺术，需要更多从实践中产生并能指导实践的具有可操作性的理论工具，仅仅就理论而论理不能体现法院系统学术研究的特点和价值。可以说，本丛书辑录的论文的最大特点就是理论联系实践。相信本丛书的出版会满足广大司法研修者对法官如何办案、法学理论是如何运用到审判实践中的好奇，让更多的人了解法院和法官的工作，让司法公开、司法为民得到更具体的体现。同时，本丛书作为全国法院系统学术讨论会成果转化的重要形式，也是一次尝试，真诚希望得到广大读者的指正，我们将不懈努力，不断为大家贡献新的成果。

目　录

Contents

一、合同总则

二、合同分则

三、借贷担保

一、合同总则

"利益衡量分步论证法"在合同效力认定中的运用

【司法精要】

现代立法在兼顾"自治"与"管制"的目标下，日益呈现公法与私法的交融。公法中的强制性规定代表着国家管制，在合同效力认定制度中，强制性规定通过《中华人民共和国合同法》（以下简称《合同法》）第52条第5项的转介，成为国家对当事人意思自治的评价标准。我国素来缺乏私法传统和市民社会的生成环境，国家管制相对严苛。为了调和国家干预与私法自治之间的紧张关系，我国在《合同法》第52条第5项规定的基础上逐渐通过司法解释，将合同无效认定标准限缩于"效力性强制规定"以维护合同自由和交易安全。然而这种"限缩型合同效力认定模式"因标准模糊无法消除审判实务中的种种困惑。反思之余，笔者通过借鉴域外理论和实证分析，提出效力认定应从形式标准转向"利益衡量"的实质标准，并提出了效力认定的具体证成路径，即"利益衡量分步论证法"，从合同所处的阶段区分、正当性考量、必要性分析三个层面依次进行，并在每一层面设置具体考量因素，使效力识别路径更清晰、更具有操作性和实践价值。

"强制性规定是国家行政权力透过法律干预经济、社会秩序的表现形式，它多规定于公法中"，① 我国《合同法》第52条第5项规定了"违反法律、行政法规的

① 苏永钦：《私法自治中的经济理性》，中国人民大学出版社2004年版，第33页。

强制性规定，合同无效”，这就为强制性规定进入私法领域提供了畅通无阻的通道。于是，“公法中的强制性规范犹如躲在木马里的雄兵一样涌入特洛伊城，摇身一变成为民事规范，私法自治的空间随着国家管制强度的增减而上下调整”。[①] 意思自治是私法领域的核心理念，强制性规定在多大程度内得以介入私法领域的问题，在民商事领域往往演绎成个案的合同效力之争，我国现行法律、行政法规中大量的强制性规定，更加大了合同效力的甄别难度。如何妥善考量国家管制与意思自治的轻重，合理寻求公共利益与私人利益的平衡，对案结事了往往具有举足轻重的作用，因此，违反强制性规定的合同效力判断问题，在审判实践中具有重大研究意义。

一、案例管窥：合同效力认定相左于无效与有效之间

【案例一】 A村委会将讼争房屋转让给黄某。黄某于1997年将该房屋转让给翁某（居民）。之后，翁某一房二卖将讼争房屋分别转让给陈某和杨某（均为居民）。2000年，陈某以翁某为被告向法院提起诉讼，要求确认其与翁某的房屋买卖关系有效，法院判决未予支持，认定房屋买卖关系无效。讼争房屋一直由杨某占有、使用。2008年，杨某及其配偶将讼争房屋以45万元转让给石某（A村村民），并收取了转让款。后翁某多次因讼争房屋与石某发生纠纷，石某诉至法院要求确认其与杨某的房屋买卖关系有效，法院判决确认合同有效后，翁某不断信访并申请再审，法院再审确认合同无效。历次判决情况见表一。

表一：历次判决情况

不同时期的判决	判决结果	判决理由	适用法律
2000年的判决	无效	未取得房屋产权证书、无权处分	《中华人民共和国城市房地产管理法》
2012年原审判决	有效	买受人为本村村民且居住在讼争房屋多年、已支付对价、合同已履行、善意取得	《最高人民法院关于审理买卖合同纠纷案件适用法律问题的解释》第3条[②]
2013年再审判决	无效	不符合农村房屋转让的特殊要件，如卖方当事人不是村集体成员、转让也未经集体组织同意	《中华人民共和国土地管理法》、《中华人民共和国物权法》及国家政策精神

---

① 苏永钦：“私法自治中的国家强制”，载《中外法学》2001年第1期。

② 该条规定：当事人一方以出卖人在缔约时对标的物没有所有权或者处分权为由主张合同无效的，人民法院不予支持。

【案例二】2013年3月，被告彩印公司分九次向原告塑胶公司购买CPP薄膜。经结算，彩印公司确认欠款金额55688元。之后，下游公司因使用彩印公司生产的食品包装袋，被工商行政部门以“使用未标明生产许可证的CPP薄膜作为食品包装袋，违反《中华人民共和国工业产品生产许可证管理条例》（以下简称《条例》）第5条的规定”为由予以处罚。针对塑胶公司要求还款的诉求，彩印公司以买卖合同违反《条例》规定为由，辩称合同无效并要求退货。

一审法院以塑胶公司生产、销售未取得生产许可证的CPP薄膜，违反行政法规的强制性规定[①]为由，认定双方买卖合同无效。二审法院认为，塑胶公司生产的CPP薄膜为通用产品，而《条例》规范的是食品包装，双方买卖合同有效，改判支持塑胶公司要求归还货款的诉讼请求。

上述案例反映了合同效力认定在不同时期、不同法官、不同审级之间的分歧。为了研究合同效力的裁判情况，笔者查阅了所在地省法院从2009年至2013年发改案件和申诉复查案件的通报，发现不同审级法院意见相左的现象并不少见[②]。合同纠纷的处理是以对合同效力的妥当认定为基点的，效力认定的大相径庭严重影响了司法公信，也无法为人们提供稳定的行为预测。上述现象折射了法官在违反强制性规范的效力认定上面临的种种挑战和困境。

（一）立法变迁考验裁判理念

从《中华人民共和国民法通则》（以下简称《民法通则》）第58条的“违法即无效”到合同法及司法解释的层层限缩，合同效力认定在立法理念上可谓“峰回路转”（详见表二）。然而不同时期颁布的法律、法规仍然充斥着大量的强制性规定，法官在个案中认定合同无效似乎更有依据，而认定有效却无据可查。在纷繁复杂的强制性规定中，法官如何才能保持正确的理念和清醒的立场？

---

① 《条例》第5条规定：“任何企业未取得生产许可证不得生产列入目录的产品。任何单位和个人不得销售或者在经营活动中使用未取得生产许可证的列入目录的产品。”

② 共17份通报，涉及合同效力认定被发改或再审的案件通报8份，约占50%。

表二：立法、司法解释变迁图解

法律、司法解释	实施年限	条款序号	规定内容
《民法通则》	1984.4	第58条第5项	违反法律或社会公共利益的民事行为无效
《合同法》	1999.1	第52条第5项	违反法律、行政法规的强制性规定，合同无效
《最高人民法院关于适用〈中华人民共和国合同法〉若干问题的解释(一)》（以下简称《合同法解释（一)》）	1999.12	第4条	合同法实施以后，人民法院确认合同无效，应当以全国人大及其常委会制定的法律和国务院制定的行政法规为依据，不得以地方性法规、行政规章为依据
《最高人民法院关于适用〈中华人民共和国合同法〉若干问题的解释(二)》（以下简称《合同法解释（二)》）	2009.5	第14条	“强制性规定”是指效力性强制性规定

（二）标准模糊考验裁判智慧

我国现有立法的初衷在于为法官提供有效的裁判指引，然而，何为强制性规定？如何准确区分效力性强制性规定和管理性强制性规定？立法并未提供明晰的适用标准，正如有的学者所说“合同法解释（二）上的效力性强制性规定虽然意在限缩违法合同的无效圈，但实际上却成了一道困扰法官的难题。”①

（三）程序设计考验裁判应对

合同效力问题堪称合同类民商事审判之先决问题，合同效力悬而未决则后续裁判难以为继，根据《最高人民法院关于民事诉讼证据的若干规定》第35条的规定，当事人主张的法律关系的性质或者民事行为的效力与人民法院根据案件事实作出的认定不一致时，法官应对合同效力作出判断并向当事人释明。个案审理中，由于合同效力的认定难度，法官未予释明、释明不当的现象时有发生，这些程序问题往往成为案件被发回或改判的主要原因。是否存在较为稳妥且可操作性强的效力认定路径呢？

① 黄忠：《违法合同效力论》，法律出版社2010年版，序一部分，第1页。

（四）涉诉信访考验裁判精力

近年来，随着经济转型、社会转轨，各类矛盾凸显，法院对新类型案件合同效力认定的裁判标准往往难有共识。因土地、房屋价值飞涨而引发的合同效力之争更加频繁，重大经济利益面前当事人矛盾尖锐，而涉诉信访体制下法官面临的非难甚多，超负荷心理压力使法官不得不追求“社会效果”，信访压力在不知不觉中成为合同效力认定看不见的指挥棒。当事人意思自治与国家管制冲突如何衡平？

二、多维解读：合同效力认定模式之反思与借鉴

我国违反强制性规定的合同效力认定制度经历了从严格管制到日益尊重私法自治的过程，其所倡导的审慎认定合同无效、维护交易安全的理念在实务中也非同凡响，然而囿于概念的不确定性及理论的可责难性，该模式难以廓清审判实务中的种种迷惘，以至有学者认为“法官有点像在度量衡发明以前的市场肉贩，只能用手掂掂案件的分量，凭经验就作了要不要让该管制法规介入此一私法关系的综合判断”[①]。

（一）现有“限缩型合同效力认定模式”的缺陷分析

虽然《合同法》第52条第5项这一“转介条款”[②] 在审判实践中适用率极高，但其表述简略，既无独立的规范内涵[③]，也无构成要件，仅仅为法官处理违法行为提供指引，由法官根据强制性规范的内容去判别某一法律行为是否违反效力性规定而应归于无效。而强制性规范，则是立法者以“应当”“禁止”“必须”和“不得”等词语的运用来“引导和规范人们必须为一定行为和禁止为一定行为”。[④] 但强制性规范外延开放，且多数并未直接指明违法后果。因此，立法试图以“区分法”和“位阶论”共同构筑的“限缩型合同效力认定模式”在提供公式化指引的

---

① 苏永钦：“以公法规范控制私法契约——两岸转介条款的介绍和操作建议”，载《人大法律评论》2010年卷，第9页。

② 苏永钦：“以公法规范控制私法契约——两岸转介条款的介绍和操作建议”，载《人大法律评论》2010年卷，第3页。

③ 黄忠：《违法合同效力论》，法律出版社2010年版，序一部分，第10～11页。

④ 许翠霞：“违反强制性规定的合同效力研究”，中国政法大学博士学位论文（2007年）。

同时也带来了新的困惑，表现在：

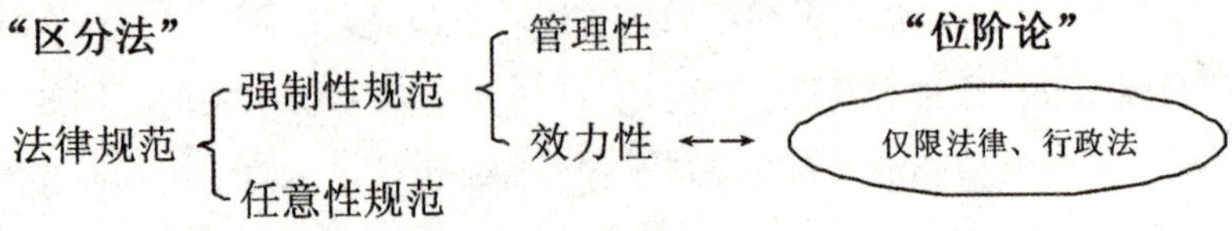

1. "区分法"与学理通说相异。通说一般将强行性规范作为上位概念，涵摄强制性规范和禁止性规范，对禁止性规范再根据否定性评价的不同，区分为效力规范与取缔规范①。而现有立法将法律规范分为强制性规范和任意性规范，既缩小了法律规范的外延，也导致划分结果的不全面②。且从强制性规范中细分出的"效力性强制性规定"并非耳熟能详的明确法律概念③，以其作为违法合同效力判断标准，必定留给当事人概念纠缠和法官自由裁量的不小空间。④

2. 效力性或管理性规定在立法上并非泾渭分明，在实务中更是无法预先识别，法官只能待判断结束后，才能反过来确定规范的性质。且在现行合同法体系内，违反管理性规定也可能导致合同无效。但"区分法"在一定程度上却可能"诱生法官思维中的反对解释即违反取缔性规范的合同有效或取缔性规范不应作为合同效力的判断依据"。⑤ 最高人民法院也发现了该技术缺陷，因此，在2009年下发的《关于当前形势下审理民商事合同纠纷案件若干问题的指导意见》第15条中指出，"注意区分效力性强制规定和管理性强制规定。违反效力性强制规定的，人民法院应当认定合同无效；违反管理性强制规定的，人民法院应当根据具体情形认定其效力"。

3.《合同法解释（一）》第4条明确规定只有全国人大及其常委会制定的法律

---

① 史尚宽：《民法总论》，中国政法大学出版社2000年版，第330页；王利明：《民法总则总论》，中国人民大学出版社2003年版，第531页。学理上多将管理性规定表述为取缔规范。

② 有学者认为，以规范的效力为标准，民法规范应当分为五种类型：任意性规范、授权一方当事人的规范、授权特定第三人的规范、半强制性规范和强制性规范，以恢复民法规范多元的本来面目。参见钟瑞栋："民法中的强制性规范"，厦门大学博士学位论文（2007年）。

③ 钟瑞栋："民法中的强制性规范"，厦门大学博士学位论文（2007年）。

④ 杨日洪："省思与开新：违法合同效力判别路径之考——裁判方法补给的视角"，载《法治研究》2012年第3期。

⑤ 杨日洪："省思与开新：违法合同效力判别路径之考——裁判方法补给的视角"，载《法治研究》2012年第3期。

或国务院制定的行政法规才能作为判定合同无效的依据，亦即提高了法院据以认定合同效力的法律规范的位阶。[①] 据此，国家政策、部门规章及地方性法规等将不得作为合同无效的判定依据，这种做法初衷不错却非一劳永逸，事实上将可能使地方性法规和部门规章等成为一纸空文。而司法实践中部分案件“采纳”部门规章及地方性法规的做法[②]虽然衡平了该规定的偏颇，却可能招致当事人对裁判违反司法解释规定的质疑。

诚如边沁所说“要理解法律，特别要理解法律的缺陷”，缘于立法的技术难题，“限缩型效力认定模式”无法为审判实践提供明晰的判断标准，因此，简单地套用“区分法”或“位阶论”将可能使我们深陷“以问答问”的公式困境，而单纯权威式地宣称某一规范为管理性或效力性规范则因语焉不详，说理贫乏，无法令人信服。

（二）从形式标准转向实质标准的域外借鉴

我国合同效力立法在一定程度上借鉴了德、日等大陆法系国家的规定，但《德国民法典》第134条的规定[③]所确立的“原则无效而例外有效”规则在实务中也曾倍受质疑。在经历了漫长的理论探索，利益衡量论在德国应运而生，[④] 继而，美国社会学法学利益衡量论、日本民法的利益衡量论逐渐兴起，这些理论均为上述各国在调和国家干预与私法自治之间的紧张关系，妥善认定合同效力方面，开启了全新的法律方法，值得我国借鉴。

---

① 许翠霞：“违反强制性规定的合同效力研究”，中国政法大学博士学位论文（2007年）。

② 如最高人民法院在审理“银河证券有限责任公司海口龙华路证券营业部与湖北武汉证券有限公司硚口营业部返还不当得利纠纷上诉案”时，即以讼争的三份有价证券回购交易成交合同违反了中国人民银行发布的《信贷资金管理暂行办法》关于证券交易必须有足额的实物券的规定为依据，认定该合同无效。

③ 该条规定：除基于法律发生其他效果外，违反法律禁止规定的法律行为无效。《德国民法典》，陈卫佐译，法律出版社2006年版。

④ 利益衡量论主张利益是法律之源、强调法官要分析法律规范所面临的利益冲突、探究立法者所欲促成或协调的利益来实现利益平衡与调整利益冲突。“它上承耶林的目的法学，中接庞德的社会工程（社会利益）法学和日本的利益衡量理论，下启以价值取向为思考中心的评价法学。它以概念主义和机械法学的对立面出场，推动并完成了法学方法论上的‘概念/机械法学—利益法学—评价法学这一哥白尼式的转变。”参见陈林林：“方法论上之盲目飞行——利益法学方法之评析”，载《浙江社会科学》2004年第5期。

1. 德国：赫克“利益衡量论”和“最小工具原则”

利益衡量论是赫克所创，该理论“一方面承认成文法存在漏洞，须由法官充任立法者的助手，补充法律漏洞；另一方面又认为……应就现存实证法详加研究，以把握立法者所重视的利益，加以衡量判断，因此称为利益法学。”① 而德国实务界在审查强制性规范的意旨时，发展出的“最小工具原则”，强调分析合同所体现的法益、自由价值与强制性规范所保护的法益之间的比例关系，如果违反强制性规定将导致规范意旨无法实现时，一般认定合同无效；如果强制性规定的违反仍可以实现规范意旨，就不能直接认定合同无效。

2. 美国：庞德“利益衡量论”和公共政策考量

庞德在其社会法学思想中，将利益分为个人利益、公共利益和社会利益，并强调社会利益的重要性；主张在利益衡量的基础上，以最小的成本消耗获得最大的社会利益。在该理论影响下，美国《第二次合同法重述》倡导在个案中进行具体利益衡量并规定在合同不具有强制执行力时的缓和技术，尽量使合同具有强制执行力，以最大限度地平衡私人自治与国家强制。实务界则以公共政策为考量，认为强制性规定事实上都体现和贯彻了一定的公共政策，因此，只有合同违反公共政策才能成为法院拒绝强制执行合同的真正理由。

3. 日本：“综合判断论”和“基本权保护义务论”

日本的利益衡量论学说丰富，综合判断论的代表人物末弘严太郎教授强调，法院应当衡量无效判定后给当事人的利益所带来的影响和所实现的公益价值，“过分强调保护公共利益而在当事人间产生严重的不公，不是私法法院应有的态度。”② 山本教授的“基本权保护义务论”则通过分析宪法和私法之间的内涵关系重新解构取缔法规③，指出国家制定取缔法规的目的即是需要法院在司法活动中遵循比例原则、适用公序良俗等原则性条款，规制当事人的意思表示及行为，以实现法律作为保障公民基本权益的内在旨趣。

在法律方法上，各国逐渐放弃对形式标准的寻求而转为对实质标准的把握，这种转变得益于西方社会深厚的私法传统和法学理论研究，在私法优位主义和利益衡

---

① 梁慧星：“20世纪民法学思潮回顾”，载《中国社会科学院研究生院学报》1995年第1期。

② 解亘：“论违反强制性规定契约之效力”，载《中外法学》2003年第1期。

③ 周效宇；“论违反强制性规定合同之效力”，吉林大学博士学位论文（2013年）。

量论的引导下，解决问题的重心转为对法官的概括授权，由“法官在具体个案当中综合各项因素，权衡相关法益，能动地进行价值补充，由司法来形成一套法律行为控制标准，并在此基础上确立更富有弹性的合同无效制度体系，以促成公法和私法体系的动态平衡”。①

三、高端视线：最高人民法院在合同效力认定上之立场分析

博采众长仍须与本土经验相融合，虽然我国是成文法国家，但是典型案例尤其是最高人民法院公报案例和再审案例在司法理念更迭中的引领作用功不可没，以下笔者选取几个最高人民法院公报案例和再审案例，② 对《合同法》颁布以来，在司法理念上变化较大，分歧较多的几个领域进行梳理和分析。

（一）划拨土地使用权的出租、出让问题

在划拨土地使用权的出让问题上，《城市房地产管理法》第 40 条③的规定被司法解释④诠释为效力性强制性规定。基层审判实务也据此判决未办理批准手续的划拨土地使用权转让合同甚至租赁合同无效。但从对公报案例“于存库诉董成斌、董成珍房屋买卖纠纷”⑤、“最高人民法院对不锈钢厂、北海道公司申请再审案”（详见表三）的分析可见，最高人民法院并没有简单认定合同无效，其裁判要旨归纳起来包括：《城市房地产管理法》并未规定划拨土地使用权为禁止或限制流通物，相反立法明确规定划拨土地使用权可在补缴土地出让金后流转或先流转后补缴，是否批准并不必然导致合同无效，不办理过户登记，只是物权不能发生变动。

---

① 许翠霞：《违反强制性规定的合同效力研究》，中国政法大学 2007 年博士学位论文。

② 本部分所选再审案例均来自沈德咏主编：《最高人民法院民事申请再审案件裁判标准》，人民法院出版社 2013 年版。

③ 该条规定：以划拨方式取得土地使用权的，转让房地产时，应当按照国务院规定，报有批准权的人民政府审批。

④ 2005 年《最高人民法院关于审理涉及国有土地使用权合同纠纷案件适用法律问题的解释》第 11 条规定：土地使用权人未经有批准权的人民政府批准，与受让方订立合同转让划拨土地使用权的，应当认定合同无效。但起诉前经有批准权的人民政府批准办理土地使用权出让手续的，应当认定合同有效。

⑤ 公报案例裁判要旨认为，虽然于存库对该土地只有划拨土地使用权，但不影响他在补办土地出让手续后出售私有房屋。于存库以签订协议时尚未取得土地使用权以及该宗土地是划拨取得不能转让为由，主张房屋协议无效，其理由不能成立，原、被告签订的协议有效。

表三

再审申请人	案由	当事人再审申请理由	最高人民法院再审审查裁判要旨
北海道公司	租赁合同纠纷	租赁物大部分为划拨土地，违反了《城镇国有土地使用权出让和转让暂行条例》第45条，租赁合同无效。	合同是双方当事人真实的意思表示，并未违反法律、行政法规的强制性规定，应为合法有效，根据《城市房地产管理法》的相关规定，并结合合同法的立法精神，最大程度上实现当事人意思自治、积极促成合同的有效、严格认定法律、法规的强制性规定等方面的因素，应认定租赁合同有效。
不锈钢厂	房地产转让合同纠纷	转让房地产涉及的土地使用权以划拨方式取得，未报审批不应认定合同有效。且未经职工代表大会同意，协议无效	《城市房地产管理法》规定的审批并非是对房地产转让合同的审批，只有在双方签订房地产转让合同后，履行合同时才会发生报批问题，如果房地产管理部门不予批准，不办理过户登记，物权不能发生变动，但是否批准并不必然导致合同无效。同时，不锈钢厂是集体所有制企业法人，具有对外订立合同的民事权利能力和行为能力，其订立合同是否经职工代表大会同意系企业内部管理问题，不影响对外订立合同的效力。

（二）农村宅基地及其房屋的流转问题

从我国《土地管理法》第62条①及《物权法》第153条②的规定上看，法律似乎未禁止农村宅基地及房屋的流转，但从《物权法》第184条“宅基地不得抵押”的规定上看，又有限制流通之义，立法的矛盾导致实务处理的分歧，“有效说”认为既然法无明文限制，转让合同应属有效。“无效说”认为根据法律及国务院有关通知③的精神，农民的住宅不得向城市居民出售，因此，宅基地及其上的房屋只有

① 该条规定，“农村村民出卖、出租住房，再申请宅基地的，不予批准。”

② 该条规定，“宅基地使用权的取得、行使和转让，适用土地管理法等法律和国家有关规定。”

③《国务院办公厅关于加强土地转让管理严禁炒卖土地的通知》规定，“农民的住宅不得向城市居民出售，也不得批准城市居民占用农民集体土地建住宅，有关部门不得为违法建造和购买的住宅发放土地使用证和房产证。”

在符合一定条件下才能在本经济组织内部流转。从崔显元房屋买卖合同纠纷一案（详见表四）的裁判要旨看，最高人民法院也坚持城市居民购买农村私有房屋无效的立场。

（三）资质缺陷对合同效力的影响

我国现行法律、法规对资质的规定遍及建筑、咨询、规划、评估、服务等诸多行业，立法对未取得资质或超越资质的法律行为的效力认定主要有两种情况："无效论"，如《最高人民法院关于审理建设工程施工合同纠纷案件适用法律问题的解释》规定承包人未取得建筑施工企业资质、超越资质或实际施工人没有资质的，合同无效；"补正后合同有效论"，则认为若能在一审诉讼期间庭审辩论终结之前依法取得相关资质的，合同有效。实务中，大量涉及资质缺陷的合同多被认定为无效，除非该资质缺陷已在法定期限内得到治愈。但从印太华作为再审申请人的借款合同纠纷一案（详见表四）的裁判要旨看，最高人民法院并不简单认定无效，而是从合同目的解释和维护诚信原则的角度肯定了讼争合同的效力。

表四

申请人	案由	当事人的诉请理由	最高人民法院再审裁判要旨
崔显元	房屋买卖合同纠纷	《土地管理法》并未禁止农村居民出租、出卖房屋，仅规定出租、出卖的法律后果为不再批准宅基地，因此其购买农村宅基地上的房屋应当有效。	作为城镇居民的崔显元购买村集体划拨的地上建筑物，没有报经有关部门批准，也没有参照国家建设征用土地标准支付补偿费和安置补助费，实质上是无偿使用农村集体土地，侵害了集体利益，违反了土地管理法及国家政策，应为无效
印太华	借款合同纠纷	其与诚信公司订立的《质押借款合同》实质为期货经纪合同性质，诚信公司不具有期货经纪业务资格，合同无效。	根据合同目的解释原则，合同以一种法律关系解释为无效，以另一种法律关系解释为有效时，从鼓励交易角度出发应尽可能将其解释为有效。本案借款关系已依照合同约定实际发生，印太华也实际使用了该款，现在在合同已终止的情况下再行否定借款关系的效力，有违诚信原则。

通过域外借鉴继而对上述最高人民法院裁判案例的分类梳理和要旨分析，我们在合同效力认定上可以得到如下启示：

1. 国家管制的适度理念。合同之所以在当事人之间产生拘束力，是因为其真实表达了当事人的内在意思，强制性规定虽代表国家意志，但“善意管制”有时反而阻却了本应发生的正当交易或不恰当地助长了背信弃义行为，这种“温情主义立法的代价有时是难以估计的”。[①] 因此，最高人民法院不遗余力地通过公报案例和再审案例对效力立场进行纠偏，正是为了契合经济发展的内在动因。最高人民法院的相关指导意见也强调：“如果强制性规定规制的是当事人的‘市场准入’资格而非某种类型的合同行为，或者规制的是某种合同的履行行为而非某类合同行为，人民法院对于此类合同效力的认定，应当慎重把握，必要时应当征求相关立法部门的意见或者请示上级人民法院。”。[②]

2. 不确定性概念可以通过利益衡量方法进行价值补充。如前所述，效力性强制性规范并非明确的法律概念，而纷繁复杂的法益往往呈现“乱花渐欲迷人眼”的情境，令人难以取舍，利益衡量就是为了在法律框架内实现对利益的最佳配置。在前述崔显元、印太华再审案例中，最高人民法院通过引入公共利益、诚实守信、公序良俗等基本原则进行利益衡量以探求立法意旨，达到个案中意思自治和国家管制的平衡。

3. 正当性之证成原则。国家管制延伸至民事领域，是对私人自治的干预，这种国家权力的行使应当遵循公权力有限行使的比例原则，并经过正当性之证成。具体应从必要性、适合性、均衡性三方面，论证在当前的法秩序下限制合同自由的正当性。这种利益权衡的论证原则在前述个案裁判要旨中的贯彻，表明了最高人民法院法官在合同效力认定上的审慎态度。

四、路径设计：“利益衡量分步论证法”在效力认定上的运用

违反效力性强制性规定的审查难题在于“并不存在一个确定所有法益以及价值位阶层次的图表，以供我们按图索骥地进行简单的法律适用”[③]，囿于立法技术，

---

① ［德］海因·克茨：《欧洲合同法（上卷）》，周忠海、李居迁、宫立云译，法律出版社2001年版。转引自朱庆育：《意思表示解释理论——精神科学视域中的私法推理理论》，中国政法大学出版社2004版，第162页。

② 参见《最高人民法院关于当前形势下审理民商事合同纠纷案件若干问题的指导意见》（法发〔2009〕40号）。

③ 许翠霞：“违反强制性规定的合同效力研究”，中国政法大学博士学位论文（2007年）。

我国“限缩型合同效力认定模式”只能为司法实务提供方向性指引，而具体路径依然隐于迷雾中。通过域外考查和实证分析，我们发现利益衡量是弥补立法不确定性的最佳方法，“在利益衡量中，要克服恣意，保证案件的妥当性，必须遵循利益的层次结构和规律。”① 本文在前述分析论证的基础上提出“利益衡量分步论证法”，意在将抽象的价值判断问题转化为可操作性的识别路径。

（一）第一步：讼争合同所处阶段之区分

区分合同所处的具体阶段：成立—生效—履行。合同成立是合同生效的前提，合同未生效是指法律行为欠缺特别生效要件，并可由当事人、第三人或国家予以补正。而无效则是指某一法律行为“因其反社会性而不能见容于法律秩序”也不可进行事后补正。实践中，当事人往往将合同不成立、不生效混同于合同无效，加上纷繁复杂的案情，法官处理此类纠纷时常常忽视对合同所处阶段的区分。在公报案例唐兰与程永莉房屋买卖合同纠纷一案中，一审、二审以及重庆高院再审，均以合同有效与无效为争议焦点，重庆高院再审判决认定合同有效并据此驳回唐兰的诉讼请求。最高人民法院经再审发现，涉案合同不涉及效力问题，而是成立与否的问题，裁判要旨写到，“在双方当事人就合同关系是否成立存在争议的情况下，根据法律规定，应由主张合同关系成立的一方当事人承担举证责任，在‘唐兰’签名被证实并非唐兰本人所签的情况下，程永莉不能证明‘唐兰’字样的私章为唐兰本人所有并加盖时，应当承担举证不能的诉讼后果……多方面证据均证明唐兰并未签订《房地产买卖合同》，唐兰与程永莉之间就涉案房屋并未成立房屋买卖合同关系，据此，判决程永莉向唐兰返还房屋。”因此，在个案中，注意区分讼争合同所处的阶段往往是效力认定不可忽视的环节。

（二）第二步：当事人诉请无效理由之正当性考量

“任何人于解释法律时，须想到的基本问题是：为何设此规定，立法目的何在？立法趣旨之探求，是阐释法律疑义之钥匙。”② 因此，对已生效的合同，首先要从当事人诉请无效的理由及引用的法条来初步确定案涉的强制性规定并仔细探寻所引

---

① 梁上上：“利益的层次结构与利益衡量的展开——兼评加藤一朗的利益衡量论”，载《法学研究》2002 年第 1 期。

② 梁慧星：《民法解释学》，中国政法大学出版社 1995 年版，第 227 页。

致的强制性规定的立法意旨。以案例一为例，如前所述，我国立法及司法解释迄今尚无非集体成员购买农村私房买卖应认定无效的规定，但探求《土地管理法》及相关司法解释的立法旨趣，可以得出如下立法精神：宅基地使用权是集体经济组织成员享有的权利，与特定的身份相联，发生在非集体成员间的转让行为往往导致宅基地使用权的非法流转；而宅基地使用权的流转必然带来宅基地需求的加大，造成住宅用地向耕地延伸，这显然不符合《土地管理法》等规定关于保护耕地的立法意图。在该案的历次判决中，2000 年、2012 年两次判决分别适用《城市房地产管理法》和买卖合同纠纷案件司法解释明显与国家对宅基地及其上房屋的管制意图不符，只有再审判决在效力认定上最契合《土地管理法》保护公共利益的目的和贯彻基本国策的精神，因而是正确的。在合同效力认定的正当性考量中应注意：

1. 如果依合同目的解释原则，合同以一种法律关系解释为无效，以另一种法律关系解释为有效时，从保护交易安全的角度出发，应尽可能将其解释为有效。最高人民法院关于印太华为再审申请人的借款合同纠纷案即是范例。

2. 在考查立法旨意与法律行为的关系时，有必要辅以公序良俗、重大公共利益维护等基本原则作为适用强制性规范的正当性之补强。尽管法律、行政法规所保护的法益千差万别，但万变不离其宗，公序良俗原则、重大公共利益维护、诚实信用等基本原则始终是强制性规范追求的精神实质，其在效力认定上的运用既契合保障经济秩序良性运行的立法目标，也是弥补我国“限缩型合同效力认定模式”不足的现实之需，因此，有助于实现法律正义原则的弹性适用。

3. 关注法律行为的违法性，还应考查合同法律行为是否违背宪法、刑法等公法的基本规定。当强制性规范所欲保护的是宪法层面的人身和人格权利（如生命健康利益、人格自由和人格尊严）、基本政治权利和民事权利（如选举权和被选举权，婚姻自由权、劳动权、休息权等）时，因为这些权利在位阶上明显高于契约自由的利益，因此，侵害这些权利的合同原则上应认定无效。当违法行为可能涉嫌犯罪（如器官买卖、雇凶杀人、拐卖妇女儿童、卖淫嫖娼、贿赂、强迫劳动）时，则表明该行为具有严重的社会危害性，为避免法律体系的矛盾并顾及普通民众的法律情感，应认定合同无效。

（三）第三步：似是而非的效力认定问题之必要性分析

当强制性规定未明确说明实施某种行为将导致合同无效，在个案的效力认定上似是而非时，必要性分析有助于拨开迷雾，探寻在现有法秩序之下，强制性规定所欲保护的利益是否明显优先于当事人的合同自由和交易安全。考量的因素包括：

违法行为的受害者是否特定？受害者为不特定当事人，则意味着合同违反的是社会公共利益，可能导致合同无效。若仅对特定当事人利益造成侵害，就应赋予受害人选择权，认定该法律行为为可变更可撤销行为。

国家管制的对象是什么？是否涉及交易安全保护问题，如果法律仅禁止一方为某种行为，在确定合同效力时，需要优先考虑交易相对人的保护问题，做好合同效力弹性评价的个案平衡，以彰显司法对交易安全和诚信原则的维护。

是否符合契约管制的成本效益？经济分析法学认为，法律对社会产生有益影响的核心思想是“效益”，司法过程应尽量减少社会成本，裁量结果应以社会资源的优化配置和社会财富的最大化为追求目标。因此，要关注合同是否已经履行以及通过履行，合同瑕疵能否被修复？对非严重性瑕疵，则要看立法是否已经设定了相应的行政处罚，如果立法已设置了遏制违法行为的行政处罚，则在合同已履行的情况下，应慎重考虑履行的要素，在一定情况下承认合同有效，否则会极大地浪费社会成本。

回到案例二，一审以双方买卖的标的CPP薄膜未取得生产许可证，违反了《条例》第5条①的强制性规定为由认定合同无效。该裁判结论是否成立？笔者运用前述方法分析如下：1. 正当性考量。CPP薄膜用途广泛②，食品包装只是用途之一。从立法规定上看，《条例》并未直接将CPP薄膜列入生产许可的管制范围或产品目录中；而“食品包装”虽未在《条例》中直接列举，但我国《食品安全法》已将其列入许可管制范围，因此，从立法旨意看，国家管制的真正对象是用于“食品包装”的材料。2. 必要性分析。本案是双方违法还是单方违法？上诉人是CPP薄膜通用产品的生产厂家，而被上诉人是食品包装生产厂家，因此，“食品包装”材料的直接责任人是被上诉人，其未严格按照《食品安全法》的强制要求，购买非食品包装级别的CPP薄膜用于印刷食品包装袋才是其下游企业被工商处罚的真正原

---

① 该条规定：任何企业未取得生产许可证不得生产列入目录的产品。任何单位和个人不得销售或者在经营活动中使用未取得生产许可证的列入目录的产品。

② 如服装、针织品和花卉包装袋，文件和相册薄膜、食品包装等。见百度搜索，最后访问日期：2016年9月20日。

因。但其单方违法行为并不表明讼争的买卖合同必然无效。本案双方当事人并未订立书面合同，被上诉人也未能举证证明双方约定的 CPP 薄膜为食品包装等级①，在合同履行完毕并结算后，被上诉人才以合同无效为由拒付货款，有违诚信原则。综上所述，一审法院认定合同无效是未分清国家管制的真正对象，也与食品安全法的立法旨意不符。二审认定合同有效既否定背信弃义行为，维护了交易安全，也能督促食品包装企业从源头采购上真正负起质量把关的责任，实现国家管制的真正目的。

通过对案例一、二的分析和演绎，可以看出“利益衡量分步论证法”的运用可以使合同效力认定在说理上更加周延和审慎。

（郭兰君　福建省漳州市中级人民法院）

“众筹平台”的合同法权利义务架构

——基于居间合同的类推适用

【司法精要】

“众筹”作为互联网金融的新生领域，让社交网络与“多数人资助少数人”的千古募资方式交叉相遇，通过网络平台的协议机制使素不相识的人与人之间融款筹资变为现实。文章通过对比分析揭示国内众筹平台与国外的差距及发展所遇障碍；进而确定其在合同法上的运维障碍及面临的合同形式、效力瑕疵、情势变更及违约诉讼风险；在面对风险且无法律明确规定的窘境下，借助类推规则从平等对待可能性、立法旨意延续性和特征要件重合性上与“居间人”这一民事主体最大限度契合。借助类推适用的工具价值详略有序搭建权利义务框架，权利包括项目管理权、报酬请求权、相关费用请求权及约定的其他权利；义务包括如实发布义务、勤勉义务、保密义务及第三方资金托管义务等，同时设计违反义务的责任承担及责任例外。

① 严格上讲，即使被上诉人与上诉人约定 CPP 薄膜为食品包装等级，也不影响合同效力。此时，上诉人应承担的是违约责任。

众筹，英文“crowdfunding”，即大众筹集资金之意，是互联网金融新生领域。个人或小微企业通过互联网向大众筹集资金以实现自己的梦想。众筹项目的实现，需要筹资方、众筹平台和投资方三个角色的配合。筹资方即项目发起方，通过众筹平台发布创意、介绍产品和服务，设定筹资期限、标准、目标及回报方式；众筹平台负责审核、维护、管理和展示筹资方发布的项目，提供互联网支持和保障服务；投资方选择感兴趣的项目依约投资，等待预期回报。

2006年，美国互联网杂志《连线》率先提出“众筹”概念。2009年，美国kickstarter众筹平台诞生，为更多的创造力个体带来希望，进而使众筹扩及至捐赠类、服务类及商品类等多个项目。2011年，众筹模式来到中国，在摸索中前行，虽有长足发展，但差距明显。将kickstarter与国内影响力较大的“众筹网”对比可见一斑。

“Kickstarter”与“众筹网”业务比较

	Kickstarter	众筹网
成立时间	2009年4月	2013年2月
支付平台	亚马逊	银行卡及支付宝
金额限制	下限$ 1000，无上限	下限￥1000，无上限
佣金比例	3% ~5%	免佣金，收增值费用
项目总额	$ 121, 280, 110, 4	￥302, 438, 21
项目总数	159, 033（已完成654, 43）	1897（已完成543）
支付方式	成功后一次支付	分三阶段支付款项
支持人数	657, 306, 7	930, 47

从上表[①]可见，与国外众筹领头羊“kickstarter”相比，我国众筹还存在较大差距。除此之外，国内众筹平台境遇尴尬，其批准设立、经营范围许可、资金融通资质批准、风险防控、法律地位、权利享有及义务承担等诸多方面仍无法律明确规

① kickstarter数据来源网址：http：//www. kickstarter. com/press？ref = footer，最后访问日期：2014年7月13日；众筹网数据来源网址：http：//www. zhongchou. cn，最后访问日期：2014年7月14日。

定，且外部监管几乎空白。而新事物的发展必然带来法律保障成本，不难预料，目前问题重重的模式探索势必在不久的将来衍生出大量诉讼，且契约自由与适度监管的博弈显而易见。

一、众筹平台合同法律风险厘定

众筹在国内处于起步阶段，缺乏专门法律法规加以规范，而若能精确众筹平台运营商在合同法上最相类似的地位边界，概括其合同法律权利义务基本模型，应对其存在的合同法风险进行厘定。

（一）合同形式风险

“电子合同的书面形式地位虽已在我国法律中明确规定，但是真正实现其书面形式的作用尚待时日。”① 在“众筹网”，筹资方与平台运营商、投资方之间并无固定格式的电子合同，仅存在电子交换数据存储，内容仅涉及项目信息，这仅是存储在计算机磁性介质上的一组数据信息。具有易更改、易消失、易出错和难举证等特征。与此同时，“众筹网”上用户名为网络注册名称或昵称，无法即时实名认证，且在各方协议中均无当事人签名、盖章或捺印要求，缺少合同生效的严肃性和合理信赖，在产生纠纷时难以确定主体资格。

（二）效力瑕疵风险

众筹模式在形式上很难与《最高人民法院关于审理非法集资刑事案件具体应用法律若干问题的解释》中界定的非法集资彻底分开。尽管目前我国众筹平台多是承诺具体商品或服务回报而非资金、利息回报，且并不进行众筹股权、债券，但仍游离于违法边缘，且众筹平台未取得中国人民银行许可的从事支付业务资格，这些均是合同无效的潜在风险。同时，筹资方与投资方身份不明确以及互联网的虚拟性和诚信监管缺失，极易使合同因主体不适格及无处分权等原因处于效力待定状态，因欺诈、重大误解、显失公平等原因处于可撤销状态。“众筹网”对项目发起人资格有5条规定，其中“凡使用您的用户名和密码登陆众筹网进行的一切操作，均视为

---

① 卓小苏：“电子合同形式论”，载《法商研究》2002年第2期。

您本人的行为，一切责任由您本人承担”① 一条便有格式条款之嫌，存在效力瑕疵风险。

（三）情势变更风险

情势变更原则是为应对变化了的客观事实，调整乃至解除合同，以合乎诚实信用理念，维护公平正义。② 众筹平台极有可能因政策、法律的规制变化而使其中诸多合同丧失履行基础；同时，筹资方提供的项目颇具创新性，也易产生情势变更事由。例如，“众筹网”上一个名为“雪山乌托邦”③ 的项目如此协商：2014 年 4 月，与某政府机构、村民沟通修建雪山木屋，并办理相关许可证—2014 年 6 月 20 日，雪山木屋开始动工—2014 年 7 月 10 日，组织“雪山看房团”。其中筹资金额分档从 500 元到 50000 元不等，根据投资金额的不同回报不同的商品和服务。而此项目便极易因政府政策变化而出现情势变更事由。一旦出现，众筹平台便可能因责任约定不明确等原因处于权利受损境地。

（四）违约诉讼风险

众筹平台的参与群体极为广泛，如产生诉讼，波及范围广，很可能形成筹资方和投资方人数众多的集团诉讼。而此时众筹平台作为原、被告或有独立请求权的第三人，诉讼权利保障可能会受到“社会效果”挤压。同时，众筹平台会因项目维护、管理和审查瑕疵、宣传瑕疵、未尽到保密义务、非法集资、挪用资金、违反法律法规强制性规定、投资方或项目方违约、欠缺支付资质等多种原因成为违约诉讼中的当事人。例如“众筹网”项目发布者自主介绍项目信息，平台仅就其违法性及可行性进行概括审查，难免被诟病虚假宣传，因此产生纠纷，平台首当其冲。诉累对于新生的众筹平台，无疑是阻碍其发展的最大障碍。

---

① 内容来源网址：http：//www. zhongchou. cn/help - term，最后访问日期：2014 年 7 月 17 日。

② 韩强：“情势变更原则的类型化研究”，载《法学研究》2010 年第 4 期。

③ 数据来源网址：http：//www. zhongchou. cn/deal - show/id - 6222.，最后访问日期：2014 年 6 月 10 日。

二、众筹平台合同法律地位类推

现代法学理论普遍认为，凡制定法皆可能存在法律漏洞。[①] 而类推适用是在法律对系争事件或个案存在法律漏洞时的一种漏洞补充方法。[②] 在目前存在法律规定漏洞时，需进行有效类推适用。

（一）类推性质——制定法内的法律续造

众筹平台链接筹资方和投资方，既可依附于前后两端进行自由意思表示，又具备相对独立的法律地位。在电子合同中往往处于第三人角色，但此时有其固有的明确权责及诉讼中自由的主张表达。对众筹平台在合同法上类推适用的对象应为最相类似的法律规定，这是一种“在制定法内的漏洞补充方法或制定法内的法律续造”。[③]

1. 续造的合同法依据

《中华人民共和国合同法》（以下简称《合同法》）在124条中规定“本法分则或其他法律没有明文规定的合同，适用本法总则的规定，并可以参照本法分则或者其他法律最相类似的规定。”众筹平台、投资方与筹资方之间达成三方协议，尽管合同形式灵活多样，但已具备合同成立和生效要件，此时《合同法》又缺少对此类合同的规定，于是便能依据《合同法》第124条基于众筹合同与分则合同的最相类似性进行判定以类推适用。

2. 续造的类推对象

制定法内的法律续造应以最相类似的法律规定作为基础对象。但法律规定并非简单的法条陈列，因为单独的法条尽管可以作为裁判依据，但却难以孤立地完成规范任务。“各个法条实际上是在一个导领性的价值观点下被组合成一个规定后，才可能对系争生活类型产生规范功能。”[④] 因此，对众筹平台在合同法上进行类推适用时援引的只能为类似法律规定而非简单法条。

3. 续造的价值归附

众筹合同的法律续造必须注意把握合同关系的本质属性及基本要件，同时应遵

---

① 梁慧星：《民法解释学》，法律出版社1995年版，第247页。

② 屈茂辉：“类推适用的司法价值与司法运用”，载《法学研究》2005年第1期。

③ 屈茂辉：“类推适用的司法价值与司法运用”，载《法学研究》2005年第1期。

④ 黄茂荣：《法学方法与现代民法》，中国政法大学出版社2007年版，第106页。

循各方当事人订立合同时追寻的最终经济、社会目的。让各方在具体司法实践中体会到平等、正义的民法精神。对既有的法律规则进行类推适用，是基于相似性判定，对相同案件相同处理，其目的就是要通过同样对待属于相同政策原则范围内的案件来帮助实现这一正义原则。①

（二）类推结论——居间人

根据类推适用规则，可得结论：众筹平台向筹资方和投资方提供订立合同的媒介服务并及时公布订立合同的机会，投资方和筹资方支付相应报酬。这与居间合同的规定最相类似。

1. 类推结论的由来

类似性的判定是一个多层次、不同因素交织互起作用的作业。而判定类似性的因素又往往不是在一个层面上的标准，而是一个效力上有层次的标准。② 根据以下三个层次得出本结论：

（1）平等对待可能性

最相类似不能突破平等性的价值范畴。若两种情况在处理时未被平等对待，首先应认定为情况不相类似。众筹法律关系中的平台运营商与居间法律关系中的居间人，在司法实践对待时存在平等的可能性。可将众筹平台或居间人称为中间方，之外的两方称为主体方，主体方之间的民事诉讼可以追加中间方作为第三人。中间方向主体方请求佣金的权利、因中间方过错导致主体方权利受损时的责任承担、中间方不直接介入主体方之间的合同成约等情形均属于平等处置的表现和理由。当然，任何一群人都在某些方面相似而在其他方面相异，所以“同样情况同样对待”必须保留一个空格。并且我们必须知道，就现有目的来说，何时有关情况应被视为是同类的，何种差异是有意义的。③

（2）立法旨意延续性

之所以将类推适用称为法律续造，原因是充分考量拟类推适用法律规定的立法

① ［美］博登海默：《法理学——法理哲学与法律方法》，邓正来译，中国政法大学出版社 1999 年版，第 495 页。

② 屈茂辉：“类推适用的司法价值与司法运用”，载《法学研究》2005 年第 1 期。

③ ［英］H. L. A. 哈特：《法律的概念》，张文显等译，中国大百科全书出版社 1996 年版，第 157 页。

旨意，尊重其旨意的延续性，以保证立法本身的稳定性和权威性。众筹平台秉持的“效率、自由公平、诚信、合作”等价值与合同法秩序的基本原则一脉相承，将《合同法》规定的居间合同相关法律规范贯彻于众筹外在的与内在的体系上均无矛盾。且从众筹平台性质看，可作为居间人在形式上的异化，即完全的电子化，而无本质上不同，都是为促成主体方意思表达一致而提供媒介服务和机会服务并以此获得报酬的中间方。从法秩序的基本原则、法律意义脉络的一致性和事物的本质出发，众筹法律关系符合《合同法》对于居间合同规范的旨意。

（3）特征要件重合性

比较众筹平台与居间人在合同架构中的地位，将居间合同的法定类型设定为 a，其特征要件包括：b1：标的为提供订约服务或媒介服务，使主体方能够订立合同；b2：合同主体为委托人与有资格限制的居间人；b3：意思表示真实；b4：合同的有偿性、诺成性和不要式性；b5：居间人的相对独立性；b6：居间人权利实现的不确定性。对比上述各要件分析众筹合同，除众筹平台有时不收取费用且采取项目发布的实践合同形式外，其余特征要件均具有重合性。而不相类似的特征要件系目前政策监管缺失、合同形式创新、支付探索成本等因素影响，与相同点相比重要程度明显较低，故可认为两者之间相类似。

2. 类推结论的局限

相类似的对立面便是不同，而事物便是在矛盾中发展变化的。众筹与居间也不例外，尽管众筹平台能够在类似性上最接近居间人，但事物的具体性让居间法律规定的径直适用蒙上一层阴影。

（1）参与程度不一致

在居间合同中，居间人仅仅为委托人报告订立合同的机会或为订立合同提供媒介服务，其范围受限制，并不实质介入委托人与第三方实际签订合同权利义务约定。但众筹平台除为项目筹资方和投资方提供媒介服务和订约服务外，还从事维护项目的网络表现形式、审查项目真实性与可行性、审查筹资方与投资方之间的合同有无违法阻确事由、代管投资方提供的资金等实质性介入活动。众筹平台居间活动外的积极参与行为产生的权、责、利并不能直接适用居间合同规定予以调整。

（2）独立性存在差异

在居间合同中，居间人自己一般不直接订立主体方合同，且不以自己名义或主体方一方名义与另一方直接订立合同。但在众筹平台上，部分网站存在“自己制造”板块，即项目发布方或筹资方即为众筹平台本身。此时便再无居间性质，应认定为众筹平台作为筹资方与投资方达成协议，直接接受合同法总则和买卖合同相关规定予以调整。若众筹平台对筹资方的项目进行买断，后以自身名义发布项目进行融资，尽管此种行为应被禁止，但在发生纠纷时可参照行纪合同规定予以调整。

三、众筹平台合同法权利义务架构

由于一方的权利就是对方的义务，所以一方应该享有权利而使对方承担义务，只能是因为他负有义务而使对方享有权利。① 权利义务的逻辑相关性和道德相关性使权利义务具有对等性，也为众筹平台权利义务模型架构提供可能。

（一）众筹平台的权利

本文从类似于“居间人”的众筹平台角度出发，探讨其与筹资方和投资方之间的权利义务关系。

1. 项目管理权

“权利与义务之为处于不同人际关系中的同一种利益的最显著的表现，是存在着这样一种权利（或义务），它既是权利（或义务），同时又是义务（或权利）。”② 项目管理权便是这样一种权利或义务。项目管理权是众筹平台对筹资方提供的项目进行规范、发布、维护、监管的权利。此权利的实现对筹资方和投资方同样具有利益实现价值。其要求筹资方提供的项目及投资方的投资行为符合格式要求，不违反法律、法规、规章及政策规范的禁止性规定，各主体方积极配合众筹平台及时阻却项目违法事由，审查项目真实性和主体方真实信息。众筹平台对不符合规定的项目及投资方式有权通知相关主体更改，拒不更改的可以自行更改或删除但应有已公示的不属无效格式条款的明文依据。

该项权利对于众筹平台也是一项义务，如管理不善造成主体方权利受损的，将面临相应的责任承担。

---

① 王海明：“论权利与义务的关系”，载《伦理学研究》2005 年第 6 期。

② 王海明：“论权利与义务的关系”，载《伦理学研究》2005 年第 6 期。

2. 报酬请求权

类似于“居间人”，众筹平台享有报酬请求权。《合同法》以促成合同成立作为居间人请求支付报酬的条件。但在众筹平台，筹资方与投资方之间的协议均为附条件订立合同，而条件是“项目融资成功”，即项目在固定时间内融资成功，筹资方与投资方才以相应商品或服务提供为义务订立合同，如项目未融资成功，筹资方与投资方之间无合同关系存在。这使得众筹平台的报酬请求时点模糊。

笔者认为，众筹平台应在“项目融资成功”后收取报酬。根据《德国民法典》规定，仅在合同因居间人的报告或媒介而成立的情况下，委托人才有支付报酬的义务。[①] 此立法可资借鉴，且项目融资成功后，众筹平台无需等待主体方合同实际履行即可通过扣缴向筹资方支付的款项等方式取得报酬。尽管目前众筹平台项目融资成功率较低，但“居间人”的类似属性可使其通过相关费用请求弥补付出成本。

另外，对于众筹平台提供媒介服务促成主体方合同成立的认定，应注意：一是主体方在项目融资成功后订立的合同合法有效，不存在无效及可撤销之情形；二是主体方为逃避报酬支付而不正当阻止合同成立的，应视为合同已成立。

对于报酬支付数额及支付方确定问题，众筹平台有义务在网站显著位置，或在筹资方发布项目、投资人进行投资时予以明确提示，以避免在无约定且众筹平台无法提供事后协商时的诉讼风险。

3. 相关费用请求权

相关费用，类似于居间费用，其承担规则也相类似。在居间合同中，主要包括居间人从事居间活动支出的交通费、复印费、通讯费等必要费用。在众筹模式中，众筹平台主要支出的相关费用包括：网站设计费、运营费、维护费、数据传输费、储存费等与虚拟互联网相关的费用。

关于该项费用承担，应以契约自由为原则。众筹网站可明示相关费用标准、金额及承担方式供主体方选择。在无约定的情形下，可类推适用居间合同中对居间费用的承担规则，即项目融资成功后，促成合同订立的，相关费用由众筹平台自行承担，仅收取相应报酬；项目未融资成功，未促成合同订立的，众筹平台可获得相关费用请求权，向筹资方即项目提供方主张相关费用。但考虑到众筹平台属于从事类

---

① 肖建华、肖建国：《委托 行纪 居间合同》，人民法院出版社2000年版，第363页。

似居间活动的商主体，且目前众筹平台存在暂管融资获取收益及互联网广告收益的费用补偿领域。为促进筹资方在平台积极提供项目，推动行业发展，可借鉴房地产中介机构在提供中介服务过程中的做法，相关费用由众筹平台自行承担。

4. 约定的其他权利

除上述权利之外，众筹平台可与筹资方和投资方根据契约自由原则约定权利。但权利约定须各方意思表示真实，在自愿的原则下进行，且不违反法律法规的禁止性规定，不违反公序良俗和诚实信用原则。比如可约定筹资方提供虚假项目或违法违规项目时众筹平台的损害赔偿请求权，众筹平台项目自营权等。

（二）众筹平台的义务

众筹平台作为连接筹资方和投资方的纽带，在享有上述权利的同时，必然应以效率、公平、诚信、自由等价值为指引，负担与其权利道德、法律相关的义务。

1. 如实发布义务

如实发布义务是指众筹平台应就其所知的拟订立合同的项目不加隐瞒且真实地通过互联网发布明示于众。此项义务与居间人“如实报告”义务相类似。“在媒介居间中，居间人应将有关订约的事项据实报告给各方当事人，无论居间人是同时接受合同当事人双方的委托，还是仅接受委托人一方委托的，居间人都负有向双方报告的义务。”① 与此相类似，众筹平台作为筹资方与投资方之间的媒介，无论其接受单方抑或是双方之委托，皆负有向双方如实告知之义务即如实发布义务。

对如实发布义务应有程度性要求。有学者认为，居间人并不负有积极调查义务，只需就自己知道的情况如实报告，对自己不知道的情况并无尽力调查义务。②然笔者认为众筹平台的如实发布义务应从严解释，赋予其积极调查审核后如实发布义务。因众筹平台信息真实发布具有核心价值，是合同订立本质所在，发布的项目内容不经调查将对投资方产生信赖利益损失甚至根本利益损失，同时必要调查也是众筹平台获取报酬之合理性基础所在。王利明教授在民法典学者建议稿中即主张居

---

① 王利明：《中国民法典学者建议稿及立法理由——债法总则编·合同编》，法律出版社2005年版，第643页。

② 高富平、王连国：《委托合同 行纪合同 居间合同》，中国法制出版社1999年版，第189页。

间人就其应如实报告的事项负有调查义务。[①] 从目前国内大多数众筹网站看，项目发布审核较为严格，以“众筹网”为例，有其自己设定的项目发起规范，设定22个不被允许发布的项目类别。[②] 这种通过规范和审核对项目发布予以限制的做法在一定程度上确保了信息发布的真实准确，但众筹平台仍应针对允许发布项目向发布者采取诸如电话询问等必要调查手段并在项目发布后将调查情况同时发布。

2. 勤勉义务

勤勉义务是指众筹平台应按照本身制定的服务协议及诚实信用原则，尽力为筹资人及投资人提供风险提示、电子格式合同、项目管理等促成合同订立的媒介服务。“依据诚实信用原则，居间人应负有尽力的义务，尽力的促成交易，至于尽力的标准，应依居间的内容和当事人的约定以及交易习惯而定。”[③] 此处的尽力义务即勤勉义务，众筹平台应在网站上发布平台服务协议、支持下载打印的电子版格式合同等资料。同时，众筹平台还应积极参与项目管理，及时更新项目数据、资料及筹资进度，尽到“善良管理人”的义务。

对于众筹平台的勤勉义务，法律应允许三方主体之间对于勤勉义务的内容、程度及违反义务的责任承担进行自由约定，以确保众筹平台的积极性和筹资方、投资方及平台合法权利的有效保护。

3. 保密义务

保密义务是指众筹平台对于在项目发布和管理过程中知悉的商业秘密、知识产权以及筹资方、投资方提供的各种信息、隐私等应按照约定或法律规定保守秘密。这里所指的秘密不仅包括项目本身涉及的商业秘密和知识产权，而且包括筹资方和投资方本身不为外人知晓的事项。

在众筹平台上发布的项目通常具有新颖性，往往是有创意、有想法、有设计灵感的项目，这些项目将不可避免产生商业秘密价值，且可能符合发明、专利、实用新型或外观设计标准。在平台向公众发布时极有可能侵害筹资方的商业秘密或知识

① 高富平、王连国：《委托合同 行纪合同 居间合同》，中国法制出版社1999年版，第189页。

② 数据来源网址：www. zhongchou. cn/help - specification，最后访问日期：2014年7月12日。

③ 黄健中：《合同法分则重点疑点难点问题判例研究》，人民法院出版社2006年版，第669页。

产权，而项目向公众发布又成为筹资的必要条件。与此同时，在项目发布和管理过程中，众筹平台将获取大量投资方及筹资方个人信息，故意或不当泄漏均可能构成侵权，甚至涉嫌犯罪。此时网络的公开、共享等价值与商业活动及个人信息的保密需求相冲突。

对目前我国具有一定知名度的五家众筹网站——众筹网、点名时间、路演吧、天使汇以及追梦网进行调查可见，其对个人信息、隐私权及知识产权保护均有概括性规定。但规定内容简单、范围狭隘、表述抽象，足见目前众筹网站对商业秘密、知识产权及个人信息等的保护意识较弱，势必严重影响众筹平台的进一步发展。

众筹平台在履行保密义务时，除了应严格遵守目前我国关于网络知识产权和信息保护方面的专门立法之外，还应在平台细化并明示个人隐私及知识产权保护的具体规定及侵权行为应负法律责任，妥善保管筹资方及投资方的身份信息，对知识产权风险向筹资方作必要提示，对商业秘密和技术细节作模糊处理等。总之，众筹平台应尽到网络中介服务提供商应履行的保密义务内容，关注技术细节，倡导诚实守信，制定具体规约。

4. 第三方资金托管义务

所谓第三方托管义务，即众筹平台向不特定多数人募集的资金应由经有权部门批准的第三方托管，平台不直接经手归集客户资金，也无权擅动第三方托管的资金，让众筹回归中介本质。

在目前国内环境下，关于众筹的法律法规尚未完善。而众筹又是一种面向社会大众的集资模式，极易被视作非法集资。尤其是债权众筹及股权众筹，均游离于非法集资的红线边缘。目前债权众筹已明确由银监会监管，且在探索建立归集资金第三方管理机制。目前国内知名众筹网站发布的项目模式大部分为奖励型众筹，还有少部分慈善型众筹，如其规范运作，也应对归集资金进行第三方监管，项目依约实施之后，第三方对监管资金在向众筹平台支付报酬及相关费用后依筹资方申请予以发放；如项目未实施或未依约实施，众筹平台应向资金监管方出具筹资人、投资人及平台三方合议的资金退回及支付方案，资金监管方依方案对资金进行分配。如其中涉及虚假集资或集资诈骗，资金监管方则依司法机关制作的生效法律依据对资金进行处置。从而确保募集资金的安全、有效利用。

5. 约定的其他义务

除以上众筹平台应履行的一般义务外，筹资方、投资方与众筹平台三方可合议在不违反法律、法规禁止性规定及公序良俗、诚实信用的原则下对众筹平台的义务作明确约定。例如可约定众筹平台对筹资方发布的项目有定期反馈义务等。但约定义务应有电子数据记录并保存，以便发生纠纷后主张权利。

（三）众筹平台的责任

“从违反义务的性质来看，合同责任是因为违反了合同义务而产生的责任。”① 本文仅就众筹平台违反合同义务的法律后果承担及例外进行概述。

1. 责任承担

“合同义务不仅仅来源于约定的义务，还包括法定的义务以及依据诚实信用原则产生的附随义务。”② 本文架构之如实发布义务、勤勉义务、保密义务皆可约定或法定创制，唯第三方资金托管义务应为法定义务。

众筹平台应首先对事先存在合同关系的约定义务的违反在无免责事由的情况下承担无过错责任。其次，因众筹平台“涉世未深”且从事媒介居间风险较高，故对合同中无约定且依据《合同法》第61、62条无法确定的合同内容发生责任承担事由时，不宜采用无过错责任原则，可借鉴电子认证服务网络平台公认的过错推定原则予以归责。对违反法定义务时根据其主观过错、程度及损失程度厘定责任，从而为其发展提供信心。上述义务违反后的责任承担形式应以财产损失赔偿为主，以继续履行、采取补救措施等为辅，同时类推适用《合同法》第425条第2款之规定，在相应归责原则范围内丧失报酬请求权。

2. 责任例外

责任例外即责任豁免，此处豁免非合同法规定及当事人约定的免责条款，而是指众筹平台在对项目进行必要审慎审查后，对主体方针对项目所订合同的履行过程中产生的责任予以豁免。众筹平台应保证其发布的项目、投资方式、范围限制及回报条件合法、合规、可行，除此之外，众筹平台对在项目融资成功后主体方所订合同的履行过程不应再担责。

---

① 王利明：“违约责任和侵权责任的区分标准”，载《法学》2002年第5期。

② 王利明：“违约责任和侵权责任的区分标准”，载《法学》2002年第5期。

投资方针对筹资方提供的项目进行投资，应推定其对该项目存在兴趣和风险认知，或可认为投资方在投资后应针对自己的投资尽到必要注意义务，即时刻关注项目进展及风险防控，对项目的具体实施提出意见。如果在项目履行过程中发生责任承担，责任主体应在筹资方和投资方中确定。

如果在项目筹集资金阶段，众筹平台明确表示负有对项目履行过程的及时跟踪和监管义务，则责任豁免在相应的范围内被自愿放弃，此时如发生责任承担，三方均可能成为责任主体。

（王存强　天津市第一中级人民法院）

违反合同保护义务的民事责任

——兼论与侵权责任的调和

【司法精要】

合同保护义务是指在合同履行过程中，保护合同相对方的人身、财产等固有利益不受损害的义务。合同保护义务是非基于履行的附随义务，其法理基础源于合同的诚实信用原则。确定违反合同保护义务的归责原则及责任范围时，应区别于合同义务群中的其他义务形式。关于归责原则，本文通过研究司法实践案例、比较法上的规定、类比其他先合同义务，从保护义务属于手段义务的实质，结合诚实信用原则的价值内涵确定违反保护义务应采过错归责原则。关于责任范围，本文认为应突破违约责任的完全赔偿原则，苛以义务人与其过错大小相应的责任，在合同法范畴中引入原因力理论，实现对责任范围更为精准的厘定，并为过错与责任相适应的责任认定模式提供客观的裁量标准。同时，违反合同保护义务的责任常与侵权责任相竞合，为寻求违约责任与侵权责任的调和以减少诉累、维护司法的稳定性，避免权利人因选择不同的请求权而导致义务人不同的责任承担，在私法体系内寻求统一的适用路径。

一、问题的提出

案例（以下简称“火灾案”）：甲有东西相连的仓库两幢，将东楼出租于乙，西楼自用，二人签订租赁合同，约定年租金120万元，另约定甲负有防火安全义务。某日，甲欲拆除自用西楼仓库内固定货架，遂与丙商谈，一次性付丙价款5000元，由丙负责拆除相应货架，甲未审查丙是否具有电工作业资质。作业仓库内堆放大量纸盒，丙违规采明火作业，甲对丙采明火作业也未采取必要措施，致西楼仓库失火并蔓延至东楼，将东楼烧毁，致乙财产损失1300万元。现乙诉至法院要求甲承担违反“防火安全”义务的违约责任，并因此赔偿乙全部损失。

现代债法理论认为，在合同履行过程中，除了给付利益（履行利益）受保护外，与给付利益无关的固有利益（完整利益、维持利益）也应该受到保护。[①] 合同当事人因为合同的履行而建立起超越一般普通人的“密切接触”，这种“密切接触”给予一方当事人之于对方行为的合理信赖，即对方不至于因为合同的履行而损害其人身、财产等固有利益。因此，合同中保护相对方该固有利益不受侵犯的义务即为合同保护义务。

《中华人民共和国合同法》（以下简称《合同法》）及最高人民法院关于适用《合同法》的两个司法解释均未对保护义务有所规定，而现实中，如果合同当事人将保护义务约定为合同义务，裁判者则无法回避对保护义务的法律适用。“火灾案”中，乙如果选择违约之诉，简单按照现有合同法理论，据违约责任完全赔偿的原则，甲应承担全部赔偿责任；而乙若选择侵权之诉，则甲可以根据侵权行为的过错大小承担责任。显然，如果在违约之诉中不对行为人违反义务的类型、性质进行区分，在苛以责任时不考虑义务人过错与责任范围的因果关系，或将出现结果失衡的状态。

因此，本文拟对与人身、财产等固有利益有关的合同保护义务进行剖析，并在考虑过错的前提下，以归责原则及责任范围为路径，探讨合同保护义务的责任形态问题。

---

① 叶榅平：“民法中的保护义务——以其具体适用为中心”，载《法律科学》2008年第6期。

二、合同保护义务的体系定位

（一）理论源起

1. 附随义务：诚信原则的具体化

诚信的概念源于罗马法。古罗马的诚信诉讼赋予法官可以斟酌案情，根据诚实信用及公平正义的精神而为恰当的判决。[①] 因此，罗马法上关于契约义务的理解，不仅局限于当事人约定于契约的明显意思表示，在约定义务之外仍存在可供法官自由裁量并用以体现“善良与公平”的义务形式。近现代民法将诚信义务发展为诚信原则并规定为民法基本原则，因诚信原则而衍生出的新的合同义务形式被逐渐法定化，例如：权利不得滥用、权利失效、情势变更、忠诚义务、照顾义务及缔约过失责任等。[②] 这种由诚信原则具体化的义务即为合同的附随义务。从功能价值而言，附随义务要求合同当事人不仅要履行给付义务，同时要履行对另一方当事人的照顾、保护义务，使当事人的行为更加符合“诚实商人”之标准，最终获得对利益的衡平和调节，实现实质公平。

2. 保护义务：非基于履行的附随义务

有学者将保护义务认为是附随义务的一种形式。[③] 德国债法现代化改革之后，在《德国民法典》第241条明确规定了保护义务。该条规定，“（1）根据债务关系，债权人有向债务人请求给付的权利。给付也可以是不作为。（2）债务关系可以在内容上使任何一方负有顾及另一方的权利、法益和利益的义务。”[④] 由此，在德国债法体系中，保护义务与给付义务成为相对应的义务形式，可以认为：调整后的德国民法附随义务被分为两类，一类是和履行相关的附随义务，如照顾义务、报告义务、咨询义务和协商义务，由第241条第1款调整；另一类是与完整性相关的附随义务，即保护义务，由第241条第2款调整。因此，《德国民法典》第241条确

---

① 周枏：《罗马法原论（下）》，商务印书馆2004年版，第957页。转引自叶榅平：《合同中的保护义务研究》，法律出版社2010年版，第52页。

② ［德］卡尔·拉伦兹：《法学方法论》，陈爱娥译，商务印书馆2003年版，第293～294页。

③ 侯国跃：《契约附随义务研究》，法律出版社2007年版，第236～245页。

④ 陈卫佐译：《德国民法典》，法律出版社2006年版，第83页。

定的保护义务是一种独立的附随义务。[①]

概括保护义务发展的理论脉络亦可以发现，保护义务的法理基础是诚信原则，设定除给付义务以外的保护义务，最终目的仍是获得合同履行过程中实质公平的修正。

（二）保护义务与安全保障义务之比较

1. 两者之间的同质性

王泽鉴先生认为附随义务中的保护义务，相当于侵权法上的社会安全义务，[②]一方当事人应善尽必要注意，以保护相对人的权益。安全保障义务在我国司法实践被广泛讨论的典型案例最初均在合同法框架下寻求解决路径，例如“王利毅、张丽霞诉上海银河宾馆赔偿纠纷案”[③]中，原告之女王翰入住银河宾馆遭犯罪分子杀害。法院认为，银河宾馆违反了对住宿旅客的人身和财产保护应尽的安全义务，构成违约。因此，有学者认为上述安全保障义务属于合同的附随义务，属于违约责任范畴。[④]但立法者最终通过《最高人民法院关于审理人身损害赔偿案件适用法律若干问题的解释》第6条、《中华人民共和国侵权责任法》第37条，将安全保障义务规定为侵权法义务。

2. 安全保障义务的限度

尽管安全保障义务被作为侵权法义务，仍不能排除合同承载保护义务的功能。事实上，安全保障义务仅是将主体限定为具有一定公共性质的“公共场所管理人”或“群众性活动组织者”，当这些主体违反保护义务时，法律将其明确为违反安全保障义务的侵权责任。然而，合同的保护义务并非仅限于此。例如“火灾案”并不属于安全保障义务的范畴，对此类情形的处理，立法和实践并无定论。事实上，在租赁、承揽、保管、委托及物业服务等合同中均有保护义务之适用，在合同法框架下寻求妥当的责任承担极为必要。

---

① 李昊：“德国新债法中附随义务的构造”，载《环球法律评论》2009年第5期。

② 王泽鉴：《债法原理·基本理论·债之发生》，中国政法大学出版社2001年版，第41~42页。

③ 沈德咏主编：《最高人民法院公报案例大全》，人民法院出版社2009年版，第791~796页。

④ 刘言浩：“宾馆对住客的保护义务”，载《法学研究》2001年第3期。

三、违反合同保护义务的归责原则

《合同法》第107条[①]规定了违约责任承担的原则，但该条规定并未在归责上涉及合同主给付义务、从给付义务、附随义务或是保护义务的区分。

（一）严格责任的适用障碍及突破

严格责任是一种结果责任，在评价行为人责任时仅凭有无违约之事实而不区分有无过错，故其主要为彰显“契约必须严守”的精神，最大限度保护守约方利益并强调当事人的意思自治及风险自担。但合同法的严格责任适用仍有其限度，《合同法》分则规定了部分适用过错责任的情形，例如供电合同（第181条和182条）、赠与合同（第222条）、保管合同（第374条）等。

司法实践对于违反保护义务的案件倾向于适用过错归责。试以“五月花餐厅”案[②]为例，受害者家属要求五月花餐厅同时基于违约和侵权承担责任。关于违约部分，广东省高级人民法院二审认为：五月花餐厅除应全面履行合同约定的义务外，还应履行保护消费者人身、财产不受非法侵害的附随义务……但要求服务员在开启酒盒盖时必须作出存在危险的判断，是强人所难。五月花餐厅通过履行合理的谨慎注意义务，不可能识别伪装成酒瓶的爆炸物，因此不存在违约行为。

该案中，法院一方面认定“五月花”餐厅负有保护消费者人身财产安全的附随义务，另一方面又认为其已经履行合理的谨慎注意义务，不存在违约行为。由此，合同责任不应机械适用严格归责，司法实践的探索提醒我们，合同责任的归责对于给付义务和附随义务应当区分适用。严格责任的实质是为保护合同的履行利益，而附随义务特别是保护义务是与履行无关的义务[③]，应当有更为妥当的责任承担体系。

---

① 当事人一方不履行义务或履行义务不符合约定的，应当承担继续履行、采取补救措施或者赔偿损失等违约责任。

② 沈德咏主编：《最高人民法院公报案例大全》，人民法院出版社2009年版，第808~813页。基本案情：某包厢顾客自带酒水到五月花餐厅就餐，该酒瓶实为爆炸装置，开瓶后发生爆炸致使同在餐厅就餐的两原告之子身亡、原告自身残疾。

③ 关于保护义务与合同履行利益无关的论述，可参见：王泽鉴：《债法原理·基本理论·债之发生》，中国政法大学出版社2001年版，第41~42页；李昊：“德国新债法中附随义务的构造”，载《环球法律评论》2009年第5期等。

（二）违反保护义务适用过错归责的正当性

“五月花餐厅”案从司法实践的层面确立了合同保护义务适用过错责任的裁判标准。作为附随义务群中的一种具体义务形式，保护义务之违反采过错归责符合解释论的裁判路径，也符合诚信原则对主观价值判断的内在要求。

1. 德国新债法之规定。从比较法上寻找渊源难以成为正当性基础，然民法体系诸多问题可因此正本清源。《德国民法典》第280条第1款：“债务人违反基于债务关系而发生的义务的，债权人可以请求赔偿因此而发生的损害。义务违反不可归责于债务人的，不适用前句的规定。”① 与该条损害赔偿责任对应的实体法律义务包括第241条的“给付义务”及“保护义务”，该条对违反给付义务及保护义务建立了一致的请求权基础②，明确了违反保护义务同违反给付义务均适用过错责任。

2. 类比先合同义务。先合同义务与附随义务均源于诚信原则，具有同质性。《合同法》第42条规定的缔约过失责任是违反先合同义务的主要责任形态，该条第1、2项明确要求具备“恶意”或“故意”，从行为方式上对违反先合同义务的行为加以限制，第3项“违反诚信”概括地对除了上述列举的“恶意”或“故意”情形以外的缔约过失情形进行了规定。在“‘违反诚信’与‘过错’的关系上，过错与不诚信在归责标准方面具有一致性，都表现为对毋害他人的正当行为要求的违反，过错本身即属‘违反诚信’。”③ 适用类推原理，合同保护义务的违反应采过错归责为妥。

3. 保护义务属于手段义务的属性。当事人订立合同的最根本目的，是为了获得对待给付，这一对待给付应属“给付义务”范畴。而保护义务不同，其与给付义务的履行可能有关联，可能并无关联。合同的给付义务应视为是一种结果义务，未履行结果义务（非法定或约定免责事由）不区分行为人主观过错均认定违约有利于保护交易秩序。而保护义务是一种手段义务，行为人仅对是否尽到义务负责，无法对结果负责。正如“火灾案”中的出租人，可以要求其必须尽到与“防火”相关的一般人可以注意到的义务，但要求其保证任何情况下火灾都不会发生不具有正

---

① 陈卫佐译注：《德国民法典》，法律出版社2006年版，第92页。

② 李伟：“德国新债法中的附随义务及民事责任”，载《比较法研究》2004年第1期。

③ 张家勇：“论前合同责任的归责标准”，载“中国民商法律网”，http：//www.civillaw.com.cn/article/default.asp？id=61750，最后访问时间2014年6月30日。

当性，有过分扩张合同责任之嫌。因此，手段义务与结果义务的差别要求其在归责上区别对待。

4. 诚信原则本身属于主观价值判断。保护义务的基础是诚实信用原则。《合同法》规定诚信原则衍生义务履行与否的判断标准时，一般使用“尽力”“合理”“必要注意”及“依交易习惯”等表述，从立法目的来看，立法者并非苛求合同当事人对保护义务的结果负责，而是对履行义务有无过错负责。因此，应适用何种归责原则，最根本的是要考量立法规定的判断该种义务履行与否的严格程度以及合同当事人之间利益衡量的妥当与公平。① 保护义务依诚实信用原则而产生，在当事人未加约定的情况下并不如一般的合同义务具体明确，该义务必须是善意相对人所必须具有的适当注意义务，必须为当事人所能认知或所应认知，采过错归责原则，更有利于实质公平。

四、违反合同保护义务的责任范围

关于责任范围，根据《合同法》第 107 条、《民法通则》第 112 条第 1 款、《合同法》第 113 条第 1 款前段等规则可知：违约损害赔偿以完全赔偿为基本原则。因此，有学者认为，在违反保护义务的情况下，损害赔偿范围的确定也应适用完全赔偿原则。② 然而，完全赔偿与严格责任归责相对应，而违反保护义务既采过错归责，则确定过错与责任的关联是题中应有之义。

（一）司法实践的裁量标准及重新审视

1. 对完全赔偿原则的限制适用

《合同法》第 113 条第 1 款确立的可预见性规则被认为是对违约责任完全赔偿原则的限制。该条对于违约损害赔偿范围确定了大致标准：“相当于因违约所造成的损失”“包括合同履行后可以获得的利益”以及“不得超过违反合同一方订立合同时预见到或者应当预见到的因违反合同可能造成的损失”。本文认为，该责任范围主要仍是针对合同履行利益损害，故特以条文明确“包括履行可获得的利益”，对于非履行利益相关的固有利益损害，在适用“可预见性规则”限制责任范围时稍

① 侯国跃：《契约附随义务研究》，法律出版社 2007 年版，第 318 页。

② 叶榅平：《合同中的保护义务研究》，法律出版社 2010 年版，第 139 页。

显生硬。

因《合同法》第114条第1款是合同法体系中唯一可兹援以减轻责任范围的条款，法院在诸多违反保护义务的案例中均采此种说理。例如“上海银河宾馆案”中，原告诉请的损失金额达100余万元，一审法院支持的赔偿金额是8万元，二审予以维持。① 在“笔架山庄物业服务合同纠纷案”中，犯罪人潜入明某住所将其杀害，后明某家属以物业管理公司在履行物业服务合同中未尽到保护业主生命财产安全的义务为由，要求物业公司承担违约赔偿68万元，该案一审认定的赔偿金额是10万元。②

比较“上海银河宾馆案”及“笔架山庄案”的判决理由可以发现，法院在判决中用“一定的违约过失”及“未引起应有的注意”来确定过错归责的裁判标准，并实际上认定了损害发生的最终原因是犯罪人的犯罪行为，确定违反保护义务的违约责任应当“酌情而定”或是“有限”。除此之外，两家法院均通过适用可预见性规则限制违约损害赔偿责任的范围。

因此，实务层面对违反合同保护义务的责任范围一直持有保守态度，纷纷寻求限制责任承担的路径，以此为基点讨论违反保护义务责任范围的一般标准问题尤为必要。

2. 与违反给付义务责任范围之比较

违反保护义务与给付义务在责任承担的法律适用上因义务性质不同而存在显著区分。第三人原因致给付义务违反时适用《合同法》第121条，合同当事人在无免责事由时应承担完全的合同违约责任。

---

① 一审法院认为：银河宾馆在提供服务过程中虽有一定的违约过失，但王翰之死及财物被劫毕竟是仝瑞宝所为，故违约赔偿的数额应当参照本案的实际情况酌情而定。二审法院认为：银河宾馆依法只对订立合同时应当预见到的因违反合同可能造成的损失承担赔偿责任。王翰被害及其财产被劫的损失，必须由犯罪分子仝瑞宝承担。

参见沈德咏主编：《最高人民法院公报案例大全》，人民法院出版社2009年版，第791～796页。

② 一审法院认定为：物业公司没有全面、认真地履行合同义务，应当承担违约责任。物业公司在安全保卫方面的义务有限，赔偿额应与其义务相适应，不应超过其在订立合同时应当预见到的因违反合同造成的损失，故酌定为10万元。后该案上诉，二审法院认为物业公司并不负有保护业主人身、财产安全的义务，故驳回原告诉讼请求。参见侯国跃：《契约附随义务研究》，法律出版社2007年版，第236～245页。

"俞建水与中国工商银行股份有限公司上海市鞍山路支行、中国工商银行股份有限公司上海市杨浦支行储蓄存款合同纠纷案"① 就是第三人原因致给付义务违反的典型案例。该案中，案外人伙同银行工作人员将俞建水账户内2500万元存款通过网银转账的方式转出，后银行到期未能履行兑付义务，故俞建水要求银行承担储蓄合同违约责任，全额赔偿存款损失。该案一审判决支持原告诉讼请求，全额赔偿其损失，二审维持。

上述案例虽然看似与"火灾案"具有同质性，均为由第三人侵权导致财产损害的情形。但事实上，储蓄合同中银行承担的还本付息的义务性质与租赁合同中出租人保护义务的性质并不相同。就储蓄合同而言，还本付息属于合同给付义务，而且基于金钱债务必须完全履行的原则，只要存款人不存在过错，银行概无免责之事由。此种责任承担问题与违反保护义务的责任承担并非属于同一讨论语境。

3. 限制完全赔偿与合同相对性的关系

合同相对性的特点决定了在合同纠纷中，确定义务人责任时，仅考虑合同框架内因素及约定内容本身，而不考虑其他因素对义务违反的影响。限制完全赔偿的适用是否会突破合同的相对性是值得探讨的。本文认为，合同相对性主要决定的是责任主体的问题，进而用以判断适格主体责任是否成立，并不涉及责任范围的认定。在违反保护义务的情形中，无论第三人对损害事实的发生有无影响，如果损害本身即构成违约情形，则权利人可根据合同相对性向义务人主张合同责任。因此，合同相对性给予权利人寻求违约救济的请求权基础，但这一请求权与是否构成完全赔偿责任无关。即使在一般的违约场合，法律仍给予减轻赔偿责任的途径，因此，限制完全赔偿并未突破合同相对性。

（二）衡量责任范围的一般标准：原因力理论

原因力理论一般仅在侵权责任语境下述及，只有少数学者认为违约责任成立与责任范围的因果关系应该采二分体系②。所谓原因力，是指在导致受害人同一损害

---

① 载"中国法院网"：http：//www.chinacourt.org/article/detail/2014/03/id/1233547.shtml，最后访问时间2014年6月30日。

② 魏振瀛：《民法》，高等教育出版社2010年版，第443～444页；韩世远：《合同法总论》，法律出版社2011年版，第623～630页。

后果的数个原因中，各原因对于该损害后果的发生或扩大所发挥的作用力。[①] 在违约责任中区分责任成立及责任范围的因果关系，实际是衡量违约行为与赔偿范围的相当性，这种相当性即充分考虑违约行为对损害结果的影响。既然保护义务采过错归责，则在确定违反保护义务的责任范围时应当评价行为人过错对于损失的影响力。引入原因力理论在合同法框架下解决合同责任及侵权责任竞合，特别是存在第三人侵权情形时存在的多因一果问题具有建设性。

1. 现有合同法体系中的比较原因力规则

《最高人民法院关于审理买卖合同纠纷案件适用法律问题的解释》第30条规定，“买卖合同当事人一方违约造成对方损失，对方对损失的发生也有过错，违约方主张扣减相应的损失赔偿额的，人民法院应予支持。”因此，在衡量违约责任范围时，如果守约方的过错构成损失发生的原因，可以依据原因力大小来厘定违约方责任，客观地确定当事人责任份额。

上述买卖合同违约责任中对原因力归责的适用，可类比于侵权法上加害人加害行为与受害人行为共同导致损害结果发生的情形，[②] 此种情形恰恰是侵权责任适用原因力理论的典型。因此，违约责任范围的确定并非没有原因力理论适用之余地。

2. 违约责任、侵权责任竞合且存在第三人侵权时的原因力分析

正如“火灾案”的情形，具体的责任形态包括：出租人甲一方面具有侵权上选任过失的责任，另一方面违反了合同约定的“防火安全”义务而应承担违约责任，并且存在第三人丙的直接侵权责任。

乙的损害是确定的，丙的侵权行为对乙损害的影响力可以依据侵权法原则予以衡量，该影响力只与甲的侵权行为一起受到责任份额评价，并不因甲违反合同义务与否而不一致，故该影响力也是确定的。此时，甲的合同责任范围应与其侵权责任范围一致，否则将造成责任最终承担的逻辑混乱。因此，甲违反合同保护义务的过错表现即为其侵权行为，无论是在合同责任范畴还是侵权责任范畴认定甲的责任，都只依据该原因力。

---

① 参见杨立新：《侵权法论》，人民法院出版社2004年版，第555页。

② 参见张新宝：《侵权责任构成要件研究》，法律出版社2007年版，第376~377页。

3. 原因力理论与可预见性规则之比较

适用可预见性规则限制违反保护义务的责任范围稍显粗糙。理由是：第一，可预见性规则减轻损害赔偿的主要技术手段是判断合同风险与利益的一致性或者说权利与义务的对等性。此时，合同的利益，应当是指因合同履行而获得的利益，与之相对应的风险也应当是与履行相关的风险，而保护义务与合同履行利益并不相关。第二，可预见性规则的应用指向的是司法自由裁量权，旨在对合同当事人之间的利益、风险进行实质公平的利益衡量，其不能精准判断责任份额，而违反保护义务通常涉及与侵权责任的竞合，还涉及第三人责任，此时明确清晰的责任份额对当事人权利至关重要。第三，可预见性规则是违约责任完全赔偿原则的限制，其仍然是在完全赔偿的基础上发生的裁量权的运用，而违反保护义务采过错归责，责任与过错相适应的逻辑本身已排除了完全赔偿原则的适用。

原因力理论恰可以弥补上述可预见性规则减损的不足，在多因一果的情形中，对责任份额予以明确认定，强化司法裁量的标准和依据，同时与过错责任归责的价值内涵相一致。

4. 违约责任与侵权责任的协调适用

与安保责任类似，在侵权责任是最终责任的情形下，受害方之所以偏爱选择合同义务人或是安保义务人作为损害赔偿请求的相对方，有着深刻的现实原因。一是，合同义务人比实际侵权人往往更具有赔偿能力；二是，违约责任采完全赔偿原则，故受害方认为其提出违约之诉将更为便捷地获得完全赔偿。按照一般的思路，合同义务人承担完全赔偿责任后可依据侵权责任份额向第三人追偿。由此，一方面增加了诉累，另一方面可能无限扩大合同当事人的责任，此种畸形的责任承担形式不利于交易秩序，也违反实质公平。

因违反保护义务适用过错归责，以原因力理论来确定责任范围，可以对违反保护义务一方的过错进行客观评价，使得其责任的承担与过错程度相适应；与此同时，适用原因力理论，可以更为客观地确定违约行为与侵权行为对同一损害后果的影响程度，实现违约责任与侵权责任的统一适用。如“火灾案”中，出租人应当承担的违反防火安全义务所造成的承租人火灾损失的范围，应当与第三人侵权行为在原因力上统一评价，尽管权利人选择违约之诉，但是义务人应当承担的合同责任或侵权责任在责任范围上的最终评价应当是一致的。

违反保护义务的行为在一定程度上具有侵权行为的性质,[①] 合同的保护义务与侵权法上安全保障义务具有同质性。而安保责任仅是过错范围内的补充责任，在责任程度上属于相对较轻的责任承担方式。从实质公平的层面来讲，违反保护义务的责任不应畸重于安保责任。合同保护义务的责任体系应被重新考量，违反保护义务应采过错归责，并且责任范围的确定应适用与过错相适应的原因力理论来衡量，从而使得违约责任归责系统更为科学、完善，与侵权责任归责系统相得益彰，以实现权利救济的更加公平。

（陈晓君　韩小安　江苏省苏州市中级人民法院）

违反合同附随义务的归责原则辨析

【司法精要】

合同附随义务就其功能可划分为辅助功能类附随义务与保护功能类附随义务。对于违反合同附随义务应当适用的归责原则审判实践和理论学说都不尽一致，究其原因，在于对兼具两种功能的合同附随义务作一体化处理。受制于合同框架的拘束，违反附随义务的归责原则应适用无过错责任原则，然而这种逻辑推论与实践中的做法以及人们心中的法感觉都不一致。本文认为，正是这种对两种类型的附随义务作一体化处理的思维导致了理论与实践对该问题的莫衷一是。为此，可以从区分附随义务的两种功能出发，以附随义务指向的利益为给付利益抑或固有利益为区分标准，来区分违反合同附随义务应适用的归责原则。对违反辅助功能类附随义务，因其直接指向合同给付利益，应遵循合同法一般归责原则适用无过错责任原则；对违反保护功能类附随义务，因其直接指向当事人的固有利益，应适用过错推定归责原则为宜，这样则可以在我国既有的法律框架内实现体系内法律适用的统一。

---

① 参见迟颖："我国合同法上附随义务之正本清源——以德国法上的保护义务为参照"，载《政治与法律》2011 年第 7 期。

一、问题：审判个案引发的思考

《中华人民共和国合同法》（以下简称《合同法》）第107条规定："当事人一方不履行合同义务或者履行合同义务不符合约定的，应当承担继续履行、采取补救措施或者赔偿损失等违约责任。"该条系对违约责任的一般规定，因条文中并未出现"过错"字样，理论学说和审判实践均认为我国违反合同义务的一般归责原则是严格责任。[①] 同时，《合同法》第60条第2款规定："当事人应当遵循诚实信用原则，根据合同的性质、目的和交易习惯履行通知、协助、保密义务。"该条系对合同附随义务的规定。附随义务亦属合同义务，违反合同附随义务——依据三段论的逻辑推理模式——当然亦应适用严格责任，然而在笔者经历的个案审判中却似乎并不尽然。

例：甲为乙装修房屋，由甲包工包料。装修期间，为购买废旧玻璃，甲、乙一同前往丙公司，经甲、丙双方协商，确定甲购买丙公司厂区外的一堆废旧钢化玻璃。后甲乙在装载过程中，因玻璃摆放失衡倾倒，甲被倾覆的玻璃砸伤后大量失血致死。甲之亲属遂起诉乙、丙公司要求赔偿损失。

法院在认定丙公司承担赔偿责任的判决书中，没有明文提及买卖合同关系下丙公司对甲的附随义务，而是认定丙公司对甲"应负一定的谨慎注意义务"，[②] 此种谨慎注意义务，系基于甲与丙公司间的买卖合同关系而生，应为合同附随义务之一种。对违反该义务的归责原则，判决书中虽未明确表述，但通过其表述——"对事故的发生也有一定的过错"——能大致推得，为过错责任。个案审判实践与理论的不融洽凸显了合同关系下违反附随义务归责原则适用的窘境。如果严格按照法律体

---

① 参见崔建远："海峡两岸合同责任制度的比较研究"，载《清华大学学报（哲学社会科学版）》2000年第2期；韩世远：《合同法总论（第三版）》，法律出版社2011年版，第596页；张家勇："论违反合同保护义务的归责标准"，载《西南民族大学学报（人文社会科学版）》2013年第2期。虽然有学者从立法政策立场提出反对意见，《合同法》第107条最终并未将"过错"作为违约责任或者损害赔偿责任的构成要件，参见韩世远："中国合同法与CISG"，载《暨南学报（哲学社会科学版）》2011年第2期。

② 上海市第一中级人民法院（2013）沪一中民一（民）终字第1932号民事判决书。

系的推理，对违反合同附随义务的一般归责原则应为严格责任，① 而个案中过错责任的适用取得了案结事了的法律效果和社会效果，且更加贴近人们内心对公平正义的追寻。是个案对法律适用的不恰当还是理论体系的不完善，带着上述疑问，本文对相关案例进行了检索。

二、探寻：公报案例的比较分析

最高人民法院公报案例因其发布的权威性，在指导各级法院审判实践、统一各级法院执法尺度方面发挥着重要作用。对上文的疑问，本文首先在公报案例中对涉及附随义务的相关案例进行了分析，以探寻个案的审判能否得到公报案例的支撑。② 分析结果具体如下图所示：

案例序号	案例名称	基本案情	附随义务认定	责任认定理由	推知的归责原则
1	王利毅、张丽霞诉上海银河宾馆赔偿纠纷案	王利毅、张丽霞之女王翰在入住银河宾馆期间遇害致死，财物被劫	根据住宿合同的性质、目的和行业习惯，避免旅客人身、财产受到损害，成为此类合同的附随义务	本案中银河宾馆承诺“24小时的保安巡视，确保您的人身安全”，是自愿将合同的附随义务上升为合同的主义务，更应当恪尽职守履行这一义务。最终利用可预见性原则与过失相抵对银河宾馆的责任进行了限制	严格责任

① 此处强调“一般”，是因为《合同法》分则条文对适用过错责任的部分情形作了明文规定，比如第222条关于承租人对租赁物的责任，第265条关于承揽人对定作人提供材料的责任，第374条关于保管人对保管物的责任等。

② 笔者在北大法律信息网以“附随义务”为关键词检索历年公报案例，共检索到8个案例。其中因违反附随义务请求损害赔偿的为4例，分别为“王利毅、张丽霞诉上海银河宾馆赔偿纠纷案”（2001年第2期），“李萍、龚念诉五月花公司人身伤害赔偿纠纷案”（2002年第2期），“谢福星、赖美兰诉太阳城游泳池有限公司服务合同纠纷案”（2003年第6期）以及“杨艳辉诉南方航空公司、民惠公司客运合同纠纷案”（2003年第5期）。

续表

案例序号	案例名称	基本案情	附随义务认定	责任认定理由	推知的归责原则
2	李萍、龚念诉五月花公司人身伤害赔偿纠纷案	李萍、龚念带儿子龚硕皓在被告五月花公司就餐时因隔壁包厢内的爆炸致伤	五月花公司作为消费与服务合同中的经营者，除应全面履行合同约定的义务外，还应当依照《合同法》第60条的规定，履行保护消费者人身、财产不受非法侵害的附随义务	为了履行这一附随义务，经营者必须根据本行业的性质、特点和条件，随时、谨慎地注意保护消费者的人身、财产安全。侵害一旦发生，只能从经营者是否尽到合理的谨慎注意义务来判断其是否违约。二审法院认定五月花公司并未构成违约，但根据收益原则判决给予部分补偿	过错责任
3	谢福星、赖美兰诉太阳城游泳池有限公司（简称太阳城公司）服务合同纠纷案	谢福星、赖美兰之子谢卓超在太阳城公司游泳时不幸溺水身亡	太阳城公司应承担提供安全游泳环境和保障游泳者人身安全的合同附随义务	太阳城公司不能提供谢卓超是因自身过错致死的证据，因此可以推定谢卓超的死亡与太阳城公司的瑕疵服务具有因果关系，太阳城公司未尽保障游泳者人身安全的合同附随义务，应当承担赔偿损失的违约责任	过错推定责任
4	杨艳辉诉南方航空公司（简称南航公司）、民惠公司客运合同纠纷案	杨艳辉因南航公司出具的机票乘机地点指示不清而延误航班	客运合同中，明白无误地向旅客通知运输事项，是承运人应尽的附随义务	南航公司在机票上仅以“上海PVG”来标识上海浦东机场，以致杨艳辉因不能识别而未在约定的时间乘坐上约定的航空工具，南航公司应承担履行附随义务不当的过错责任	过错责任

上述四例案例均肯定了合同关系下未经约定的附随义务，但在违反附随义务导致损害赔偿之归责原则的表述上，只有第4个案例明确指出适用过错责任，其余3个案例没有明确表述，但从判决理由推得的结论来看，公报案例中对违反合同附随

义务的归责原则的适用并不统一（分别为过错责任、过错推定责任和严格责任），甚至是根据具体的案情而迥然不同。兼具指导性与权威性的公报案例在该问题上并没有提供具有说服力的答案。那么，实践中的这些做法能否找到理论学说上的支撑？基于对上述判例的分析，对该问题做理论上的探讨，实有必要。

三、溯源：附随义务的理论探讨

（一）附随义务的发展渊源

合同义务依其种类，可分为主给付义务、从给付义务和附随义务。其中从给付义务与附随义务较难区分，[①] 通说认为二者应以得否独立以诉请求履行为判断标准，其得独立以诉请求的，为从给付义务，其不得独立以诉请求的，则为附随义务。[②] 附随义务并非在合同关系形成之初就存在，而是随着合同关系的展开根据各自特定情势的发展而产生的，在特定情势下合同双方当事人需要为一定作为或不作为，以避免合同目的落空和损害的发生，因此附随义务具有不特定性，一般不能事前请求履行，亦即不具有事前可诉性。[③]

附随义务的提出，实为法学不断发展的产物，乃合同责任不断向侵权责任扩张的结果。以积极侵害债权（或称加害给付）为肇始，德国民法学说和司法实践逐渐发现，债务关系下债务人与债权人除存在给付义务外，还应当存在一种双方没有约定的独立义务，用以保护双方当事人的利益不遭受因交易接触而导致的损害，此后该种义务固定为《德国民法典》第241条第2款。[④] 随后为台湾地区等大陆法系国家和地区所继受。

附随义务，即基于诚实信用原则，除给付义务外，在债之关系发展过程中发生的一系列义务之统称。[⑤] 附随义务又可以分为广义上的附随义务与狭义上的附随义

---

① 也有部分学者对从给付义务与附随义务的区分持有异议，参见迟颖："我国合同法上附随义务之正本清源"，载《政治与法律》2011年第7期。

② 王泽鉴：《债法原理》，北京大学出版社2009年版，第31页。

③ Karl Larenz，Lehrbuch des Schuldrechts，1，Band，Allgemeiner Teil，C，H，Beck Verlag，14. Auflage，S. 12.

④ 《德国民法典》第241条2款规定：依债务关系之内容，一方负有照顾对方之权利、法益和利益之义务。

⑤ 参见韩世远：《合同法总论（第三版）》，法律出版社2011年版，第246页。

务。广义上的附随义务包括：先合同义务，即缔约过失责任；合同履行中的义务与后合同义务，即一系列通知、协助、保密等义务。狭义的附随义务则特指合同关系存续期间及履行过程中的义务，本文采狭义概念。附随义务就其功能言，可分为两类：1. 促进实现主给付义务，使债权人的给付利益得到最大可能的满足（辅助功能）；2. 维护他方当事人人身或财产之利益（保护功能）。[①]

（二）归责原则的理论争鸣

归责原则，即转嫁损害所依据的原则。在法律对违反附随义务的归责标准没有具体规定的情况下，是否得从严格责任为一般归责原则出发，逻辑地推导出附随义务违反的归责原则均为严格责任，是理论上关于违反附随义务归责标准争议最多的部分。为了提出违反附随义务的归责原则，学者作出了各种努力，但仍然不尽一致。

1. 单一的归责原则

有学者严格依照《合同法》的规定，认为违反合同履行中的附随义务则采用无过错责任。[②] 但同时也注意到了实践中的处理与理论的矛盾之处，指出在李萍、龚念诉五月花公司人身伤害赔偿纠纷判决书中表述的“谨慎的注意义务”，实质是考虑了经营者的主观过错，以一般交易应尽安全保障义务衡量经营者是否存在过失，尽管其结果合理，但其逻辑却与《合同法》无过错责任相悖，而在事实上采取了过错责任。也有学者建议可以借鉴德国法，对违反附随义务采取过错推定责任原则。[③] 理由在于：《合同法》实行无过错责任，是因为违约责任是从违反双方约定的合同义务而来，但是附随义务本身并不如给付义务是双方约定，而是法律为维护社会利益、调整当事人利益的产物。并且在《合同法》分则中规定的附随义务也多采取过错责任原则，比如该法第 191 条关于赠与人隐瞒赠与物瑕疵违反告知义务的赔偿责任的规定。

2. 区分的归责原则

有学者认为附随义务采用统一的归责原则将导致实务无法操作，须分别考量：（1）具体合同中已经被公法化的附随义务，应采用过错推定归责原则；（2）具体合同中被定型化的附随义务，应借鉴违约责任的一般归责原则，但为平衡双方利

---

① 王泽鉴：《债法原理》，北京大学出版社 2009 年版，第 32 页。
② 李伟、单晓光：“中德附随义务的比较思考”，载《德国研究》2006 年第 3 期。
③ 李伟：“德国新债法中的附随义务及民事责任”，载《比较法研究》2004 年第 1 期。

益，允许反证，即采用过错推定归责原则；(3) 尚未定型化，或在具体内容上尚不明确，需结合具体情况依诚实信用原则进行判断的，原则上采用过错归责原则；(4) 依据危险原则，行为人对于行为所生之损害虽无过失，但基于衡平理念亦应负责，采用无过错归责原则。① 也有学者明确指出：由于合同附随义务具有多样性的特点，采纳单一的规则标准都不可能，首先应根据合同的性质、目的和内容，依照最类似的合同法分则规定的归责标准进行归责，如果不能确立这种类似关系，则应当考虑与侵权法上的归责标准实行统一化，原则上为过错责任。②

3. 跳出“两分法”的归责原则

有些学者给出了立法论的进路：合同法上的附随义务其实与给付的关联已经不大，应当将附随义务与侵权法上的安全保障义务统一起来合并成为保护义务，建立一种有别于传统契约责任和侵权责任的责任体系，适用过错推定责任，以弥补侵权责任与违约责任“两分法”的不足。③

虽然上述学说所持观点不同，但对实践中案例的审判却并无非议，让人不免为人们内心的法感觉在追寻公平正义道路上的指引作用而惊叹，也使我们不得不重新审视我们的责任体系。

（三）合同法体系内的增生：固有利益的保护

契约责任和侵权责任是传统民事责任的两大体系，合同法主要是通过法律行为变动双方当事人的利益状态，其主要规制范围在于双方当事人财货的增减；而侵权法则是划定个人行为自由的边界，其主要目的在于维护当事人固有的利益状态不受他人的损害。如前所述，附随义务可分为两类，一类在于促进主给付义务之完整（指向给付利益），另一类则在于保护双方当事人人身或财产上的利益（指向固有利益）。本文认为，对兼具两种功能的附随义务做一体化的处理导致了在违反合同附随义务归责原则适用上的莫衷一是。问题正是伴随着这种保护类附随义务进入合

---

① 刘力：“附随义务三题——以审判实践为中心兼及对理论之检讨”，载《法学》2005年第11期。

② 张家勇：“论违反合同保护义务的归责标准”，载《西南民族大学学报（人文社会科学版）》2013年第2期。

③ 邱雪梅：“试论民法中的保护义务——‘两分法’民事责任体系之反思”，载《环球法律评论》2007年第5期，转引自《人大复印资料·民商法学》2008年第1期。

同法调整领域而产生：将对固有利益的保护纳入到合同框架内，就必须利用合同法的规则解决对固有利益的赔偿问题；而对固有利益的赔偿原则上应在侵权法内适用过错责任。由于合同法严格责任的掣肘，导致对违反保护类附随义务归责原则的适用逻辑上产生了冲突。

将侵害合同当事人固有利益的救济划归在合同责任范围内产生了理论的不自洽，恰似合同体系内的某种增生，与合同法体系不能融合。更甚者，在涉及因违反保护类附随义务而影响履行利益是否产生合同解除权之情形，合同责任与侵权责任之间的杂糅交错，更容易造成混淆。

然而相同的问题在德国法上和台湾地区法上都能够达到体系内的融洽。在德国法上，利用合同概念之上的“债之关系”这一上位概念，将合同给付义务违反与附随义务违反统一纳入到“义务违反”（Pflichtverletzung）范畴，对义务违反统一适用可归责性（Vertretenmüssen）作为归责原则。[①] 台湾地区法继受德国法,[②] 在“合同法”的归责原则上，台湾地区“民法”一直采用过错责任原则，只不过运用了过错推定的立法技术，这也是继承德国法的结果。[③] 因此也不会产生违反合同附随义务归责原则适用上的难题。

我国《合同法》在大部分内容上受《国际货物销售合同公约》（“CISG”）的影响,[④] 在违约责任的归责原则上选择了严格责任。在大陆法系立法例中，对合同不履行采取严格责任，《合同法》是第一例。[⑤] 严格责任的适用有其一定的优势，能在以效率为首要目的的商事活动中快速解决纠纷。但我们在继受附随义务的理论时，由于体系上缺乏相同的制度土壤，最终导致了对违反合同附随义务归责原则的适用难题。

---

① 这里的可归责性（Vertretenmüssen）基本等同于过错（Verschulden），但在法律加重或者减轻债务人责任时，可归责性的范畴就不同于过错的范畴。参见迟疑：“我国合同法上附随义务之正本清源”，载《政治与法律》2011 年第 7 期。

② “台湾民法典”第 226 条：因可归责于债务人之事由，致给付不能者，债权人得请求赔偿损害。

③ 崔建远：“海峡两岸合同责任制度的比较研究”，载《清华大学学报（哲学社会科学版）》2000 年第 2 期。

④ 韩世远：“中国合同法与 CISG”，载《暨南学报（哲学社会科学版）》2011 年第 2 期。

⑤ 韩世远：《合同法总论（第三版）》，法律出版社 2011 年版，第 596 页。

四、分解：类型化思维的袭用

类型化思维的运用，可以将复杂的事物分类，并且针对分类事物的不同特点做区分化的处理，从而对违反合同附随义务归责原则的适用做出初步解答。有学者认为，归责的要义在于公平分担责任，而非某种逻辑的贯彻。[①] 然而法律之所以成为一门科学，正是由于其具有可检验性。法律如果失去了逻辑，其可检验性又如何立足？本文认为，归责的要义不仅在于公平分担责任，更在于逻辑上的周延，构建违反附随义务的归责原则周延的逻辑体系也是本文致力达成的目的。

如前所述，附随义务按其功能可分为两类：一类是促进主给付义务实现，使债权人的给付利益得到最大可能的满足，保障债权人的给付利益（或称履行利益）处于圆满状态，该类附随义务直接指向合同的给付利益，可以称之为与给付利益相关的附随义务（leistungssichernde Nebenpflichten）。对该类型附随义务的违反在本质上属于对合同给付利益的履行不当，应当在合同法内解决，对其损害赔偿适用无过错原则，以最大限度符合我国现在的违约责任赔偿体系。

而另一类附随义务是为了保障双方当事人的人身、财产等固有利益免于遭受因交易接触而增加的风险，[②] 又可以称为保护义务（Schutzpflicht）。这种类型的附随义务直接指向双方当事人之间的固有利益，论其性质，相当于侵权行为法上的交往安全义务，与给付义务的关系较远。[③] 对该类附随义务一般应适用过错推定原则，适用侵权法上的相关制度解决。

这种区分模式最大限度维持了我国现有的合同和侵权两大责任体系的构造，在目前的法律体系下不失为一种较佳的选择。因此，相应的义务违反应适用的归责原则体系就可以归纳为下图：

---

① 参见张家勇："论违反合同保护义务的归责标准"，载《西南民族大学学报（人文社会科学版）》2013 年第 2 期。

② Bachmann/Roth，§241 Pflichten aus dem Schuldverh? ltnis，Münchener Kommentar zum BGB，6. Auflage 2012，Rn. 54f.

③ 王泽鉴：《债法原理》，北京大学出版社 2009 年版，第 32 页。

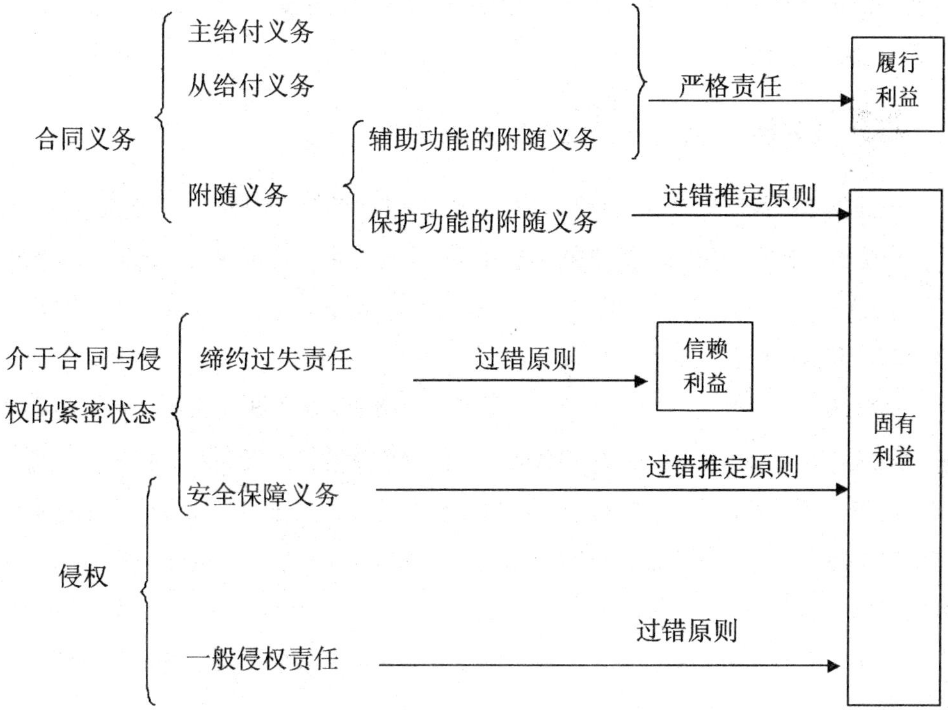

之所以将违反保护功能的附随义务的归责原则确定为过错推定原则，主要是因为附随义务往往并非双方当事人所明定，而是在事后根据双方当事人的特定情势而综合认定的，该认定过程实则考虑了过错因素（“未尽到必要的谨慎注意义务”是其通常的表述），这样一种义务违反与归责判断在处理过程中实质上是合二为一，从而在相当程度上表现出与侵权法安全保障义务认定的一致性。①

按照上述分类回顾本文第二部分比较分析的四个公报案例，其中，杨艳辉诉南方航空公司、民惠公司客运合同纠纷案与其他三个案例明显不同，其他三个案例中都是合同当事人生命权等固有利益的损失，适用过错责任或过错推定责任并无不当，而“杨艳辉诉南方航空公司、民惠公司客运合同纠纷案”仅仅涉及合同的给付利益，与当事人的固有利益无涉，但判决书认为“南航公司应承担履行附随义务不当的过错责任”，实际上违背了合同法的严格责任原则。“明白无误地通知”从功

① 张家勇：“论违反合同保护义务的归责标准”，载《西南民族大学学报（人文社会科学版）》2013 年第 2 期。

能上区分属于促进主给付义务圆满实现的附随义务，应表述为“未尽到相应的提示义务”，从而适用严格责任为宜。

五、再审视：请求权竞合下的归责原则

因违反保护类附随义务（保护义务）而侵害的利益（人身、财产权益），一般也可以成为侵权行为法的保护对象，故可以产生违约责任与侵权责任的竞合，根据《合同法》第122条的规定，此时受害方有权选择依照合同法要求其承担违约责任或者依照其他法律要求其承担侵权责任。①

通常认为，当事人选择任一诉由法院都应按照该诉由的规定进行处理，但在某些责任减轻或加重的法律关系中，合同法对归责原则的特殊规定对侵权法中归责原则的适用也会有所影响，亦即此时即使以侵权之诉主张损害赔偿，合同法对归责原则的特殊规定仍应优先适用。此时的衡量标准应当参考损害结果与给付标的之间的紧密程度。如下例：

甲是生产薯片的卖家，在生产薯片时会产生液态的薯片残渣，甲便将这些薯片残渣免费赠送给农场主乙作为牲畜饲料。乙给其饲养的牲畜喂食了大量的薯片残渣，结果这些牲畜因过度食用而胀死。乙以甲未尽到提示义务为由请求甲损害赔偿。②

在赠与合同关系下，赠与人仅对故意或重大过失负责，而该案中甲未尽到提示义务，最多也只能认定为轻过失，德国联邦最高法院在该案的判决中肯定了赠与合同关系下的责任减轻，认为这种附随义务是与给付标的“紧密相关”的，因此赠与人仅对故意或重大过失负责。即使以侵权为由起诉要求赔偿，也应当适用这种责任减轻的归责原则，即仅对故意或重大过失承担责任。相反，如果是甲的送货车在运送薯片残渣的时候不慎压死了乙农场中的鸡，就不再适用赠与合同关系下的责任减轻，而应当承担一般过错的赔偿责任，因为此时的损害结果与给付标的之间已然并

---

① 韩世远：《合同法总论（第三版）》，法律出版社2011年版，第430~431页。

② 案例来源于Medicus, Bürgerliches Recht, 21. Auflage, Carl Heymanns Verlag 2007, Rn. 209a.

非紧密相关。①

（孙猛　上海市浦东新区人民法院）

“继续履行”判决的执行之惑及完善进路

【司法精要】

实践中存在大量以“继续履行”为主文的民事判决，从表面上看，此类判决是法院支持当事人“继续履行”诉请而作出的当然判决，但事实远非如此简单，本文从典型案例入手，分析了“继续履行”判决在法理及执行力上存在的问题，而继续履行请求权作为债权保护请求权的重要内容，根源于契约严守原则，应当具有强制履行的效力，为解决该冲突，本文提出以下观点：在原告简单诉请继续履行合同时，法官应当行使释明权，要求原告对履行内容进行明确，主动审查继续履行的例外情形，依法行使自由裁量权，厘清继续履行的边界。司法实践应当适当限缩继续履行的适用范围，同时积极扩展执行的方式与强度，从而更好地维护生效判决的司法权威，保护当事人的合法权益。

《中华人民共和国合同法》（以下简称《合同法》）第107条规定，当事人一方不履行合同义务或者履行合同义务不符合约定的，应当承担继续履行、损害赔偿等违约责任。审判实践中，法院根据当事人关于“继续履行合同”的诉讼请求，作出了大量以“继续履行”为主文内容的民事判决。从诉讼理论层面视之，此类判决是“法院审理范围和裁判对象受到当事人诉讼请求限定”这一基本理论的当然结果。但当判决藉由执行程序进入现实，我们必须面对考问——此类判决是否具有强制履行的效力？如果有，该如何执行？继续履行是否存在边界？如果有，又怎样划定？

① 案例来源于 Medicus，Bürgerliches Recht，21. Auflage，Carl Heymanns Verlag 2007，Rn. 209a.

一、现实："继续履行"判决的执行之惑

原告诉请被告"继续履行"合同，如果法院支持该诉请，无外乎两种情形：一是笼统判令被告"继续履行合同"；二是明确判令被告履行具体的合同义务。

（一）概括的"继续履行"——笼统判令被告"继续履行合同"

案例1：A公司向B公司购买红豆杉的枝叶，双方约定：B公司每年第一季度交付5年生含水量低于5%的红豆杉枝叶1000斤，合同期为3年。第一年履行完毕后，B公司拒绝继续交付，A公司诉至法院请求B公司继续履行合同。一审中，双方约定的第二年履行期已届满，一审法院判决：合同有效，B公司继续履行合同。①

选择：判决生效后，如果B公司仍拒绝履行，A公司申请法院强制执行时，执行部门通常会作出截然相反的选择：

1. 不予执行：根据《最高人民法院关于人民法院执行工作若干问题的规定（试行）》第18条关于"执行标的明确"的立案标准，上述判决没有具体的执行内容，缺乏可执行性，裁定不予执行，由当事人自行履行，履行过程中产生争议的，可重新起诉请求解除合同或承担违约责任。

质疑：判决落空。对"继续履行"判决采取回避式态度，看似简洁，但这种选择导致判决形同"白条"，不仅没有发挥定分止争的功能，而且导致当事人就同一纠纷反复起诉，徒增讼累，极易使法院陷入"执行难"的死循环。

2. 强制执行：结合判决的说理部分与合同的具体条款确定执行内容，解决"继续履行"缺乏具体执行内容的问题。对此，执行部门又会面临二次选择：

（1）由执行部门确定"继续履行"的具体内容。执行部门不仅要根据判决说理及合同内容，运用自由裁量权确定"继续履行"的具体内容，还要确定双方当事人的权利义务次序，审查申请执行人是否应先履行己方义务——即申请执行条件是否具备，必要时还应填补合同漏洞、处理违约问题。

质疑一：违背审执分立。这种方式变相地赋予执行部门解释判决内容的权力，实质上是对当事人的未经审理的权利义务进行终局确认，导致执行部门对当事人实

① 四川省高级人民法院（2014）川民终字第244号民事判决书。

体权利的“隐形裁判”，僭越了执行法官的自由裁量权①，使当事人丧失了一、二审救济的权利，模糊了审判与执行部门的职能分工。

质疑二：执行效果难以预料。就本案而言，执行部门在执行过程中，至少还要面临以下问题：

①执行措施的选择。B公司拒绝交付红豆杉枝叶的，执行部门应当执行原物还是采取间接强制措施？

②适当履行的判断。假设在执行中，B公司交付了红豆杉枝叶，双方就交付的标的物质量是否符合合同约定再起争议，应由执行部门径自判断，还是告知当事人另诉？

③申请行政许可能否替代履行。红豆杉的砍伐、运输等均需要获得林业部门的行政许可，假如在执行中，B公司怠于申请获得行政许可，该申请行政许可的行为是否可以替代履行？

由本案延伸开，审判实践中面临的合同纠纷复杂多样，如判决继续履行建设工程施工合同、合伙协议、合作协议等情况，执行部门将会面临更多难以逾越的现实障碍。企图凭执行法官解决上述问题显然力有不逮，一旦出现这些障碍，执行程序不仅面临合法性的考验，还要面临司法效率的质疑。

（2）由审判部门重新确定“继续履行”的具体内容。基于“继续履行”判决内容的确定涉及实体权利判断的理由，要求审判部门对具体的执行内容重新作出解释，明确当事人需要履行义务的每一项内容、顺序与期限等，便于执行。

质疑：强制缔约导致继续履行脱离实际。通过“踢皮球”的方式将实体权利义务的裁决再次转入审判部门，虽然可以有效避免“执行程序对实体权利的过度裁决”，但并未解决实际问题：本案中，“具体的履行期限”仍然是审判部门将“继续履行合同”具体化的核心问题：A公司申请强制执行时，合同约定的履行期已过，如何重新确定履行期限？——合同的具体条款不可能给出确定的指引。那么法院究竟确定多长的履行期限较为合理？本文认为，无论法院重新确定的履行期限是多长都欠缺法律依据。理由在于：由法院重新确定履行期限相当于法院代替当事人

---

① 本文认为，执行阶段法官的自由裁量权主要是指对所采取的执行强制措施享有自由裁量的权力，例如冻结、划拨、扣押、拍卖、变卖、拘留等享有自由裁量权，而非对执行内容享有自由裁量的权力。

重新订立合同，这种强制性的缔约欠缺当事人的合意基础，也没有法律上的依据，法院不会比当事人更了解当初合同所约定的期限是否具有特定的意义，这种缺乏合理解释和理由的“重新确定”极有可能使判决因背离合同签订的目的或脱离合同履行实际而丧失权威，陷于被动。如果法院确定被告B公司在某期限交付生长期5年的红豆杉枝叶，但实际情况可能是在该期限内对应的标的物根本就不存在或难以通过市场手段或合理价格获得——质言之，即便审判部门明确了“继续履行”判决的具体内容，此类判决还是无法完全避免“执行不能”。而且审判部门“只管一段”的解释仍然无法解决执行部门在执行中可能面临的一系列问题。

（二）具体的“继续履行”——明确判令被告继续履行的内容

案例2：甲向乙购买房屋一套，约定甲先支付购房款50万元，乙应于5月1日前办理过户登记，甲于办理过户登记的同时支付剩余购房款50万元。甲支付首期款50万元后乙未办理过户登记，甲诉请乙继续履行合同。法院判令：乙应于判决生效后十日内为甲方办理案涉房屋的过户登记。

质疑：裁判尺度不一。需要指出的是，本案中的判决主文只是实践中较为典型的一种表述，在当事人互负义务的合同纠纷中，法院支持原告继续履行诉请时是否同时判令原告继续履行合同义务，实践中裁判尺度并不统一。以本案为例，实践中至少还有以下两种做法：

1. 判令被告办理房屋过户登记的同时，原告支付剩余价款。此种判决看似减轻当事人诉累，但有违“不告不理”的原则。且这种判决方式只能在双方当事人的权利义务明确、履行期间单一、互负同时履行义务的情况下才方便适用。对于长期的、多项合同义务，或分期履行的合同义务，法院通常不在本案中解决原告继续履行合同的问题，实际上，缺乏当事人的主张和证据，也难以解决。

2. 通过释明方式确定判项内容。一是法院在审理中主动询问原告是否同意支付剩余价款，如同意支付，则判令被告办理房屋过户登记的同时，原告交付剩余价款，否则告知被告另行诉讼。二是法院向被告释明是否提起反诉，根据其选择再进行审理。

案例3：A公司将政府出让给自己的涉案土地使用权转让给B公司。双方约定A公司的义务为完成拆迁、土地平整，达到《中华人民共和国城市房地产管理法》第39条规定的条件后办理产权过户。后A公司违约，B公司诉请判令：继续履行合同，转移讼争土地使用权[①]。法院判决A公司于某一特定的期限内办理土地使用权过户手续。

质疑：判项前置义务处理的不确定性。本案判决的执行内容十分明确——在某一确定的期限内完成特定具体的行为。然而现实情况是，明确的履行内容一旦牵涉法律或行政法规规定的前置性义务，执行部门就难以从中得出明确的执行内容。以本案为例，《城市房地产管理法》对于出让土地使用权的转让，强制性规定了完成开发的程度。执行部门对本案判决会面临以下问题：

1. 严格按合同的步骤执行。在开发程度未达到法定要求时，法院不直接强制转移土地使用权，而是要求双方按合同约定履行开发涉案土地的义务，直至达到法律规定的要求再予以过户。理由在于：法院采取措施直接变更土地使用权，极有可能遇到当事人异议、有关机关不予配合等诸多现实障碍，跨越前置义务并不必然有利于实现当事人的合法权利。但这种做法的结果是执行部门变相地变更了生效判决主文内容，并且对于被告拒绝履行开发义务束手无策。

2. 直接按照判决内容执行。免除前置义务，司法执行权将会与行政管理权发生正面冲突，可以想见，在缺乏行政管理部门配合的情况下，执行几乎不可能继续推进。也就是说，即便判决主文明确而具体，仍将遭遇前置义务履行障碍。

由本案延伸开，在有约定前置义务或法定行政前置程序的合同中，如平整土地、拆迁许可、矿产资源转让审批等，原告请求继续履行合同的，即便法院明确判决被告于某确定期限完成标的物的转移，司法执行权与行政管理权的冲突仍将导致执行困难。法院或许考虑到上述问题而直接判令“继续履行”以规避该冲突，但此种做法又回到了概括的“继续履行”判决，如此循环往复，始终无法给予此类判决确定的、无碍的执行力。

（三）小结

一叶知秋，由典型案例我们发现“继续履行”判决不论是概括性的还是具体性的，在法理及执行力上都存在各种难以逾越的问题，且大多数法院在概括的“继续履行”判决和具体的“继续履行”判决之间进行选择的标准实用亦简陋——合同

---

① 黄金龙、葛洪涛：“继续履行合同类判决的执行问题”，载《法律适用》2011年第12期。

义务是否简单且容易判断，并无任何有说服力的法律依据，具有较大的恣意性。这些问题在执行环节集中爆发，执行部门面对此类判决的态度和执行方式千差万别，不能有效消解执行的困难和障碍，导致法院工作面临司法裁判尺度不统一和执行难的双重指责，既不利于实现当事人的合法权益，更不利于树立司法权威。

二、理想："继续履行"判决的强制履行

（一）请求"继续履行"之诉的性质之辨——给付之诉

关于请求继续履行之诉的性质问题，有学者认为是确认之诉，确认之诉的判决"继续履行"本身没有给付内容，当然不存在执行力及执行方式的问题，该观点从根源上避免了进一步明确"继续履行"判决具体内容的困境，也杜绝了判决的执行力问题。但是假理论之名行回避问题之实必然导致花费大量人力物力而作出的"继续履行"判决束之高阁，无益于保护当事人的合法权益。

本文对此持反对意见。债权人基于债的关系而享有要求给付或履行的权利包括任意请求债务人履行和请求法院强制债务人履行两个方面，后者意在通过司法手段使债权人尽可能取得约定的标的物，本质为债权保护请求权，因此，将请求继续履行之诉界定为给付之诉更加符合继续履行请求权的功能。从实践的角度出发，原告诉请继续履行的目的并不是"诉诸公权来向对方确定和表达履约的坚定追求"①，而是希望通过法院强制力的保护实现合同目的，如果认为继续履行为确认之诉，那么被告不履行法院判决时，原告无任何救济手段，只能重新提起解除合同或违约之诉，违背了原告诉请继续履行的目的。综上，请求继续履行之诉为给付之诉，并非确认之诉。

（二）继续履行的正当性——契约严守原则

大陆法系认为继续履行是一项重要的违约救济制度，德国学者认为："人们设定这些义务只是为了实现一个目标，即履行""无论从什么意义讲，履行都是债权关系的目的"②。《合同法》也明确规定继续履行制度系违约救济措施之一种。相

① 李亮、杨军："合同继续履行的性质与适用"，载《法律适用》2013年第9期。

② 成晓霞："违约责任的替代及其条件——从实际履行到损害赔偿"，载《政法论坛》1999年第3期。

反，在英美法，损害赔偿是首要的违约救济措施，继续履行仅处于辅助性地位，《科宾论合同》一书开宗明义：“合同法为之努力的，乃是实现由允诺之作成而产生的合理预期”，这是人们创立合同法的“主要的基本目的”，因此“合理预期必须是大多数人愿意抱有的预期，而能够强制执行允诺必须是大多数人愿意履行的承诺”。差异根源于理念：大陆法系坚持契约严守，英美法系强调效率违约。

本文认为，从合同当事人订立合同的目的来看，其最终目的指向实际履行，一个有效的合同，只有严格的履行才能达到当事人立约的目的，因而，继续履行制度作为契约严守原则的应有之义，具有天然的正当性。

1. 维护交易秩序。继续履行通过要求违约方继续承担原合同义务来维护合同稳定性，进而维护交易秩序的可持续性。继续履行不能作为违约的一种补救方式，意味着当事人在订约后可以任意违反承诺或者用其他标的代替履行，将有损于交易秩序。

2. 贯彻诚实信用原则。继续履行不仅是对当事人意思自治最大限度的尊重，也体现合同“法锁”的拘束力，当事人应根据自己所做承诺，尽可能按照约定全面适当履行义务。当事人因标的物价格上涨或下跌而故意违约的情形屡见不鲜，对因纯经济利益而置合同约定于不顾的行为，司法实践应提供正确指引，根据诚信原则强制继续履行，遏制肆意违约，从而有效抑制合同自由的负面作用。

3. 维护当事人合法权益。实际履行作为一种违约救济，要求违约方按照约定履行其合同义务，有利于合同目的的实现，最大限度维护当事人的合法权益。

（三）继续履行的必要性——效率违约的局限性

相比契约严守，效率违约是损害赔偿优先的重要理论依据，但该理论存在非效率性和非道德性的双重缺陷，针对效率违约的局限，继续履行仍有其不可替代性。

1. 效率违约的非效率性。（1）损害赔偿的低效率。《合同法》损害赔偿机制沿袭大陆法系传统，可预见性规则、减损规则等均会限制损害赔偿的范围，导致违约方所承担的损害赔偿责任无法完全填补守约方的损失，难以对守约方给予充分而有效率的救济。（2）资源分配成本的伪效率。违约并非实现资源有效率分配的最佳途径。继续履行使守约方获得合同标的物，继而转卖第三人获取利润，在维护既存合同的同时，同样取得有效率的结果。若采用违约损害赔偿，则产生违约方与第三人之间、违约方与守约方之间两笔交易费用。因此，法律既不应允许通过违约获利，更不应鼓励违约获利，还应对他人引诱违约行为进行限制。（3）解决纠纷的非效率。守约方为证明损失而付出的时间价值，诉请专家确定赔偿范围的人力价值，协商赔偿损失以及诉讼成本价值都是效率违约附带的不良衍生品①。

综上，尽管效率违约以“效率”为价值追求，但并不能真正实现所谓效率至上，反而易造成肆意违约的流弊。

2. 效率违约的非道德性。效率违约的另一弊端在于摧毁了合同双方的信任基础。效率违约理论认为，经过利益衡量后的“理性违约”不具有道德上的非难性。本文认为，人是经济性存在与伦理性存在的复合体，把市场经济条件下的自然人视为不受道德因素影响而精于计算的“商业人”太过功利，允许违约方衡量自身利益得失而自由选择是否履约，否定了合同法以及合同基础的多元性，推崇逐利的违约行为，将导致社会信用的崩塌，进而影响整个市场的交易秩序②。

综上，效率违约与我国合同法违约责任并不契合，碎片化地采用效率违约而将继续履行置于次位，将危害社会人际信任关系，不利于社会良好道德风尚的培养，给市场交易安全所带来的冲击不可小觑。

（四）小结

继续履行的正当性基础在于契约严守原则，即为了保障契约未来的效力，当事人须受其曾订立的合同之约束。继续履行的必要性则在于其具备违约损害赔偿所无法替代的价值功能，是修复违约行为对合同效力和契约价值破坏的最佳方式。究其本质，继续履行作为违约责任的一种补救措施，是法律赋予受害方的具有救济性的请求权，那么，借助公权力，直接实现债权内容的强制方法是实际履行的核心内容，强制履行是保护债权人利益的最佳途径。

三、进路：“继续履行”判决的完善途径

“继续履行”判决应具有强制履行的效力，但在实践中如何充分发挥其救济功能？要解决“继续履行”判决的执行之惑，需从“继续履行”判决本身的合理性

---

① 陈凌云：《效率违约遏制论——以完善损害赔偿责任为线索》，中国审判应用支持系统，最后访问日期：2014年7月28日。

② 陈凌云：《效率违约遏制论——以完善损害赔偿责任为线索》，中国审判应用支持系统，最后访问日期：2014年7月28日。

与合法性中寻求答案——原告仅诉请“继续履行”是否妥当？“继续履行”是否有行使的边界？如果有，应当怎样划定？

（一）正本清源——通过释明权明确判决的内容和范围

在原告提出“继续履行”诉讼请求的场合，法官应当保持警惕，通过行使释明权解决好以下三个问题：

1. 引导原告明确“继续履行”的具体内容。《中华人民共和国民事诉讼法》（以下简称《民事诉讼法》）第119条第3项规定，当事人向法院起诉必须有具体的诉讼请求。因此，在原告笼统提出“继续履行”的诉请时，法官应当主动询问，并要求原告明确“继续履行”的具体内容，即明确被告在何期限内履行何种义务。由此可以：（1）避免判决主文缺乏明确内容，为执行部门严格执行判决内容提供条件；（2）在合同履行期限已过、存在前置义务及行政许可的案件中，依照原告的请求审查其诉请能否得到支持；（3）对“继续履行”例外情形的认定，由原告提出具体履行内容，便于法院引导被告针对包括前置义务履行等问题在内的“继续履行”例外情形举证，使能否“继续履行”在审判阶段作为案件争点得到充分辩论和审理。需要说明的是，此时应当由原告承担“继续履行”不存在例外情形的举证责任，被告承担“继续履行”存在例外情形的举证责任。

2. 对被告是否提出反诉进行释明。在双务合同中，法官还应询问被告是否提起反诉。如果其提出反诉，应对反诉进行审查，并在判项中予以回应；如果其不提出反诉，则不宜在判项中对原告是否应当履行对应合同义务进行裁判，被告可以另行提起给付之诉。由此解决“继续履行”判决范围不统一的问题。

3. 对原告是否变更诉讼请求的释明。原告请求“继续履行”合同案件中，法官审查认为符合《合同法》第110条规定的例外情形的，应当询问原告是否变更诉讼请求，要求解除合同或损害赔偿，其拒绝变更的，应当驳回其诉讼请求，原告可以另行起诉。（详见下图）

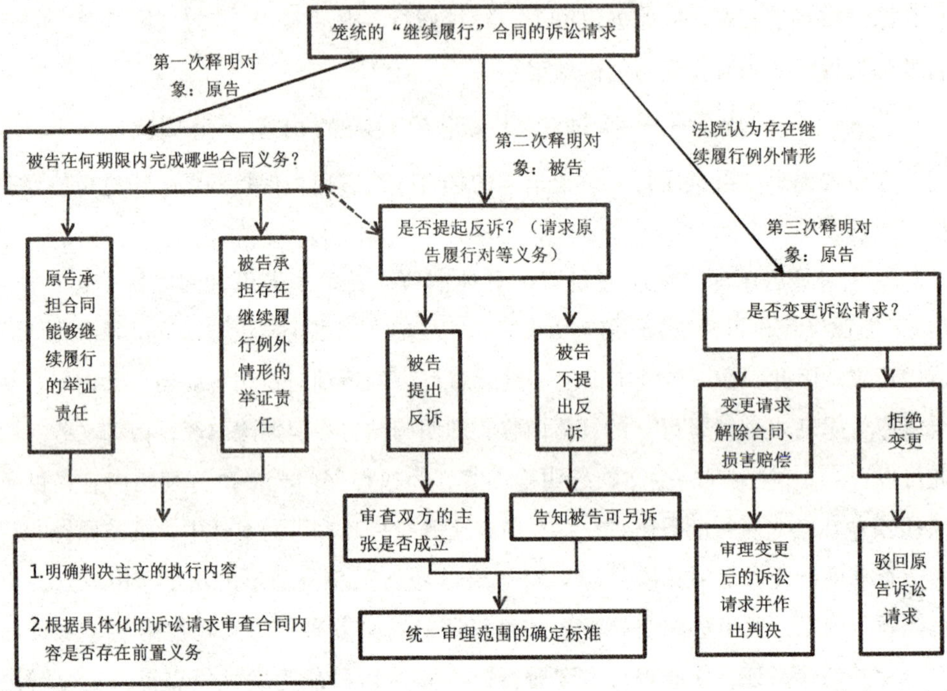

（二）主动作为——充分考虑“继续履行”的例外情形

继续履行不是绝对的，在很多场合更非最佳选择。即便是以继续履行为首要违约责任的大陆法系，也对继续履行进行了限制，例如《法国民法典》区分了“作为与不作为之债”与“给付财产之债”，对于前者，债务人不履行引起损害赔偿；德国民法也对继续履行加以限制：如“买受人选择的继续履行方式需要消耗过高费用，出卖人可以拒绝”“如果继续履行所需要的费用过于巨大，承揽人有权拒绝继续履行”。

《合同法》第110条规定，非金钱债务在“法律上或者事实上不能履行、债务标的不适于强制履行或者履行费用过高、债权人在合理期限内未要求履行”的，“继续履行”不会得到法院支持。然而，上述规定较为原则，加之法院对于例外情形的审查意识缺乏，导致判决“继续履行”的标准过于宽泛，部分依法不应“继续履行”的合同进入执行程序强制履行。

1.“继续履行”例外情形的审查职能部门——审判部门。司法实践中，对“继续履行”的例外情形审查本身并未得到应有的重视。究其原因，一是由于原告的诉请不明确，导致“继续履行”的例外情形成为审理盲区；二是审执分离的工作模式导致判决的可执行性成为审判盲点。换言之，部分“继续履行”判决在执行程序中的困惑，根源在于审判部门判决失准。

本文认为，在原告请求“继续履行”的案件中，审判部门的法官是首当其冲的责任主体，应当依照《合同法》第110条的规定，审执兼顾，主动审查“继续履行”的例外情形，尽量实现裁判的合法性与可执行性的有机统一，这是正确理解及适用例外规定的前提。

2. 准确理解“继续履行”例外情形。对于《合同法》第110条规定的几种例外情形，需要法官在具体案件中加以续造和阐释。

（1）关于“债务标的不适于强制履行”。通说认为，具有人身性质的债务标的，如演出合同、劳务合同等不宜强制继续履行。本文认为，经济生活丰富多变，上述理解过于狭隘。对于负协作、信任、忠诚义务的合同，都可能属于标的不宜强制继续履行的情形。当事人发生纠纷后，对需被告的主观意志配合才能实现目的之合同，强迫被告继续履行有违其自由意志，并且，此时双方之间原有的信任和忠诚已不复存在，例如合伙、承揽加工、投资等类型合同，不适宜判决继续履行。

（2）关于“履行费用过高”。履行费用因合同类型及具体内容而异，难以确定统一标准，该问题只有在具体案件中，由法官根据合同约定和合同履行的条件具体问题具体分析，属于法官自由裁量的范围。例如：在货物运输合同的履行中，货物发生灭失、短少、变质、污染、损坏时，如果让承运人继续履行，去购买同样的货物再行运输，显然成本过高，此种情形不宜判决继续履行。

3. 正当行使自由裁量权。司法实践中，合同内容和履行情况千差万别，试图归纳总结不适宜继续履行的合同类型并不现实。在立法层面，也难以给出一条比《合同法》第110条更具指引性的标准，从这个角度而言，例外情形的抽象性有其合理性。至于具体确定继续履行的例外情形，则是司法层面的问题。换言之，继续履行当然有边界，但如何合理划定边界，需要法官根据个案案情进行自由裁量。此时除去“良知”——公平正义这一基本因素之外，继续履行的内容是否适宜通过国家强制力执行，能否替代履行、间接执行，以及强制能否实现合同目的，都是法官需要考量的相关因素。

（三）审执配合——完善执行方式与强度

在过滤了例外情形之后所作出的“继续履行”判决的执行效果往往取决于具体的执行方式。

1. 域外规定。德国法“关于判决的执行依其债务内容不同而分成下面几类：第一，以特定物的交付为目的的，诸如动产、不动产的交付，可由法院的官员直接执行；第二，债务人的可替代行为，可由第三人代为，并命债务人支付费用；第三，债务人应为意思表示的，例如转移不动产所有权的合意，可以判决代之。”《日本民法典》第414条规定了直接强制和代替执行，该条第2项规定：“在债务的性质不适于强制履行时，如果其债务是以作为为标的的，债务人可以向法院请求以债务人的费用令第三人履行，但对于以法律行为为标的的债务，可以以裁判代替债务人的意思表示。”第3项规定：“关于以不作为为标的的债务，可以请求以债务人的费用将债务人所为行为的结果除去，或请求法院为将来做出适当的处分。”另外《日本民事执行法》第172条规定了间接强制。《法国民法典》第1144条规定，债权人在债务人不履行的情况下，也有权由债务人承担费用使义务得到履行，债务人可事前被命令支付必要的费用。[①] 综上，大陆法系对于继续履行判决的强制执行方式包括直接强制、代替执行、间接强制三种。

2. 完善途径。虽然《民诉法》第221、231、232条对直接强制、替代执行、间接强制也进行了规定，但较为原则与笼统，导致执行标准不统一，在执行主文为明确继续履行方式的判决时，“继续履行”的问题仍然没有因为主文内容的“明确”而变得轻松。[②] 关于判决“继续履行标的物的交付”的执行方式，普遍做法是对动产采取扣押或者查封；对不动产采取向不动产管理部门下达协助执行通知书，为权利人办理过户手续。对此，有观点持反对意见，认为《中华人民共和国物权法》（以下简称《物权法》）规定不动产和动产物权的变动规则是“合意+登记”以及“合意+交付”的物权变动形式主义，即仅有债权合同而欠缺交付或登记形式的，物权原本不应发生变动，然而执行部门的上述执行措施使“继续履行”判决突破了《物权法》规定的物权变动规则，使之沦为“合意=变动”的物权变动意思主义。该观点进而认为“继续履行判决的执行标的不是财产，而是当事人的行为。在执行过程中，不能直接执行应交付的动产或者不动产，而应采取其他适当的强制措施，迫使当事人自己履行义务。在采取其他适当的强制措施后，义务人仍不履行的，则

---

① 王同超：“论实际履行”，西南政法大学硕士论文（2007年）。

② 徐尔双：“关于判决‘继续履行标的物交付’案件的审判执行问题”，载《法院审判与管理研究（下册）》，第620页。

应终结执行程序，告知权利人另行提起赔偿之诉”①。对此，本文持不同意见，仅从实际效果来说，如原告在债务人拒绝履行时仅能重新提起违约赔偿之诉，那么原告“继续履行”诉请的强制履行效力实际上无从体现，又将陷入浪费司法资源、徒增讼累的恶性循环。

就相对简单的标的物交付而言，在目前的执行实践中尚有不同的意见和做法，对于其他履行义务的执行案件，标准更加难以统一，间接强制以及替代履行制度在执行实践中没有发挥应有作用。建议参照大陆法系国家的规定，针对执行的标的明确具体的执行方式及适用限制，进一步明确关于“继续履行”判决的执行规定，拓展此类判决执行的力度与强度，同时也为审判部门在下判时提供考量的因素，使继续履行判决能够依法执行，维护当事人的合法权益。

（唐骄煜　王玥　四川省高级人民法院）

履行迟延下同时履行抗辩权的适用

【司法精要】

同时履行抗辩权与履行迟延的关系体现在实体和程序两个方面，同时履行抗辩权应当存在于双方的履行期届满以后，即在双方迟延时才有同时履行抗辩权的适用余地，同时履行抗辩权存在本身可以排除延迟责任。对于《中华人民共和国合同法》（以下简称《合同法》）采取的履行抗辩权分立模式，不能单纯认定制度创新说和法律漏洞说的对错，而应采取体系解释和扩张解释的方法，将同时履行抗辩权的适用范围扩大至包含履行期自始不同的情形。在程序上，应该尊重目前习惯以“诉”和“反诉”形式存在的同时履行抗辩权的行使方式，为了发挥其诉讼经济的作用，法官应采取目的解释和利益衡量的方法，节约诉讼资源，作出同时履行判决。

---

① 邸天利：“论继续履行判决的执行——以买卖合同为研究对象”，载《东岳论丛》2011年5月。

一、问题的提出——“建筑工程合同纠纷”例析

（一）基本案情

原告陈某和被告梁某于2013年4月13日签订《房屋拆迁重建加层装修合同》。双方协商约定由陈某对梁某居住的位于广州市海珠区的房屋重建加层、整层装修，2013年4月13日开工，同年6月14日竣工，如逢雨天竣工日期另计。原陈某按照合同约定包工包料完成被告房屋的加建及整层装修，合计工程款135648元，截至2013年6月28日，陈某已经支付工程款103000元，尚欠32648元未支付。陈某提起诉讼，要求梁某立即支付尚欠的工程款。梁某答辩并也曾提出反诉（后撤回）称：陈某建筑工程质量存在严重安全隐患，施工偷工减料意图明显，应予以赔偿或返工重建。

（二）案件争议

一审法院经审理判决被告败诉，对于被告的答辩不予采纳，理由如下：首先，涉案合同是双方的真实意思表示。原告已为被告加建及装修房屋，被告现也实际控制房屋，故原告就工程价款主张权利并无不当。其次，关于被告抗辩的工程质量存在瑕疵或隐患需要返工重建等问题，在协议约定中没有约定因工程质量问题可拒付工程款，被告认为工程质量不合格可另寻途径解决。

异议观点之一认为，当事人的合同虽然约定了质量要求，但没有约定因工程质量问题可拒付工程款，而被告反诉亦未有效提起，被告未能在合同约定的履行期内履行合同义务，属于违约。异议观点之二认为，合同未约定履行顺序，应认为是同时履行，原告履行义务不符合约定时，被告有权拒绝其相应的履行要求，可行使同时履行抗辩权，抗辩权的存在即可排除延迟责任。

（三）法律问题

本案涉及违约行为以及履行抗辩权等相关理论，问题在于，原审法院认为合同约定不明确，被告亦未提起反诉，所以没有采纳被告的抗辩意见。这一判决是否与同时履行抗辩权可以排除违约责任的作用相矛盾？这涉及同时履行抗辩权与履行迟延的关系问题：在双务合同履行中，二者的存在状态如何？对彼此的影响又如何？当事人需在合同履行中还是诉讼中行使同时履行抗辩权？举证责任又怎样分配？与

先履行抗辩权相比，同时履行抗辩权的适用条件如何确定？在履行迟延情况下，法院应判决违约损害赔偿、继续履行还是驳回诉讼请求？这一系列问题都涉及履行迟延时同时履行抗辩权的适用。

二、法理分析——同时履行抗辩权构成要件的法律解释

狭义的履行迟延又称债务人迟延或逾期履行（不包括受领延迟），是指债务人能够履行，但在履行期届满时却未能履行债务的现象。[①] 在双务合同中，履行迟延包括一方迟延和双方迟延。同时履行抗辩权又称不履行抗辩权，法律确定同时履行抗辩权的目的在于鼓励合同的履行和维护交易秩序。[②] 通说认为其构成要件有四：因一双务合同互负债务、双方互负的债务均届清偿期、对方未履行债务或未提出履行债务、对方的对待给付是可能的。探讨履行迟延时同时履行抗辩权的适用，需对第二个构成要件进行再思考，即如何理解双方互负的债务均届清偿期？

（一）“届至”还是“届满”——构成要件的体系解释

同时履行抗辩权之行使，须以对待给付届期为要件，学者一般表述为“届清偿期”“届履行期”。然而，如果履行期是一个期间的话，那么“届期”是指履行期始届至还是履行期已届满呢？《合同法》对此没有明确规定。王家福教授认为，只有在双方的债务同时到期时，才能行使同时履行抗辩权。崔建远教授在也提到“甲方所负债务的履行期限为2006年2月2日至2007年2月2日，乙方所负债务的履行期是2006年10月2日至2007年5月2日，则在2006年10月2日至2007年2月2日之间，甲方和乙方均可主张同时履行抗辩权。”[③] 可见，其所指同时履行抗辩权行使期为履行期内，也就是说“届期”指的是履行期始届至。

《合同法》第66条规定，当事人互负债务，没有先后履行顺序的，应当同时履行。一方在对方履行之前有权拒绝其履行请求。一方在对方履行债务不符合约定时，有权拒绝其相应的履行请求。“没有先后履行顺序”的表述，可以再斟酌，例如不是着眼于债务履行期限的届至，而是重在它们的届满。[④] 同时履行抗辩权属于

---

① 崔建远：《合同法》（第四版），法律出版社2007年版，第278页。

② 陈小君：《合同法学》（第三版），中国政法大学出版社2007年版，第78页。

③ 崔建远：“履行抗辩权探微”，载《法学研究》2007年第3期。

④ 崔建远：“履行抗辩权探微”，载《法学研究》2007年第3期。

履行拒接权，其行使的期间应当在履行期届满以后。因为届满以前，债务人可以履行期间尚未届满而暂时拒绝其请求，没有赋予其抗辩权的必要。而且，同时履行抗辩权的功能之一在于排除延迟责任，届满之前本来就没有延迟责任，又何来排除？从这个角度上讲，有同时履行抗辩权适用余地的履行迟延是指狭义的双方迟延，且是指客观的迟延行为，而非违约责任，同时履行抗辩权与迟延责任的关系将在下文论述。

（二）“同时”还是“同态”——构成要件的扩张解释

如上所述，“无先后履行之顺序”是针对双方的履行期都已届满而言的，但“已届清偿期”是要求双方确已同时届期，或是在双方债务存在已经届期的状态就可以了呢？例如，双方的债务不是同时届期，而是其中一个先届期，另一个后届期，如果后届期的债务也已届期，客观上也同样属于双方的债务均已届履行期，这样是否可以主张同时履行抗辩权呢？[①] 这与履行抗辩权的立法模式有关，传统民法国家或地区的规定与我国的规定不同。

1. 传统民法之立法模式

传统民法中的同时履行抗辩权来源于双务合同履行上的牵连关系，即双务契约中的各债务，具有一个债务尚未履行，另一个债务也可不履行的关系。[②]

《德国民法典》第320条规定了合同不履行的抗辩：“（1）因双务合同而负有义务的人，在对方当事人履行对待给付之前，可以拒绝履行自己的给付，但自己负有先行给付义务的除外。应向数人履行给付义务的人，在未履行全部对待给付之前，对于对方各个当事人应受领的给付部分可以拒绝履行。第273条第3款的规定不予适用。（2）另一方当事人已履行部分给付的，根据情况，特别是因迟延部分无足轻重时，如拒绝对待给付有悖诚实信用原则的，即不得拒绝给付。”《法国民法典》并未就同时履行抗辩权作出一般性规定，只是在一些具体情况中作出相应规定，如第1612条规定：“如买受人未支付价金，而出卖人并未同意延期支付时，出卖人不负交付标的物的义务。”法国学者认为，法国司法实践常常借助于其他制度

① 崔建远、韩世远：《债权保障法律制度研究》，清华大学出版社2004年版，第199页。

② ［日］我妻荣：《民法讲义V1：债权各论上卷》，徐慧译，中国法制出版社2008年版，第79页。

认可同时履行抗辩权，如当同时履行抗辩权仅限于推迟合同履行时，以责令债务人进行“补偿”的方法使债权人不负由此增加的费用。①

《日本民法典》采用“同时履行抗辩权”一词，其第533条规定：“双务契约当事人的一方，于相对人履行其债务前，可以拒绝履行自己的债务。但是，相对人的债务未届清偿者，不在此限。”台湾地区“民法”也采用了“同时履行抗辩权”的用语，其第264条规定：“（1）因契约互负债务者，于他方当事人未为给付前，得拒绝自己之给付，但自己有先为给付之义务者，不在此限。（2）他方当事人已为部分给付者，依其情形，如拒绝自己之给付有违背诚实及信用原则者，不得拒绝自己之给付。”第261条规定：当时人因解除契约而生之相互义务，准用第二百六十四条规定。

综上所述，传统民法中合同履行抗辩权采取“统一立法模式”，以双务合同的对待给付为基础，把履行抗辩权一体规定：即一方未为对待给付之前，另一方可拒绝相应的给付请求，并将基于法律或者合同而负有先为给付义务的人排除抗辩权之适用。② 其中并未出现先履行抗辩权这一概念。

2. 同时履行抗辩权之分立

与传统民法模式不同，《合同法》第66条规定同时履行抗辩权适用于“没有先后履行顺序”的双务合同。对于“有先后履行顺序”的双务合同，则另由第67条规定的先履行抗辩权加以规制。此系借鉴《国际商事合同通则》第7－1－3的规定，将原本属于同时履行抗辩权的一个组成部分分立出来，成为独立的先履行抗辩权（又称后履行抗辩权），学者称之为“同时履行抗辩权之分立”③。对于这种立法模式，学界有两种不同的观点：

一是补漏创新说，采此观点的学者认为《合同法》规定先履行抗辩权是其独创的抗辩制度，具有独立存在之价值，标志着我国合同法的理论克服了对双务合同之牵连性的片面认识，弥补了由于理解同时履行抗辩权不全面所造成的制度缺陷，就

---

① 李永军：《合同法》，法律出版社2005年版，第591页。

② ［德］迪特尔·梅迪库斯：《德国债法总论》，杜景林、卢谌译，法律出版社2004年版，第356页。

③ 崔建远、韩世远：《债权保障法律制度研究》，清华大学出版社2004年版，第220页。

此而言，规定先履行抗辩权具有明显的“补漏”意义。①

二是法律漏洞说，持此观点的学者认为，将“同时履行”解释为“双方当事人在同一时间同时相互对待给付”② 的纯文意解释是一种幻象，绝对的同时给付在客观上是不可能的，应当依一般的社会观念做宽泛的理解。在异时履行情况下也存在同时履行抗辩权问题，而《合同法》第 66 条只规定了履行期自始相同的情形，忽略了履行期自始不同的情形，存在法律漏洞。③ 双务合同履行上的牵连关系可以分为有机的牵连关系和无机的牵连关系。异时履行如属因事务的性质决定，或是依特别的合同意旨决定，则对后履行义务人的履行虽定有期限，其期限亦属第二次的期限，如果先履行方未作出履行，后履行义务人的履行期并不到来。此类情形可称为双方债务的履行存在有机的牵连关系，亦即一方的履行以另一方的履行为当然的前提。与之相对，如一方的债务并非当然要以另一债务的履行为前提，否则即无法进行，可认为双方存在无机的牵连关系，在此种情况下，如果双方的债务均已届清偿期，可认为存在同时履行抗辩权。④

3. 笔者观点

立法采取统一模式还是分立模式，只是一种立法方式的选择，无所谓优劣，关键是如何在司法适用中解释法律。两种观点在实践中的实质区别在于：在无机牵连关系中，双方当事人的债务均已届期时，先履行方能否行使同时抗辩权？笔者认为答案是肯定的，从法解释的角度来讲，《合同法》第66 条所规定的“没有先后履行顺序”，应当扩张解释为合同有约定履行顺序，但是此种顺序并非合同履行之必要条件，在双方当事人的履行期均届满时，仍可认定为没有先后履行顺序。

第一，从历史解释角度，《合同法》将同时履行抗辩权的适用范围界定为“没有先后履行顺序的”合同，而将先履行抗辩权的适用范围界定为“有先后履行顺序的”合同，是沿袭《国际商事合同通则》第 7 - 1 - 3 的规定：“凡当事人各方应同

---

① 崔建远主编：《合同法》，法律出版社 2007 年版，第 136 页；王利明：《合同法新问题研究》，中国社会科学出版社 2003 年版，第 434 页；朱广新：“先履行抗辩权之探究”，载《河南省政法干部管理学院学报》2006 年第 4 期。

② 胡康生主编：《中华人民共和国合同法释义》，法律出版社 1999 年版，第 115 页。

③ 韩世远：《合同法总论》，法律出版社 2004 年版，第 329 页。

④ 韩世远：“构造与出路：中国法上的同时履行抗辩权”，载《中国社会科学》2005 年第 3 期。

时履行合同义务的，任何一方当事人可在另一方当事人提供履行前拒绝履行；凡当事人各方应相继履行合同义务的，后履行的一方当事人可在应先履行的一方当事人完成履行之前拒绝履行。”其正式注释指出：“本条与救济方法有关，并且实际上是与大陆法的不履行合同的抗辩的概念相一致的。”其中，“同时履行”的含义是在受领应得给付的情况下给付。[①]“相继履行”并不简单指“有先后顺序”，而应当是类似于普通法系的“先决条件”，对有先后履行顺序的双务合同，应先履行的一方当事人的债务是后履行一方债务的先决条件，先履行一方当事人未履行自己债务的，后履行一方不承担履行责任，也就是前述有机牵连关系，主要指以下几种情况：其一，先履行义务人的履行（给付）作出后，对方的履行（给付）始属可能的场合；其二，对方先获得后履行方履行的利益后，再作出对待给付，合同中有意旨的场合；其三，依合同意旨，先由一方履行，对其履行所提交的给付，经对方确认后再为对待给付的场合，等等。[②]纠其立法理由为走出双方违约的误区，这其实与独立先履行抗辩权并严格区分履行顺序无关。所以，采取扩张解释，更符合传统民法立法模式的不履行抗辩权也就是我国同时履行抗辩权的制度渊源。

第二，从利益衡量的角度讲，将同时履行限缩到履行期相同也不符合公平原则，忽视先履行人利益保护，在双务合同的履行上，后履行人本来就具有期限利益和顺序利益，先履行人存在信用风险，如果再剥夺其同时履行抗辩权，对其过于严苛，不符合公平原则，不利于信用授予。有学者认为剥夺其履行抗辩权是最轻的利益[③]，但实际并非如此，剥夺履行抗辩权等同于另一方独享合同解除权以及延迟责任排除权。例如，乙对甲享有十万元债权，于1月2日超过诉讼时效；甲与乙签订买卖合同，甲向乙提供十万元大米，于1月1日上午十二点之前供货，乙于1月1日上午十二点之后1月2日之前付款。甲因故于期内未能履行，1月2日乙主张将其买卖合同中的10万元债务与其已过诉讼时效之债权抵消。但是依传统民法同时履行抗辩权模式对同时履行抗辩权做扩张解释，甲于1月2日取得同时履行抗辩

---

① ［德］迪特尔·梅迪库斯：《德国债法总论》，杜景林、卢谌译，法律出版社2004年版，第179页。

② ［日］我妻荣：《民法讲义V1：债权各论上卷》，徐慧译，中国法制出版社2008年版，第86页；韩世远：《合同法总论》，法律出版社2004年版，第329页。

③ 崔建远：“履行抗辩权探微”，载《法学研究》2007年第3期。

权，则不适于抵消。有学者认为这样会导致负有先为给付义务的一方故意坐等对方义务履行期的到来而主张抗辩，导致现代社会的信用制度破坏。[①]

需要指出的是，采取扩张解释并不在于否定后履行方的抗辩权，而是是否应当剥夺先履行方的同时履行抗辩权的问题。由于先履行抗辩权的规定，在后履行方的履行期限到达前，同时履行抗辩权不存在，先履行方仍负有先履行义务，其延迟责任不能被排除，后履行方仍然可以获得赔偿。而且，后履行方在自己的履行期满前提出违约之诉即可免于受同时履行抗辩权的对抗，仍然掌握主动权。然而，不承认在二者均界清偿期后先履行人的同时履行抗辩权，却会纵容后履行人滥用其期限利益，拖延起诉时间，扩大先履行方的违约责任。

第三，从目的解释上讲，扩张其适用范围也符合同时履行抗辩权的制度目的。双务合同中，在履行阶段，不论是何方当事人，只有在另一方也给付时，其始需要给付。[②] 同时履行，并非指时间上的同时，在合同实际履行中，时间上的同时几乎是不可能的。对履行没有确定先后顺序的债务，基于公平之原则，法律只宜作出“同时履行”的定位，而由此引发的同时履行抗辩权，并非是追求双方当事人对于债务的同时履行，而是通过强调制衡双方当事人在债务履行顺序上的关系，促使想要得到对待给付的当事人应先迈出相应的一步。这才是同时履行抗辩权制度之意旨。[③] 抗辩权之本质实为保护对待之给付而非期限利益，期限利益的维护通过期限本身就能实现。另外，“双务契约当事人双方均未给付，或为给付之提出，空过履行期时，则其契约嗣后为未定期限之契约”。[④] 在双方履行期均届满后，对于无机牵连之双务合同，后履行方的期限利益已经没有意义。

第四，在后履行方受领延迟的情况下，如债权人不受领给付，虽然债务人已经按照规定向其提供给付，履行效果并没有发生。[⑤] 如果债务人在此情况下不愿意解除合同，而要求债权人继续履行，则债务人须自己继续作出履行，先履行方可以援

---

① 李永军：《合同法》，法律出版社 2005 年版，第 594 页。

② ［德］迪特尔 · 梅迪库斯：《德国债法总论》，杜景林、卢谌译，法律出版社 2004 年版，第 353 页。

③ 韩世远：“构造与出路：中国法上的同时履行抗辩权”，载《中国社会科学》2005 年第 3 期。

④ 史尚宽：《民法总论》，中国政法大学出版社 2000 年版，第 401 页。

⑤ ［德］迪特尔 · 施瓦布：《民法导论》，郑冲译，法律出版社 2006 年版，第 666 页。

用同时履行抗辩权。这就与狭义的理解“有无先后履行顺序”的说法不符。而且，实际上履行顺序的先后也不易判断，例如甲的履行期限是1月1日至4月1日，乙的履行期限是2月1日至3月1日，那么是有先后还是无先后呢？

综上所述，大陆法系的合同规则并非缺乏先履行抗辩之规范，而是因法规则自身的逻辑性、简练性的要求，单独规定一个先履行抗辩规则是没有必要的，这也充分说明，为何在大陆法系上先履行抗辩权没有成为一个独立的民法概念。① 简单地以有无先后来区分双务合同履行的时间，是不切实际的。应当采取扩张解释的方法，将“没有先后履行顺序”解释为“双方的履行期”均届满以后即可以行使同时履行抗辩权。

三、司法解析——履行迟延时同时履行抗辩权的具体适用

（一）举证责任分配

关于迟延责任和同时履行抗辩权的关系，有存在效果说（同时履行抗辩权的存在本身即足以排除延迟责任）与行使效果说（同时履行抗辩权须经行使才能排除延迟责任）两种观点。在诉讼程序上两种观点都认为，不经当事人提出，法官不得主动援用；在实体上，对于延迟责任的排除，日、德及我国的通说都是存在效果说。两种观点对于举证责任的分配，在实际适用方面做以下分析：1. 债权人未向债务人提起履行请求而直接提起违约之诉时，债务人无从行使同时履行抗辩权，则其在诉讼中可以提出，行使效果说不切实际，而存在效果说更为合适。2. 债权人已向债务人提出履行请求，而债务人不置可否，在诉讼中又提出同时履行抗辩权，如果认为其行使具有溯及力等于变相承认存在效果说；如果认为其行使不具有溯及力，为真正的行使效果说。首先，如前所述，抗辩权排除债务之届期；其次，因抗辩权的存在，给付迟延为非可归责于债务人的事由；② 第三，抗辩权是否不经行使不生效力呢？笔者认为，实体上的权利无须表彰，抗辩权之效力系因法律规定而非意思表示。所以，这种情况下行使效果说不甚合适。3. 债权人已向债务人提出履

---

① 朱广新：“先履行抗辩权之探究”，载《河南省政法干部管理学院学报》2006年第4期。

② 王利明：《合同法新问题研究》，中国社会科学出版社2003年版，第164页。

行请求，债务人提出同时履行抗辩权，则涉及举证的问题。依存在效果说，债务人无须举证证明自己已为抗辩权的意思表示；依行使效果说，债务人则需要同时证明抗辩权存在和自己已经作出抗辩的意思表示。根据举证责任的分配，债务人要证明债权人曾经拒绝履行不易，存在效果说更为合适。

（二）同时履行抗辩权的提出

我国目前的审判实践中，履行抗辩权之主张主要是以“诉”与“反诉”的形式存在，也有少数的直接提出抗辩，但其前提往往是合同约定非常详实，法院往往也较容易认定和支持，这类情况常出现在标的较大、形式较为规范的合同中。事实上，《合同法》设立同时履行抗辩权制度之目的，是为了保护当事人之间在利益关系上的公平。因此，只要双方当事人互负义务，没有先后履行顺序的，不管在诉讼中一方以何种方式提出，要求对方履行相应的符合约定的义务的请求，都应视为行使同时履行抗辩权，而不应在意于当事人是否明确提出。虽然采用“诉”与“反诉”的形式主张同时履行抗辩权存在诉讼成本较高的弊端，但鉴于现时审判之现状，直接提出主张的胜诉门槛较高，我们应该尊重以“诉”和“反诉”形式存在的同时履行抗辩权的提出方式，对于反诉之审查也不应过于严格，以充分保障当事人的诉权。并且，虽然当事人没有明确主张同时履行抗辩权，但在审理时不宜将诉求割裂开来，在判决时也不宜简单作出谁胜诉谁败诉的判决。

（三）同时履行判决

合同发生履行延迟，一方请求履行或诉至法院，会产生同时履行抗辩权的行使。一般有两种诉求：1. 解除合同，承担违约责任；2. 继续履行，承担违约责任。理论上讲，此时另一方若享有同时履行抗辩权，即使在履行期内没有履行，也不陷于延迟，因此发生解除权的要件尚不具备。[①] 我国规定同时履行抗辩权适用于“没有先后履行顺序”的情况，那么在延迟给付情况下，双方同时获得同时履行抗辩权，排除违约责任，则在不存在合同解除或无效情形下，被告提出同时履行抗辩权应视为其认同合同效力的维持，法院应作出同时履行的判决。如梁慧星教授所云：“原告不能证明自己履行或提出履行其债务，或不能证明被告有先履行义务，法庭

---

① ［日］我妻荣：《民法讲义V1：债权各论上卷》，徐慧译，中国法制出版社2008年版，第86页；韩世远：《合同法总论》，法律出版社2004年版，第142页。

应宣告同时履行抗辩权之成立，并作出使原告和被告同时履行其债务的裁判。”我国法院的做法一般是驳回诉讼请求，待一方为给付后重新提起诉讼，浪费司法资源，使同时履行抗辩权的功能得不到充分发挥，同时履行判决符合诉讼经济原则。[①]

综上，存在效果说更为合适，所以被告只需提出同时履行抗辩权并就其构成要件举证，原告则需对自己已经履行或提出履行进行举证，或证明被告具有先履行的义务。如果同时履行抗辩权成立，法院应作出同时履行的判决。回到开篇案例中，被告提出同时履行抗辩权，法院可以做出同时履行判决。法院为同时履行判决，不必基于当事人之请求，被告虽不为同时履行判决之请求，只要其依第 66 条主张同时履行抗辩权，法院亦应为同时履行之判决。[②] 原告申请强制执行时，需自己先为给付符合合同约定质量的房屋。

（张玉英　西藏自治区林芝地区中级人民法院
黄洋洋　黄一峰　广东省广州市海珠区人民法院）

无权处分合同的效力及其司法效果

【司法精要】

理论界、实务界对无权处分合同的效力及其司法效果的认定存在分歧，该分歧是探讨无权处分制度的关键所在。无处分权人欠缺处分权不影响无权处分合同的效力，即不导致该合同无效或效力待定。法官认定合同无效只能依据《中华人民共和国合同法》（以下简称《合同法》）第 52 条的规定从反面审查。相对人在符合善意取得的条件下实现交易目的，权利人只能请求无处分权人返还不当得利或赔偿损失。相对人在不符合善意取得的条件下：如法官认定无权处分合同有效，相对人可请求无处分权人履行合同义务以实现交易目的，权利人如已追认可作为共同被告被诉请；权利人可请求返还原物，但其在追认无权

---

① 韩世远：《合同法总论》，法律出版社 2004 年版，第 342 页。

② 王泽鉴：《民法学说与判例研究（6）》，中国政法大学出版社 1998 年版，第 131 页。

处分行为、无处分权人后取得处分权的条件下丧失该请求权；如交易目的最终未实现，相对人可通过违约责任追究或解除合同并请求赔偿损失以维护合法权益；如法官认定合同无效，相对人可依据《中华人民共和国民法通则》（以下简称《民法通则》）第61条请求返还财产、赔偿损失，权利人可请求返还原物。文章最后对涉及无权处分合同纠纷的案由确定，诉讼当事人确定、追认认定的实务操作要点进行了分析归纳。

无权处分制度涉及权利人、无处分权人、相对人三方法律关系。司法实务中，法官如何准确认定事实并正确适用法律，并在权利人与相对人利益冲突时公允裁判以维护社会经济秩序，是颇值深思的问题。作为联接三方的无权处分合同，其核心在于其效力应如何认定并产生何种司法效果。

一、问题之提出

关于无权处分制度，我国现有法律规定主要体现在《合同法》第51条、《中华人民共和国物权法》（以下简称《物权法》）第106条、《最高人民法院关于审理买卖合同纠纷案件适用法律问题的解释》（以下简称《买卖合同解释》）第3条。而何为《合同法》第51条中的“处分”和“合同”，其效力又如何？该51条是否与《买卖合同解释》第3条相冲突①？又是否违反了《物权法》第15条确立的区分原则②？上述疑问成为协调各法律条款难以绕开的命题。为此，理论界既存在着“处分”是物权行为或债权行为的争点③，又存在着“合同”的无效说、完全有效说、

---

① 李军：“无权处分概念辨析——以不同物权变动模式为视角”，载《西南大学学报（社会科学版）》2013年第6期。

② 钟维：“论物权变动区分原则在无权处分领域之贯彻”，载《人大法律评论》2009年第1期。

③ 崔建远：“无权处分辨——合同法第51条规定的解释与适用”，载《法学研究》2003年第1期。

效力待定说、一般有效说及原则有效、例外无效说的分歧①；实务界则出现同案不同判的现象②。

笔者认为，理论界学说争论的根源在于学者所依据的物权变动模式理论不同，由此所进行的法理分析也就不一。实务界裁判不一的原因在于裁判者对上述法条的理解不同，尤其是对《合同法》第51条的解释存在分歧。

在司法实务中，但凡涉及无权处分纠纷的诉讼，多以权利人请求返还标的物以恢复原状、相对人请求履行合同以取得标的物所有权为启动模式，上述请求权的基础多涉及对无权处分合同效力本身的确认，由此产生无效后返还、有效后履行的理论法律效果。而裁判者只能依据现有法律法规对无权处分合同的效力及其产生的法律效果进行判析，最终实现保护当事人合法权益、维护社会经济秩序的合同目的。因此，理论上不应过多注力于不同的物权变动模式理论下无权处分制度构建的优缺点，也不应在无权处分本身含义上过多牵涉，而应立足于我国既有的民法理论体系，对我国现有涉及无权处分的法律条款予以解读，构建法条协调联系或提出法条完善建议，以期为实务工作者作出公正裁判提供理论支持。

综上，无权处分合同的效力认定及由此产生的司法效果是理论研究的基础问题。实务中对所涉无权处分纠纷确定何种案由，如何确定诉讼当事人，如何认定权利人追认，应是实务操作的常见问题。因此，本文拟以法官审查的视角，对上述理论和实务问题进行探讨。

二、基础理论问题之澄清

探讨无权处分合同的效力及其产生的司法效果，前提是要立足于我国的民法理论。就基于法律行为引起的物权变动的立法模式而言，理论界和实务界均认同我国现行立法采取的债权形式主义，以《物权法》第15条为体现，即当事人间除达成

---

① 王利明："论无权处分"，载《中国法学》2001年第3期；钟维："论物权变动区分原则在无权处分领域之贯彻"，载《人大法律评论》2009年第1期；韩舸友："无权处分合同效力略探——以《物权法》为背景"，载《法学杂志》2010年第6期。

② 毕玉清："对无权处分合同的几点思考——以合同法第51条、买卖合同解释第3条为例"，载《法制博览（中旬刊）》2014年第3期。

债权合意外，还需要践行登记或交付的法定方式，才发生物权变动的效力[①]；同时，还区分了物权变动的原因行为和物权变动的结果，并将登记或者交付义务作为原因行为的当然内容，即该项义务可依据有效的债权合同被诉请履行[②]。

（一）无权处分合同的效力认定

围绕合同的效力问题，合同法理论基本认可了有效、无效、效力待定的分类，因此，探讨无权处分合同的效力亦应在此分类下进行。而一旦当事人因无权处分合同纠纷提起诉讼，法官审理的方向多是对有无导致合同无效的情形进行事实认定，裁判的结果则是对合同是否无效进行法律判断。在此意义上，诉讼中无权处分合同的效力认定主要是从反向进行审查的。

上述合同效力各学说均是立足于合同法理论和条文进行的理论探讨，即对诉讼前无权处分合同效力的可能性予以法理分析所得出的不同学说。笔者认为，原则有效、例外无效说与有效说只是表述不同，内容并无实质差别，因为二说均承认无权处分合同因违反《合同法》第52条而无效，均是对现有合同效力认定理论的重复，其核心观点均是认为无处分权人欠缺处分权并不导致合同无效或效力待定；无效说与效力待定说亦只是称谓不同，其实质也无异，因为无效说也承认无权处分合同因权利人追认或无处分权人取得处分权后有效[③]，二说核心观点均是认为无处分权人欠缺处分权导致无权处分合同无效，同时认为如后符合权利人追认或无处分权人取得处分权的条件可使合同变为有效。

不难看出，理论界对无权处分合同效力的探讨，实质是探讨无处分权人欠缺处分权是否影响合同的效力问题，而由此所生分歧进入诉讼后则涉及是否违反《合同法》第52条、是否追认、是否取得处分权等法官具体认定事实或适用法律问题。因此，笔者认为，理论探讨不应过多纠结于法官事实认定的实务问题，而应就无处分权人欠缺处分权是否影响无权处分合同的效力进行研究。

---

① 马俊驹、余延满：《民法原论》，法律出版社2010年版，第304页；姜凤武、贾宏斌："不动产交易中无权处分合同的效力——兼评买卖合同司法解释第3条"，载《人民司法》2012年第17期。

② 马俊驹、余延满：《民法原论》，法律出版社2010年版，第304页。

③ 韩舸友："无权处分合同效力略探——以《物权法》为背景"，载《法学杂志》2010年第6期。

就合同法理论而言，合同效力的认定是从正、反面进行的，即正面是否具备行为人有相应的民事行为能力、意思表示真实、不违反法律或社会公共利益三大要件，反面是否存在《合同法》第52条规定的情形，如存在则自始无效，否则有效。如存在《合同法》第52条规定的情形，即使权利人追认或无处分权人取得处分权，合同亦自始无效。同时，因为我国民法理论不区分物权、债权行为，履行合同以实现物权变动是签订合同本身的应有之意，这也是物权法确立的原因、结果区分原则的题中之义。因此，人为区分《合同法》第51条中的“合同”“处分行为”的意义并不大，将该条中的“权利人追认”“无处分权的人订立合同后取得处分权”附加为无权处分合同的生效要件更无理论依据和法律依据。对此，《买卖合同解释》第3条已从反面予以佐证，即只以出卖人对标的物无所有权或处分权为由诉请确认合同无效，是不能得到法院支持的。笔者认为，该条款既明确了实务界认定无权处分合同效力的反向审查模式，又明确了反向审查的依据只应是《合同法》第52条，还明确了正面认定无权处分合同效力的依据是《合同法》第51条。如此解释《合同法》第51条、第52条及《买卖合同解释》第3条，才是法条解释、体系解释的当然要求。

实务中，权利人多以无处分权人系无权处分、无处分权人与相对人系恶意串通为由请求确认无权处分合同无效，法官审理后如认定不存在恶意串通等《合同法》第52条规定的情形，多认为权利人单以无处分权人不具有处分权为由确认合同无效的主张不具备法律依据，进而驳回权利人的诉讼请求①，此类判例实为对《买卖合同解释》第3条所明确的无权处分合同效力正反面认定模式、依据的重申和实践。同时，实务中，在相对人诉请权利人、无处分权人履行合同义务以实现交易目的的诉讼中，法官判决权利人辅助或配合履行合同义务的理由多为权利人在长时间内未对无权处分行为提出异议而视为权利人对该无权处分行为明知且同意②。笔者

① 参见北京市第三中级人民法院（2014）三中民终字第06125号民事判决书（高某祥诉贺某华等确认合同无效纠纷案），上海市闵行区人民法院（2013）闵民五（民）初字第1231号民事判决书（胡某诉上海中房君莲置业有限公司等确认合同无效纠纷案），载 http://www.chinacourt.org，最后访问日期：2014年8月25日。

② 参见上海市浦东新区人民法院（2013）浦民一（民）初字第23105号民事判决书（郑某麟诉王某人等买卖合同纠纷案），上海市第一中级人民法院（2014）沪一中民二（民）终字第75号民事判决书（陈某芳等诉陈某利等房屋买卖合同纠纷案），载 http://www.chinacourt.org，最后访问日期：2014年8月25日。

认为，法官如此说理实为对《合同法》第51条中的“权利人追认”“无处分权的人订立合同后取得处分权”的同义解释，即将之作为相对人实现物权变动而对抗权利人的两大事实依据，其实质是承认二事实的存在可赋予权利人履行或辅助履行无权处分合同约定的义务，以消除合同相对性带来的无权处分合同只约束无处分权人的弊端，保障相对人交易目的的最终实现。

综上，理论界、实务界对无权处分合同效力予以有效、无效、效力待定或原则有效例外无效的归类，并无实质意义。合同签订人即无处分权人欠缺处分权不导致无权处分合同无效或效力待定，这才是理论界、实务界渴望表达和急需明确的。权利人追认和无处分权人取得处分权是相对人为实现交易目的对抗权利人的事实依据，而非无权处分合同生效的附加要件。至于无权处分合同效力的最终判定，则应根据当事人的诉辩，待法官查明个案事实后，依据《合同法》第51条正面审查、依据《合同法》第52条反面审查予以裁判。

（二）无权处分合同的司法效果

如同上文分析，凡因无权处分合同进入诉讼的纠纷，当事人多就合同效力存在争议，因此，法官必须审理并对无权处分合同的效力进行认定。如认定合同有效，则涉及相对人依据有效合同诉请履行交付或登记义务，权利人则面临丧失涉合同标的物权的法律效果；如认定合同无效，则涉及权利人请求返还标的物，相对人无法取得标的物所有权的司法效果。而真正值得研究的是当权利人、相对人的利益发生冲突而各自寻求诉讼救济时，以及当无权处分制度被不法行为人利用为破坏社会经济秩序的工具时，法官如何解释、适用法律的问题，即笔者此处所指的无权处分合同的司法效果。

对此，无效说认为交易安全及相对人利益的保护由善意取得制度实现[①]；效力待定说认为如不符合权利人追认或无处分权人事后取得处分权的条件，合同即无效，相对人不能诉请履行合同义务，如又不能成立善意取得，相对人只能向无处分权人主张缔约过失责任[②]；有效说则认为合同虽有效，但只是物权变动的原因，在

---

① 马文高：“无权处分与履行不能”，载《法学杂志》2005年第2期。

② 最高人民法院民事审判第二庭编著：《最高人民法院关于买卖合同司法解释理解与适用》，人民法院出版社2012年版，第76页。

标的物交付前，权利人仍是所有权人，不会损害权利人的利益，同时，在相对人不能通过善意取得制度取得标的物所有权的情形下，其可请求无处分权人继续履行以保留实现交易目的的可能，如该可能不能实现，其可以诉请赔偿损失①。有实务工作者也主张无权处分合同有效，认为如后符合追认或取得处分权的条件，则发生物权变动效力，否则，根据善意取得的构成与否赋予相对人取得所有权或追究无处分权人违约责任的权利，并赋予权利人行使物权请求权以实现返还原物的可能②。

而《买卖合同解释》第 3 条在肯定买受人诉请出卖人承担违约责任的同时，又赋予买受人解除合同并主张损害赔偿的救济途径。其中的“违约责任”，无疑是对理论界关于无处分权人欠缺处分权不能导致合同无效的法条解释。而“解除合同并主张损失赔偿”则难以纳入违约责任范畴，实务界将之归入违约救济范畴③，理论界将之归入合同权利义务因合同解除而终止的法律效果④。而关于合同的解除制度，存在约定解除和法定解除两种方式。笔者认为，因为无权处分还与履行不能密切相关，《买卖合同解释》第 3 条中“解除合同并主张损失赔偿”的规定，立法本意在于纠正相对人所存在的合同有效即可取的标的物所有权、只可通过违约责任进行救济的固有思维，引导相对人从行使合同解除权的角度来维护自己的合法权益，即通过在签订合同时约定解除合同的条件、相关责任予以事前预防，或依据《合同法》第 94 条关于法定解除的规定予以事后救济。

因为无权处分合同的司法效果涉及合同效力的认定、善意取得认定、权利人追认的认定以及合同解除的认定，因此，笔者结合现有法律规定，尝试归纳梳理并予以类型化，以期明确司法效果：

第一，善意取得制度规定于物权法之“所有权取得的特别规定”一章，这印证了善意取得属于原始取得的物权法理论⑤，因此，应将之区别于基于买卖、赠与等

---

① 王倩：“论无权处分行为的有效性”，载《理论界》2007 年第 6 期。

② 姜凤武、贾宏斌：“不动产交易中无权处分合同的效力——兼评买卖合同司法解释第 3 条”，载《人民司法》2012 年第 17 期；最高人民法院民事审判第二庭编著：《最高人民法院关于买卖合同司法解释理解与适用》，人民法院出版社 2012 年版，第 80 页。

③ 最高人民法院民事审判第二庭编著：《最高人民法院关于买卖合同司法解释理解与适用》，人民法院出版社 2012 年版，第 81 页。

④ 马俊驹、余延满：《民法原论》，法律出版社 2010 年版，第 603 页。

⑤ 马俊驹、余延满：《民法原论》，法律出版社 2010 年版，第 331 页。

合同所为的继受取得。故如符合善意取得要件，无论无权处分合同被认定有效或无效，权利人均丧失物权、相对人即时取得物权。此况下，权利人只能向无处分权人主张权利，即涉及不当得利返还、赔偿损失等请求。

第二，在不符合善意取得要件下：如认定合同有效，相对人可请求无处分权人履行合同义务以实现交易目的，权利人在追认或无处分权人后取得处分权的条件下可作为共同被告被诉请；权利人可请求返还原物，但如已追认无权处分行为或无处分权人后取得处分权，则丧失该请求权；如交易目的最终未实现，相对人可请求无处分权人承担违约责任，或请求解除合同并赔偿损失。如认定合同无效，权利人可请求返还原物；相对人可依据《民法通则》第 61 条的规定请求返还财产，如有损失，也可主张赔偿损失。

三、实务操作要点之把握

（一）案由确定

实务中，因无权处分所涉诉讼，多以权利人或相对人为原告提出诉请，其中，权利人多以请求无处分权人或相对人返还原物为根本诉求，相对人多以请求无处分权人履行合同义务并取得物权为目的。围绕权利人请求确认合同无效并恢复标的至转移前状态的诉讼，实务中所定案由即存在确认合同无效纠纷、所有权确认纠纷、返还原物纠纷之判例①，而就涉及无权处分房屋而言，还存在房屋买卖合同纠纷之判例。

笔者认为，案由确定应结合当事人的诉请事项和当事人诉讼的最终目的而定。如权利人只起诉确认合同无效，案由则应定为确认合同无效纠纷；如权利人诉请的事项还包括返还原物或恢复标的物转移前状态或原始状态等，则应以返还原物纠纷确定案由。因为当事人的诉请事项是表明其本意的直接体现，而就无权处分纠纷而言，对无权处分合同效力的确认诉请只是实现返还原物目的的前提，该最终目的才

---

① 参见上海市第一中级人民法院（2014）沪一中民二（民）终字第 158 号民事判决书（张某扬诉张某等确认合同无效纠纷案），湖南省沅陵县人民法院（2012）沅民一初字第 176 号民事判决书（全某某诉廉某某等返还原物纠纷案），载 http：//www. chinacourt. org，最后访问日期：2014 年 5 月 31 日。

是确定案由的根本依据。对此，审判实务中已有法官在判词中如此明确[①]，这也是法律理解与适用之本意[②]。

（二）诉讼当事人的确定

在权利人以原告身份提起返还原物之诉或确认合同无效之诉的案件中，实务中将相对人、无处分权人作为共同被告纳入诉讼，并无较大分歧。

而在相对人以原告身份诉请履行合同义务的纠纷中，可否将权利人、无处分权人作为共同被告纳入诉讼？理论界存在不同意见，有学者立足于并存的债务承担理论，认为在权利人追认后，如明示或默示加入合同关系，且通知相对人，则权利人即成为合同当事人，如权利人不加入合同关系，法官则可以权利人与无处分权人形成事实上的间接代理关系并依照《合同法》第402条、第403条的规定裁判[③]；有学者认为即使权利人进行了追认，其与相对人也不存在合同关系，但权利人因追认产生了容忍标的物转移的不作为义务和配合标的物转移的作为义务[④]。

笔者认为，上述学者虽就权利人能否因其追认成为无权处分合同当事人产生分歧，但均认可权利人的追认能赋予其在相对人诉请履行合同义务的纠纷中辅助转移标的物所有权的义务，而诉讼中相对人该项诉请的基础即是因无权处分合同而生的债权请求权，权利人容忍或配合标的物转移等辅助义务均应因此而生。因此，理论上认可权利人的追认可产生将权利人纳入无权处分合同义务人的法律效果，是赋予实务工作者裁判的理论依据。即在相对人以权利人已追认为由诉请履行合同义务的诉讼中，相对人可将权利人和无处分权人作为共同被告。

就法律依据而言，在权利人追认的情形下，能否将无权处分中权利人、无处分权人、相对人的关系类推适用《合同法》第403条关于隐名的间接代理的规定？依

---

① 参见上海市第一中级人民法院（2014）沪一中民二（民）终字第158号民事判决书（张某扬诉张某等确认合同无效纠纷案），载http://www.chinacourt.org，最后访问日期：2014年5月31日。

② 最高人民法院民事案件案由规定课题组编著：《最高人民法院民事案件案由规定理解与适用》，人民法院出版社2011年版，第132页。

③ 龚赛红、于海旭：“无权处分合同的当事人分析”，载《北京化工大学学报（社会科学版）》2011年第3期。

④ 王曦：“论无权处分中权利人的追认权”，载《法制与经济（中旬刊）》2009年第12期。

据该规定，第三人有权在委托人和受托人间选择合同相对人，且选择后不得变更，但该规定并未明确委托人和受托人能否作为共同被告参加诉讼，因此，如适用此规定，权利人、无处分权人作为共同被告参加诉讼的法律依据并不充分。因此，笔者认为，既然相对人诉讼目的的实现需要权利人、无处分权人的介入和配合，法官可依据《中华人民共和国民事诉讼法》第132条将其列为共同被告。

（三）追认的认定

实务中，追认的认定涉及相对人、无处分权人、权利人的根本利益。现实中，无处分权人和权利人又大多存在夫妻、父子等亲属关系或其他利害关系，出于趋利性考虑，不排除权利人、无处分权人意图借助无权处分制度来实现非法获利的目的。同时，我国现行物权登记制度尚不健全，民事主体的物权登记意识亦未同步跟进。因此，实务工作者对“追认”举证责任的分担、认定，既关系民事主体的合法权益，又关系社会经济秩序中交易的安全，更关系社会的公平正义。

我国现有法律并未规定追认举证责任的负担主体，有学者基于权利人利益保障的考虑，认为应类推适用无权代理关于追认的法律规定，即只能明示追认[①]。但无权处分毕竟不同于无权代理，因为无权代理是以被代理人名义进行的，相对人在行为刚开始时即通常知道被代理人，理论上其可穷尽各种途径与被代理人进行交涉，进而确定是否追认，并作出是否撤销的意思表示，最终使无权代理合同的效力确定。而无权处分的多数场合，在无处分权人向相对人披露权利人前，相对人很难知道权利人的存在，也无从知道标的的真实所有状态，更无力对权利人的明示追认予以举证，将此项举证责任归于相对人太过苛刻。因此，笔者认为应承认默示追认，由法官根据当事人的诉辩综合案件事实予以推定。对此，理论界、实务界有主张将追认权的行使作为发生物权变动的当然原因，即其行使是一种放弃返还请求权的物权行为[②]，可使物权发生变动。如此，追认的认定即转化为放弃物权请求权或同意物权变动的认定。即如相对人能举证证明权利人知道无处分权人处分其标的物，且权利人未在一定期间内通过诉讼等途径向相对人主张权利等事实，即可认为权利人

---

① 王曦：“论无权处分中权利人的追认权”，载《法制与经济（中旬刊）》2009年第12期。

② 王海燕、候国跃：“无权处分与一物数卖的理论和实践问题——‘无权处分与一物数卖’专题学术研讨会综述”，载《西南政法大学学报》2013年第5期。

默示追认了无权处分行为。对此期间，虽案情不一，但出于司法统一的考虑，修订法律或出台司法解释可以考虑以一年为限。

就实务而言，笔者认为认定追认可从以下几方面进行分析：第一，权利人和无处分权人的关系，包括亲属关系远近、居住场所远近、生活联系密切程度等，如关系越近、居住越近、联系越密切，权利人知悉无权处分行为的可能性越大；第二，处分标的物的价值大小、与权利人的生活相关度。一般来讲，价值较大、与权利人生活相关度高的标的更关系权利人的利益，权利人在情理上对其保持的关注度也较高，知悉其实时状态的可能性越大，比如不动产；第三，相对人占有标的物的时间长短，如相对人已长期占有了标的物，比如达数年之久一定程度上可佐证权利人对无权处分行为的认可；第四，无权处分合同签订时合同标的的价值，有无证人、介绍人等予以证明。如合同签订时约定的标的价值与当时市场价值相当，有合同双方的邻居、熟人等在场见证，有基层群众性自治组织工作人员的证明，可在一定程度上佐证无处分权人、相对人无恶意串通损害权利人合法权益的意思，并进一步推断无处分权人的处分并非违背权利人的意思。

综上，笔者认为，当相对人以权利人知道无处分权人进行了处分并认可了该处分行为为依据，认为权利人进行了追认，并就上述几方面进行了举证，实务工作者应综合考虑上述各方面认定事实，以维护交易秩序和公序良俗为原则，援引权利人追认的法律规定进行裁判。

（王亚峰　湖北省潜江市人民法院）

我国第三人利益合同制度的构建

【司法精要】

世界上许多国家和地区已有第三人利益合同制度的立法与实践，我国对第三人利益合同制度却无明确立法。本文从分析我国当前构建第三人利益合同制度存在的立法“迷雾”、理论“困境”、司法“乱象”三方面的现实阻碍入手，分析论证我国立法未明确第三人利益合同制度是产生上述问题的根源，而对第三人利益合同制度生成机理的不同认识则是阻碍制度构建的关键。并指出，第三人利益合同制度是尊重当事人意思自治与保护第三人信赖利益的综合平衡，符合法的实质正义目标，在此基础上，探讨制度生成机理的统一认识，论证我国已具备构建第三人利益合同制度的生成“土壤”，并对如何科学构建符合我国国情及适应现代化司法发展规律的第三人利益合同制度之统一立法提出相应建议。

近年来，随着第三人利益合同纠纷的大量出现，我国理论界对于第三人利益合同制度是否构成对合同相对性原则的违反、现有立法是否已包含第三人利益合同制度、现行制度能否替代第三人利益合同制度发挥作用等产生激烈争议。而对于如何构建我国的第三人利益合同制度，我国合同法学者负责起草的《民法典草案》所涉的第三人利益合同内容，不仅体例安排相异，而且条文间尚存逻辑欠周延等问题。司法实践中，法院对此类案件的裁判标准极不统一：既有按第三人利益合同制度效果裁判的实例，[①] 又有按其他法律制度“迂回”保护第三人利益的实践，还有按合同相对性原则否定对第三人利益进行保护的案例。这既使理论界“颇有微辞”，更引致当事人为此类案件长期申诉、上访，影响了司法权威，降低了司法公信力。

本文从我国当前突出的现实困境出发，以制度生成机理为主线，探讨我国第三人利益合同制度的科学构建。

一、制度认识：第三人利益合同的法律界定

（一）第三人利益合同制度的基本认识

1. 第三人利益合同的表现形式

---

① 参见北京市海淀区人民法院（2005）海民初字第14040号民事判决书。该判决认定，“万金山公司与中能置业公司在租赁合同中约定其中一台设备的费用由景旺租赁站结算，应视为中能置业公司的部分付款义务向第三人景旺租赁站履行，该约定未违反国家法律规定，合法有效，中能置业公司应按照合同履行自己的义务。尽管我国合同法规定的向第三人履行债务条款中仅写明的是，债务人向第三人履行债务或者履行债务不符合约定，应当向债权人承担违约责任，但应当认为第三人有权向债务人请求履行，故景旺租赁站作为第三人可以向中能置业公司要求履行债务。”

假设，甲与乙签订合同，约定第三人丙享有合同利益。该合同便是第三人利益合同。

英国议会于1999年通过实施的《合同（第三人权利）法》（Contract（Right of Third Parties）Act，又被译为《第三人利益合同法》）第1条规定：为使第三人实现合同赋予他的权利，第三人有权得到提起违约之诉的救济，包括涉及损害赔偿、禁令、特别履行及其他救济方式的规则，均可相应地适用于第三人。这是第三人利益合同制度国际立法的典型代表。

2. 第三人利益合同的法律关系结构

第三人利益合同涉及债权人与债务人、债权人与第三人、债务人与第三人相互之间三个层次的法律关系，相较普通合同更加复杂。

（1）第三人利益合同主体间的法律关系结构

从第三人利益合同的产生与发展过程而言，第三人利益合同的法律关系整体上体现为：债权人与债务人之间因存在基本合同行为而在相互间成立“补偿关系”[①]；债务人与第三人之间因主要体现为债务人向第三人的给付而被称为“履行关系”或者“给付关系”[②]；债权人与第三人之间的关系因通常存在一定的原因而被称为“原因关系”或者“对价关系”（详见图表一）。

图表一：第三人利益合同三方主体之间法律关系结构示意图

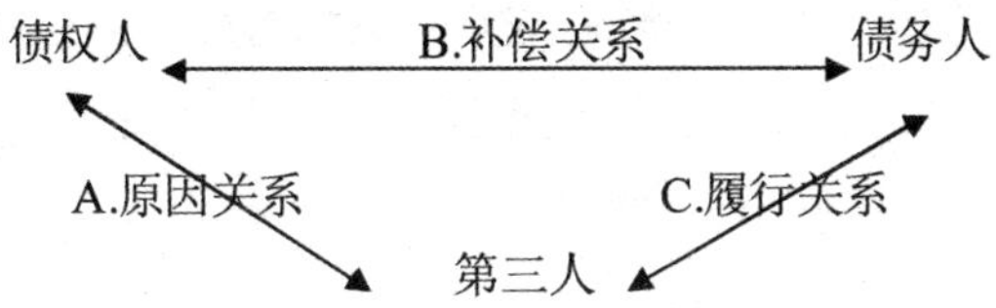

因第三人利益合同的法律关系结构体现为A→B→C的内在顺序，并集中回归于第三人利益的实现。因此，第三人利益合同的本质是债务人向第三人的给付。

然而，由于债权人与债务人之间的补偿关系是第三人享有利益的基础，故在当事人之间的补偿关系存在瑕疵时，债务人有权向第三人提出不履行给付的抗辩。而因债权人无须向债务人表明对价关系，故第三人利益合同依法成立后，“债务人不

① 参见［日］竹屋芳昭：《为第三人的契约》，契约法大系刊行委员会·契约法大系，东京：有斐阁1962版，第273页。

② 参见施启扬：《契约的订立与履行》，正中书局1983版，第129页。

得以对价关系不存在为由拒绝给付。”①

（2）第三人利益合同效力规制中的法律关系结构

第三人利益合同的效力规制体现为一种特殊的组织体法律关系结构：当事人之间的权利义务关系通过基础合同表现为组织体法律关系的第一部分，第三人与当事人之间的法律关系通过第三人利益约款体现为组织体法律关系的第二部分（详见图表二）。

图表二：第三人利益合同效力规制的组织体法律关系示意图

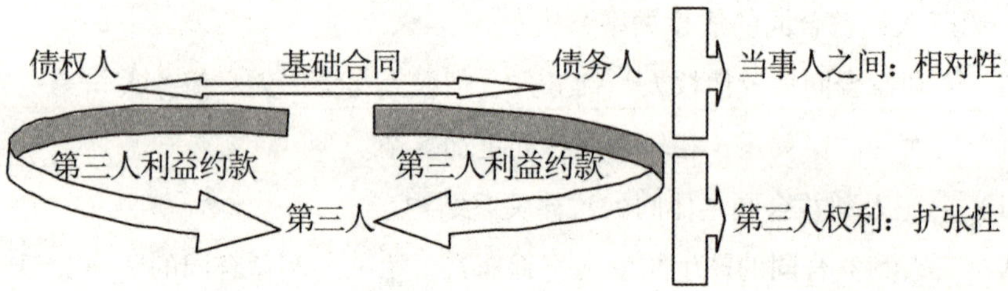

由上分析，第三人利益合同系因合同中设定了第三人的合同权利而使合同效力扩张于当事人以外的第三人，并在债权人、债务人与第三人之间形成一种特殊的组织体法律关系。第三人利益约款因当事人约定而发生，故依附于基础合同。因此，第三人利益合同实为一普通合同并附有一项第三人利益的约款，此约款改变了契约给付义务之方向。②

在第三人利益合同中，得按基础合同之合同相对性约束合同当事人，而第三人利益约款仅在第三人利益的形成与实现过程中对合同当事人及第三人产生相应效果。

（二）第三人利益合同的制度内涵界定

第三人可享有合同利益，学者间均无质疑。然而，第三人是否享有对债务人的利益直接请求权，理论界存在不同观点：

一是肯定说，认为第三人利益合同制度及其概念本身承认第三人对债务人享有

---

① 王利明：“论第三人利益合同”，载《法制现代化研究》（第八卷）2003年5月30日。

② 参见王泽鉴：《民法学说与判例研究》（第7册），中国政法大学出版社1998版，第157页。

利益直接请求权，不需要当事人在合同中另行约定该请求权。①

二是否定说，认为第三人利益合同不必然包含第三人对债务人享有直接请求权。②

三是宽泛肯定说，认为如果当事人为第三人设定合同利益的原因是基于第三人的对价给付或者合同约定了第三人的直接请求权，则得肯定第三人享有利益直接请求权，除此之外，第三人不享有直接请求权。③ 即因符合特定条件而为肯定。

笔者赞同肯定说，承认第三人利益合同制度本身包含第三人的利益直接请求权具有积极的社会意义（理由详见图表三）。

图表三：第三人对债务人享有利益直接请求权的正效益略览

序号	正效益	简要阐释
1	尊重当事人的意思自治	当事人约定利益由第三人享有，承认第三人的利益直接请求权，是对缔约方意思自由的肯定与尊重
2	简化交易过程，提高交易效率	债权人与债务人约定由债务人向第三人履行，能够简化履行手续、缩短交易时间、提高交易效率、减轻债权人接受履行后再履行的“负累”
3	节约诉讼成本，有效减轻讼累	允许第三人向债务人请求给付，则交易双方主体明确，法律后果确定，第三人主张权利方向直接，能够显著降低诉讼成本，有效减轻讼累
4	保护第三人信赖利益的实现	第三人对约定的利益有所预期，可能基于信赖而采取配合受益行为，甚至付出相应代价，赋予第三人直接请求权，有助于保护第三人信赖利益的实现
5	特定情形下有利于及时扶助第三人	以扶助第三人目的而订立的第三人利益合同，赋予第三人的利益直接请求权，有利于及时实现扶助目的

由上分析，第三人利益合同制度在第三人权利的产生、内容及其保障等方面表现出不同于普通合同的特殊规制，第三人对债务人享有直接请求权为其典型特征。第三人利益合同制度体现了尊重当事人意思自治与保护第三人信赖利益的综合平

① 参见郑玉波：《民法债编总论》（修订二版），中国政法大学出版社 2004 年版，第 358 页。

② 参见崔建远：《合同法》，法律出版社 2003 版，第 30 页。

③ 参见王利明：《合同法研究》（第一卷），中国人民大学出版社 2002 年版，第 125 页。

衡，符合法的实质正义目标。

二、模棱两可：在我国构建第三人利益合同制度之现实障碍

（一）立法“迷雾”：我国立法有无第三人利益合同规定的观点“碰撞”

1. 现有立法关于第三人利益合同的规定“迷雾重重”

理论界对于我国现有立法有无第三人利益合同制度的规定争论激烈，根本原因在于我国立法有关规定内容不甚明确（详见图表四）。

图表四：我国民事立法有关第三人利益合同的规定及其分析

<table>
<tr><th colspan="2">民事法律</th><th>条文</th><th>内容</th><th>与第三人利益合同制度对照分析</th></tr>
<tr><td rowspan="6">民事基本法</td><td rowspan="2">《中华人民共和国民法通则》（以下简称《民法通则》）</td><td>第 84 条</td><td>债是按照合同的约定或者依照法律的规定，在当事人间产生的特定权利义务关系。……债权人有权要求债务人按照合同的约定或者依照法律的规定履行义务</td><td>明确债仅在当事人（债权人与债务人）间发生，但第三人可否成为他人间合同之债的债权人不明确</td></tr>
<tr><td>第 85 条</td><td>合同是当事人之间设立、变更、终止民事关系的协议</td><td>明确第三人并非合同当事人，而对于合同中可能约定第三人利益的第三人之地位未明确</td></tr>
<tr><td rowspan="4">《中华人民共和国合同法》（以下简称《合同法》）</td><td>第 8 条</td><td>依法成立的合同，对当事人具有法律约束力</td><td>明确合同对当事人以外的第三人并无法律拘束力，但对第三人能否享有合同权利未明确</td></tr>
<tr><td>第 64 条</td><td>当事人约定由债务人向第三人履行债务的，债务人未向第三人履行债务或履行债务不符合约定的，应当向债权人承担责任</td><td>未明确第三人是否享有对债务人的利益直接请求权，导致理论上产生该条是否第三人利益合同制度规定的争议①</td></tr>
<tr><td>第 108－115 条</td><td>当事人一方明确表示或者以自己的行为表明不履行合同义务的，对方可以在履行期限届满之前要求其承担违约责任</td><td rowspan="2">明确违约责任仅在当事人之间发生，排除了第三人主张违约责任的权利。然而，当事人主张违约责任与第三人请求直接履行有无矛盾及可否分开进行未明确</td></tr>
<tr><td>第 121 条</td><td>当事人一方因第三人的原因造成违约的，应当向对方承担违约责任。当事人一方和第三人之间的纠纷，依照法律规定或者按照约定解决</td></tr>
</table>

① 《合同法》第 64 条规定是否关于第三人利益合同制度的规定，理论上形成四种不同学说，下文将有详细论证。

由上分析，我国现有立法不仅未明确规定第三人利益合同的一般规则，而且部分条文反而限制了第三人利益合同的适用。① 我国虽已有部分特别法承认第三人利益合同的制度效果，然因其针对性强，对于普通合同并无适用意义。此外，特别法规定第三人的利益直接请求权，形式上尚缺乏民事基本法的立法授权，故认为可参照我国特别法规定承认普通合同中第三人享有直接请求权的观点。违背一般法理逻辑。因此，理论上主张我国现有立法已包含第三人利益合同规定的观点不能自圆其说。

2.《合同法》第64条是否第三人利益合同制度规定的理论之争（详见图表五）

图表五：《合同法》第64条是否第三人利益合同制度规定的观点及解说

四种论说	主要观点	理论解析
肯定说	是	该条是不同于大陆法系的立法路径，并给予当事人充分的自由空间与协商余地，无论合同中约定第三人享有或者不享有直接请求权，都被法律允许②
否定说	否	该条只是“经由被指令人而为交付”③ 或是关于第三人履行的规定④，并非第三人利益合同制度。此类合同的效力限定在当事人之间，仅发生普通合同的通常效力。⑤《合同法》删除“草案”中第三人利益合同的内容，说明我国立法机关对第三人利益合同持否定态度
宽泛肯定说	特定条件下是第三人利益合同	根据当事人是否约定第三人享有直接请求权区分认定，约定第三人有直接请求权则构成第三人利益合同；反之，则仅为合同的特殊履行⑥
不足肯定说	是，但存在不足，可通过补充完善	该条规定违约责任仅在当事人间发生，但并未明确否定第三人对债务人的利益直接请求权，⑦ 故存在易致歧义等不足，该不足可通过其他方法补充完善。比如，可在“合同的效力”部分增补一条，即：对于第64条的规定，当事人约定使第三人取得对债务人的直接请求权或依合同性质及交易习惯可推知当事人有此种意思者除外⑧

---

① 比如，关于违约责任仅在当事人之间发生的规定，限制了以第三人对债务人享有直接请求权（包括违约救济请求权）为根本特征的第三人利益合同制度的法律适用。

② 崔建远：“为第三人利益合同的规格论——以我国《合同法》第64条的规定为中心”，载《政治与法律》2008年第1期。

③ 尹田：“论涉他契约——兼评《合同法》第64、65条之规定”，载《法学研究》2001年第1期。

④ 参见郭明瑞、房绍坤：《合同法原理》，中国人民大学出版社2000年版，第193页。

⑤ 叶金强：“第三人利益合同研究”，载《比较法研究》2001年第4期。

⑥ 参见王利明：《合同法新问题研究》，中国社会科学出版社2003年版，第390页。

⑦ 参见韩世远：《合同法总论》（第二版），法律出版社2008版，第232～237页。

⑧ 参见王利明、郭明瑞、潘维大主编：《中国民法典基本理论问题研究》，人民法院出版社2004年版，第611页。

前述关于我国立法有无第三人利益合同制度规定以及《合同法》第 64 条规定的定性之争，均源于我国现有立法相关规定不明确。

总体而言，由于我国立法机关对第三人利益合同态度的“讳莫如深”，导致理论、实务界在有关问题上的认识争议“剪不断、理还乱”。

（二）理论“困境”：制度生成机理及其构建中的认识“对抗”

长期以来，我国理论界对第三人利益合同制度是否突破合同相对性原则、应否以及如何在我国构建第三人利益合同制度等问题始终争执不下。

1. 第三人利益合同制度与合同相对性原则是否矛盾的理论之争

理论上对此主要形成如下两种观点：

一是矛盾论或削弱论，认为第三人利益合同制度是对合同相对性原则的违反或削弱，在保障或限制第三人合同权利的问题上，二者的价值取向存在着根本冲突，故第三人利益合同制度将导致合同相对性原则的衰落或废除。①

二是补充论或例外论，认为第三人利益合同制度是合同相对性原则的必要例外，是对合同相对性原则的修正与补充。②

对于第三人利益合同制度与合同相对性原则之间有无矛盾的不同论断，表明理论上对于该第三人利益合同制度的生成机理尚未达成共识，进而对其构建产生的阻滞作用。我国 1999 年《合同法》的立法过程即为明显例证。③

2. 我国三位学者主编的《民法典草案》所涉有关制度内容“迥异”

近年来，梁慧星、王利明、徐国栋三位学者主编的《中国民法典草案建议稿》《中国民法典草案建议稿及说明》和《绿色民法典草案》（以下分别简称“梁稿”

---

① See Robert Flannigan：Privity——The End of an Era（Error），LQR（Vol. 103），1987，Pp564－592；另参见王秋良、蔡东辉：“涉他契约及其方法论的思考”，载《法治论丛》2003 年第 1 期。

② See Jason Brock，A“Principled”Exception to Privity of Contract：Fraser River Pile & Dredge Ltd. V. Van－Dive Service Ltd.，University of Toronto Faculty of Law Review 53，66（2000）.

③ 梁慧星教授于 1995 年提出的《合同法建议草案》第 68 条曾明确第三人可因合同约定取得向债务人请求履行的权利，1998 年公布的《合同法草案》第 65 条虽明确了第三人对债务人享有履行请求权，却进一步规定违约责任仅在当事人之间发生，最终通过的 1999 年《合同法》彻底取消了第三人对债务人直接请求履行的规定。

“王稿”“徐稿”）均有关于第三人利益合同的规定。[①] 然而，三位学者不仅对于制度称谓[②]以及立法体例界定不同，具体立法建议内容亦悬殊较大（详见图表六）。

图表六：三位学者主编的《民法典草案》中的第三人利益合同内容评析

立法稿 / 对比类目	“梁稿”	“王稿”	“徐稿”
条文数量	2 条（第 897－898 条[③]）	1 条（第 1320 条[④]）	16 条（第 72～87 条[⑤]）
体例编排	第四编　合同——第三十一章　合同的履行	第七编　合同——第四章　合同的履行	第二编　财产关系法——第八分编　债法分则——第六章　涉及第三人的合同——第一节　为第三人利益的合同
主要内容	两项：“为第三人利益合同”“债务人对第三人的抗辩”	一项：“利他合同”	单独“一节”规定：“为第三人利益的合同”

---

① 分别参见梁慧星主编：《中国民法典草案建议稿》，法律出版社 2011 年版，第 179 页；王利明主编：《中国民法典草案建议稿及说明》，中国法制出版社 2004 年版，第 182 页；徐国栋主编：《绿色民法典草案》，社会科学文献出版社 2004 年版，第 513～514 页。

② “梁稿”和“徐稿”对制度称谓是“为第三人利益（的）合同”，而“王稿”称谓“利他合同”。此外，理论界还有“利他契约”“利益第三人合同”“为第三人的合同”“向第三人给付合同”“向第三人履行的合同”“为第三人利益订立的合同”“使第三人取得债权的契约”等称谓。笔者认为，“第三人利益合同”称谓最为科学客观，最能体现制度的本质。

③ “梁稿”第 897 条规定：当事人以合同约定由债务人向第三人履行债务的，债权人得请求债务人向第三人履行，第三人也可以依此约定取得向债务人请求履行的权利。第三人的请求权自其明确向债务人表示接受该权利时发生。第三人未作表示前，当事人可以协商变更或者撤销该约定。第三人拒绝接受时，视为自始未取得合同中为其约定的权利。于此情形，债权人得请求债务人向自己履行，但当事人另有约定的除外。第 898 条规定：债务人基于前条规定的合同而得对债权人主张的一切抗辩权，均可以对第三人主张。

④ “王稿”第 1320 条规定：当事人约定由第三人受领的，该第三人享有请求债务人履行的权利。债务人有权向第三人主张合同所产生的一切抗辩。该第三人表示接受合同约定的利益前，当事人可以撤销或变更其利益。该第三人向当事人表示拒绝合同约定的利益，视为自始未取得该利益。

⑤ 徐国栋主编：《绿色民法典草案》，社会科学文献出版社 2004 年版，第 513～514 页。

续表

立法稿 对比类目	“梁稿”	“王稿”	“徐稿”
主要特点	1. 规范体例受限：未脱离原合同法体例，仍在“合同的履行”一章 2. 内容规范不全面，同时存在逻辑欠周延等问题	1. 与“梁稿”基本相同 2. 较“梁稿”内容更少，缺少“债权人得请求债务人向第三人履行”的基本规定	1. 以专门一节内容规范，较“梁稿”与“王稿”更先进大胆。 2. 存在问题：①参考域外立法，语言“晦涩”难懂，易致歧义。②未明确相关概念关系，与法的稳定性特征不符。① ③对债权人的履行给付请求权、第三人利益合同的违约与救济等未作规定或规定不明，等。④总则规定与分则规范之间尚有逻辑缺陷。②

上述三位学者立法建议中存在的问题主要体现为制度称谓、体例安排、内容不全及逻辑欠缺等方面，对于构建极具争议的新制度而言，既不便于厘清理论分歧，又不利于实践操作，均存在需要改进和完善之处。综合而言，对于第三人利益合同制度生成机理的不同认识是造成上述诸种观点“对抗”的主要原因。

（三）司法“乱象”：法院对相关案件裁判标准的“莫衷一是”

司法实践中，对于相关纠纷中的第三人权利应否以及如何受保障问题，我国法院裁判标准各异：除裁判结果上表现为保护或不保护两种形式外，对于解决纠纷的路径选择亦不一致（详见图表七）。

---

① 比如，“徐稿”第74条规定“从缔结合同开始直接产生第三人的权利”以及第76条规定“如果第三人不接受合同利益，相对人可要求此等利益归他享有”，条文未明确是否债务人与相对人缔结合同，而出现的相对人是否第三人利益合同的缔约主体亦不得而知，逻辑上欠严谨。

② 例如，“徐稿”在其“第八分编第一题合同之债第一章一般规定”并未对第三人享有合同权利进行立法授权，而其后的“第六章”却规定第三人利益合同制度。

图表七：我国第三人利益合同纠纷司法保护的现状与效益分析

路径选择	诉讼结构	第三人地位的实质	保护效果	利弊对比
诉讼第三人制度	原告：债权人 被告：债务人 第三人：诉讼第三人	诉讼第三人，无独立诉权	保护（效率低、周期长、举证难、风险大、法律关系复杂、第三人权利实现受债权人意志影响等）	形式公平、实质不正义（治标）
提起不当得利诉讼	原告：第三人 被告：债务人 第三人：债权人	实体第三人，有独立诉权	保护（周期长、风险大、法律关系复杂、增加另一重待证事实致举证责任增加、多讼累等）	形式公平、实质不正义（治标）
提起代位权诉讼	原告：第三人 被告：债务人 第三人：债权人	实体第三人，有独立诉权	保护（法律关系复杂、举证责任增加、风险大、易致制度误用等）	形式不公平、实质不正义（治标）
一般合同纠纷（运用合同相对性原理）	原告：债权人 被告：债务人 第三人：诉讼第三人	诉讼第三人，无独立诉权	不保护	形式公平，实质不正义（治标）
法律解释学的裁判方法（基于实质正义的自由裁量）	原告：第三人 被告：债务人 债权人：地位不定	实体第三人，有独立诉权（形似）	保护（执法依据不明确、自由裁量的标准不统一、风险大等）	形式不公平，但实质正义（治本）
第三人利益合同制度（尚无明确执法依据）	原告：第三人 被告：债务人 债权人：地位不定	实体第三人，有独立诉权（完全）	保护（成本低、效率高、风险低、裁判标准统一等）	形式公平，实质正义（标本兼治） 缺陷：尚无明确立法

因我国立法未明确规定第三人利益合同制度，第三人往往被迫寻求其他合法的替代救济途径，然均存在效率低、周期长、举证难、法律关系复杂等诉讼风险问题，虽形式公平但却违背法的实质正义对于第三人利益保障的根本要求。而法院按法律解释学的裁判方法处理案件，既与我国成文法传统不符，亦因执法依据不明确、裁判标准不统一等而颇受诟病。相反，第三人利益合同制度却具有对第三人权利与当事人利益均衡保护以及标本兼治的明确优势，其他法律制度无从替代。

综合前述分析，我国当前理论上的重大争议、实践中的“强搬硬套”，凸显我国在第三人利益合同制度规范方面存在的重大缺陷。为适应经济社会发展需要，满足司法公正与效率的需求，亟待在我国明确构建第三人利益合同制度，以更好地指导理论与实践。

三、拨乱反正：在我国构建第三人利益合同制度的现实路径

针对当前我国由于未对第三人利益合同制度明确立法而引致的现实困境，要实现拨乱反正，必须统一认识制度构建的理论基础，明确制度构建的方向，进而科学建构我国的第三人利益合同制度。

（一）困境突围：统一制度构建的理论认识

1. 第三人利益合同制度与合同相对性原则关系之理论突破

合同相对性原则虽因第三人利益合同制度而有所突破，但二者间并无根本矛盾。相反，第三人利益合同制度还是对合同相对性原则的有益补充和发展。理由如下：

（1）从合同相对性原则的产生及其在合同制度中的重要地位分析，因合同相对性原则本身具有“拟制”的“相对性”特征，故而根据债的本质系债务人为给付分析，将第三人利益合同中的债务人认定为相对的责任主体、第三人视为相对的权利主体，并未突破合同相对性原则。

（2）从当事人与第三人概念的产生及其存在意义分析，当事人与第三人概念的产生与界定源于合同相对性原则，故第三人利益合同制度得依附于合同相对性原则而存在。

（3）从第三人利益合同制度的适用条件及适用范围分析，因合同约定第三人利益仅属普通合同的例外，故仅在特定范围内适用，第三人利益合同制度不可能撼动合同相对性原则在合同法体系中的重要地位。

（4）从第三人利益合同制度的社会功能分析，其可以更好地适应社会经济生活的需要，能够满足当事人客观上为第三人利益订立合同的愿望，有利于尊重当事人意思自治与维护第三人信赖利益的均衡保障。

（5）从二者发挥作用的过程分析，合同相对性原则作为合同制度的基石，在第三人利益合同制度运行过程中，仍应贯穿全局对当事人有法律约束力，而第三人利益合同制度仅在界定与第三人利益实现有关的法律关系时，才以其特殊规制在该部分环节发挥效用，二者系互补统一关系。

因此，第三人利益合同制度与合同相对性原则共同对第三人利益合同中各主体利益的实现发挥不可或缺的保障作用。第三人利益合同制度仅约束与实现第三人利益有关的法律关系，除此之外，贯穿合同始终的仍是合同相对性原则。合同相对性原则不因第三人利益合同制度而有所动摇，更不可能因之消亡。

2. 我国已具备第三人利益合同制度的生存土壤

当前，我国已具备第三人利益合同制度的生存“土壤”。主要体现在：

（1）经济社会发展现实对我国第三人利益合同制度的构建提出迫切要求。近年来，我国生产社会化程度日益提高，司法实践中已出现大量的第三人利益合同纠纷，而现有立法缺陷导致困境频生，第三人利益合同制度是标本兼治地解决我国现实问题的最佳途径。

（2）近现代法哲学为我国第三人利益合同制度的存在意义提供了有效的价值分析工具。社会学法学对制约与平衡主体利益的价值功能、新自然法学与法律现实主义对追求实质公平与正义的正当性、经济分析法学对追求效益最大化等提供了明确的理论分析依据。

（3）民法、合同法理论的革新为我国第三人利益合同制度的构建提供了充足的理论支撑。契约自由与意思自治理论的发展、基于诚实信用原则对第三人信赖利益的保护理论、第三人利益合同制度与合同相对性原则系互补统一关系的理论突破，等等，成为制度构建坚实的理论基础。

（4）域外相关制度的成功实践可为我国第三人利益合同制度构建提供必要的借鉴。两大法系许多国家和地区承认第三人利益合同制度的立法与实践，使我国理论界关于第三人利益合同制度与合同相对性原则关系的错误认识“得以纠偏”，而相关制度内容亦可在顺应我国国情的基础上被适当借鉴。

（二）拨雾见日：明确制度科学构建的整体方向

1. 借鉴其他国家或地区有益经验，探索我国制度构建的本土化

两大法系的许多国家或地区已有较为成熟的第三人利益合同制度立法与实践，颇值我国借鉴。然而，由于不同国家或地区的历史传统与现实情况不相同，故对于制度构建与法律体系的关系要求并不一致。特别是，针对第三人利益合同条款的设计，与其各自域内其他法律的衔接以及相互的效力影响并无完整体现。因此，在我国构建第三人利益合同制度，可借鉴域外经验，但绝非简单吸收其法律框架与法律

条文，而必须考虑顺应我国国情，既包括传统意义上的思想衔接，亦包括法律体系上的完整统一，以实现制度构建在我国的本土化。

2. 明确制度构建的宏观方向，实现与维护法律体系的内在统一

在我国构建第三人利益合同制度，应把握制度构建的宏观方向，既包括立法体例的统一，又包括相关立法的配套修订与完善。具体表现在：

（1）在民事基本法总则的一般规定部分承认债的效力或合同的效力可在特定条件下延伸至第三人，或者授权其他法律可以另行制定关于合同的效力扩张于第三人的一般规则（具体立法建议见“附件”，下同）。

（2）在《合同法》“总则”增设“一章”全面规范“第三人利益合同”，[①] 具体包括第三人利益合同的一般规定、合同成立条件、主体间的权利和义务、合同的变动与规制、违约与救济、合同无效情形下的主体责任，等等。

（3）对于《合同法》第 64 条的规定进行相应修订与完善，改变现有立法仅将向第三人给付作为合同履行方式的立法模式。

（4）对于特殊类型的第三人利益合同，授权特别法单独立法，并对特别法规定第三人的直接请求权与第三人利益合同制度的一般性规定之间的立法衔接作相应修订与完善等等。

只有把握了制度构建的宏观方向，才能实现我国新制度的构建与现有法律制度与法律体系的有机统一。

3. 充分利用立法技术，实现我国制度构建的科学化

要实现我国第三人利益合同制度的全面系统科学构建，应充分运用立法技术。具体包括：

（1）类型化归纳。将我国现有法律体系中有关第三人利益保护的法律规定归类研究，纳入第三人利益合同制度体系内统一规范，并通过特定的立法技巧对相似制度准确界定以区分适用。

---

① 英国、新西兰、我国台湾地区等均是将第三人利益合同以特别法或者特别标题的形式单独立法，说明制度本身已具备单独立法的条件。从第三人利益合同本身包含有履行、效力、救济等各方面的内容综合考虑，为保证制度的可操作性以及我国法律体系的内在统一性，在“合同履行”一章后以“单独一章”规范“第三人利益合同”比在“合同的履行”“合同的效力”或者在《合同法》中分散规定等更为科学。

我国现有立法规范的第三人利益保护制度，如代理、债的转让、债的保全、合同履行中的第三人等，均已有较为成熟的法律运作模式，而其中第三人的法律地位与行为后果的规范均不相同。如何实现第三人利益合同制度与其他第三人利益保护制度之间的有效衔接、如何准确划定制度相互之间的清晰界限等等，需要类型化归纳而后逐步论证解决。

（2）体系化演绎。从系统立法考虑，须明确第三人利益合同制度与民法、合同法“一般规定”之间的关系、基本法与特别法的内容衔接，等等，以保障制度构建与现有法律体系的完美融合。

前述对制度构建宏观方向的把握，体现了总则“一般规定”统帅指导分则、特别法源于基本法的立法授权而不违反基本法规定等立法体系上的内在统一。

（3）立法预测中的问题寻找。既要求全面预测制度构建中可能所涉的问题，又要求立法须解决这些问题及明确制度的生成机理，而对于域外经验亦得结合国情去伪存真加以借鉴等等。只有对问题充分预测，对问题解决方案详加论证，才能保证制度构建后的顺利实施。

（4）立法协调中的制度平衡与区分。区分或平衡制度构建与其他第三人利益保护制度的法律适用关系或界限，实现新制度与现有立法的无缝对接，需要特别的立法协调技巧。

笔者认为，为厘清第三人利益合同与其他第三人利益保护制度之间的必要界限，避免制度构建后出现无谓的理论争议和错误的司法操作，应当通过相应的立法技术对第三人利益合同制度准确定位。建议立法明确第三人利益合同制度有条件的优先适用。

附件：

统一构建我国第三人利益合同制度的立法建议[①]

一、民法总则“一般规定”部分（修订完善）

第×条　债的效力，仅在债权人与债务人之间发生，但法律另有规定的除外。

第×条　债因合同、侵权行为、无因管理、不当得利、单方允诺、缔约过失或

① 囿于篇幅，本文仅附与第三人利益合同制度生成或与其体例有关的部分立法建议。

者法律的特别规定而发生。[①]

二、合同法总则部分的修订与完善

1. “一般规定”部分（修订完善）

第×条　合同在当事人之间发生法律效力，但当事人另有约定或者法律另有规定的除外。

第×条　与实现第三人利益有关的合同纠纷，除法律另有规定或者当事人另有约定外，第三人可选择按第三人利益合同制度优先保护。

2. “合同（的）履行”部分第64条之规定（修订完善）

第×条　当事人可以约定由债务人向第三人履行债务。

3. 在“其他规定”的前一章增设一章规范“第三人利益合同”

第×条　第三人利益合同是当事人约定由债务人向第三人为给付利益的合同。第三人可以依据该合同向债务人主张直接给付合同约定的第三人利益，债权人亦可以要求债务人向第三人为该项给付义务。

但是，当事人之间另有约定或者法律另有规定的除外。

第×条　除本章另有规定外，当事人之间的权利义务按照合同法的一般规定相互执行。

第×条　合同当事人对第三人的利益约定不明时，应当根据合同目的、商业交易习惯、当事人及第三人的地位等综合认定第三人是否取得合同权利。

第×条　民事特别法另有规定的，特别法的规定优先适用。民事特别法未作规定或者规定不明的，适用本章规定。

第×条　为第三人利益订立的其他合同产生的争议，如无法律明确规定或者合同特别约定排除适用第三人利益合同效力条款的，参照适用本章规定。

（袁正英　湖北省高级人民法院）

① 参见梁慧星主编：《中国民法典草案建议稿》，法律出版社2011年版，第130页。

预约合同的出路

——以类型系列的构建为分析视角

【司法精要】

对预约进行实证考察，发现实务不适当地扩大了预约的适用领域，对预约法律效果裁判多有分歧。本文以预约的制度价值为起点，以“类型系列”为视角，比较预约与缔约阶段的区别，分析预约与本约的界限，在缔约阶段和本约的夹缝之间，以期开拓属于预约的“一片纯净天空”。本文认为，基于预约产生的权利不具有对抗力，但可通过预告登记而获得；预约权利人原则上仅能诉请订立本约，不能直接诉请本约上的义务履行，但基于诉讼经济原则，可合并诉讼；预约权利人可请求替代给付的履行利益，且预约的履行利益与本约的履行利益应属一致。

2012 年《最高人民法院关于审理买卖合同纠纷案件适用法律问题的解释》（以下简称《买卖合同解释》）第 2 条规定：“当事人签订认购书、订购书、预订书、意向书、备忘录等预约合同，约定在将来一定期限内订立买卖合同，一方不履行订立买卖合同的义务，对方请求其承担预约合同违约责任或者要求解除预约合同并主张损害赔偿的，人民法院应予支持。”① 据此，预约是指约定将来订立债务合同为内容的合同。该条为我国首次规定预约合同，创设预约的裁判规则，具有重要理论和实践意义。

预约作为独立的合同类型，处于缔约磋商阶段和订立本约之间，三者为递进序列的阶梯关系，形成了合同磋商——预约——本约的“类型系列”（Typenreihen）。

---

① 《买卖合同解释》第 2 条虽然仅规定买卖预约，但对其他合同类型的预约应可类推适用。

一种类型可以过渡到另一种类型，且类型间的过渡又是“流动的”。预约在两者夹缝之间成长，随之而来的问题是：（一）构成预约的要素如何以不同强度和组合呈现其整体形象，该各种要素又是如何配比使之过渡到前后两个阶段，即预约与缔约磋商阶段的区分，预约与本约的界定及如何转化为本约；（二）预约违约责任的困境，预约能否请求强制履行、预约损害赔偿范围如何确定以及基于预约产生权利的对抗力问题等。本文试图运用法律释义学的方法，以“类型系列”为分析工具，对预约的构成要件及法律效果提出融贯的解说。

一、现实困境：我国预约合同纠纷司法实务现状的考察

通过对《买卖合同解释》第2条的分析，不难发现该条系对我国近几年司法实务发展的总结，因此对司法实务的整理和分析显得尤为重要。为了解实务的基本态度，笔者检索全国法院相关案例120件，最后以其中25件具有权威性和代表性的案例作为分析样本（以下简称分析样本）。①

（一）司法实务对预约认定的基本观点

1. 预约认定标准：预约领域的不适当扩张

笔者从分析样本中，撷取5份判决用以说明司法实践中预约的认定标准。

表一

案件名称	审理法院	裁判理由
仲某清诉上海金轩大邸房地产项目开发有限公司商品房预售合同纠纷案	一审：上海市虹口区人民法院 二审：上海市第一中级人民法院	意向书对拟购商铺的面积、价款计算、认购时间等均作了较为清晰且适于操作的约定，对将来正式签署房屋买卖合同进行预先安排

① 为精确反映实务见解，笔者选取的案例均来源于《最高人民法院公报》《人民法院案例选》《中国审判案例要览》及《人民司法·案例》等权威案例汇编。

续表

案件名称	审理法院	裁判理由
张某诉徐州市同力创展房地产有限公司商品房预售合同纠纷案	江苏省徐州市泉山区人民法院	预订单对于双方名称，商品房基本情况、单价、付款时间明确约定，但签订该预订单时商品房尚处在规划之中，被告也没有取得商品房预售许可，所以对商品房的交付时间、办证时间、违约责任等诸多直接影响双方权利义务的重要条款在预订单中没有明确约定，属于未决条款，需在签订买卖合同时协商一致达成；双方在该预订单中通篇所用的词语表达为“预订”，还约定将来签订合同。因此预订单是以将来签订商品房销售合同为目的的预约
俞某新诉福建华辰房地产有限公司、魏某瑞商品房买卖（预约）合同纠纷案	一审：福建省高级人民法院 二审：最高人民法院	《商铺认购书》对所出售商品房的坐落、面积、单价、总价款等商品房买卖核心条款作出约定，符合商品房买卖合同的基本特征。但同时又约定在被告取得《商品房预售许可证》后，应另行签订商品房买卖合同，且约定内容与《商品房销售管理办法》第16条规定相比有不少欠缺，故应认定《商铺认购书》系双方为将来签订商铺买卖合同而事先达成的合意，本案为商品房买卖预约纠纷
珠海万里路企业有限公司诉珠海海辰泰房地产开发有限公司商品房买卖合同纠纷案	广东省珠海市香洲区人民法院	协议仅约定双方的基本情况、商品房基本情况、商品房销售方式、商品房价款确定方式、签订正式契约时限等，缺少交付使用条件和期限、公共设施和配套设施的交付承诺、办理产权登记的有关事宜、违约责任等商品房买卖合同的必备条款，尚不具备《商品房销售管理办法》第16条规定的商品房买卖合同的主要内容，仅仅满足作为商品房买卖合同的预约的条件，还约定被告取得商品房预售许可证后，将签订《商品房预售合同》，在性质上应属预约
王某诉自贡新鸿房地产开发有限公司商品房买卖合同纠纷案	四川省自贡市贡井区人民法院	当事人已就房屋坐落、层次、面积及单价作出约定，但该合同未具备《商品房销售管理办法》规定的商品房买卖合同的具体内容，因此为预约

通过表一可以看出，实务认定预约的标准在于，当事人之间的协议是否具备《商品房销售管理办法》第16条规定的商品房买卖合同主要内容。该条规定的内容多达12项之多，包括诸如“公共设施和配套设施的交付承诺”“违约责任”等不属于合同必要条款的事项。这些条款完全可以通过任意性规定和补充的契约解释而得以确定，不仅不是本约的必要条款，更非预约的必要之点。实务中采取这种认定标准，混淆预约和本约的界限，使得原本应由本约调整的合同纳入预约领域，无形

中扩大预约的适用范围。另外，当事人约定另行订立合同、当事人对协议的称谓均属于预约的判断标准。

2. 预约转化为本约的问题：再一次吞噬本约的领域

《最高人民法院关于审理商品房买卖合同纠纷案件适用法律若干问题的解释》（以下简称《商品房买卖买卖合同解释》）第5条规定："商品房的认购、订购、预订等协议具备《商品房销售管理办法》第十六条规定的商品房买卖合同的主要内容，并且出卖人已经按照约定收受购房款的，该协议应当认定为商品房买卖合同。"实务中多认为该条确立了预约可以转化为本约的规则，转化要件有二：具有商品房买卖合同的主要内容和出卖人已经按照约定收受购房款。对此，选取3个案例说明。

表二

刘某鸣诉天津经济技术开发区房地产开发公司商品房销售合同纠纷案	天津经济技术开发区人民法院	双方当事人虽在认购书中明确写有"在规定的期间内签订正式合同"的约定，从表面形式上看，诉争的商品房认购书应是预约，但是，鉴于该认购书具备了双方当事人的基本情况、商品房的基本情况、诉争商品房价款的确定方式及总价款、交付使用日期等商品房买卖合同的主要内容，且被告作为出卖人也在签约当日收受了原告支付的部分购房款，由此具备了预约转化为本约的条件，因而该认购书名为预约实为本约。且在双方签订该合同时，被告已经取得了商品房预售许可证，也有真实的商品房可供交易，故该合同合法有效，对双方当事人均有约束力
刘某琳诉南京航空瑞华置业有限公司等房屋买卖合同纠纷案	一审：江苏省溧水县人民法院 二审：江苏省南京市中级人民法院	商铺订购单就主体、订购房屋位置、面积、单价、总价、违约责任等内容作了约定，已具备商品房买卖合同的主要条款。原、被告双方虽未就争议房屋买卖正式签约，但原告已向被告支付一半购房款，已履行主要义务，被告已实际接受，因此就争议房屋已实际达成买卖合同，商铺订购单应认定为商品房买卖合同
黄某源诉厦门富璟房地产开发有限公司商品房认购合同纠纷案	一审：福建省厦门市湖里区人民法院 二审：福建省厦门市中级人民法院	认购合同系双方今后签订正式商品房购销合同的预约。双方签订预约时，被告尚未取得预售许可证，但已办妥报建审批、建设用地规划许可证等一系列手续，故预约合法、有效。合同虽对预售标的物、数量、价款、履行期限等进行了约定，已具备商品房买卖合同的主要内容，但双方并未约定订立预约时即支付购房款，原告也尚未实际交付购房款，仅交纳预约定金，故该认购合同并未转化为商品房买卖合同，原审判决认定其为正式商品房买卖合同不当

分析表二发现，由于立法囿于当事人形式称谓，不敢贸然断定本约之成立，故另外以买受人支付价款来辅助、强化认定当事人订立本约之意图，导致司法实务中无形夸大了当事人对合同称谓的意义。这就造成当事人将合同命名正式合同之类，则无需履行支付价款义务，即可认定成立本约。而以“认购、订购、预订”方式签订合同的，却须额外履行付款义务才能构成本约。这使得虽然以“认购、订购、预订”方式订立、但实际上已构成本约的合同，因没有履行付款义务，而纳入预约调整范围，从而再一次吞噬本约的适用领域。

（二）司法实务对预约法律效果的基本观点

根据《中华人民共和国合同法》（以下简称《合同法》）规定，一方违约，另一方有权主张继续履行合同或请求损害赔偿。问题是，一方违反预约，另一方能否请求继续履行预约，即强制请求订立本约。此外，另一方主张损害赔偿时，损害赔偿的范围如何确定。对此，司法实务有观点认为预约不能强制履行，违反预约，仅能请求信赖利益赔偿。另一种观点认为，根据预约可以请求订立本约，并基于本约请求履行利益的赔偿。

1. 否定强制履行或履行利益的赔偿

在分析样本中，有16份判决不支持预约的强制履行或否定预约履行利益的赔偿。笔者选取其中5份加以说明。

表三

案件名称	审理法院	裁判理由
刘某琳诉南京航空瑞华置业有限公司等房屋买卖合同纠纷案	一审：江苏省溧水县人民法院 二审：江苏省南京市中级人民法院	预约损害赔偿不包括可得利益，认为房屋是否增值乃属不确定因素，合同订立时并不能必然预见
珠海万里路企业有限公司诉珠海海辰泰房地产开发有限公司商品房买卖合同纠纷案	一审：广东省珠海市香洲区人民法院 二审：广东省珠海市中级人民法院	一方存在违反预约之行为，也不能要求双方强制订立本约，仅发生缔约过失责任，赔偿权利人信赖利益损失

续表

案件名称	审理法院	裁判理由
曹某如诉上海莱因思置业有限公司等商品房预约纠纷案	一审：上海市虹口区人民法院 二审：上海市第二中级人民法院	由于商品房买卖合同没有订立，不能认为订约义务已经纳入合同之中，成为合同的组成部分，因此不能认为被告已构成违约，而只能认为构成缔约过失。原告所能主张的赔偿范围应仅限于订购协议签订时房价款与2004年同类房屋市场价之间的差价。法院综合考量被告过错程度、原告付款情况以及上海市近年来房地产价格的上涨幅度等因素，酌定赔偿金额，已充分维护了受害人的利益
张某诉西安某房地产开发有限公司房屋认购协议纠纷案	一审：陕西省西安市新城区人民法院 二审：陕西省西安市中级人民法院	由于被告的订约欺诈行为，客观上，使原告不能取得所购经济适用房的产权，也丧失了在当年以同等价位购买商品房的机会，应当认定其存在财产上的信赖利益损失
黄某源诉厦门富璟房地产开发有限公司商品房认购合同纠纷案	一审：福建省厦门市湖里区人民法院 二审：福建省厦门市中级人民法院	因双方仅签订预约，尚未签订作为本约的商品房买卖合同，而预约的违约责任与本约合同的违约责任不应等同，故被上诉人以丧失签订正式商品房买卖合同后实际获得房屋的可得利益为由，要求上诉人赔偿损失，没有法律依据

从表三不难看出，实务中否定预约履行利益赔偿的主要理由有“可得利益在合同订立时并不能必然预见”“可得利益没有法律依据”“酌定赔偿金额，已充分维护受害人的利益”等。

2. 肯定强制履行或履行利益的赔偿

在分析样本中，有9份判决支持预约的强制履行或肯定预约履行利益的赔偿。对此，笔者撷取其中4份加以分析。

表四

案件名称	审理法院	裁判理由
北京优高雅装饰工程有限公司诉北京亨利戴艺术家有限公司买卖合同纠纷案	一审：北京市朝阳区人民法院 二审：北京市第二中级人民法院	被告与第三人签订建筑施工合同，且已经施工完毕，故继续履行合同不可能实现。仅能请求损害赔偿。根据《合同法》第113条，原告的期待利益就是它的实际损失，被告应赔偿这部分损失。该期待利益如何计算，如果原告承揽涉案工程，其所获得利益

续表

案件名称	审理法院	裁判理由
郭某坚诉厦门福达地产投资有限公司买卖合同纠纷案	一审：福建省厦门市思明区人民法院 二审：福建省厦门市中级人民法院	预约应具有相应之法律效力——预约债务人应依约履行订立本约的义务，否则预约债权人可行使债权即请求相对人履行签订本约之义务，即强制实际履行
陈某根诉江阴兰星公司、钱某忠买卖合同纠纷案	一审：江苏省江阴市人民法院 二审：江苏省无锡市中级人民法院	原告可以要求继续履行并取得认购房屋，但因为被告已经将认购房屋销售导致事实上不能履行，原告可期待利益损失应以房屋价格的上涨部分为限。本案中，考虑到被告因违约而实际获益的情况，具体赔偿数额以被告实际获得的差价返还给原告为宜
于某诉京港公司房屋买卖合同纠纷案	北京市朝阳区人民法院	由于被告的违约行为，确给原告造成了可得利益的损失，具体数额由本院酌定

从表四可知，请求履行利益赔偿多因违约方构成给付不能，对于履行利益的赔偿范围有认为以违约方实际获益（转卖第三方所获差价），但也有认为具体数额法院酌定为准，此种情形赔偿数额往往较低。

二、预约的法律构造：以类型系列的构建为视角

预约处于缔约阶段和本约之间，面临如何与两者区分并构建自身规则的问题。预约具有例外特征，体现在两个方面：（一）若没有特别情事可推断出当事人对合同的所有内容达成一致前，就欲受法律拘束的，则预约不成立；（二）在无法判断当事人意欲成立预约抑或本约时，应认定成立本约，因为当事人并不仅仅打算订立预约，而且还想成立基于本约产生的权利和义务，预约在交易上系属例外。[①] 但如前所述，司法实践无形中扩大了预约的适用范围。因此，预约如何在两者之间保持自我，有进一步探索之必要。

（一）预约的订立原因和制度价值

当事人不径订立本约而选择预约，主要理由是因为法律上或事实上的事由致订立本约尚未成熟，于是先成立预约，使相对人受其拘束，以确保本约的订立。[②] 这

① Münchener Kommentar/Kramer, Vorbemerkung § § 145 ~ 156, Rn. 50.

② 王泽鉴：《债法原理》，北京大学出版社 2009 年版，第 116 页。

种法律上或事实上的障碍，主要有以下三个方面：（1）本约的内容尚无法精确确定，例如多数开发商打算共同合伙承揽一件工程，但因该工程将来情形尚未确定，故无法订立合伙的本约，乃先成立合伙预约；（2）本约的要式性基于技术上理由尚未完成，但预约则不必要式亦可生效；（3）本约的效力有待行政机关的批准，但预约无此种要求，[①] 例如在商品房预售中，签订预售合同需以取得预售许可证为前提，出卖方未取得许可证，可先行订立预约。但面对这些障碍，订立预约并非当事人唯一的出路，还存在其他法律制度可供选择，例如订立附条件或附期限的本约，又如对本约的履行期限进行约定等。

预约具有两种制度价值：一是预备性功能。由于订立本约的时机尚未成熟，但当事人有立即受合同拘束之意思，基于此种实际需要而订立预约，在一定程度上可以说预约和本约是手段和目的的关系。二是确保性功能。为限制对方就同一标的与第三人缔约，先行订立预约以使对方在未来负有订立本约的义务。[②]

（二）预约的构成："类型系列"思维方式之运用

"缔约磋商阶段——预约——本约"三者构成一个"类型系列"，形成递进序列的阶梯（Stufenleiter）。建构该项"类型系列"，价值在于透过预约在此类型系列的位置，观察预约本身的特色及与其他类型的共通之处，使得相同相异之处及彼此之转换现象显得更加清晰。根据"类型系列"理论，其构成要素的可变性，借着若干要素的全然消退、新的要素加入或居于重要位置，一类型可以交错地过渡到另一种类型，而类型间的过渡又是"流动的"。[③] 构成该项类型系列的基本要素有：受法律拘束意思、合同内容确定性、形式要求和在将来订立合同之期限性，这些要素以不同强度及结合方式构造出不同类型，并使类型间处于"流动状态"。

1. 观察视角一：受法律拘束意思的有无及强弱

（1）受法律拘束意思之有无：预约与缔约阶段之区分

当事人为缔结合同而接触磋商之际，已由一般普通关系进入特殊联系关系，相互之间建立了一种特殊的信赖关系，但双方当事人对合同的具体事宜仍未达成一

① 吴从周："论预约"，载《台大法学论坛》2013年第11期。

② 吴从周："论预约"，载《台大法学论坛》2013年第11期。

③ ［德］卡尔·拉伦兹：《法学方法论》，陈爱娥译，商务印书馆2005年版，第345页。

致，不具有将此种关系纳入合同调整的法律拘束意思。典型示例为意向书，其只是“意向宣示”，因不含承诺的意思，故不具有法律拘束力。而预约作为合同之一种，双方均具有受法律拘束意思：将自己所约定事项纳入合同调整的范畴。

（2）受法律拘束意思之强弱：预约与本约之区分

预约和本约均须具有法律拘束力，有异议的是，两者受法律拘束力的强弱程度是否一致。有观点认为，预约仅在当事人间创设一种暂定的、非终局的拘束力，当事人拘束意思弱于本约。但当事人在订立预约时，须相当准确地知道，自己想要什么且合同内容须具有可确定性，因此预约受法律拘束力并不显著弱于本约。此种主观意思可从当事人对合同的称谓等综合因素中推断出来。拘束力强弱与合同内容确定性程度大小的不同结合方式，使得类型处于“流动状态”。

2. 观察视角二：合同内容确定性的要求

合同缔约阶段，双方当事人对合同必备条款未达成一致，合同内容不具有可确定性。但预约和本约均须合同内容具有可确定性，有疑问的是，两者在确定性程度上是否一致。

（1）预约确定性的标准：能确定或可能确定

预约的意义在于，在本约并不是所有细节都确定的情况下，而使双方受合同的拘束。根据预约，权利人有权请求订立本约，因此法官须能从预约中推断出本约的内容。可见，预约应包含本约法定必备的最低限度的部分，即本约的内容在预约中至少具有可确定性。[①] 换言之，法官必须可以通过补充性解释和任意性规定推知本约的内容。德国联邦最高法院曾认为，预约无须与本约具有同样的完整性，对预约合同内容完整性的要求低于对本约的要求。但该法院在之后一系列判决中推翻了上述观点，认为“预约应符合具有确定或可确定性和完整性的标准”“在有疑义时，预约的内容可通过法官而得以确定”。

（2）预约确定性的内容

预约的必要内容，应先依据合同类型而作判断。作为预备性功能的预约，其内容虽然不必达到与本约一样巨细无遗的完整性，但必须对所有重要之点达成一致。具体而言，首先，对必要之点（要素）应具有确定性；其次，对非必要之点，但当

① Brox/Walker，Allgemeines Schuldrecht，33. Aufl.，München 2009，S. 59，Rn. 76.

事人主观上认为重要者，亦应当可得确定。当事人未对非必要之点和非主观上认为重要之点达成一致，可通过补充的契约解释而得以确定。根据合同的解释和任意性规定仍无法确定预约内容的，则预约不生效力。例如，当事人订立设立公司的预约，但对于公司的形式无法确定，则预约不生效力。

3. 观察视角三：合同订立方式的要求

合同法采合同自由，以不要求合同形式为原则（方式自由），预约也不例外。在具体情形，预约是否须履行一定方式，应区分方式为约定或法定而判断：（1）约定方式。当事人得约定预约采取一定方式，如果未采此种方式，预约未成立。如果当事人对本约约定一定方式，此种方式要求是否亦及于预约，须在个案中通过契约解释作判断。（2）法定方式。法律规定本约要式之目的主要是保全证据和警示功能。如果要式之目的仅在于证据的保全，则预约无须采取同一方式；如果在于防止当事人因草率而订立合同（übereinlungsschutz），则预约必须采取同一方式，如《中华人民共和国担保法》第 13 条规定，保证合同必须以书面形式为之，则以订立保证合同为内容的预约，亦须以书面方式订立。

与一般合同的方式瑕疵具有补正性一样，预约的方式瑕疵亦可通过订立本约而得以补正。

4. 观察视角四：期限性问题

奥地利民法学说认为，预约在两个方面弱于本约，其一拘束力弱于本约，其二拘束期间亦弱于本约。基于预约产生的订立本约的请求权应当在一年内主张，此期间为除斥期间，期间一经过，预约所有的请求权均消灭。[①]《买卖合同解释》第 2 条规定“在将来一定期限内订立买卖合同”，可见，预约是本约的一种过渡阶段，具有一定期限性。当事人可在预约中约定履行的期限，未约定的，应依契约解释和诚信原则确定一个合理期间。例如，因未取得预售许可证而订立预约的，则应当在取得预售许可证的合理期限内订立本约。

5. “类型系列”的流动关系：预约如何转化为本约

缔约阶段——预约——本约这种“类型系列”，因其构成要素不同强度和组合方式，使类型间处于流动状态。判断某种状态属于何种类型，合同内容确定性应作为

---

① Kurzkommentar zum AGBG/P. Bydlinski， § 936，Rn. 1 ~ 5.

核心判断标准。如当事人把缔约过程命名为意向书，但合同内容具有可确定性，则其可能构成预约甚至本约。又如，当事人把一项合意称为预约，但合同的所有内容均已确定，则应认定为本约，换言之，当事人对合同形式之称谓不具有决定性的意义。①

实务中认为《商品房买卖合同解释》第5条确立了预约转化为本约的规则，对此，笔者认为，当事人以订购、意向书等形式签订合同，已符合合同主要内容，即应认定为本约，因为当事人对合同的称谓无关紧要，重要的是，预约是否具备本约的内容。立法者无形夸大当事人对合同称谓的意义：

命名“正式合同”之类 + 合同主要内容 = 本约
命名“认购、订购”之类 + 合同主要内容 + 履行付款义务 = 本约

如上所述，订立预约在交易上应属例外，故对该条解释时，在保障合同内容确定性之前提下，应对限制性要件进行限缩解释：其一，《商品房销售管理办法》第16条规定的合同主要内容应仅指合同的必要之点，不包括非必要之点；其二，对于买受人支付购房款的比例进行限制。订立本约不以支付购房款为合同成立要件，而预约转化为本约需以此为要件，发生评价上矛盾。对此，应对该要件进行限缩解释，即不以全额支付为必要，支付一定比例即可。

三、选择：关于预约的违约责任

由于《买卖合同解释》第2条规定较为概括，对预约违约责任究竟指何，是否包括强制履行、损害赔偿范围以及预约权利是否具有对抗力均未臻明确，有进一步探讨之必要。

（一）预约权利的对抗力

通过预约，债务人负有订立本约之义务，有疑义的是，债权人能否因之产生对抗第三人之效力。司法实务中，经常发生债务人在订立预约后，因房价上涨等因素，与第三人订立合同并移转标的物所有权。此时，预约权利人能否主张物权转让行为无效，这涉及预约权利对抗力的问题。

1. 何为预约权利的对抗力？对抗力一般是指绝对性的民事权利所具有的法律效果。德国学者卡纳里斯总结物权的绝对性包括：针对任何第三人的诉讼保护、针

① Münchener Kommentar/Kramer, Vorbemerkung § § 145～156, Rn. 50.

对第三人继受权利的继受保护、抵御破产与强制执行的能力。[①] 据此可知，所谓预约权利的对抗力，本质上是指他人继受取得标的物之后，预约权利人得主张其处分行为相对无效，并请求向自己让与所有权的效力，此为上述绝对性的第二个方面。

2. 对抗力并非强制缔约请求权的当然内涵。缔约请求权作为一种请求权，属于相对权范畴，并不具有绝对权所特有的对抗力。债权请求权如需获得对抗第三人的效力，必须以社会公众能知晓的方式公示出来，否则有使第三人蒙受不测损害之可能，妨害交易安全。基于上述理由，一些国家通过预告登记制度，将预约权利以登记形式予以公示，使其具有对抗第三人的效力。

我国的预约仅为债务合同，没有公示性，不具有对抗力。此时，预约债务人将标的物所有权移转给他人，构成主观给付不能，预约权利人仅能向义务人主张损害赔偿，而不能请求强制履行。根据《中华人民共和国物权法》第 20 条之规定，通过预告登记，权利人的强制缔约请求权获得公示性，从而具有对抗第三人的效力。此时，预约权利人有权主张义务人向他人转让的行为无效请求义务人订立本约并履行本约的义务。

（二）预约权利人的强制履行权

1. 比较法上的考察

预约作为舶来品，能否强制履行，通过比较法的考察，有助于该问题解决路径之探寻。德国通说认为，预约创设了强制订立本约的义务，权利人基于预约有权请求对方订立本约，对方怠于订立本约，可通过法院判决代替其承诺。该项给付判决的执行，根据《德国民事诉讼法》第 894 条规定，于判决生效之时，承诺的意思表示视为作出。原则上，预约权利人不得基于预约请求履行本约所负之给付义务。但基于诉讼经济原则，可提起合并诉讼：请求订立本约之诉与请求履行本约义务之诉相结合。[②] 仅在例外情况，通过对预约的文义解释和利益衡量可推知：预约权利人有权立即要求履行本约给付的，方可单独提起履行本约之诉。《瑞士债法》第 22 条设有预约的一般规定，学说认为，基于预约，当事人不仅可以诉请订立本约，而且

---

① 朱晓喆："论房屋承租人先买权的对抗力与损害赔偿"，载《中德私法研究》2013 年第 9 期。

② Münchener Kommentar/Kramer, 5. Auf., München 2009, Vorbemerkung § § 145 – 156, Rn. 56.

可以径直诉请履行本约的义务。换言之，无须先诉请订立本约，再依据该本约去执行。[①]

《日本民法》第556条第1款规定："买卖一方的预约，自他方表示完结买卖的意思表示时起，发生买卖的效力。"对此，学说认为，一方当事人基于预约发出订立本约的要约时，无须相对人的承诺，即可成立本约，学说称之为"买卖完结权或预约完结权"，法律性质为形成权之一种。[②] 因此，权利人作出上述意思表示后，可以直接提出履行本约之诉请。与瑞士预约制度相比，虽权利性质不同，但能否直接诉请履行预约，则殊途同归。

2. 我国预约强制履行权之分析与检讨

（1）预约强制履行请求权的肯定

理论上有观点认为，强制履行订立本约之义务，有悖合同自由原则，故而将强制订立本约认定为《合同法》第110条第1项中的"法律上不能履行"。笔者以为，否定履行请求的理由不足为据。第一，该条规定给付不能作为履行请求权排除事由，将给付不能分为法律上不能、事实上不能和经济上不能。所谓法律上不能，是指因法律之原因而导致给付不能，比如买卖之特定物在交付前因新法颁行而被禁止。显然，强制订立本约不符合法律不能的要件。此外，亦不存在其他给付不能的情形，故不应遽然认定预约无强制履行请求权。

第二，强制履行不仅包括直接强制，还有间接强制和代替执行。以法律行为为目的的债务，债权人获准令债务人为意思表示的判决，便有权以该判决代替债务人的意思表示，是为"判决代用"，这也是一种代替执行。[③] 实务中亦不乏采此观点者。[④]

第三，文义解释。《买卖合同解释》第2条"要求承担违约责任"与"解除合同并要求损害赔偿"为并列两项，权利人可自由选择其中一种。根据文义，此处"违约责任"不包括"解除合同并要求损害赔偿"，若再排除强制履行，则"承担

---

① Tho Guhl, Das Schweizerische Obligationenrecht, 10. Auf., Zürich 2000, S. 108, Rn. 14.

② 柚木馨、高木多喜男编：《注释民法（14）债权（5）》，有斐阁1993年版，第158页。

③ 韩世远：《合同法总论》（第3版），法律出版社2011年版，第605页。

④ 例如上海明乐实业有限公司诉吕某红租赁合同纠纷案，上海市第二中级人民法院（2006）沪二中民二（民）终字第888号判决书。

违约责任”成为具文，无规定之必要。

第四，依据主观解释，考量历史意图。最高人民法院未进一步规定预约得否强制履行，因其认为理论研究尚未深入，故未予规定，有待学说和判例进一步研究。可见，并未排斥预约的强制履行。

第五，客观目的论解释。当事人订立预约之主要目的在于将来订立本约，并依本约取得履行利益。债权人通过损害赔偿之方式，固然能填补一定损失，但有些情形，通过强制履行获得的给付利益是损害赔偿无法替代的。例如，债权人在曾和父母居住过某幢房屋，该房屋承载着债权人美好的童年及青春记忆，故而不惜以高价订立预约，仅损害赔偿无法实现当事人之最终目的。此外，如不承认强制履行，可能导致债务人恶意违约，因为违约成本往往低于违约产生的收益。

第六，体系检验。预约为合同类型之一种，具有独立性，合同的一般原则均可适用于预约。将预约与他种合同作不同处理，需充分论证以证明其可行性。但正如上述，否定预约强制履行的观点不足为据。

综上，肯定强制履行权更有利于权利人利益之保护，亦未违背预约义务人之意思，因其既然订立预约，即可预见若不履行义务就有被强制履行之虞。另外，强制履行权与我国民法体系更为契合，应为妥当的选择。

（2）权利限度：强制履行权的强度

通过预约，设立的是在将来订立本约的义务，故预约仅能强制履行订立本约，而不得径直请求履行本约上的义务。债权人必须先诉请订立本约，再依据本约请求履行本约。但基于诉讼经济原则，债权人可将两项诉讼合并为一。

（3）权利实现：强制履行权的运作方式

债务人拒绝履行缔约义务，权利人可通过法院判决拟制债务人承诺的意思表示，从而订立本约，即订立本约的方式仍通过“要约 + 承诺”。具体程序：①权利人向法院提交其根据预约的约定以及基于一般的合同解释规则所得出的要约，如果义务人同意或沉默，则本约因承诺而成立。②如果义务人对该要约有不同意见，应明示提出，并说明自己关于本约内容的建议，针对该建议，权利人可以再提意见。③法院综合双方提出的意见，根据契约解释和诚信原则最终确定本约的内容。[①]

---

① 许德风：“意向书的法律效力问题”，载《法学》2007 年第 10 期。

（三）预约权利人的损害赔偿请求权

1. 预约损害的计算：损害赔偿的范围

（1）信赖利益损失抑或履行利益损失？

预约债务人拒绝履行订立本约的义务，权利人有权请求损害赔偿。有疑问的是，违反预约的损害赔偿范围。损害赔偿的计算方法为“差额说”：即比较侵害事实发生后的财产状况（A）与若无侵害事实时所应有的财产状况（B）之间差额而定损害，亦即损害 = B - A。A 为现实财产状态，B 为假设财产状态。

损害赔偿有履行利益损失和信赖利益损失之分。履行利益，是指合同一方因他方正确履行合同所获得的利益。义务人应赔偿权利人到合同正常履行之后，权利人所处的利益状态。① 履行利益损失的范围包括所受损害和所失利益。所失利益，是指根据事务的通常情事可期待的利益，主要体现在转售标的物而可得利益（因涨价而可得利益），但即使买受人事实上没有转售计划，也可依抽象方法，比较市场价格高于合同价格的差额，计算所失利益。② 信赖利益损害，是指因信赖合同有效所遭受的损失。义务人应赔偿受害人至未进行缔约接触前的利益状态。③ 信赖利益损害的范围包括所受损失（缔约费用、准备履行所需费用）和所失利益（另失订约机会之损害）。

有学说认为，因预约本质决定了预约损害赔偿仅限于机会损失（信赖损失），不包括可得利益（履行利益）。④ 实务中亦有认为预约的损害赔偿以信赖利益为限，且不得超过履行利益。⑤ 但应注意的是，在预约损害赔偿之情形，其信赖利益赔偿可能是因预约不生效力而产生的信赖利益（在订立预约阶段，失去另订立预约的机会），亦有可能是不履行订立本约义务而产生的信赖利益，即因信赖本约生效而产生的损失（在订立本约阶段，失去另订立本约的机会）。

对此，实务中有认为预约的信赖利益应赔偿预约约定的合同价格和预约订立时

---

① Brox/Walker，Allgemeines Schuldrecht，33. Aufl.，München 2009，S. 318，Rn. 8.

② Fikentscher/Heinemann，Schuldrecht，10. Auf.，Berlin，2006，S. 343ff.

③ Brox/Walker，Allgemeines Schuldrecht，33. Aufl.，München 2009，S. 318，Rn. 9.

④ 梁慧星：《预约合同解释规则》，载中国法学网，http：//www. iolaw. org. cn/，最后访问日期：2015 年 5 月 14 日。

⑤ 最高人民法院民事审判第二庭编著：《最高人民法院关于买卖合同司法解释理解与适用》，人民法院出版社 2012 年版，第 62 页。

合同标的之市场价格之间的差额。[①] 也有认为预约的信赖利益应赔偿预约约定的合同价格与订立本约时标的之市场价格之间的差额，因市场价格难以评估，常以出卖人将涉案标的出卖给第三人的合同价格作为参照标准，或赔偿订立预约时合同标的之市场价格与现行价格之间差额。[②]

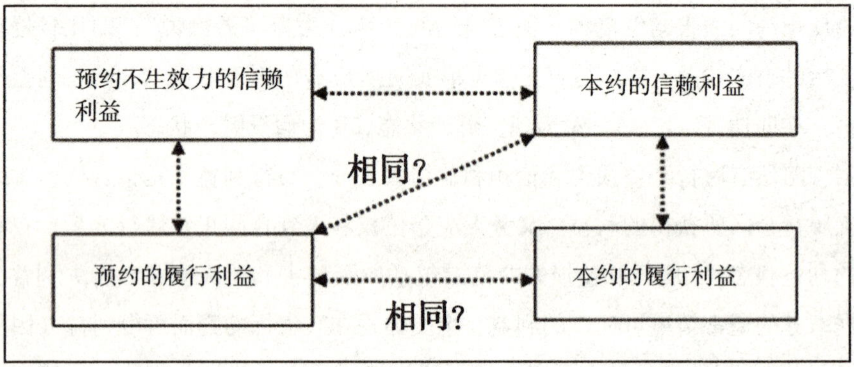

笔者以为，上述观点应值商榷。首先，将违反预约的损害赔偿局限于信赖损失，则预约作为独立的请求权基础与缔约过失之间的界限模糊。信赖利益损失是指当事人因信赖合同有效而受损失，显然在违反预约时，预约仍为有效，预约权利人之损失也并非是信赖合同有效而产生的。

其次，订立本约在法律上或事实上不能时，当事人享有多重选择，例如可订立附条件或附期限的本约，又如发出不可撤销之要约，相对人得随时承诺而订立合同。如果将预约的损害赔偿仅限于信赖利益损失，则无形中挤压预约制度的生存空间，制约预约进一步运用和发展，因为预约权利人完全可以选择其他方式订立本约，并基于本约请求履行利益，兹举一例说明：在商品房预售时，出卖方尚未取得预售许可证，此时双方可以订立附生效条件之本约，所附条件为出卖人取得预售许可证，在条件成就时，买受人享有履行利益。买受人作为理性的经济人，大多放弃订立预约而选择其他制度。而作为出卖方之开发商，为实现自己利益最大化，则更愿意选择订立预约。若在预约订立后，房价飞涨，则开发商违约成本低于违约所获

① 上海市第二中级人民法院（2010）沪二中民二（民）终字第609号民事判决书（曹某如诉上海莱因思置业有限公司等商品房预约合同纠纷案）。

② 腾威："商品房预约协议之认定及违约责任承担"，载《人民司法·案例》2013年第8期。

利益，从而可能引发诚信危机。开发商作为经济上强势主体，多提供格式合同以实现自己利益，买受人选择自由丧失，往往只能接受订立预约之选择。如此，在实际运用中，预约可能沦为强势之开发商谋取利益之手段。

再者，如上所述，违反预约，债权人享有履行请求权。履行预约为原给付义务，损害赔偿为次给付义务，由原给付义务演变而生的义务，债之关系的内容虽有所改变或扩张，但同一性仍维持不变。在肯定预约权利人的强制履行权之同时，又否定其履行利益的损害赔偿，在逻辑上相互抵牾。因此，因给付义务转化而来的损害赔偿应指履行利益损失，即应赔偿至权利人在合同正常履行之后所能获得的利益状态。

最后，既然《买卖合同解释》第 2 条规定“承担违约责任（包括损害赔偿责任)”或“解除和损害赔偿”，依据《合同法》第 107 条以下的损害赔偿规则，亦应解释为履行利益。

（2）预约履行利益的范围：与本约履行利益之异同?

预约权利人有权依据预约，请求义务人订立本约，并基于本约请求履行本约之义务。故预约履行利益与本约履行利益范围应当一致。但在义务人给付不能之情形，仍令权利人先提起订立本约之诉，继而请求损害赔偿，乃法学上矫揉造作。因此，德国学说认为，给付不能时，债权人有权直接请求因本约不能履行而造成的损害（履行利益的损害赔偿)，因为无论基于预约，还是基于本约，债务人都有随时为给付的准备。[①] 日本学说认为，预约订立，其为订立附停止条件的买卖合同，在买卖合同条件成就与否未定的期间，标的物灭失为嗣后不能，预约完结权人有权行使完结权而使买卖合同发生效力，进而请求损害赔偿。[②]

---

① Erman/Armbrüster，Vorbemerkung § 145，Rn. 49.

② 柚木馨、高木多喜男编：《注释民法（14）债权（5)》，有斐阁 1993 年版，第 165 页。

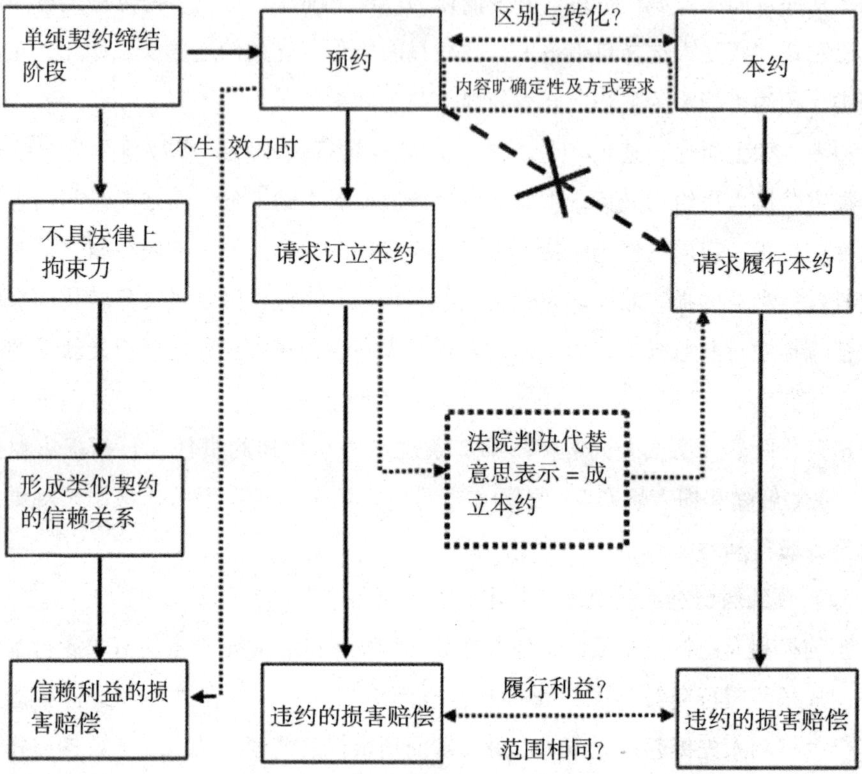

图　预约法律构造及其效果①

（叶锋　上海市高级人民法院）

论合同司法解除的路径选择

【司法精要】

本文通过理论观点和案例样本的比较，揭示出司法实践中在合同解除裁判路径上出现了普遍性的认识困惑和结果异化，其原因是合同司法解除的理论、

---

① 本图参考吴从周研究成果而作，参见吴从周："论预约"，载《台大法学论坛》2013年第11期。

立法和司法解释三者之间存在着明显分歧和冲突，导致裁判尺度不一，影响了司法统一和权威性。困惑需要厘清，规则亟需矫正，这是本文的立论所在。

探寻合同司法解除规则的应然价值取向和提出理性的规则设计是本文的重点：（1）以实证分析为引，以规范分析作贯穿。通过对实务中存在的相关合同司法解除观点和裁判路径的评析，从解除权行使主体、性质和程序三个角度展开深入分析，引出尊重包括合同当事人的解除权在内的契约自由，确立“通知解除主义”是合同司法解除裁判应遵循的价值导向的论点；（2）以论点为基点，确立从理论回到实践的方法论。提出相关司法解释条款的修改方案，对引证的理论、立法及司法解释之间的规范冲突进行衔接弥合，并进而确立合同解除裁判的理性选择——实为合同解除确认之诉而非合同解除形成之诉，继而设计合同解除裁判的具体类型化情境裁判路径，达到厘清司法者实务困惑和有效矫治差异化司法裁判，规范和统一合同解除裁判路径的立意。

合同解除是合同生效后，根据一方或双方当事人解除的意思表示使双方缔结的合同关系归于消灭的行为。现实社会生活中大量存在着由于当事人意见分歧以及法律认知差异，不能达成合意，形成纠纷，甚至诉讼。为此，有必要对合同的诉讼解除程序进行深入的考量和检视，进而探寻一个合理、完善的司法实践的进路。本文仅探讨司法实践中亟需解决的规范和统一合同解除裁判路径问题。

一、合同司法解除理论与实务之乱象

所谓合同的司法解除，也称诉讼解除，意指合同当事人为解除合同及相关事项产生争议后通过诉讼的方式请求法院为裁判决断的诉讼类型①。《中华人民共和国合同法》（以下简称《合同法》）第96条规定：“当事人一方依照本法第九十三条第二款、第九十四条的规定主张解除合同的，应当通知对方。合同自通知到达对方时解除。对方有异议的，可以请求人民法院或者仲裁机构确认解除合同的效力。”

---

① 关于合同司法解除的概念，有学者进行过界定，如陈坚在所著的《合同司法解除研究》（法律出版社2012年版）中即给出过定义，因笔者与其观点不一，故尝试进行了自定义。

该条就是合同司法解除的法律依据。

在诸多解决合同解除争议的途径中，由于司法具有终局裁判性，能够及时定分止争，维护交易稳定，故司法解除合同成为多数合同纠纷当事人的选择。然而，由于在合同司法解除问题上我国法学理论界有着迥异的观点，作为理论的实践延续，司法实务中也呈现出多样化的裁判路径。

1. 通知前置说

该理论主张，法院不能直接受理解除合同的诉讼请求[①]。该观点认为，依据《合同法》第96条的规定，合同的单方解除应当以通知的方式作出，也就是说，解除权人解除合同应当首先履行通知对方的义务，而不应直接提起诉讼。通知义务为法定义务，在该义务未履行的情况下，当事人直接提起诉讼，不符合起诉的前提条件，法院直接受理与法相悖。

案例一：2001年，温州某厂（原告）与黄某（被告）签订定作协议，约定由被告为原告制作磨具一套，费用6万元，并约定了交付时间。后被告收取了原告定金，但未按期完成磨具制作。此后原告以被告未按时交付磨具为由起诉要求双倍返还定金。

法院经审理认为，在双方约定的交付期限超过后，原告从未通知被告要求解除合同，故应认定合同继续在履行，原告现无权解除合同。据此，判决驳回原告解除合同的请求，判令被告交付磨具，原告支付剩余磨具款，被告向原告支付违约金。[②]

2. 否定说

更为激进的"否定说"观点认为，《合同法》第96条规定由合同解除权人以通知的方式解除合同，由此依照法律的反向解释理解，司法机关无权解除合同。故解除权人既无权提起解除合同的形成之诉，也不能提起解除合同的确认之诉，关于解除合同效力的诉讼只能由相对方提起，即法律仅赋予收到解除通知的合同当事人有异议的可以向人民法院或者仲裁机构起诉或申请确认对方解除合同行为的效力。[③]

案例二：甲国有公司设立全资子公司乙。2005年7月，甲公司与丙公司签订股

---

① 冯慧波："论合同解除权的行使"，载《探索社会主义司法规律与完善商事法律制度研究：全国法院第23届学术讨论会获奖论文集》，人民法院出版社2011年版，第917页。

② 最高人民法院中国应用法学研究所：《人民法院案例选》2003年第2辑（总第44辑），第234～241页。

③ 李晓艳："合同解除权行使的若干争议问题"，载《山西省政法管理干部学院学报》2009年第6期。

权转让协议，约定甲公司将其持有的乙公司80%的股权转让给丙公司，并约定了价款。后因丙公司未依约付款，甲公司起诉请求判决解除双方签订的股权转让协议。

法院经审理认为，合同解除权系形成权，解除权的行使是当事人的单方意思自治行为，解除权的主体是当事人而非法院，享有解除权的当事人有选择解除合同与否的自由，法院不能干预。据此判决驳回甲公司的诉讼请求。①

3. 直接判决解除说

该说认为，法院有权直接判决解除合同。法院作为利益纷争的裁判者，对利益纷争的解决具有最终的权力。一般来说，解除权人均需通过诉讼方式来达到解除合同的目的，所以法院应享有直接裁判解除合同的权利。② 该说还认为，守约方一直未向违约方发出解除通知，现以诉讼的方式请求人民法院判决解除合同，合同应自判决生效时发生解除的效力。③

案例三：原告某商贸公司诉称，2012年，原、被告曾签订《销售合作合同》，被告刘某在原告开办的购物广场经营品牌服装。合同签订后，原告依约履行了义务，但被告违反合同约定，拖欠原告费用4000余元，原告要求解除与被告签订的合同，被告支付所欠费用。

被告刘某辩称，原告所述双方签有合同及欠款一事属实，但因原告有违约行为，故不同意解除合同。

法院经审理后认定被告违约事实成立，判决：一、解除原、被告间订立的《销售合作合同》……④

4. 审查确认说

该说认为，合同解除权是法律赋予合同当事人的合同权利，该权利可以衍生为当事人的诉讼权利，但绝非法院的裁判权可以替代。因此，该说主张法院可以受理合同解除诉讼但无权直接判决解除合同，而是审查确认当事人的解除权行使是否合法有效，并据此作出确认或不确认的判决。合同一旦生效就意味着合同的内容已经

---

① 陶向阳："试析合同解除的方式"，载《人民法院报》2007年5月3日第6版。

② 陈坚：《合同司法解除研究》，法律出版社2012年版，第70页。

③ 崔建远："合同解除探微"，载《江淮论坛》2011年第6期。

④ 某商贸有限公司诉刘某销售合作合同纠纷一审民事判决书，载中国裁判文书网 http://www.court.gov.cn/zgcpwsw/sd/sdsdzszjrmfy/lyxrmfy/ms/201401/t20140108_207043.htm，最后访问日期：2014年6月12日。

与国家的意志相同，不仅是当事人双方，国家公权力也不得直接或者间接地改变合同。解除合同，也自应适用同样的规则。①

案例四：被上诉人（原审原告）大城公司在一审中起诉称：大城公司与沅聚公司于2008年签订了车辆用油代理商经销协议书，由大城公司代理经销沅聚公司授权的车辆用油。协议签订后，大城公司依约履行了协议，但沅聚公司却严重违约，造成大城公司巨大经济损失，协议无法继续履行。要求：1. 解除合同；2. 赔偿损失。一审法院判定上述合同解除。上诉人（原审被告）沅聚公司在一、二审中均称，依照《合同法》第96条的规定，大城公司未向沅聚公司发出合同解除通知，直接向法院请求解除合同，于法无据。

二审法院认定，根据《合同法》的规定，大城公司可以通过法院送达诉讼材料的方式通知沅聚公司解除合同，并请求人民法院确认以该行为解除合同的效力……综上，判决驳回上诉，维持原判。②

如果说以上案例仅仅是个例的话，那么中国法院裁判文书库中的大量裁判案例应当具有较强的说明力，笔者对该数据库进行检索后得出有关支持合同解除诉讼的裁判情况如图所示：

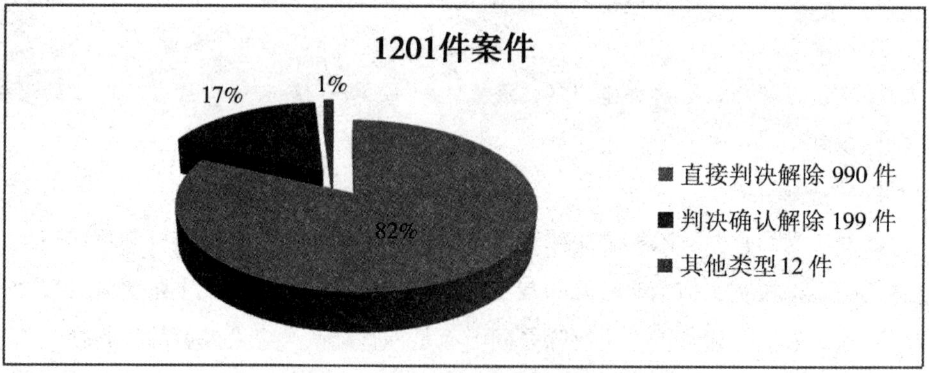

图一　中国法院裁判文书库案件裁判路径对比③

---

① 李永军：《合同法》，法律出版社2005年版，第47页。

② 北京市天港大成科技发展有限公司诉北京忠涌沅聚科技有限公司经营合同纠纷案，北京市第二中级人民法院（2009）二中民终字第03586号民事判决书。

③ 数据来源于中国审判法律应用支持系统“中国法院裁判文书库”，中国最高人民法院司法行政装备管理局、人民法院出版社、北京大学法制信息中心联合开发，于2014年7月3日检索，查阅全库内支持合同解除诉讼请求的案件共1201篇。

更具代表性的是，2005年至2014年期间，最高人民法院发布的作为指导全国审判实践典型性、示范性判例的公报案例中，显示有关支持合同解除的案件裁判路径类型化如下图：

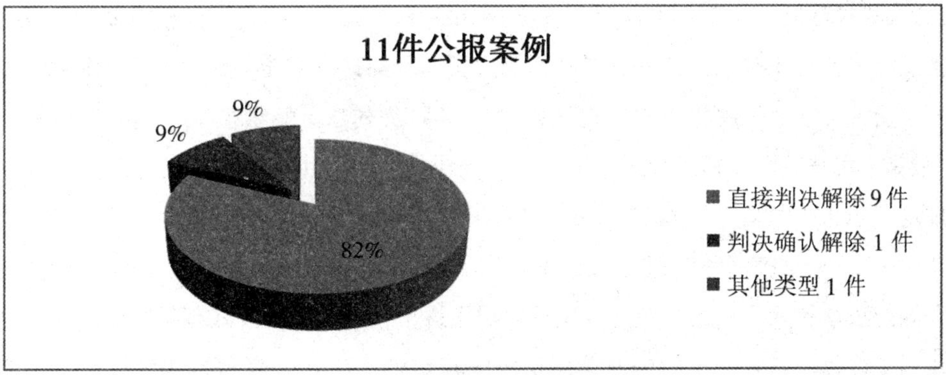

图二　最高人民法院公报案例裁判路径对比①

综上，可以看出，合同司法解除的理论观点分歧导致司法实践中裁判路径的异化。这种异化表现为不但对法院应否受理当事人解除合同的请求存有不同意见，而且进一步体现为即使在认可法院有权受理该类案件的情况下，对于如何支持合同当事人的诉讼请求，也区分出不同的裁判思路。这不但造成案件当事人合同利益的巨大差异，而且体现出执法尺度不一，影响了司法统一性和权威性。

二、合同解除裁判乱象的原因呈现与理论辨析

（一）原因呈现：合同解除规则之惑

立法指导司法实践，司法折射立法旨趣。无论是合同解除裁判的理论观点争鸣还是司法实践都离不开对我国合同解除相关立法规范的探讨。

我国关于合同解除的立法主要规范于《合同法》第93条、第94条至第96条。其中，第93条为约定解除的情形，第94条及第95条为法定解除的规则，第96条为解除程序，上述规定均体现了民事行为尊重当事人意思自治的私法精神，即合同解除以当事人解除的意思表示为内容要件，以当事人为主体要件，以意思表示到达

① 数据来源于《最高人民法院公报》，检索裁判文书期间设置为2005年1月1日至2014年6月30日，查阅支持合同解除诉讼请求的案件共11篇。

对方为行为要件，体现了立法者采纳“通知解除主义”模式的价值导向。

然而，定位于法律规范在司法实践领域的适用性解释，最高人民法院在多个合同类司法解释中提出了与合同立法规范并不完全契合的合同解除裁判规则。例如，《最高人民法院关于审理商品房买卖合同纠纷案件适用法律若干问题的解释》第8条规定“具有下列情形之一，导致商品房买卖合同目的不能实现的，无法取得房屋的买受人可以请求解除合同、返还已付购房款及利息、赔偿损失……”。又例如，《最高人民法院关于审理建设工程施工合同纠纷案件适用法律问题的解释》第8条规定“承包人具有下列情形之一，发包人请求解除建设工程施工合同的，应予支持：……”。该类司法解释的规定令司法者和当事人通常理解为：当事人之间产生合同纠纷欲解除合同的，应向人民法院提出诉讼，由人民法院裁判后方能解除。这相当于以司法解释的形式创设了立法未予规定的人民法院直接裁决解除合同的权力。这显然具有立法的嫌疑，且与《合同法》的相关规范和立法旨意相异。而从司法解释的条文规定来解读，可以界定经司法的适用性解释后我国合同解除在司法实践中实际确立的是“裁判解除主义”模式①。

“通知解除主义”模式是指合同的解除由解除权人的意思表示确定，合同自解除权人解除的意思表示到达对方时即解除。我国台湾地区“民法”、德国民法以及联合国组织均采用了这种模式②。在该模式下，合同的解除不依赖于诉讼程序的确认，而且“解除之意思表示，无需明示解除权发生之原因，虽有错误原因之附加，亦不妨意思表示之为有效”③。

“裁判解除主义”模式是指法定解除的情形中，合同法定解除条件具备后，解除权人行使解除权解除合同，必须通过诉讼裁判程序方能实现。“裁判解除主义”模式以《法国民法典》的相关条款为代表④。该模式强调，解除权必须通过诉讼行

① 史尚宽：《债法总论》，中国政法大学出版社2000年版，第525页。

② 李永军：《合同法》，法律出版社2005年版，第47页。

③ 郑玉波：《民法债编总论（修订二版）》，中国政法大学出版社2004年版，第333页。

④ 该法第1184条规定：“双务契约中，凡当事人一方不履行其义务之情形，均视为订有解除条件。在此场合，契约并不当然解除，债权人在他方当事人承担的义务未得到履行时有权选择：或者在仍有可能履行契约时，强制他方当事人履行之，或者请求解除契约并请求损害赔偿。解除契约应当向法院请求之，并且法院得视情形给予被告一个期限。”转引自尹田：《法国现代合同法》，法律出版社2009年版，第349页。

使，解除是法院的职权。

两种模式，解除权人解除合同的路径和成本存在明显的差异，体现了立法者的不同立法价值取向，也体现了合同法律发展的历史演进过程。而正是我国立法和司法解释中的上述差异或者说规范冲突，导致了司法实践中的如下困惑：（1）当事人遇合同解除纠纷时，是否只有法院或仲裁结构有权解除合同？（2）诉讼解除合同的时间点是否就是司法裁判的生效时间？这些问题导致了司法实践中裁判路径的乱象以及当事人的利益冲突。

（二）价值之辩：探寻合同司法解除规则的应然价值取向

1. “通知前置说”和“否定说”凸显司法缺位

“通知前置说”和“否定说”均缺乏合法依据。一方面，合同解除权是当事人的法定民事权利；另一方面，诉权是包括合同双方在内的诉讼当事人的一项程序性权利，人民法院作为司法机关，只要当事人的起诉符合《中华人民共和国民事诉讼法》第108条的规定，就应当受理并作出裁判。没有诉权的权利不是法律权利，诉权的实质是请求法律保护的权利。作为当事人的一项法定权利，合同解除权应得到国家强制力的保障，而诉权显然是获得国家保障程序的手段。如果否定当事人起诉要求解除合同或确认合同解除效力的权利，或者执意要求当事人先通知后诉讼，那么当事人法律意义上的解除权就得不到真正的保障。所以，否认当事人可以自由提起合同解除诉讼的观点及驳回当事人解除合同请求的做法显然于法无据，于理不合，凸显司法缺位。

2. “直接判决解除说”实为司法越位

“直接判决解除说”虽然接受了法院可以受理合同解除诉讼的理念，但其仍然存在弊端：

（1）法院直接判决解除合同有违法定的合同解除程序，造成立法、司法和现实之间的冲突。

《合同法》第96条明文规定了合同通知解除的程序和效力。在此情况下，合同解除权人提起合同解除诉讼后，合同相对方已经通过接收合同解除通知或通过接收法院送达的请求解除合同起诉状获悉另一方解除合同的意思，依法合同此时即告解除。而法院经过一定期间的诉讼程序方作出解除合同的生效判决，实际上出现了一个有效合同被前后解除两次的法律尴尬。对此，司法显然无从解释，因为的确超越了职权。

(2) 法院直接解除合同剥夺了当事人合同权利，且不利于迅速定分止争，保障当事人合法权益。

合同解除权为形成权，为合同当事人所享有。当事人是否享有解除权，以及解除权行使的条件是否具备，均为客观存在，不依法院裁判生效与否为转移。法院以裁判的方式直接解除合同显然有以国家公权力替代、剥夺当事人行使民事权利之嫌。

现实中，行使合同解除权的一方往往是已遭受或即将遭受损失，且合同目的已无法实现的守约方，其寄希望以诉讼的方式尽快解除合同，迅速定分止争并获得法律救济，而在法院判决解除合同并以判决生效之日作为合同解除时间点的情况下，违约方极有可能通过滥用管辖异议等诉权的方式拖延诉讼，在判决生效之前的较长的诉讼期间内坐收更多不合理的合同利益，从而使具有合同解除权的守约方付出更大代价。因而此举显然不能体现司法的权利救济价值功能。

值得关注的是，在“直接判决解除说”的指引下，司法实践中经常发生这样近似荒诞的情形：即合同解除的时间点，一个私法自治范围的严肃法律事实，可能随着案件诉讼程序的变化而不断变化，可能随着案件是一审定案，还是进入二审或再审程序而飘忽不定。而且因为案件审理周期过长，还可能案件未及审结，但合同履行期已届满，当事人提起的解除请求也就变得毫无意义。

小结：在传统固守的直接判决解除合同路径下，合同解除权及合同解除的时间点问题，在法官的裁判职权和司法程序面前，总是有意无意地处于被摆布、更改和重置的境地，也让司法面临着超越职权、裁判随意性强以及尺度混乱的质疑和指责，显然不利于建立公正、统一、权威的司法体制。

三、合同解除权不是法官手中飘忽不定的权力魔杖

对于上述困惑的厘清，或者说对上述规范冲突的重新弥合和差异化司法裁判的有效矫治，有赖于对合同解除权的正确认知。

（一）应然取向：合同司法解除的价值判断

1. 从权利主体考量：合同解除权的主体只能是当事人而非裁判机关。

合同解除，就过程来看，是缔约的反向行为，缔约是使合同关系成立，解除则

是使合同关系消灭，而无论缔约还是解除都是合同当事人的事务，都与当事人的意思表示有关，都属于私法自治范畴。

《合同法》确立合同解除规则的目的是通过赋予合同当事人解除权来保障合同目的能够尽快实现，从而保障市场经济体系的高效和活力。考量解除权的行使主体，《合同法》第93条规定的是合同双方当事人达成合意，共同或赋予一方行使解除权，而第94条至第96条则是以法定的方式赋予合同一方当事人单方法定解除权。

显见，无论是理论还是立法，都明确了合同解除权只是合同当事人的权利而非包括裁判机关在内的他人的权力。

2. 从权利性质考量：解除权的形成权属性确定了合同经当事人有效主张即解除，并无需他人合意或公权机关裁决。

通说认为，解除权属形成权[①]。在通常情形下，形成权由权利人直接向相对人为意思表示即可发生效力，既不需要向法院提出请求，也不需要强制执行，只在特定情形下需要通过司法途径来行使。合同解除权符合形成权的特性。在立法确立的当事人以通知方式解除合同的模式下，我国法律仅赋予合同当事人协议解除或行使解除权通知解除的权利，并未赋予司法机关以裁判方式解除合同的权力。显然，法院、仲裁机构并无依据依职权裁判合同解除[②]。

3. 从权利的行使程序考量：合同解除权在当事人经合法程序主张后即发生事实上的法律效力，提起诉讼仅是确认效力。

基于合同解除权是合同当事人的民事权利，故解除权的行使，可以采取诉讼的方式，也可以采取非诉讼的方式。《合同法》第96条第1款明确规定人民法院或仲裁机构仅仅是确认解除合同的效力，并非依职权裁判合同解除。因此，即使当事人在诉讼上为解除合同的意思表示，错误地使用了诸如“诉请法院判决解除合同”等表述、用语，法院仍应认定当事人主张解除合同的意思表示有效，是在请求相对人就解除合同

---

① 史尚宽：《债法总论》，中国政法大学出版社2000年版，第547页；韩世远：《合同法总论》，法律出版社2004年版，第325页；王利明：《民法》，中国人民大学出版社2002年版，第378页。

② 崔建远：《合同法》（第四版），法律出版社2007年版，第249页。该书认为，合同解除权不包括司法机关依据相关司法解释规定的适用情事变更原则解除合同的情形。

的结果履行其应尽的义务，或是基于合同解除而请求确认合同关系不存在。

小结：合同解除诉讼实为确认之诉而非形成之诉。我国合同解除立法顺世界之潮流确立了通知解除主义模式。诚如王利明教授所言，“合同解除权人可以起诉要求解除，或起诉请求确认合同解除的效力。”[①] 但此时，原告提起的请求解除合同诉讼已由表像上的形成之诉转化为请求法院审查确认其以通知（含起诉）方式解除合同效力的确认之诉。尊重合同当事人的契约自由，是我国合同立法确立的价值导向，也是司法者在合同解除裁判中应遵循的价值判断。

（二）规范衔接：合同解除立法与司法解释规范的再弥合

《合同法》确定的合同解除权的行使方式是一个较为精巧的机制。要求合同当事人在行使解除权的同时，还应当及时、严格地按规定的程序和方式行使权利[②]。在《合同法》确立的以通知方式解除合同的私法自治框架中，同时包含着国家司法干预合同解除的机制，体现了《合同法》所贯彻的合同自由与国家干预所具有的不同功能和价值。

然而，由于司法解释在司法实践中具有优先于法律的适用效力，故构建理性的合同解除裁判路径不能回避相关立法和司法解释之间存在的规范冲突的弥合。这种弥合必须从规则之间的衔接性、司法运行秩序的稳定性和规范本身的严肃性等多方面进行考量。对此，笔者认为，建立在“直接裁判解除说”之上的相关司法解释条款内容，让多数裁判案件的法官望文生义地认为，只要当事人提出了解除合同的诉请，法院经审理后依法予以支持的合理方式就是判决解除合同。

笔者认为，在对民事主体权利保护和尊重合同解除立法规范的价值导向下，相关合同解除司法解释条款可进行类似如下修改：

1. 原条文类型之一：

第×条　具有如下情形之一，当事人请求解除合同的，应予支持……

修改后条文：

第×条　具有如下情形之一，当事人请求解除合同的，应予支持，判决确认合同已解除……

---

① 王利明：《合同法新问题研究》，中国社会科学出版社2003年版，第555页。

② 杜晨妍、孙伟良：“论合同解除权行使的路径选择”，载《当代法学》2012年3期。

2. 原条文类型之二：

第×条 ……具有以上情形，当事人主张解除合同的，应予支持。

修改后条文：

第×条 ……具有以上情形，当事人主张解除合同的，应当依法认定当事人合同解除的行为效力，并确认合同已解除。

（三）规则设计：合同解除裁判的理性路径

如前所述，“通知解除主义”模式及相应的“审查确认说”能充分体现合同意思自治原则。继续固守“裁判解除主义”模式及直接判决解除的做法实质是在本位主义的视野下赋予法官过度的合同解除自由裁量权。当前，我国司法裁判中合同解除权的公权化、职权化倾向已成为导致司法不公的诱因之一。

在实务操作中，基于我国合同立法并未明确规定当事人解除合同时具体以何种方式通知对方当事人，故对于具体通知解除的方式可以灵活掌握，符合法律规定的达到通知有效、客观即可。因此，应将原告递交起诉状并经由法院向被告送达的行为视为向合同相对方发出了解除合同的通知。法院经审理确认原告有权解除合同的，则解除合同的时间应确认为起诉状副本送达至被告之日①。而对于起诉前原告已经向对方有效通知解除的，则解除合同之日可追溯至原告通知解除之日。由此，可有效避免立法、司法解释与实务裁判路径之间的悖逆。

具体而言，“通知解除主义”模式及“审查确认说”在合同解除司法实践中的合理裁判路径可以类型化为如下情境（以一审为例）：

〔**情境** 1〕：

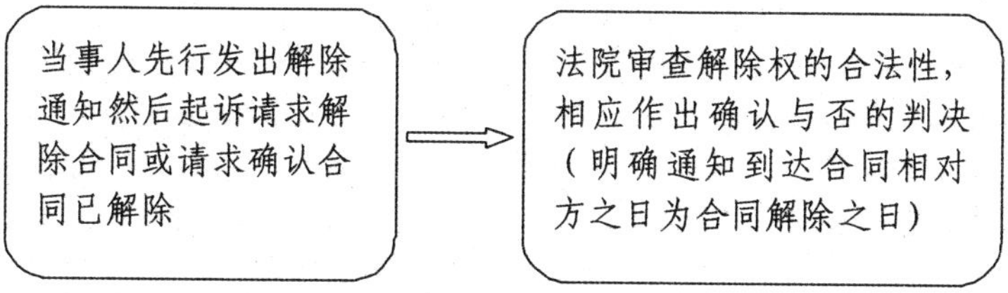

---

① 梁慧星：“审理合同纠纷案件的若干问题”，载《法律适用》2012年第12期。相同观点还可见于：孙森淼：《民法债编总论》（下册），法律出版社2006年版，第628页；刘春堂：“民法债编通则·契约法总论”（总第1册），台北三民书局有限公司2001年版，第387页。

依据阐释：依法解除权人的解除通知达到合同相对方时合同即告解除，司法仅为确认效力即可。

〔情境2〕：

当事人未先行通知即直接起诉请求解除合同 ⟹ 法院审查解除权的合法性，相应作出确认与否的裁判（解除的时间溯及至对方收到法院送达的载有原告请求解除合同请求的起诉状副本时之日）

依据阐释：解除权人虽未履行诉前通知解除程序，但其向法院提起的诉讼本身即表达了解除合同的意思表示。在此情况下，原告递交请求解除合同的起诉状并经由法院向被告送达的行为具有通知合同相对方解除合同的法律效果。

〔情境3〕：

当事人通知解除合同在先，相对方有异议，向法院起诉请求确认解除行为无效，要求继续履行合同 ⟹ 法院审查确认通知解除合同行为以及异议人异议行为的法律效力，并据此作出支持或驳回异议人诉讼请求的裁判

依据阐释：依据《合同法》第96条的规定，此时法院应当审查解除通知行为的效力以及异议人的异议是否符合程序，并据此相应裁判。

〔情境4〕：

当事人因合同履行产生争议，诉至法院时未主张解除合同，而直接请求追究对方违约责任或要求解决解除后善后事宜 ⟹ 法院查明案情事实后向当事人释明其是否有解除合同的意思表示，并依据当事人的意思表示，作出支持或驳回诉讼请求的判决

依据阐释：司法实践中存在因当事人法律认知误区而跳过作出解除合同的意思表示直接追究对方合同解除违约责任或要求解决解除后善后事宜的情形，在此情况

下，应当由法官释明当事人是否有解除合同的意思表示，并根据该意思表示的有无及相应效力，作出支持或驳回诉讼请求的判决。

小结：契约自由（包括解约自由）的价值取向是鼓励市场交易，注重机会和效率，而国家干预的价值取向是保障交易安全、确保社会公平正义。以“通知解除主义”模式为裁判价值导向体现了公权对契约自由精神的尊重，在以司法的名义确认合同当事人有权行使解除权实现其诉讼目的的同时，也有效解决了传统的“裁判解除主义”模式中因裁判程序问题导致的合同解除时间点模糊及由此引起的当事人利益关系飘忽不定的司法尴尬。

（潘幼亭　北京市昌平区人民法院）

合同解除异议权性质的厘清与定位

【司法精要】

《最高人民法院关于适用〈中华人民共和国合同法〉若干问题的解释（二）》（以下简称《合同法司法解释（二）》）[①] 第24条，明确了异议权的行使期限，是对《中华人民共和国合同法》（以下简称《合同法》）第96条的细化和补充，目的是要激活《合同法》第96条第1款规定的异议权。但因学界和司法实践中对异议权性质的误读，致使第24条被诟病为无解除权人借机恶意解约的合法“盾牌”。文章认为，应该基于督促非解约人及时行使异议权的思路，借鉴德国法上的形成反对权，重塑异议权的性质：异议权并不反对解除权的成立，只是针对已经成立的解除权，提出抗辩，以此来阻碍、阻止或是消灭该解除权。当异议期经过后，非解约方丧失的是提出抗辩事由反对解除权的

---

① 为表述方便，下文将《合同法司法解释（二）》第24条简称为“第24条”，如同时提及《合同法》条文时，表述为“司法解释第24条”，以作区别；第24条规定的全文为：当事人对合同法第96条、第99条规定的合同解除或者债务抵销虽有异议，但在约定的异议期限届满后才提出异议并向人民法院起诉的，人民法院不予支持；当事人没有约定异议期间，在解除合同或者债务抵销通知到达之日起三个月以后才向人民法院起诉的，人民法院不予支持。

权利，而非反对解除权成立的权利。进言之，无论是否超过异议期，解除权的成立都由解约方来承担主张责任和证明责任，如此，无解除权人就无法因非解约方超过异议期后，自然取得解除权，彻底避免了非解约方仅因异议期经过即遭受失权的不公现象。与此同时，异议期限过后，非解约人即丧失以抗辩事由反对解除行为的权利，如此又能促使非解约人尽快行使异议权。将异议权的性质定位为反对形成权，使得解除权和异议权成为合同双方对等攻击和预防的制度工具。在走向诉讼前，为两造当事人提供充分磋商和博弈的空间，有利于法律关系尽早稳定，达至第 24 条出台的初衷。

第 24 条就合同解除时，非解约方异议权的行使作了具体规定，是对《合同法》第 96 条的细化和补充，两者共同组成了非解约方行使异议权的法律基础规范。由于法律和司法解释均未明确界定异议权的性质，实践中，异议权有被模糊处理的倾向，致使第 24 条在司法实务界与法学理论界中理解不一，影响了该条司法适用的统一。本文以异议权性质的厘清与界定为中心，试图廓清第 24 条文义理解的混乱，激活其促进交易稳定的价值功能。

一、异议权的误读：司法实践对第 24 条的理解分歧

《合同法》第 96 条规定了非解约方合同解除异议权，旨在限制解约方不当行使合同解除权，但并未就该异议权行使的期限以及逾期后果作出规定。对此，司法实务界以及学界认为可能引发非解约方滥用异议权，不利于法律关系的稳定。[①] 在此背景下，随着《合同法司法解释（二）》的出台，第 24 条有针对性地补足了第 96 条第 1 款。囿于对异议权性质的混乱理解，司法实务界对异议期适用的前提要件有着不同的理解。

---

① 崔建远："解除权问题的疑问与释答（上篇）"，载《政治与法律》2005 年第 3 期；张传军："对合同解除异议权的行使应有期限规定"，载《人民司法》2000 年第 6 期。

（一）异议期适用前提的分歧

1. 形式理解[①]

案例1：圣提公司与丽晶公司房屋租赁合同纠纷案[②]：圣提公司因经营业务租赁丽晶公司房屋。2008年9月起，圣提公司未依约支付租金。2008年11月3日，丽晶公司向圣提公司发出终止租赁合同函，圣提公司明确拒绝。2009年1月4日丽晶公司向法院提起诉讼，要求确认双方租赁合同解除。

法院认为，仅因圣提公司迟延给付租金，丽晶公司尚无权单方提前解除租赁协议，但丽晶公司向圣提公司发出终止履行租赁协议函，圣提公司在此情形下，三个月内未向法院提起诉讼，致丽晶公司发出的终止履行协议通知函于到达圣提公司时生效，合同确定解除。

该案中，法院认为异议期的适用条件不以是否具备合法事由为前提，只要符合合同解除权行使的形式要件，且已过异议期，合同则确定地自通知到达之时解除。

2. 实质理解[③]

案例2：建行北京分行与北京亿方公司物业服务合同纠纷上诉案[④]：北京亿方公司为建行北京分行某处房产提供物业服务。其间，因单位内部实行房改，建行北京分行将该处房产售卖给职工，并向北京亿方公司函告，要求与亿方公司解除物业服务合同，北京亿方公司予以回绝，但未在三个月内向法院提起诉讼。

法院认为建行北京分行并未依据双方签订的《物业服务合同》约定的解除合同条件行使约定解除权，亦未依法行使法定解除权，因此，本案不符合适用第24条的具体情形。虽然建行北京分行向北京亿方公司发出合同解除通知，且北京亿方

---

① 《合同法司法解释（二）》实施前，形式理解说为理论界坚持的主要观点。参见崔建远："解除权问题的疑问与释答（上篇）"，载《政治与法律》2005年第3期；徐纯先："论合同解除权的行使"，载《求索》2006年第8期。

② 上海市第一中级人民法院（2010）沪一中民二终字第587号裁判文书；类似判决参见：重庆市第二中级人民法院（2010）渝二中法民终字第480号裁判文书。

③ 《合同法司法解释（二）》颁布实施后，学界多坚持实质理解说。参见贺剑："合同解除异议制度研究"，载《中外法学》2013年第3期；汤文平："论合同解除、债权抵销之异议——《合同法解释（二）》第24条评注"，载《东方法学》2011年第2期。

④ 北京市第一中级人民法院（2009）一中民终字第19007号民事判决书，信息检索来源于中国审判法律应用支持系统。

公司提起诉讼超过三个月，但因建行北京分行尚不具有单方解除合同的权利，双方物业服务合同仍未被解除。

该案中，法院坚持解除权的行使须以《合同法》第93条第2款、第94条规定的约定解除或法定解除事由的客观存在为适用前提，若不存在解除合同所依据的法律规定或合同约定的客观事由，则不存在异议期适用的问题。

（二）两种观点的分歧解析

1. 形式理解：易诱发机会解约

按照形式理解的观点，第24条在司法实践中的适用被简化为对非解约方异议时间点的审查，如果超过约定或法定的异议期，无需对解约方是否具备解除权再作审查，直接驳回非解约方的诉讼请求，合同自解除通知到达非解约方时被解除。此种理解，能够实现从速解除合同效力，尽早稳定合同关系的目的，但是，与合同严守原则相悖，也与《合同法》法定解除的立法精神不符。[①] 实践中，如果不审查解约方是否具有解除权，仅看非解约方异议时间是否过期，容易诱发机会解约，不利于合同关系的稳定，也会危及市场的诚信基础，与第24条精神不符。

2. 实质理解：第24条被虚置

按照实质理解的观点，第24条在司法实践中的运作应该遵循：尽管非解约方逾期提起诉讼，法院依然需要根据合同双方提供的证据，包括非解约方提出的抗辩事由，对合同解除的效力进行实质审查。综合案件事实认定的最终结果，如果客观上并不存在合同解除的约定事由或法定事由，非解约方的异议仍然能够得到法院的支持，解约方的解除行为无效。如此理解，第24条规定的异议期间就再无存在必要，因为经过实质审查，只有两种可能：要么解约方有解除权，要么没有解除权，在解除权人有解除权时，合同自通知到达时当然解除，与非解约方是否提出异议以及何时提出异议无关；在后者，既然解约方没有解除权，解除行为当然无效，合同则确定有效，也与非解约方何时提出异议无关。显然，此种理解的逻辑推演结果与第24条出台的初衷相悖。

---

① 从《合同法》法定解除的5个条件看，当事人单方解除合同限于事实上合同不能履行或是难以实现合同目的的情形。

（三）透视异议期适用分歧——异议权性质的误读

第24条的形式理解，与学界、司法实务界前期呼吁明确异议权行使期限有关。当初担心未规定异议权行使期限，可能会影响法律关系的稳定。在此背景下，第24条的出台，被想当然地认为无论解约人是否有解除权，只要非解约人超过异议期，合同就确定被解除。依此逻辑，非解约人异议权性质的理解主要有两种：

1. 从文义上理解为对合同解除异议的权利。学界对异议权性质深入探讨的不多，多从文义上理解为：不同意或反对合同解除的权利。有学者从解除权作为形成权的性质出发，认为“异议”不限于解约人对解除合同提出不同意见，还包括请求解约人继续履行合同义务等。[①] 此种理解下的异议，涵盖了非解约人对解除权成立的否认和解除权存在的抗辩。[②] 异议期届满后，非解约人不仅不能对解除权存在提出抗辩事由，也不能就解除权原本就不成立提出否认的主张，合理的逻辑推演便是，异议期届满后，解除权当然产生。

2. 从权利种类上归结为请求权。有观点认为，异议权是一种请求权，是请求撤销合同的解除行为。异议期限届满非解约人没有表示异议的，其异议权消灭，合同无争议地解除。[③] 此种观点将异议权视为撤销合同解除行为的一种请求权，请求权的基础仍然包括否认解除权成立和对解除权存在提出抗辩。反向推论，如果异议期届满，非解约方则丧失提起以否认或抗辩为依据的撤销解除行为的请求权，此时不论解约人是否有解除权，合同都确定地被解除。有学者据此批评认为，在解约方没有解除权，解除行为原本无效，合同有效时，异议期间的经过，不过使得非解约方不能“请求撤销合同解除行为”，但不能让无效的解除行为有效，进而使得有效的合同“无争议地解除”。[④]

不论将非解约方的异议笼统地理解为反对解除合同，还是将其视为撤销合同解除行为的请求权，两者都默认异议内容包括对解除权的否认和抗辩，也正是缘于对

---

① 参见崔建远：“解除权问题的疑问与释答（上篇）”，载《政治与法律》2005年第3期。

② 否认针对的是：解约人行使的解除权缺乏成立要件，解除权不成立，此时解约人自始没有解除权，包括解除权行使的方式不合法，下文提及对解除权的否认均包括此项内容；抗辩是指虽然解约人行使的解除权成立，非解约人提出足以阻碍、阻止或是消灭该权利的事由。

③ 沈德咏等：《最高人民法院关于〈合同法〉司法解释（二）理解与适用》，法律出版社2009年版，第177页。

④ 贺剑：“合同解除异议制度研究”，载《中外法学》2013年第3期。

"异议"内容的此种认识，使得原本没有解除权的解约人在异议期届满后，取得了解除合同的权利，最终使得非解约方承担了不合理的失权后果。实务界对第24条的实质理解，表面上是规避了第24条的适用，与形式理解相对，但规避的原因也是出于形式理解在价值层面上的负面影响，本质上，对第24条的实质理解与形式理解都基于异议内容的共同认识——既包括否认，也包括抗辩。

二、异议权的再认识：形成反对权的性质定位

（一）歧途：基于防范滥用解除权的思路

第24条实施后，因为形式理解产生的负面效应，饱受理论界的诟病，[①] 特别是设置的三个月异议期，几乎受到一边倒的反对。为防范无解除权人滥用解除权，缓解第24条适用中非解约人可能面临的不当失权风险，学界关于异议权性质的认识出现了修正理解异议权行使方式和诉权化发展的两种倾向。

1. 区分异议和起诉

第24条最大的弊病在于当解约人没有解除权时，强行规定异议权的行使期限，侵害了非解约人即异议权人的利益。按照这种逻辑，有学者提出了严格区分异议和起诉，扩充异议权行使的方式。认为合同解除异议权的行使对象不应局限于人民法院或仲裁机构，也应包括解除权人。[②] 这样非解约人在收到解除通知后，向解约人提出的异议，包括口头回绝、书面回函或是要求继续履行等，均属于非解约人行使异议权的合法形式。

在此解释论下，异议期限的设定更多地是督促非解约人及时对无解除权人的解约行为提出异议。扩张理解异议权的行使方式，更加符合民事主体解除合同过程中提出异议的习惯，避免了公权力提前介入纠纷的弊端，最为关键的是放松了非解约人异议方式后，无解除权人行使解除权时，绝大多数非解约人的异议都具有法律上反对合同解除的效果，实际结果是：三个月异议期限的副作用被大大降低。但是，

---

① 最近司法实务界对第24条的理解也出现了转变，认为认定合同解除通知的效力，不仅要符合通知相对人的形式要件，也要符合《合同法》第93条第2款、第94条规定的实质性要件。参见最高人民法院民事审判第一庭编：《民事审判指导与参考》，人民法院出版社2013年第1辑，第243页。

② 陈思静："合同解除的异议权研究"，载《法制与经济》2013年第5期；雷裕春："合同解除权行使的若干问题研究"，载《学术论坛》2007年第5期。

异议权的性质仍然被理解为请求权，既然是请求权，同样面临着以上论述中关于逾期异议将使无解除权人获得解除权的困境，扩张理解异议权行使方式只能从适用几率上缓解第24条适用引发的困境。

2. 异议权的诉权化处理

鉴于难以从根本上去除异议权行使期限的副作用，有学者建议摒弃“异议权——异议权限制”的老路，转而将异议权作为程序上的权利，即“请求人民法院或者仲裁机构确认解除合同的效力”的权利。这种诉权为解约方和非解约方共同享有，通过双方诉权的彼此限制，实现尽早稳定合同关系的目的。①

依此观点，确能破解上述因异议期届满使得原本无解除权人获得解除权的悖论，让无解除权的当事人无隙可乘，非解约人不必因异议期经过而担心丧失请求法院或仲裁机构支持其继续履行合同的请求。但问题又回到第24条出台前时面临的困境：其一，合同解除的效力不能及时确定。合同解除权属于形成权，自通知到达非解约人处即生解除效力，此种设计的目的是为了迅速了结当事人间的合同关系，让受害人一方迅速摆脱合同的束缚。② 但市场交易中影响合同履行的因素千差万别，合同当事人对是否满足法定解除的全部要件难说有十足把握，如果缺少督促当事人间磋商、博弈的实体法上的异议制度，不利于合同关系的及时稳定。其二，存在从通知解除演变为司法解除的弊端。坚持异议权诉权化的思路认为，由于解约方面临的迟延履行的违约责任以及恢复原状请求权罹于时效的风险，非解约人也将面临迟延履行或违约损害赔偿请求罹于时效的风险，所以在双方都有异议权的情形时，其中一方必会提起确认之诉。按照这种思路，合同双方要想尽快确定合同关系，避免因此遭受的不利益，最佳途径就是借助于诉讼。长此以往，通知解除方式只是一种试探，诉讼解除才是主流，这与《合同法》采用的通知解除为原则，诉讼解除是例外的解除权行使方式不符，也有可能颠覆解除权的形成权属性，造成我国民法上权利体系的不安定。③

---

① 贺剑：“合同解除异议制度研究”，载《中外法学》2013年第3期。

② 朱京安、杨丽珍：“论国际货物买卖合同的解除”，载《西北大学学报（哲学社会科学）》2004年第1期。

③ 按照德国学者迪特尔·梅迪库斯对形成权的分类，《合同法》上的解除权属于简单形成权，而非形成之诉权。参见［德］迪特尔·梅迪库斯：《德国民法总论》，法律出版社2001年第2版，第76页。

（二）正道：基于督促非解约人及时行使异议权的思路

第24条规定的异议权行使期限，是为了激活《合同法》第96条第1款规定的异议权，因对异议权性质的混乱理解和误读，使得第24条成为了无解除权人借机恶意解约的合法“盾牌”，渐次沦为被虚置的“恶法”。通过设置异议期促使非解约人尽快行使异议权，异议期经过后，让非解约人丧失反对解除行为权利，有利于法律关系尽早稳定，但是异议的内容应属于法律规定需要非解约人提出的内容，异议期经过后其须有可归责性。换言之，异议的内容必须剔除那些属于解除权成立的要件内容，由此才能防范无解除权人滥用解除权。要想实现上述目标，应当借鉴德国法上形成反对权或者说形成抗辩权的概念[①]，重塑异议权的性质。

1. 形成反对权的内涵界定

形成反对权是德国法上的概念，其设计的目的是法律赋予形成权关系人以行使自己的形成权来作出回答的可能性，因为其相当于针对请求权提出的抗辩权，因此又被称为形成抗辩权。[②] 拉伦茨教授认为：一方面形成反对权具有抗辩权的效果，其能修正或者改变解约人的解除行为，使得解约人的解除权无法实施；另一方面它又是形成权，通过这一权利非解约人使得合同得以继续有效存在。[③]

综上，笔者认为，形成反对权的特征可归纳如下：（1）形成反对权属于形成权的一种，是形成权相对人通过行使自己的形成权来阻却形成权产生法律效果的一种方式；（2）形成反对权行使的目的是对另一种形成权的反对，即通过自己的单方行为拒绝，以使他人行使的形成权归于无效；（3）具有抗辩权的特征，其所依据的应是需要主张的抗辩事实，套用抗辩权的特征表述是，形成抗辩权并不阻碍形成权的发生，相反，它建立在有效的形成权的基础上。[④]（4）基于它是一种形成权，所以应受到除斥期间的限制。

---

① ［德］卡尔·拉伦兹，曼弗瑞德·沃尔夫：《德国民法中的形成权》，孙宪忠译注，载《环球法律评论》2006年第4期。

② ［德］卡尔·拉伦兹，曼弗瑞德·沃尔夫：《德国民法中的形成权》，孙宪忠译注，载《环球法律评论》2006年第4期。

③ ［德］卡尔·拉伦兹，曼弗瑞德·沃尔夫：《德国民法中的形成权》，孙宪忠译注，载《环球法律评论》2006年第4期。

④ 柳经纬、尹腊梅：“民法上的抗辩与抗辩权”，载《厦门大学学报（哲学社会科学版）》2007年第2期。

2. 异议权的形成反对权性质分析

《合同法》规定的合同解除异议权，符合形成反对权的全部特征。

首先，合同解除异议权是一种形成权，而非请求权。其目的是为非解约方通过自己的单方抗辩行为，来立即拒绝解约人的解除行为，使得解除行为无效。这就很好地解释了，为什么将异议权性质定位为请求权在逻辑上难以自足，因为如果不与起诉结合，单纯的请求权不能产生任何的法律效果，而作为形成权的异议权则不是必须与诉讼结合才能产生对解除权的反对效果。

其次，异议权本质上就是对解除权的反对。合同解除权系属形成权的属性，决定了其无需非解约人的意思表示参与，单凭解约人一方的意思表示即能发生解约效果，此种属性容易侵害非解约人的合法权益。为了限制解约人不当行使解除权，《合同法》创设了异议权，其本质就是当非解约人有正当事由时，对解约人行使的解除权提出反对和回绝。

再次，异议权并不阻碍解除权的成立。异议权并不反对解除权的成立，而只是针对已经成立的异议权提出抗辩，来阻碍、阻止或是消灭该解除权。当异议期经过后，非解约方将不能通过提出抗辩事由来反对解除权，而非丧失反对解除权成立的权利，也就是说无论是否超过异议期，解除权的成立都由解约方来承担证明责任。这样无解除权人就无法因非解约方超过异议期后，自然取得解除权，避免了非解约方仅因异议期经过即遭受失权的重大不利。

最后，异议权与解除权同属形成权，其行使对对方均具有重大影响。为维护合同关系稳定，应设置一定期限加以限定，第 24 条规定的三个月期限应属除斥期间。

三、形成反对权的证成：第 24 条实践理解的完善

（一）证据法层面的论证

按照证据法原理，非解约方对解除权所能提出的异议，不外乎否认与抗辩。[①]

① 笔者在此要明确的是，无论是由解约方依据第 24 条提起的确认合同已被解除或是非解约方提起的确认合同未被解除而继续有效的诉讼（当然，实践中非解约方通常更多的是通过要求对方继续履行合同的方式，间接地确认合同的效力），都属于确认之诉，不管是解约方作为原告还是非解约方作为原告，解约方始终要担负合同已被解除的证明责任，而非解约方担负的证明责任始终也只有是其提起抗辩的证明责任。所以在此处论及的非解约方的抗辩问题，适用于合同双方就合同效力提起的确认之诉。

否认是指当事人主张相对方主张的事实为不真实，或对向对方的申请或主张予以否定；而抗辩是针对请求权提出的一种防御方法，是指当事人通过主张与相对方的主张事实不同的事实或法律关系以排斥相对方的主张，一般认为主张请求权和抗辩者承担证明责任；主张否认者不承担证明责任。[①] 按照罗森贝克的观点，主张责任与证明责任具有实质上的一致性，[②] 提出否认的当事人无需承担证明责任，也无需承担主张责任；提出抗辩的当事人则需负担证明责任与主张责任。按照此种诉讼攻击防御的原理，非解约方的异议如果是抗辩则其应负主张责任，如果其异议仅是否认则不负主张责任。将异议权视为形成反对权，超过异议期后，法院不予支持的"异议"仅为对解除权生效的抗辩，而此抗辩本就应属非解约方负担的主张责任，在异议期内未能履行时，苛以失权处理，如此，即与证据法原理相契合；而如果将"异议"理解为包含否认解除权成立在内，就会出现苛以非解约方原本就不负担的主张责任以主张的义务，并施加不利后果，则与证据法上证明责任分配规则相冲突。

综上，第 24 条在司法实践中的适用应该是：当异议期届满，非解约方就解除权问题提起确认诉讼时，解约方必须就其行使的解除权举证并承担行为意义上和结果意义上的证明责任，法官须在解约方所举证据的基础上进行审查，如果没有证据证明或证据不足以证明解约方享有解除权，当然确认合同未被解除；如果解约方现有证据足以证明其享有解除权，而非解约方不对解除权产生或成立的基础事实做实质否认，而是提出新的抗辩事实主张解除权效力被阻断或消灭，法院则无须审查可径行判决合同解除。

（二）"立法"目的层面的论证

1. 消除了第 24 条文义理解的歧义

最高人民法院的起草者撰写该条解释说明时，分为两个部分，前半部分强调适用第 24 条必须具备法定或约定的解除条件；后半部分强调在约定或法定的异议期限届满后才提出异议并向法院起诉，人民法院不予支持。[③] 依照最高人民法院对第

---

① 陈刚："抗辩与否认在证明责任法学领域中的意义"，载《政法论坛（中国政法大学学报）》2001 年第 3 期。

② [德] 莱奥·罗森贝克：《证明责任论》，中国法制出版社 2002 年版，第 54 页。

③ 沈德咏等主编：《最高人民法院关于〈合同法〉司法解释（二）理解与适用》，法律出版社 2009 年版，第 177 页。

24 条条文的理解，合理的逻辑推演应该是：法院既要对解除权人是否具备解除权进行审查，又要在解除权人实质上可能不具备解除权，但非解约方在异议期届满后才提起诉讼时，判定合同解除，此时，不排除法院支持的是无实质解除权人解除合同的效力，驳回的可能是具有正当异议权人的请求，如此推理似乎陷入了文义理解上的逻辑悖论。

若将异议权定位为形成反对权，第 24 条的条文歧义就能得到很好的化解：超过异议期的非解约方丧失的是对已经成立的解除权发生效力的抗辩，人民法院驳回的也是其抗辩的主张，而非整个诉讼请求。异议期经过时，如果解约方所举证据能够证实其有权解除合同，而非解约方对此未能加以否认，仅是提出抗辩，纵使其抗辩确能有效阻断解除权效力，法院仍然不予支持，合同解除有效；如果解约方没有解除权，或虽能初步证实其有权解除合同，但经非解约方举证证明，最终否认了解除权成立的要件事实，法院仍然应该支持非解约方的诉求，判决合同因解约方无解除权而未被解除。

2. 矫正了双方当事人合同解除中的利益失衡

将异议权界定为形成反对权，异议期届满人民法院驳回的对象解释为非解约方的抗辩而不包括否认，更加符合当事人间的利益平衡。非解约方就对方无解除权提出的否认事实，是解约方应该担负的证明事项，如因异议期届满而不予支持，无异于减轻了解约方的证明责任或是降低了证明标准，可能导致法院认定的事实与事实真相不符，有纵容解约人机会解约之嫌；与否认不同的是，形成反对权的基础事实本身应由非解约方担负主张责任，从证据的距离来看，通常也与非解约方更加接近，权利超过一定期限怠于行使，产生失权后果，此时，非解约方具有可归责性。正是由于非解约方的可归责性消解了第 24 条的理解悖论：即一方面如果法院综合审查抗辩事由后解除权即可能被否定，但在异议期届满后，法院却可以不经审查非解约方的抗辩，而判决确认解除权存在，合同被有效解除。让解约人负责解除权存在的证明责任同时，保留非解约人否认的权利，在此基础上，异议期届满后，让非解约人担负丧失抗辩反对的权利，使合同解除双方的利益呈现一种对等制衡，从而矫正了实质理解与形式理解可能给双方带来的利益失衡问题。

3. 有效抑制机会解约的发生

异议期届满，非解约方丧失的是抗辩反对的权利，而不包括对解除权的否认，法院根据法律规定就解除权是否存在进行审查，并能结合非解约方就解除权行使条件不具备而提供的否认证据一并认定，将最大限度避免因异议期届满，致使客观上并不具备解除条件的合同被确定解除，同时也能有效抑制那些原本就不具备解除条件的解约人的机会解约冲动，维护合同严守原则。

4. 有利于督促非解约方尽快行使异议权

将异议权定性为形成反对权，让非解约人取得与解约人相对等的形成权，能有效防范解除权人恣意行使解除权而侵害非解约人的权利，非解约人可以通过自己单方的行为反对无解除权人的解除行为，解除权和异议权成为合同双方对等攻击和预防的制度工具。在走向诉讼前，为合同双方提供了充分磋商和博弈的空间。同时，由于异议权有除斥期间的限制，非解约方有丧失反对抗辩的风险，又能督促其尽快行使异议权，相较于实质理解说，具有及早确定合同关系，避免社会资源浪费的优势。

四、余论：第24条的完善建议

异议权被明确为形成反对权后，第24条基本可以胜任其及早稳定合同关系的使命，但在文义表述上还存在以下两个问题。

第一，异议权行使方式的表述应该和《合同法》第96条的规定相统一。《合同法》第96条规定对方有异议的，可以请求人民法院或者仲裁机构确认解除合同的效力，从“可以”一词的表述看，应允许异议权人直接向解约人提出，另外，从上文对异议权的形成权属性的论证看，也能得出同样的结论。第二，关于异议期间的表述应该与解除权行使期间的表述相一致。异议权与解除权同属形成权，行使期限应属除斥期间，因此表述上也应该统一起来，以防歧义。

综上，笔者对第24条试作如下修改：

第二十四条　当事人对合同法第九十六条、第九十九条规定的合同解除或者债务抵销有异议时，须在约定的异议期限届满前提出，期限届满当事人不行使的，该权利消灭。当事人没有约定异议期间，在解除合同或者债务抵销通知到达之日起三个月后，该权利消灭。

（沈红　李益松　江苏省扬州市中级人民法院）

合同解除异议期间制度的适用

【司法精要】

《最高人民法院关于适用〈中华人民共和国合同法〉若干问题的解释（二）》（以下简称为《合同法解释二》）第24条规定了合同解除异议期间制度。本文收集了最高人民法院、S直辖市、Z省以及J省法院直接适用《合同法解释二》第24条的案例32个，对合同解除异议期间制度的适用情况进行实证分析。《合同法解释二》第24条并未规定当事人可提出非诉讼异议，司法实践也不认可此类异议的效力。从鼓励意思自治、促进交易实践的角度出发，建议立法及时拓展合同解除异议形式。合同解除异议期间在法律性质上与诉讼时效、除斥期间、权利失效期间均有异同，该期间更类似于诉讼时效，但其是否具有一般诉讼时效的中止、中断事由，还有待立法实践和司法实践进一步明确。合同解除异议期间制度不应具有溯及力，合同解除异议期间应从《合同法解释二》实施之日起算。在适用合同解除异议期间制度时，实践中主要有形式理解和实质理解两种观点。多数法院采用了实质理解观点，即注意审查解除人的解除权，如审查发现解除人不具有解除权的，多数法院倾向于确认合同继续有效。建议司法实务部门根据最高人民法院针对《合同法解释二》第24条的答复意见，进一步统一执法标准，在相关案件中加强对解除人解除权的审查。

《合同法解释二》第24条规定："当事人对合同法第九十六条、第九十九条规定的合同解除或者债务抵销虽有异议，但在约定的异议期限届满后才提出异议并向人民法院起诉的，人民法院不予支持；当事人没有约定异议期间，在解除合同或者债务抵销通知到达之日起三个月以后才向人民法院起诉的，人民法院不予支持。"此即合同解除异议期间制度。本文利用北大法宝数据库，收集并分析了最高人民法院以及S直辖市、Z省、J省法院直接适用上述规定的案例共32个,[①] 包括最高人民法院4个、S直辖市8个、Z省9个、J省11个，拟对合同解除异议期间制度的实践情况进行研究。

一、合同解除异议的形式

根据《合同法解释二》第24条，被解除人对合同解除有异议的，应主要以诉讼方式提出。如果被解除人以非诉讼方式提出异议的，能否产生阻止合同解除的效力，引人思考。

（一）司法实践考察

共有7个样本案例中的被解除人以书面方式向解除人提出了异议，审理法院均未认可异议的效力。(见表一)

表一

审理法院	解除人提出书面异议	未认可异议的效力	认可异议的效力
S市	2	2	-
Z省	1	1	-
J省	4	4	-
总计	7	7	0

如在"XY公司与ZD公司房屋租赁合同纠纷上诉案"中,[②] 双方当事人于2009年6月签订房屋租赁合同一份，约定XY公司将涉案房屋出租给ZD公司；XY公司于2009年11月23日向ZD公司发出《关于要求解除租赁合同的函》，要求解除涉案合同；XY公司2009年12月2日收到ZD公司不同意解除合同的书面异议文件；后XY公司于2010年6月11日提起诉讼，要求确认涉案合同已解除。审理法院并未确认ZD公司书面异议的效力，但审查发现XY公司并无合同解除权，故驳

① 选取上述样本案例的主要依据在于：第一，最高人民法院对《合同法解释二》第24条的理解与适用应当最为权威，对全国法院的司法实践具有指导意义。第二，S直辖市、Z省、J省地域接近，法院的司法理念与司法水平相近，能较好地反映《合同法解释二》第24条的实际适用情况。

② 上海市第一中级人民法院（2010）沪一中民二（民）终字第3852号判决书。

回了 XY 公司的诉讼请求。

司法实践不认可非诉讼异议的效力，主要原因在于《合同法解释二》第 24 条对合同解除异议形式规定不明确。第一，根据该条款前半句，在当事人约定合同解除异议期间的情况下，如被解除人在约定期间届满后“提出异议并起诉的”，法院将不予支持。条文将“异议”与“起诉”并列，似乎表明“异议”与“起诉”含义不同，即被解除人在此情况下，有权提起诉讼以外的其他形式异议。第二，根据该条款后半句，在当事人未约定合同解除异议期间的情况下，如被解除人在解除通知到达之日起三个月后“起诉”的，法院将不予支持。条文并未规定被解除人可以提起其他异议形式，似乎表明被解除人在此情况下只能提起“诉讼”。在 7 个样本案例中，当事人均未约定合同解除异议期间，根据《合同法解释二》第 24 条后半句，被解除人似只能以诉讼形式提出异议，故司法实践不认可非诉讼异议的效力有其依据。

（二）对异议形式的拓展

从法律规定、司法实践、社会交易实践等角度出发，立法者可以尝试对《合同法解释二》第 24 条作进一步解释，确认非诉讼异议的效力。

第一，从法律规定看，《合同法》并未排除当事人提出非诉讼异议的权利。根据《合同法》第 96 条，被解除人对合同解除有异议的，可以请求人民法院或者仲裁机构确认解除合同的效力。该条款系任意性规范，表明诉讼或仲裁是被解除人提出异议的方式之一，并不排除当事人以书面或口头形式自行协商的权利。因此，“异议”应包括提出不同意见、提出履行请求、就相对人的请求提出抗辩等形式。[①]如《合同法解释二》第 24 条将被解除人的异议形式严格限制为诉讼，可能对《合同法》第 96 条作不恰当的限缩解释，这缺乏法律依据，也会对当事人的利益产生不利影响。

第二，从交易实践看，当事人一般愿意通过协商解决合同纠纷。许多案件中，被解除人收到解除通知后，常会寻求与解除人协商，而不会直接向法院提起诉讼。如有学者统计，在《合同法解释二》第 24 条施行前，当事人就解约事项的平均协

---

① 参见崔建远：“论解除权及其行使”，载《履行障碍法研究》，法律出版社 2006 年版，第 255 页。

商期为13个月；在该解释施行后，平均协商期为5个月。[①] 如《合同法解释二》第24条否定非诉讼异议的效力，被解除人就必须压缩协商时间，一旦在3个月内未协商成功，就必须提起诉讼，否则合同将可能被解除。当事人缺乏充分的协商时间，会导致许多本可能通过谈判解决的合同纠纷进入司法程序；同时，还有部分解除人可能故意拖延协商时间，避免被解除人在规定期间内起诉，以图解除合同，这容易引发道德风险。

第三，从法的本质看，私法不应过度干涉当事人的意思自治。首先，在我国其他法律制度中，当事人遇有争议的，法律一般允许当事人自行协商，鲜有规定当事人应在确定期间内直接向法院起诉，如在产品质量异议、迟到承诺承认或否认期间及各类形成权除斥期间制度（法定形成诉权除外）中均无此类规定。诉讼是当事人解决争议的方式之一，如法律强制当事人起诉，既不符合诉讼救济原则，也与一般人的法律感情相违背。[②] 其次，域外立法实践未规定合同解除异议期间制度，在合同纠纷发生时，也倾向于鼓励合同当事人自行协商。如《德国民法典》第203条规定了磋商情形消灭时效的停止："债务人与债权人尚就请求权或设定请求权的事由进行谈判磋商的，在当事人的一方或另外一方拒绝进行谈判磋商之前，消灭时效停止进行。在此情形，消灭时效至少在停止终止之后3个月完成。"上述规定表明，法律政策期待当事人间通过协商解决争议，故协商时间受时效制度影响较小。[③] 我国及域外立法实践均表明，私法应充分尊重和保障当事人的意思自治，故立法有必要拓展合同解除异议形式，为意思自治保留空间。

二、合同解除异议期间的认定

《合同法解释二》第24条未明确规定合同解除异议期间的法律性质、起算时间等问题，也导致人们对上述问题的争议。

---

① 参见贺剑："合同解除异议期间制度研究"，载《中外法学》2013年第3期。该文以2007年6月至2011年5月发生的9个案例为统计样本，得出上述结论。

② 汤文平："论合同解除、债权抵销之异议——《合同法解释（二）》第24条评注"，载《东方法学》2011年第2期。

③ 朱岩编译：《德国新债法——条文及官方解释》，法律出版社2003年版，第30页。

（一）合同解除异议期间的法律性质

从性质上看，合同解除异议期间与诉讼时效、除斥期间均有异同。

第一，从法律效果看，诉讼时效届满后，消灭的是胜诉权；除斥期间届满后，消灭的是实体权利本身。[①]《合同法解释二》立法者原本认为，合同解除异议期间经过后，合同将无争议地解除。[②] 据此，合同解除异议期间经过后，被解除人将丧失实体权利，故异议期间类似于除斥期间。

但最高人民法院研究室对浙江省高级人民法院《关于〈合同法解释二〉第24条的理解与适用的请示》的答复（以下简称《答复意见》）中，对合同解除异议期间的法律后果作了不同规定，该意见第一段载明："当事人根据合同法第九十六条的规定通知对方要求解除合同的，必须具备合同法第九十三条或者第九十四条规定的条件，才能发生解除合同的法律效力。"[③] 据此，合同解除异议期间经过后，合同不会自动解除，如解除人不具有解除权的，合同将继续有效。可见，合同解除异议期间经过后，被解除人仅丧失解除异议权，而非实体权利，此时异议期间在效果上类似于诉讼时效。

第二，从制度功能看，诉讼时效主要适用于请求权，[④] 目的在于期间届满后建立新秩序；而除斥期间主要适用于形成权，目的在于期间届满后维护原秩序。[⑤]《合同法解释二》立法者认为，合同解除异议权是一种请求权，目的在于请求撤销合同解除行为，为督促被解除人尽快行使异议权，故规定了合同解除异议期间。[⑥] 因合同解除异议权是请求权，故合同解除异议期间在功能上类似于诉讼时效。

第三，从期间确定性看，诉讼时效不得由当事人自行约定，且属于可变期间；

---

① 马俊驹、余延满：《民法原论》，法律出版社 2010 年版，第 245 页。

② 沈德咏等主编：《最高人民法院关于合同法司法解释（二）理解与适用》，人民法院出版社 2009 年版，第 177 页。

③ 最高人民法院 2013 年 6 月 4 日法研［2013］79 号文件。

④ 通常认为，债权请求权、物上请求权中财产返还请求权和恢复原状请求权应适用诉讼时效。而基于身份关系的请求权、物上请求权中的排除妨害请求权、消除危险请求权、所有权确认请求权等则不应适用诉讼时效。参见史浩明："论除斥期间"，载《法学杂志》2004 年第 4 期。

⑤ 马俊驹、余延满：《民法原论》，法律出版社 2010 年版，第 245 页。

⑥ 沈德咏等主编：《最高人民法院关于合同法司法解释（二）理解与适用》，人民法院出版社 2009 年版，第 176 页。

除斥期间可由法律规定，也可由当事人约定，一般属于不可变期间。根据《合同法解释二》第24条，除适用法定期间外，当事人还可以约定合同解除异议期间；同时，该条款并未规定异议期间可变更的情形，应认为该期间不可变更。故合同解除异议期间在确定性上类似于除斥期间。

有观点提出，合同解除异议期间类似于“权利失效期间”，[①] 但事实上两者也存在一定差异。第一，权利失效期间需具备两项条件，即权利人经过相当期间不行使权利，以及有特别事实使义务人相信该项权利不再主张；[②] 而《合同法解释二》第24条并未规定特别信赖事实。第二，权利失效系权利行使不当的一种特别情形，权利失效后权利本身并未消灭，仅发生抗辩事由；[③] 而合同解除异议期间经过后，当事人的异议权和原有合同关系均归于消灭。

综上，合同解除异议期间更类似于诉讼时效，但该期间是否具有一般诉讼时效的中止、中断事由，还有待立法进一步明确。

（二）合同解除异议期间的起算时间

根据《合同法解释二》第24条，合同解除异议期间起算时间可分三种情况讨论：第一，当事人约定了异议期间的，应按约定计算；第二，当事人没有约定异议期间，且解除人在《合同法解释二》实施以后发出合同解除通知的，异议期间应自通知到达被解除人时起算；第三，当事人没有约定异议期间，且解除人在《合同法解释二》实施以前发出合同解除通知的，异议期间如何计算，法律并无规定。

共有4个样本案例中的解除人于《合同法解释二》实施前发出了合同解除通知，审理法院倾向于认为合同解除异议期间应自被解除人收到解除通知时起算，并直接适用了《合同法解释二》第24条。

---

① 权利失效主要指权利人在相当期间内不行使其权利，依特别情势足以使义务人正当信任债权人不欲使其履行义务时，基于诚信原则不得再为主张。王泽鉴：《民法学说与判例研究（第一册）》，中国政法大学出版社2005年版，第290页。

② 王泽鉴：《民法学说与判例研究（第一册）》，中国政法大学出版社2005年版，第293页。

③ 王泽鉴：《民法学说与判例研究（第一册）》，中国政法大学出版社2005年版，第293页。

表二

审理法院	解除人于《合同法解释二》实施前发出解除通知	异议期间起算时间
最高人民法院	2	通知到达被解除人时
S市法院	2	
总计	4	

如“TH投资有限公司与某经济技术开发区国有资产经营管理公司合同纠纷申请案”中,[①] 双方当事人签订了《投资合同》，后某资产管理公司于2007年4月27日通知TH公司解除涉案合同，TH公司于2009年5月4日起诉要求确认涉案合同继续有效。法院认为，某资产管理公司行使约定解除权的条件已成就，解除合同行为有效；同时，TH公司起诉时已超过法律规定的合同解除异议期间，故驳回了TH公司的诉讼请求。在本案中，TH公司于2007年收到解除通知，并于2009年5月4日提起诉讼，如法院自《合同法解释二》实施之日（2009年5月13日）起算合同解除异议期间的话，TH公司起诉时间并未超过异议期间，故审理法院实际从解除通知到达TH公司时起算异议期间。

立法者意见与司法实践观点存在差异，如《答复意见》第二段载明：“当事人没有约定异议期间，一方当事人在《合同法解释（二）》施行前已依法通知对方当事人解除合同，对方当事人在《合同法解释（二）》施行之日起三个月以后才起诉的，人民法院不予支持。”[②] 据此，在上述第三种情况中，合同解除异议期间应自《合同法解释二》实施之日起算。有观点提出，这表明《合同法解释二》第24条规定没有溯及力。[③]

就合同解除异议制度的溯及力问题，可从以下两个角度分析：

第一，法律在生效时应当遵循信赖利益保护原则，即保护人们基于以往法律所获得的利益，这就要求法律原则上不应具有溯及力，除非其溯及既往而不会侵犯信赖利益。[④] 如《中华人民共和立法法》第84条规定，法律不溯及既往，但为了更

---

① 参见最高人民法院（2012）民申字第1490号民事裁定书。

② 最高人民法院2013年6月4日法研［2013］79号文件。

③ 陈龙业、宋韦韦：“合同解除异议权制度适用中的争议问题探讨”，载《人民司法》2014年第15期。

④ 杨登峰：“民事、行政司法解释的溯及力”，载《法学研究》2007年第2期。

好地保护权利和利益而作特别规定除外。合同解除异议制度是《合同法解释二》新设立的一项新制度，对合同当事人尤其是被解除人的权利义务有重大影响。在《合同法解释二》实施前，被解除人收到合同解除通知后，可以不受时间、形式限制地提出异议；而在该司法解释实施之后，其提出异议的时间和形式都将受限，如不符合规定的，还可能导致合同被解除。可见，如赋予《合同法解释二》第 24 条溯及力，将损害当事人的信赖利益。

第二，司法实践的观点之所以与最高人民法院的答复意见存在差异，与《合同司法解释二》第 30 条规定不无关系。该条规定："合同法施行后成立的合同发生纠纷的案件，本解释施行后尚未终审的，适用本解释；本解释施行前已经终审，当事人申请再审或者按照审判监督程序决定再审的，不适用本解释。"据此，合同解除异议期间制度是否具有溯及力，不仅取决于合同解除或异议行为的发生时间，很大程度上还取决于案件审结时间与司法解释实施的先后关系，这容易导致司法实践的混乱。如在样本案例中，虽解除人发出解除通知的时间早于《合同法解释二》实施时间，而审理时间均晚于该实施时间，因此，虽然合同解除异议期间制度不应具有溯及力，但法院在审理中仍适用了这一制度。

综上，《答复意见》排除了合同解除异议期间制度的溯及力，并认为合同解除异议期间应从《合同法解释二》实施之日起算，符合法理。该答复意见有助于各级法院理解《合同法解释二》第 24 条的准确含义，并形成统一的执法意见。

三、对解除人解除权的审查

《合同法解释二》第 24 条并未规定合同异议解除制度的适用条件，容易导致司法实践适用标准不统一，具体表现为两个问题：第一，被解除人收到解除通知后逾期提出异议的，法院是否应当审查解除人的解除权？第二，如法院审查发现解除人无解除权，应如何认定合同的效力？

（一）司法实践考察

针对上述第一个问题，样本案例显示，即使被解除人逾期提出解除异议的，大部分法院并未直接适用《合同法解释二》第 24 条，而倾向于先审查解除人的解除权，再作出裁判。如在 32 个样本案例中，共有 23 个审查了合同解除人的解除权，有 9 个未审查。（见表三）

表三

审理法院	审查合同解除权	未审查合同解除权
最高人民法院	4	-
S市法院	6	2
Z省法院	6	3
J省法院	7	4
总计	23	9

如“深圳FSB实业有限公司与深圳市FX股份合作公司等合作开发房地产合同纠纷案”[①]中，FSB公司与FX公司签订了《合作投资兴建SX花园合同书》，后FX公司以FSB公司违约为由于2004年12月25日向后者送达了《律师函》，要求解除涉案合同，FSB公司超过三个月后起诉并提出解除异议。最高人民法院系该案二审法院，并未直接适用《合同法解释二》第24条判定涉案合同解除，而是详细审查了涉案合同的履行情况，认为，FSB公司构成根本违约，FX公司具有合同解除权；同时，FSB公司在收到《律师函》后，并未在《合同法解释二》第24条规定的期限内行使异议权，故涉案合同解除。

针对上述第二个问题，样本案例显示，如法院审查发现解除人没有解除权（有9个样本案例），大部分法院倾向于确认合同继续有效（有7个样本案例），而非机械地适用《合同法解释二》第24条确认合同解除。（见表四）

表四

审理法院	审查发现解除人无解除权	确认继续有效	确认解除
最高人民法院	2	2	-
S市法院	4	3	1
Z省法院	3	2	1
J省法院	-	-	-
总计	9	7	2

如“JTD房地产开发有限公司与BQ置业有限公司土地使用权转让合同纠纷申请案”中，[②] JTD公司与BQ公司签订了《土地使用权转让合同》，JTD公司以BQ

① 参见最高人民法院（2013）民申字第202号民事裁定书。

② 参见最高人民法院（2013）民申字第202号民裁定书。

公司违约为由于2010年2月9日向后者送达了《解除合同通知书》，BQ公司于2010年7月26日起诉并提出合同解除异议。最高人民法院经审理认为，因JTD公司不具有合同解除权，《解除合同通知》不产生解除效力，本案不适用《合同法解释二》第24条规定，故驳回了JTD公司的再审申请。

（二）两种观点的辨析

司法实践中的不同做法，体现了人们对《合同法解释二》第24条的两种不同观点，即形式理解观点和实质理解观点。[①] 形式理解观点认为，只要被解除人未在合同解除异议期间内提出异议，法院就不再审查解除人的解除权，应直接确认合同解除。[②] 实质理解观点则认为，无论被解除人何时提出异议，法院均应审查解除人的解除权，如解除人无解除权的，应确认合同继续有效。[③] 根据《答复意见》第一段可知，该意见采纳了实质理解观点。

两种观点在理论界和实务界均有支持者，就两种观点的辨析，可从两个角度进行考察：

第一，形式理解观点改变了合同解除模式。合同解除制度应有一定要件作为限定，以避免当事人滥用解除权，如《合同法》第93条、第94条规定了一般约定及法定解除条件，第164条至167条、第219条规定了特别法定解除条件。[④] 仅在符合规定条件时，当事人才具有解除权。同时，根据《合同法》第96条第1款规定，解除人欲行使解除权的，需以通知形式向相对人作出意思表示。因此，现有合同解除模式可简要地概括为“解除权+意思表示=解除”。

根据实质理解观点，无论被解除人何时提出异议，只要解除权人不具有解除权，其解除合同的意思表示就不能产生效力，即采用了现有解除模式。而根据形式理解观点，合同解除意思表示的效力应分两种情况讨论：其一，被解除人及时提出解除异议的，解除人应具有解除权，否则其意思表示将不发生解除效力，此时仍采

① 参见贺剑：“合同解除异议期间制度研究”，载《中外法学》2013年第3期。

② 代表性研究主要有沈德咏等主编：《最高人民法院关于合同法司法解释（二）理解与适用》，人民法院出版社2009年版，第175~177页。

③ 代表性研究主要有张卓郁等：“合同解除异议期条款的适用限制”，载《人民法院报》2011年11月10日第7版；姚宝华：“合同法解释（二）第24条的周延性适用”，载《人民司法·案例》2011年第22期。

④ 韩世远：《合同法总论》，法律出版社2013年版，第512页。

用现有解除模式；其二，被解除人未及时提出异议的，即便解除人不具有解除权，其意思表示也能发生效力，此时合同解除模式实质变更为“不及时提出异议 + 意思表示 = 解除”。该模式意味着，被解除人不及时提出异议，就能代替解除权促使合同解除意思表示发生效力，这显然缺乏法律依据。

第二，形式理解观点误解了异议权的性质。合同解除异议权是一种请求权，合同解除异议期间经过后，被解除人将丧失异议权，即不得再请求解除人撤销合同解除意思表示；丧失异议权并非约定或法定合同解除条件，并不必然导致合同解除。根据实质理解观点，被解除人逾期未提出异议的，并不必然导致合同解除，该观点符合异议权的性质。而根据形式理解观点，被解除人逾期未提出异议的，将直接导致合同解除，实质是对异议权的性质发生了误解。

综上比较，形式理解观点与我国合同解除制度并不协调，也未能准确把握合同解除异议权的性质，不符合实践需要；而实质理解观点则能较好地与我国现有法律规定相契合。

四、完善合同解除异议期间制度的建议

合同解除异议期间制度是我国合同法领域一项较有特色的制度，有助于督促当事人行使权利、及时稳定合同关系。但该制度在运行中引发了一些争议，故建议立法从拓展合同解除异议形式、完善合同解除异议期间规定、严格审查解除人的解除权等方面着手，进一步完善该制度。

（一）及时拓展合同解除异议的形式

《合同法解释二》第 24 条未明确规定被解除人可以非诉讼形式提出合同解除异议，司法实践也普遍不认可此类异议的效力，这容易限制合同纠纷的处理路径，并导致司法过度介入意思自治。建议立法及时拓展合同解除异议的形式，允许当事人以书面或口头的形式向相对方提出异议。这样，将使合同纠纷的处理路径拓展为两条：一是解除人发出解除通知后，当事人直接提起确认之诉；二是解除人发出通知后，被解除人提出非诉讼异议，当事人协商不成的，再提起确认之诉。纠纷处理路径不断丰富，可使当事人有更多的协商时间，有助于当事人选择符合双方利益的方式解决纠纷，避免相关纠纷集中于诉讼领域。

（二）逐步完善合同解除异议期间的规定

实践中，人们对合同解除异议期间的法律性质、溯及力等问题始终存在争议，这关涉相关案件中法律的准确适用，建议立法逐步对此类问题进行明确。

第一，明确合同解除异议期间的法律性质。合同解除异议期间与诉讼时效期间、除斥期间、权利失效期间均有异同之处，建议立法进一步明确该期间的性质。如该期间是诉讼时效，应允许中止、中断，并明确被解除人在时效经过后仅丧失胜诉权，且法院不应主动审查期间经过情况；如该期间是除斥期间，应进一步审视异议权的性质，以便与现有制度相协调；如该期间是权利失效期间，应进一步规定特别信赖事实作为适用条件，并明确期间经过后仅能产生抗辩事由。

第二，梳理司法解释的溯及力规定。根据《合同法解释二》第30条，对于不同审理状态的案件，该司法解释的溯及力不同，这样规定不够规范。法的溯及力，指法律对其生效以前的事件和行为是否适用，故溯及力应以“行为或事件”为效力对象，[①] 而非案件的审理状态。《答复意见》已明确《合同法解释二》第24条不具有溯及力，关于合同解除异议期间制度的溯及力问题已无争议。建议立法进一步梳理《合同法解释二》其他规定的溯及力，以统一执法标准。

（三）严格审查解除人的解除权

《答复意见》明确，解除人要求解除合同的，应当具有解除权，这消除了理论界及实务界长期以来就如何适用《合同法解释二》第24条产生的争议。设立合同解除异议期间制度的本意，是为避免被解除人不及时行使异议权，使合同效力长期处于不确定和不稳定的状态；[②] 但同时，法律也应防止解除人滥用该项制度，随意作出合同解除的意思表示，最好的方法便是严格审查解除人的解除权。建议司法实务部门进一步按照《答复意见》统一执法标准：在处理相关案件时，避免从形式上适用《合同法解释二》第24条认定合同解除；而应实质审查解除人的解除权，以此为基础确认合同效力。

（沈志韬　上海外国语大学）

---

① 孙晓红：“法的溯及力问题研究”，中国人民大学博士学位论文（2008年）。

② 沈德咏等主编：《最高人民法院关于合同法司法解释（二）理解与适用》，人民法院出版社2009年版，第176页。

违约方的合同解除权及其行使的边界

【司法精要】

《中华人民共和国合同法》（以下简称《合同法》）第94条对合同解除权主体的规定，笼统使用了“当事人”这一中性词语，导致违约方是否能成为合同解除权主体不甚明确，而在审判实务中，违约方对于合同解除权的需求给司法实践带来难题。对违约方的合同解除权应当持有条件的认可态度。合同违约方可以成为合同解除权的主体，但是支持其解除权需要一定条件的成立。论文沿着提出问题——分析问题——解决问题的结构行文，论述了违约方行使合同解除权的相关问题。共分为三部分；第一部分分析违约方合同解除权的理论基础；第二部分分析违约方合同解除权存在意义，第三部分落实在司法实践中对违约方的合同解除申请如何适用，在什么情况下违约方可以行使合同解除权，什么情况下违约方必须履行合同。合同在被解除后，产生什么样的效力，守约方的损失应当怎样计算。违约方的解除权是一把双刃剑，适用得当是公平处理合同关系，保障市场经济效率的利器，但如适用不当，则会损害市场公平，造成对市场秩序的破坏，司法实践中务必慎用。

《合同法》第94条对协议解除之外的当事人解除合同的情形作了规定，其中第2款规定：“有下列情形之一的，当事人可以解除合同：……（二）在履行期限届满之前，当事人一方明确表示或者以自己的行为表明不履行主要债务；……”此规定是《合同法》关于不安抗辩的基础规定，对此，通行的认识是：因合同违约方做出预期违约的表示，守约方可以基于此规定，起诉至法院要求解除合同，如审理查明违约方的违约行为确实，则通常合同都可予以解除，并进而产生如返还、赔偿违约金等后续法律效果。但随着审判实务的多样化，出现了这样的疑问，对《合同法》第94条第2款适用文义解释，则当违约方有预期违约行为的情况下，违约方亦可要求解除合同，而依法应被支持。违约方的合同解除权能否得到保护，《最高人民法院关于审理融资租赁合同纠纷案件适用法律问题的解释》中，实质上支持了违约方在支付相应赔偿的情况下解除合同，但这并没有使违约方享有合同解除权成为实务界的共识。

一、违约方的合同解除权的理论基础

在一份合同产生争议时，合同双方也自然划分为相对应的两方，而守约方是合同法所保护的主要对象，享有合同法所规定的种种权利，违约方则相应地受到法律规定或者合同约定的制裁及约束。然而随着市场经济的多样化，是否应当在一定范围内保护违约方的权利，成为司法实践中值得讨论的问题。

（一）效率违约的原理及实践中的可应用性

效率违约的含义是指合同的一方当事人在因违约带来的收益将超出依照合同约定履行能够带来的预期收益和因为违约而需付出的代价之总和，造成其在承担违约责任后仍有盈余，在这种情况下，违约才是一个理性的选择。[①] 效率违约所强调的是效率，即如何才能使自己所获得的利益最大化。初看上去，效率违约违背了民法中的“帝王条款”诚实信用原则，将履行合同义务纯粹地看作是为了避免受到合同制裁，当违约的结果对自己利大于弊的情况下，倾向于选择违约。因此效率违约更倾向于是一个经济学上的概念。效率违约理论体现了法律价值的冲突，基于维护法律价值在市场经济中的重要性，效率违约并不是一个简单计算违约收益与履约预期收益大小的问题，笔者认为，为了避免效率违约概念与民法基本原则的冲突，损害赔偿应当考虑到合同相对方的利益，即便不能完全实现其全部预期利益，也应当建立在不损害现有利益的基础上。很多情况下，合同的订立是守约方实现利益的手段，其对合同的履行付出了相应的代价，而付出这些代价有可能会损失一部分现有利益，这部分损失应当由违约方负担。

在国内学界和实务界，倾向于不认同效率违约理论。原因如下：1. 效率违约体现了违约方在利益和公平之间的一种选择，这种选择与我们所提倡的诚实信用、公平正义等价值相悖，如果支持违约方，则会对社会价值取向产生不利的引导；

---

① 万睿：“效率违约制度研究”，载《法制与社会》2013年2月期。

2. 效率违约破坏了市场经济秩序，如合同当事人可以随意违背合同约定，那么合同本身失去了对市场行为的约束，进而市场经济秩序也遭到扰乱，长期以往，将破坏整个社会经济运行。

然而实际上，在合同中对守约和逐利的取舍是难以避免的，合同当事人也经常会做违约的选择，例：求职者 A 在与用工单位 B 签订用工合同之后，因为 C 单位开出了更加优越的招聘条件，A 向 B 单位支付违约金解除合同，接受 C 单位的职位。这种情况下，A 的优势在于用工合同具有人身属性，无法被强制履行，故只要 A 愿意，就可以选择效率违约。笔者认为，将这种情形代入到商事合同之中，其效果也会利大于弊。立法应当是一项立足于实际的行为，法不是只为道德模范设立的，其本身就应当对人性进行尽可能负面的估量，才能起到规范人们日常行为，维护社会正常运行的作用，商事法律更加如此，在经济生活中，人们有逐利的天性，这一点不会因为法律教化人们要诚实信用、一诺千金就能够改变的，法律只能引导人们在信守合同承诺和付出相当的违约代价之间进行选择，并承担选择带来的后果。笔者认为，效率违约理论可以在加以改良之后应用于司法实践。选择效率违约的一方有追逐更高利益的自由，但这种自由是有限制的，对因其逐利行为而受到损失的合同当事人要加以补偿，这种补偿并不能只限于合同所约定的违约责任，需要法庭根据实际情况加以裁判。

（二）违约方解除权与继续履行的对立和共存

继续履行是一种违约责任，《合同法》第 107 条规定：当事人一方不履行合同义务或者履行合同义务不符合约定的，应当承担继续履行、采取补救措施或者赔偿损失等违约责任。它是为合同守约方设立的，针对违约方不履行合同的行为而采取的救济方式。继续履行是与合同解除权相对应的违约责任，当违约方要求解除合同时，守约方完全可以要求继续履行合同，有人认为继续履行的存在，即说明了合同违约方没有合同解除权，合同一经签订，合同双方即受合同束缚，只要守约方要求合同履行并且合同有继续履行的可能，违约方必须履行合同，继续履行可以对抗合同解除权。事实上，两者在法律效果上虽然是截然对立的，但并非不能在法律上共存，在司法实践中，法庭可以根据合同双方的具体情况，做出支持其中一种合同纠纷解决方式的判断。

（三）违约方解除权和预期违约的关联

预期违约是指在合同成立之后，完全履行之前，一方当事人明确表示其将不履行合同明示违约，或者可以根据客观事实推断出一方当事人将不履行合同默示违约。预期违约状态已经发生，会引发守约方的合同解除权及一系列其他权利的行使条件成就，而如违约方主张合同解除权，即相当于明确告知对方自己将不再履行合同，本身就是预期违约的一种形态，在这种情况下，违约方显然不再履行合同义务，因此，违约方一旦主张合同解除权，则也会产生预期违约状态所引发的一系列后果，在这种情况下，守约方依然可以主张追究违约方继续履行、采取补救措施或者赔偿损失等一系列违约责任。

二、合同违约方获得解除权的意义

合同法本身具有一系列的属性，探讨违约方解除权存在的意义，就要从其属性上探讨合同法的立法本意，从而看到违约方解除权的存在对合同法适用的积极意义。

（一）合同法的平等性要求违约方获得合同解除权

合同法是规范平等主体之间订立契约的法律，在合同的订立、履行中，均保证合同双方的平等性，如仅将合同解除权赋予守约方，则有失公平。随着市场经济发展，履行合同的社会环境、经济环境稳定性越来越弱，在履行合同中，违约方选择违约并不一定是蓄意损害合同相对方利益，追求更大的利益，很有可能只是为了减少损失，而守约方要求继续履行合同，也并不一定是为了实现合同目的，而有可能是利用合同条款挟制违约方，以获得更大利益甚至单纯损害违约方的利益。在合同法要求合同订立双方享有平等权利的情况下，仅赋予一方的权利很有可能破坏合同双方的平衡。

（二）合同的效率原则要求违约方获得合同解除权

在合同违约方没有合同解除权的情况下，因违约方主观或者客观的原因难以履行合同，而守约方拒绝行使合同解除权，坚持要求合同实际履行的情况下，合同关系实际上会长期处于一种待定的状态，此状态持续的时间越长，周围市场环境的变化越不可预测，这种不可预测性对合同双方都是弊大于利的，不符合合同的效率原则。如A与B签订了一份房屋买卖合同，约定A以每平方米5000元的价格向B出售房屋一套，在房屋建成后，合同履行前，A因产权纠纷无法履行合同，而B不行使解除权，要求合同履行，其间，房价涨至每平方米6000元，最后，A因无法履行合同向B支付违约金，而B需要在每平方米6000元的条件下购买房屋，在收到违约金的情况下依然无法弥补损失，合同双方皆受到较大的损失。而如果在争议产生之初，B即解除合同，其完全能够以5000元的价格购买同类的房屋，既可以实现B的期待利益，也可以使A在难以履行合同的情况下避免受到讼累。如果A拥有合同解除权，则可以及时行使权利解除合同，从而使合同双方的损失最小化。在这种情况下，赋予违约方合同解除权是一种利大于弊的选择。

（三）违约方获得合同解除权有益于破解执行难题

执行难问题一直是对司法公信力的挑战，对于个案来说，如法院判决合同继续履行，而违约方又拒绝自动履行的情况下，需要法院强制履行，而对于一份违约方甚至想主张解除权的合同来说，履行合同不论对于合同当事人还是对于法院，难免会遇到重重障碍。即使一份合同被法院判决继续履行，而违约方已经丧失履行能力或者已经将合同特定标的物交易给善意第三人，那么合同最终还是无法履行，这种情况下，守约方依然无法获得其期待利益，并且在诉讼和执行过程中进一步丧失选择其他机会的主动权。如赋予违约方合同解除权，则守约方的利益损失在合同解除的过程中即可以得到有效弥补，并且其仍然可以及时选择与其他市场主体进行交易，以保证其期待利益损失降到最低限度。这样既可以使合同双方免受过多讼累，也可以避免法院在执行过程中陷入判决无法执行的困境，保证司法公信力。

三、司法实践中如何处理违约方的合同解除申请

（一）立案问题

在司法实践中，很多合同违约方试图通过诉讼解除合同，在起诉阶段就遇到了难题，有的法院会以主体不适格而不予受理起诉，诉讼程序自然无法继续进行。笔者认为，合同一方当事人针对合同的履行问题起诉，立案庭只需做基础材料审查，即起诉人是否与合同有利害关系，法院是否有管辖权等，至于起诉人要求解除合同是否属违约，该诉能否被支持，应当是案件实体审查的内容。

（二）违约方解除权的适用条件

违约方合同解除权作为一项可能会引发不利后果的权利，其适用需要十分谨慎，在司法实践中，应当严格规范违约方合同解除权的适用条件，方能保证该项权利不被滥用。

1. 合同标的不能是特定物

特定物是指因物固有的特定性或因权利人的选定而具有特定性，不能以其他物替代的物。特定物因具有特征或被指定，不能以他物替代，因而有时又称为“不可替代物”。这种不可替代性致使在合同标的是特定物的情况下，如违约方要求解除合同，拒不履行，守约方则无法实现合同目的，导致其受到难以补偿的损害。如果合同标的为种类物或者金钱，即使违约方解除合同，守约方仍然可以从其他渠道实现合同目的。违约方合同解除权的确立目的是虽然不能保证合同双方“双赢”的效果，但至少要保证一方当事人的基本利益不受损害。所以，只有在标的物为非特定物的情形下，违约方才能获得合同解除权。

2. 合同相对方因此所受损失有限

违约方在行使解除权时，要以保障合同相对方最基本的利益为基础，如果解除合同致使守约方合同目的不能实现，遭受难以弥补的损失，如在一份医疗用品采购合同中，供货方如解除合同，拒绝供货，购买方会出现医疗用品不到位，病人得不到妥善救治的情况，这种损失是难以弥补的，因此这种解除权不能得到支持。违约方解除权行使的前提条件应当是合同双方特别是合同相对方基本没有因此解约行为而利益受损，在这种前提下，无论违约方的出发点是追逐更高利润还是降低损失，法院都可考虑支持其请求。当然，守约方即使受到较大的损失，但如果违约方愿意支付的违约金高于损失的数额，解约应该是被允许的。

3. 违约方有能力负担违约责任

违约方行使合同解除权造成了守约方的损失，在对这种损失进行了补偿的情况下，法院可以“容忍”这种违约，但补偿应当是现实的、可行的，即违约方应当具有承担违约责任的现实能力，如违约方已经明显不具有承担违约责任的能力，则不应支持其合同解除权，否则，守约方不但期待利益无法得到保障，损失也无法得到补偿。

4. 合同并未履行且未临近履约期限

如果守约方已经履行了合同，从公平原则出发，守约方对合同目的的实现的期待明显要大于未履约之前，且其为了履行合同也付出了相应的时间和金钱上的代价，此时如违约方要求解除合同，是对诚实信用原则的严重违反。如果一方已经履行合同，之后又要求解除合同，返还己方已经履行的合同标的，则严重影响市场的稳定性，破坏交易的稳定状态，此时，违约方的解除权不应得到支持。同理，当一份合同即将临近履约期限，合同双方应当已经做好充足的履约准备及安排合同完成后续事宜，此时违约方解除合同，会使合同相对方猝不及防，造成难以预料的损害。

（三）守约方损失的计算

违约方行使合同解除权，守约方将会受到的利益损失包括现实利益损害和期待利益损害，现实利益的损害是守约方为履行合同所做的准备，如合同目的不能实现，寻找替代方案的损耗。期待利益是指合同有效成立后，当事人通过合同适当履行可以获得的利益。①

违约方对守约方的现实利益的损害要进行补偿是无疑的，其目的是使守约方的状态回复到合同签订之前，如在商事合同中，守约方因合同解除受到的实际损害能够具体计算，这种损害应该是实际遭受的损失，如买卖合同被解除后，考虑市场因素再购买相同标的需要多付出的金钱成本，为此推迟合同目的的实现时间而受到的损失，等等。

守约方的期待利益损失是否应予补偿，笔者持肯定态度，但是这种补偿应当建立在守约方积极践行减损原则的基础上，在合同解除后，守约方应当积极寻找替代方案以实现合同目的，这也符合违约方合同解除权的本意，通过解除合同以期得到一个更加有效率的结果。如果守约方在合同解除后怠于寻找替代方案，导致损失扩大，这部分损失的赔偿不应得到支持。违约方会从解除合同的行为中获得一定的利益，但这种利益不应该机械等同于守约方应得的赔偿，否则解除合同也失去了意义。

如果双方在合同中约定了违约责任，表明双方已经认可违约责任的数额足够负担因合同不履行带来的损失，法院应当尊重双方当事人的约定。

（四）合同解除的效果

无论是合同哪一方申请，一旦合同解除，均产生《合同法》所规定的合同解除

① 王利明：《合同法研究》（第二卷），彭汉英：《财产法的经济分析》。

的效果，双方当事人之间的权利义务关系随之终止。《合同法》第97条规定，合同解除后，尚未履行的，终止履行；已经履行的，根据履行的情况和合同的性质，当事人可以要求恢复原状，采取其他补救措施，并有权要求赔偿损失。

结 语

违约方的合同解除权是在诚实信用原则和效率原则中寻找一个平衡点的结果。审判实务中，一直认为法律是保护守约者利益的，守约即是对，违约即是错。但经济生活变数巨大且频繁，难以分辨出绝对的对与错，如果一味强调合同的履行，会对市场主体造成相对负面的后果，产生部分合同主体利用合同挟制另一方的情况。设立违约方的合同解除权，绝不意味着合同可以随意解除，对于违约方的解除申请，法院的审查需要更加慎重，尺度把握要更加严谨，在承认这种权利的同时，慎用此权利，才能保障市场秩序，产生积极的法律效果。

（周晓东　郭娟娟　吉林省吉林市中级人民法院）

违约金条款独立性的司法适用及其立法完善

【司法精要】

本文首先以《最高人民法院公报》刊登的两则违约金给付之诉的案件为例，对该两起性质相似案件存在相反判决结果的缘由进行分析并提出合同因一方违约而解除，非违约方可否依据原合同约定的违约金条款主张权利之问题，并以此为主线，通过对合同解除的溯及力以及违约金的法律性质两方面问题进行理论分析，最后得到结论：违约金条款是独立于合同本身的条款，是当事人另一附生效条件的合同，具有一定的独立性。基于此，针对我国《中华人民共和国合同法》（以下简称《合同法》）对违约金条款现行规定之不足，建议在该法第98条规定的内容中增加第2款，即“合同因一方违约而解除的效力不影响合同中违约金条款的效力”。

一、审判实务对违约金条款是否具有独立性的不同判决

违约金作为违约责任承担的主要方式之一，在合同法领域占据着重要地位。审判实务中，在合同因一方违约而被解除的情况下，对于合同约定的违约金条款可否继续适用，非违约方可否据此主张违约金请求权的问题历来存在较大的争议，各地法院对此类案件的判决结果也有所不相同，即有的法院认为合同解除后违约金条款可以继续适用，据此判决支持非违约方的违约金诉请；但也有的法院认为违约金条款随合同之解除归于消灭，据此判决驳回非违约方的违约金诉请。合同因一方违约而解除后违约金条款可否继续适用，实质上是违约金条款是否具有独立性的问题。以《最高人民法院公报》刊登的两则案例为例：

其一是广西桂冠电力股份有限公司（以下简称桂冠公司）与广西泳臣房地产开发有限公司（以下简称泳臣公司）房屋买卖合同纠纷案[①]：桂冠公司与泳臣公司签订协议，约定由桂冠公司委托泳臣公司为其建设办公综合楼及商品住宅小区，双方于合同中对一方违约应支付的相应违约金进行了约定，但泳臣公司在履约过程中存在延误工期、建设的房屋质量不合格等合乎双方约定解除合同条件之违约行为，桂冠公司据此解除了双方的合同并且诉请泳臣公司依约支付相应的违约金。

该案经最高人民法院二审认为："合同解除的法律效果是使合同关系归于消灭，解除合同的后果，违约方的责任承担方式也不表现为支付违约金"，故维持了一审法院关于对桂冠公司要求支付违约金的主张不应支持之结果。

其二是枣庄矿业（集团）有限公司柴里煤矿（以下简称柴里煤矿）与华夏银行股份有限公司青岛分行（以下简称华夏银行）、青岛保税区华东国际贸易有限公司（以下简称华东公司）联营合同纠纷案[②]：柴里煤矿与华夏银行、华东公司三方签订协议约定：柴里煤矿与华东公司合作经营印尼木材，由柴里煤矿负责提供资金1000万元并按华东公司的要求将该笔资金汇往华夏银行；木材到港后，华夏银行按相关信用证条款付款，木材销售款统一汇往华东公司和柴里煤矿在华夏银行新设

---

① 详见最高人民法院（2009）民一终字第23号民事判决书，载《最高人民法院公报》2010年第5期，第18页。

② 详见最高人民法院（2009）民提字第137号民事判决书，载《最高人民法院公报》2010年第6期，第33页。

立的共同账户上，由华夏银行负责监管；任何一方违约，对方有权终止合同，由违约方承担对方总资金额20%的违约金。合同签订后，柴里煤矿依约向华东公司给付了两张合计金额为1000万元的银行汇票，华东公司承兑后将该款存入其在华夏银行开立的一般结算账户上，后华东公司擅自挪用了该笔资金构成根本违约，而华夏银行明知华东公司擅自挪用资金却未尽监管义务予以阻止，故也构成违约，柴里煤矿据此诉请解除三方协议并要求华东公司向其返还出资款1000万元并依约支付违约金200万元，同时要求华夏银行对返还出资款1000万元承担连带责任。该案历经山东省滕州市人民法院一审、山东省枣庄市中级人民法院二审、山东省高级人民法院再审以及最高人民法院再审，在上述法院的判决中对柴里煤矿主张解除协议、要求华东公司返还出资款并支付违约金的诉请均给予了支持，并且明确非违约方在解除合同时可一并主张违约金请求权。

上述两起关于违约金给付之诉性质相似的案件为何会有两种截然不同的判决结果？究其缘由，还是归结于立法上的缺陷导致对违约金条款是否具有独立性的理解不同。在我国现行的基本法中，《中华人民共和国民法通则》第115条规定："合同的变更或者解除，不影响当事人要求赔偿损失的权利"；《合同法》第97条规定："合同解除后，尚未履行的，终止履行；已经履行的，根据履行情况和合同性质，当事人可以要求恢复原状、采取其他补救措施，并有权要求赔偿损失"。上述法律条款仅仅是规定合同解除后不影响当事人主张赔偿损失的权利，但对于合同解除是否会影响当事人主张支付违约金的权利却未予明确；而《合同法》第98条规定："合同的权利义务终止，不影响合同中结算和清理条款的效力"，其中"结算和清理条款"是否包括违约金条款却不得而知，学者对此各执一词，审判实务亦各行其是。合同因一方违约而解除后，违约金条款可否继续适用已经成为困扰审判实务，影响法律适用统一的疑难问题，亟需澄清与形成统一认识。

二、对违约金条款是否具有独立性的理论分析

对违约金条款是否具有独立性问题的探讨，学者们大都会从对合同解除的溯及力问题或者对违约金的法律性质之研究中寻求理论依据，故其观点的分歧亦主要是源于对合同解除有无溯及力的理解以及对违约金法律性质的定性不同。因此，笔者认为要判断违约金条款是否具有独立性，应当首先对合同解除的溯及力及违约金的

法律性质进行理论分析。

（一）对合同解除溯及力的分析

合同解除的法律后果是使合同关系归于消灭，而合同被解除前因履行合同产生的法律关系是否有效，便涉及合同解除的溯及力问题，若合同解除使合同关系溯及既往归于消灭，亦即恢复到合同未被履行之原始状态，则合同解除具有溯及力；若合同解除仅是使合同关系向将来消灭，合同被解除前因履行产生的法律关系仍然有效，则合同解除无溯及力。对合同解除后的溯及力问题，我国学术界一直存在三种不同的学说：一是肯定说，即一体地肯定合同解除具有溯及力；二是否定说，其观点与肯定说所持观点截然相反；三是区别说，即主张依合同的性质进行区分，其中继续性合同的解除原则上无溯及力，非继续性合同的解除原则上具有溯及力。①

我国台湾地区有学者认为，合同解除后违约金条款应属无效，其理论依据在于违约金条款是以合同的有效存在为前提的，合同因解除而溯及既往地归于消灭，皮之不存，毛将焉附？故违约金条款自然丧失其所附丽之基础，违约金请求权自当归于消灭，不得再行请求②；我国大陆有学者也认为，一般而言，一方在合同解除后无权要求对方负担原合同约定的违约金责任，这是因为违约金条款系原合同的一部分，其本身不具有独立性，若原合同被解除而终止，则合同中的违约金条款也随之终止，由此解除权人当然不可再依据已终止的条款主张由该条款而生的权利③。可以看出，支持违约金条款无独立性的学者对合同解除后的溯及力问题持肯定说。

另也有支持违约金条款具有独立性观点的学者，其理论依据并不是因为认为合同解除没有溯及力，而是基于违约金的法律性质、公平原则或者通过《合同法》其他条款的规定寻找依据得出的结论，如有学者认为：1. 在合同解除的情况下，适用的违约金是不履行违约金。不履行违约金条款的效力，在合同正常履行的情况下是“冻结”的，在因一方违约而解除合同的情况下，不履行违约金条款才发生效力。合同解除是消灭合同履行效力的行为，而不履行违约金是当事人违约不履行合

---

① 崔建远：《合同法》，法律出版社 1998 年版，第 178 页。

② 左先觉：“论契约解除后违约金之请求权是否存在”，载《民法债编论文选辑》（中），台湾地区五南图书出版公司 1984 年版，第 885 页。

③ 李建伟：《民法 60 讲》，人民法院出版社 2007 年版，第 524 页。

同的后果[①]。2.《合同法》第97条规定的“其他补救措施”是指合同解除以后，如果恢复原状不足以保护受害人的利益，受害人还可以根据违约情况而请求对方承担违约金责任[②]。3. 违约金是当事人通过约定而预先设定并独立于履约行为之外的给付行为，属于《合同法》第98条规定的“结算和清理条款”，其效力并不因合同的权利义务终止而受到影响，在因一方违约而导致合同解除之场合，人民法院应当认定守约方可以行使违约金请求权[③]。

笔者认为一体地肯定合同解除具有溯及力的观点值得商榷。因为，合同解除并不当然意味着合同效力归于消灭，相比较而言，上述区别说的观点更有道理。宏观上从法律规定的内容来说，如《合同法》第97条规定的是合同解除后的法律效果，从内容上可以看出：合同解除是否具有溯及力实际还视合同当事人之选择，如果当事人选择恢复原状，那么合同解除就会溯及合同效力自始不存在；反之，如果当事人选择采取其他补救措施或者只要求赔偿损失，那么合同解除就不会产生恢复原状的法律后果，此时合同解除就没有溯及力。当然，这里所说当事人选择权范围的大小还需根据合同类型而定，如果是诸如供电、供水、供气或者租赁等继续性合同，因其履行后原则上不能要求恢复原状，故该类合同的解除原则上无溯及力，当然在特殊情况下也有例外，如房屋租赁合同的出租方提供的房屋自始存在严重瑕疵，经过一段时间修理仍是如此，则此时解除合同就具有溯及力；如果是诸如普通商品买卖等非继续性合同，因其履行后当事人原则上均可要求恢复原状，故该类合同解除原则上具有溯及力，当然在特殊情况下也有例外，如购销合同中的标的物若属于可分的情况，那么合同解除对于供货方以前所供应合格的标的物则不具有溯及力。

另从微观上来说，合同解除也应根据不同的情况来判断其是否具有溯及力，具体而言：

（1）约定解除的情形。约定解除包括协议解除与约定解除权两种情形。所谓协议解除，是指合同成立以后，在未履行或未完全履行之前，当事人双方通过协商达

① 隋彭生：《合同法要义》，中国政法大学出版社2003年版，第280页。

② 王利明：《合同法新问题研究》，中国社会科学出版社2003年版，第568页。

③ 王闯：“当前人民法院审理商事合同案件适用法律若干问题”，载《法律适用》2009年第9期，第3页。

成合意解除合同，使合同的效力消灭的行为。[①] 协议解除合同实际上是当事人用一个新合同来终止旧合同效力的行为，它体现的是合同当事人意思自治的原则，因此当事人可以根据具体需要，来协商决定合同解除后是否要恢复原状；所谓约定解除权，指由合同双方当事人约定在一定情况下可以解除合同的权利，这种约定可以在订立合同时在合同中约定，也可以在订立合同后另行约定。[②] 由于约定解除权的情况下，只有符合解除权条件的人才能有解除合同的权利，所以决定合同解除是否有溯及力的主体只能是解除权人。

（2）法定解除的情形。根据《合同法》第94条的规定，合同的法定解除有以下五种情形：①因不可抗力致使不能实现合同目的；②在履行期限届满之前，当事人一方明确表示或者以自己的行为表明不履行主要债务；③当事人一方迟延履行主要债务，经催告后在合理期限内仍未履行；④当事人一方迟延履行债务或者有其他违约行为致使不能实现合同目的；⑤法律规定的其他情形。笔者认为，该五种情形可以归为以下三类：第一类是第①种情形，即因不可抗力导致的合同目的不能实现的情况。此情况下，合同双方均无过错，因而均享有合同解除权。合同解除后是否具有溯及力，还是应当根据具体情况来分析，即根据区别说的观点，继续性合同的解除原则上无溯及力，非继续性合同的解除原则上有溯及力。但不管是哪种情况，不可抗力本身就是一个违约责任的抗辩事由，因此无论合同解除是否有溯及力，均不适用违约金条款。第二类包括第②至④种情形，概括为合同解除系由于一方过错导致合同目的不能实现的情况。在此类情况下，非过错方有权解除合同。同理，依据合同性质以及无过错方的选择，决定合同解除后是否具有溯及力。第三类为第⑤种情形，这是一个特别法定解除的情况，其特别之处是相对于前四种情形而言的。学理上，学者们一般称前四种情形为一般法定解除情形，此类情况可以说是前面两类的兜底，如《合同法》总则规定的不安抗辩权的行使，分则规定的买卖合同、租赁合同、融资租赁合同、借款合同、承揽合同、技术合同以及委托合同的解除，这些情况都属于第三类法律规定的其他情形。在这类情况下，一般均有过错一方，无过错方应当享有合同解除权，并就合同的性质决定合同解除是否具有溯及力。

---

① 马俊驹、余延满：《民法原论》，法律出版社2007年版，第604页。

② 马俊驹、余延满：《民法原论》，法律出版社2007年版，第605页。

结合上述分析，笔者认为前述主张合同解除后违约金条款不具有独立性的观点来源之理论依据，即一体地肯定合同解除具有溯及力之观点本身存在瑕疵，故其据此得出违约金条款不具有独立性的结论亦不具有科学性。

（二）对违约金法律性质的分析

对违约金法律性质的探讨，学术界历来存在责任说、担保方式说和折中说三种不同的学说，支持违约金条款不具有独立性的学者对违约金性质主要持担保方式说，认为违约金条款之约定系合同内容的组成部分，其与合同效力共存亡，约定违约金的目的就是为了担保合同目的能够顺利实现；而支持违约金条款具有独立性的学者对违约金性质主要持责任说，认为违约金属于违约责任的一种方式，尽管合同解除后丧失了交易的基础，但为了保护非违约方、惩罚违约方，应当允许非违约方基于《合同法》第57条规定的“解决争议条款”或者第97条规定的“其他补救措施”或者第98条规定的“结算和清理条款”适用违约金条款主张权利。关于违约金之分类，学术界一般将其划分为惩罚性违约金和赔偿性违约金。所谓惩罚性违约金是指受害人除请求支付违约金以外，更得请求强制实际履行或损害赔偿；所谓赔偿性违约金是指受害人只能选择请求强制实际履行或支付违约金，不能双重请求，违约金只是当事人双方预先估计的损害赔偿总额。[①] 通过概念对比可以看出：惩罚性违约金不以损害的客观存在为前提，它针对的是违约行为本身，而赔偿性违约金则必须以损害的客观存在为前提，它针对的是损害结果而并非违约行为。由此，支持违约金条款不具有独立性的学者一般认为违约金属于赔偿性违约金，而支持违约金条款具有独立性的学者一般认为违约金属于惩罚性违约金。

笔者认为，支持违约金属于赔偿性违约金的观点值得商榷，因为根据《合同法》第114条规定：“当事人可以约定一方违约时应当根据违约情况向对方支付一定数额的违约金，也可以约定因违约产生的损失赔偿额的计算方法；约定的违约金低于造成的损失的，当事人可以请求人民法院或者仲裁机构予以增加；约定的违约金过分高于造成的损失的，当事人可以请求人民法院或者仲裁机构予以适当减少；当事人就迟延履行约定违约金的，违约方支付违约金后，还应当履行债务”，从该条款的内容上看其并非强行性规范，而是任意性规范，通过分析可以看出，该条的

---

① 马俊驹、余延满：《民法原论》，法律出版社2007年版，第626页。

第一款规定的是当事人享有约定违约金条款内容的选择权，第二款规定的是在约定的违约金畸高或者畸低的情况下，当事人享有请求法院或者仲裁机构予以相应调整的选择权，第三款规定的是专门为迟延履行约定违约金，性质上属于惩罚性违约金。显然该条文的第一款和第二款均是任意性规定，而第三款也只是明确了迟延履行的违约金系惩罚性违约金，其并没有提及没有特别约定的违约金属于什么性质，因此在法律没有规定约定违约金法律性质的情况下，根据合同意思自治原则，约定违约金的法律性质应当由当事人自己决定，当然缔约当事人约定违约金之时通常只会笼统提及若一方违约，应当向非违约方支付一定数额的违约金，在此种情况下，笔者认为应当推定该约定的违约金属于惩罚性违约金。另在一般人的观念中，合同双方在订约时之所以要事前约定违约金，其绝不仅仅是为了预先估计对方违约造成自己损害的赔偿范围，更大程度上应当是针对违约行为而设置的威慑条款，以防止对方随意违约，保障合同目的能够顺利实现，否则一旦合同解除，赔偿性违约金不能并存，那么无过错方就要承担巨大的举证负担来证明自己的损失范围，这对非违约方来说显然是有失公平，而且亦有违无过错方订立违约金条款的初衷。综上分析，笔者赞同约定违约金系惩罚性违约金之观点。但对于前述有些学者主张从《合同法》第57条规定的“解决争议条款”、第97条规定的“其他补救措施”以及第98条规定的“结算和清理条款”中寻求法律依据以支持其违约金条款具有独立性之观点，笔者认为有些牵强，具体来说：

第一，根据《合同法》第57条规定：“合同无效、被撤销或者终止的，不影响合同中独立存在的有关解决争议方法的条款的效力。”目前学术界通常认为其中“有关解决争议方法的条款”主要包括：仲裁条款、选择受诉法院的条款、选择检验与鉴定机构的条款、法律适用条款等，进而可以明确“有关解决争议的条款”应当仅限于程序性内容的范围，而不包括对实体权利义务的分配。[1]

第二，根据《合同法》第97条规定：“合同解除后，尚未履行的，终止履行；已经履行的，根据履行情况和合同性质，当事人可以要求恢复原状、采取其他补救措施，并有权要求赔偿损失。”从文义解释来说，该条款中的“补救措施”是一种补偿性质的措施，具体应包括如请求修理、更换、重作、减价等措施，而约定违约

---

① 张驰：“违约责任条款地位论”，载《法学》2004年第12期。

金系惩罚性违约金，应排除在补救措施之外。

第三，根据《合同法》第98条规定：“合同的权利义务终止，不影响合同中结算和清理条款的效力。”所谓结算条款，是当事人将某一时期内的各项经济收支往来进行核算的约定，其方式分为现金结算和转账结算。结算条款包括对双方已经发生的（实际履行的）金钱债权债务进行统计、核对工作的时间、方式、方法等内容。清理条款，是指双方当事人关于彻底解决、处理双方之间债权债务的约定。结算和清理条款均具有简化、明确处理双方债权债务方式的作用，相对独立于合同的债权债务。此类条款在履行中可能调整当事人的权利义务（增加或减少债权债务），但条款本身并不含有直接增加或减少债权债务的内容。违约金条款则直接增加或减少当事人之间的债权债务。[①] 可见，违约金条款不属于结算和清理条款。当然，在某些特定的语境下也有例外，如甲、乙双方约定：“甲方逾期交货超过10日，乙方有权解除合同。因甲方原因导致合同解除的，甲方应向乙方支付违约金10000元”，此种约定明确了双方在合同解除后的权利义务，构成结算和清理条款，同时本质上也属于当事人事前特别约定合同解除后适用违约金的条款。

此外，从前文的论述中可以看出，无论是否支持违约金条款具有独立性的学者，其均首先认为约定的违约金条款属于原合同条款的一部分，若以此为前提，由于合同解除后已经丧失了交易理论基础，那么自应无违约之说，此时无论怎样解释违约金条款具有独立性都很难得到支持。但是从道理上来说，合同解除特别是在因一方恶意不履行导致合同解除的情况下，违约金条款效力基于交易基础的丧失而丧失，非违约方只能通过自己的大量举证来证明自己所受损失以向对方提请损害赔偿，显然有违公平原则，特别是对一些原本就举证困难，难以衡量的损失而言，如无法用金钱衡量的损失、难以弥补的损失等；从逻辑上来说，如果认为合同解除违约金条款也不成立的话，那么同理，合同解除涉及的有关解除合同条款同样也不存在，也就不能根据合同中解除合同的条款来解除合同。如此，显然是自相矛盾的；从法律后果来看，对于一般违约，非违约方不仅可以要求对方给付违约金，同时可以要求对方继续履行合同；而在根本违约造成非违约方不得不解除合同的时候，却

① 夏川：“因违约解除合同，是否应当支付违约金?”，载 http://www.cqcourt.gov.cn/Information/InformationDisplay.asp?rootid=2&NewsID=40781，最后访问日期：2014年6月20日。

只能要求对方赔偿损失，明显不合逻辑；再者，前文已述及约定违约金系惩罚性违约金，根据学术界关于惩罚性违约金可以与合同解除并存的主流观点，主张违约金条款不具有独立性显然与该观点相矛盾。据此，笔者认为主张违约金条款系原合同条款的一部分之观点值得商榷，因为违约金条款不是原合同的一项明示条款，而是双方当事人基于原合同产生的另一种合意，系一种附条件生效的合同，于双方达成违约金条款合意时成立，以为或不为一定的行为即不按原合同内容的给付为生效要件，若有违约行为发生，则具备了违约金合同的生效要件，即使因一方违约导致合同被解除而使原合同效力溯及自始不存在，也不会影响该违约金条款的效力，因此判断违约金条款是否具有独立性应当以民事法律行为的构成要件予以判定。

综上分析，笔者认为违约金条款应当是独立于合同本身的条款，是当事人另一附生效条件的合同，具有一定的独立性。当然，这里所说的独立性只是相对于因一方违约导致合同被解除（包括一方违约导致的协议解除与约定解除两种情形）而言，若是合同被确认无效或者被撤销的情况下，该违约金条款当然无效，因为合同无效或被撤销是法律对合同效力的否定性评价，体现的是国家法律对当事人意思表示所追求目的的干预，其结果是有关实质性的条款绝对无效。

三、对完善《合同法》关于违约金条款规定之立法建议

如上所述，由于立法上的缺陷导致审判实务中相关违约金给付之诉的案件出现“同案不同判”的现象，一定程度上影响了法律适用的统一。为避免该现象的发生，最高人民法院近年来就违约金条款是否具有独立性的问题一直在进行有益的探索，并且在其出台的相关司法解释中亦努力统一相关认识，比如《最高人民法院关于审理城镇房屋租赁合同纠纷案件具体应用法律若干问题的解释》第 17 条第 1 款规定：“因承租人拖欠租金，出租人请求解除合同时，次承租人请求代承租人支付欠付的租金和违约金以抗辩出租人合同解除权的，人民法院应予支持”，该条款在一定程度上表明支持出租人在解除租赁合同时有权主张给付违约金；《最高人民法院关于审理买卖合同纠纷案件适用法律问题的解释》第 26 条规定：“买卖合同因违约而解除后，守约方主张继续适用违约金条款的，人民法院应予支持；但约定的违约金过分高于造成的损失的，人民法院可以参照合同法第一百一十四条第二款的规定处理”，该条款首次以最明确的观点支持在买卖合同领域，合同因违约而解除时，非

违约方有权主张适用原合同约定的违约金条款，即明确肯定了违约金条款具有独立性，这一立法进步对于统一全国范围内类似性质案件的裁判标准具有重大的意义，但是也应当看到该条款规定的适用范围仅限于买卖合同领域，而对于其他合同领域能否参照适用？对此，审判部门未免存有疑惑，显然不利于其他合同领域违约金给付之诉案件形成统一的裁判认识，最终还是无法根除审判实务中“同案不同判”现象的发生。笔者认为，为了保障合同非违约一方的合法权益，我们应当正视《合同法》对违约金条款现行的有关规定仍有不足。结合违约金条款具有独立性之结论，笔者建议在《合同法》第98条的内容中增加第二款，即：“合同因一方违约而解除的效力不影响合同中违约金条款的效力”。

（阮锋　广西壮族自治区柳州市柳南区人民法院）

“继续履行”违约责任方式的法律适用

【司法精要】

《中华人民共和国合同法》（以下简称《合同法》）在诸如“继续履行”“采取补救措施”“赔偿损失”“支付违约金”等违约责任的承担方式中，“继续履行”违约责任承担方式位居基础地位。法律之所以要作出这种位序选择，盖由于继续履行更有利于促进实现当事人的合同目的，维护当事人的信赖利益和交易安全。合同有效性的预设是继续履行违约责任承担方式必然的前提和基础，表现在承担违约责任方式的选择上，能够选择继续履行合同的尽可能地履行合同，不能继续履行的，才选择其他违约责任形式。《合同法》在合同的解除问题上保持了一定的谦抑性，即尽量维护合同的有效性，这为合同的继续履行提供了法律支撑；在以“继续履行”违约责任承担方式为基础的逻辑贯彻中，“继续履行”与其他违约责任承担方式既要泾渭分明，此消彼长；又要相辅相成，互通交融，保持违约责任体系的自洽性。在司法裁判认定中，法官应结合相关法律及其司法解释的具体规定向当事人适度行使释明权，对当事人的诉请进行合理规制，以达到诉讼权利均衡和司法效率提高的目的；此外，《合同法》在违约责任体系的架构中，应当根据不同的合同类型对是否适用继续履行违约责任的承担方式进行类型化，从而扩张或者限缩该责任方式的具体适用。建议立法机构在民法典的编纂中进一步制定和完善合同法违约责任适用的指导规范，以维护法制的统一和完整。

一、问题的提出

案例一：甲向乙借款人民币100万元，丙以自有房产一处提供担保，三方签订了借款抵押协议，但未办理房产抵押登记；逾期甲未向乙偿付欠款。乙向甲追索，甲拒付。后甲家境败落。试问，甲乙丙三方签订的抵押借款协议是否有效？乙如何实现自己的债权？

案例二：甲与乙双方于2010年4月20日签订房屋买卖合同一份，甲将自有房屋一处以人民币50万元的价格卖给乙，约定乙于同月25日一次性付清房款，甲须于2010年5月30日前办理房屋过户登记手续，双方还约定，甲于2010年4月28日向乙交付房屋，否则甲向乙支付违约金人民币2万元。合同签订以后，乙如期向甲全额付清了房款，甲亦于2010年4月28日向乙交付了房屋，乙于当日入住房屋。2010年4月26日，甲就上述房屋又与丙签订了一份买卖合同，以人民币55万元的价格将房屋出卖给丙，丙于次日付清房款，甲与丙于2010年5月10日办理完毕房屋过户登记手续。2010年6月3日，乙向甲要求办理房屋过户登记手续，甲称“房屋已经转卖给他人，更不了名，并同意退还乙房款人民币50万元，承担违约金人民币2万元”。乙遂诉诸法院。试问，甲对乙应当承担何种违约责任？如果乙要求甲继续履行双方于2010年4月20日签订的房屋买卖合同，能否得到法院的支持？乙能否取得该房屋的所有权？本案支付违约金的救济方式有什么弊端？

案例三：甲有一幅名人字画，乙特别喜爱，再三央求甲出卖，甲、乙以50万元人民币成交。乙向甲支付价款后，因公出国，临行前委托甲代为保管字画，但恐甲反悔或有其他变故，遂签订保管合同一份，约定甲以自有房产一处作为抵押，且办理了抵押登记；双方同时还约定，如甲违约，乙有权向法院起诉甲履行上述保管合同。事毕，乙出国。嗣后，丙去甲处，见该字画，亦特别喜欢，欲以人民币100

万元的价格购买，甲见有利可图，遂谎称该字画系本人所有，和不知情的丙成交，丙向甲支付了价款，甲将字画交付给丙。乙回国后，向甲索要字画，甲如实告知。试问，如果乙诉请法院要求甲履行保管合同返还字画，能否得到法院的支持？丙能否取得该字画的所有权？

《合同法》第107条①是关于当事人承担违约责任的情形（基本形态）及其方式的法律规定。与之相对应的我国《中华人民共和国民法通则》（以下简称《民法通则》）第111条②对此亦有规定。在立法言语的措辞上，《民法通则》使用的是守约方当事人“有权要求履行”；《合同法》使用的是违约方当事人“应当承担继续履行”。在诸如“继续履行”“采取补救措施”“赔偿损失”“支付违约金”等违约责任的承担方式中，“继续履行”位居基础地位。法律为什么要作出这种位序选择？“继续履行”违约责任承担方式与其他违约责任承担方式在具体个案中如何进行协调和适用？相关法律及其司法解释对法官适用“继续履行”违约责任承担方式有何影响？如何看待和处理合同当事人对“继续履行”违约责任承担方式的约定？笔者试图以“继续履行”违约责任承担方式为基础的逻辑贯彻为切入点，对上述问题进行粗浅的剖析。

二、合同法“违约责任篇”的逻辑解构

要准确地定性与定位继续履行违约责任承担方式的法律适用，就必须将该责任方式置于《合同法》违约责任体系中进行定性和定量。这既取决于对合同本身质的规定性及由此决定的本质属性的把握得当，又取决于对整个违约责任体系的洞察和理解。

（一）“继续履行”是否应当“继续”之考量

以“继续履行”违约责任承担方式为基础的立法理念在《合同法》第七章

---

① 《合同法》第107条规定：“当事人一方不履行合同义务或者履行合同义务不符合约定的，应当承担继续履行、采取补救措施或者赔偿损失等违约责任。”

② 《民法通则》第111条规定：“当事人一方不履行合同义务或者履行合同义务不符合约定条件，另一方有权要求履行或者采取补救措施，并有权要求赔偿损失。”

“违约责任”篇第107条、第109条[①]、第110条[②]、第111条[③]等条款中得到了相应体现。继续履行，又称实际履行、强制履行，作为一个与“任意履行”相对应的概念，是指债务人不履行合同或者履行合同不符合约定时，债权人请求法律强制其按合同约定继续履行合同义务[④]。所以，继续履行是指在违约方不履行合同义务或不全面履行合同义务时，由法院强制其继续履行合同债务的违约责任承担方式。作为“今生”的继续履行，其“华丽转身”的时间节点是“继续履行”仲裁裁决或法院判决生效之时。继续履行的“前世”是合同的（自然）履行，合同的履行，是指债务人全面地、适当地完成其合同义务，债权人的合同债权得到完全实现，如交付约定的标的物，完成约定的工作并交付约定的成果，完成约定的服务等[⑤]。“履行并非指债务人之给付行为，履行重结果，给付仅系履行之手段，必也债权人实际获得给付结果，才能谓之‘履行’”[⑥]。合同的履行是实现当事人订立合同目的的最有效措施，因而，为维护守约方的利益，应赋予守约方请求继续履行的权利。

对“继续履行”违约责任承担方式的是否“继续”之考量，应从以下几个方面着手：存在违约行为；守约方请求违约方继续履行合同债务；违约方能够继续履行合同。继续履行作为违约责任承担的方式之一，是违约后的一种补救方式，旨在促进当事人实现交易目的，维护交易安全，实质是对有约必守原则的维护、提倡和贯彻，是以司法之力强制推进合同的继续履行。

---

① 《合同法》第109条规定：“当事人一方未支付价款或者报酬的，对方可以要求其支付价款或者报酬。”

② 《合同法》第110条规定：“当事人一方不履行非金钱债务或者履行非金钱债务不符合约定的，对方可以要求履行，但有下列情形之一的除外：（一）法律上或者事实上不能履行；（二）债务的标的不适于强制履行或者履行费用过高；（三）债权人在合理期限内未要求履行。”

③ 《合同法》第111条规定：“质量不符合约定的，应当按照当事人的约定承担违约责任。对违约责任没有约定或者约定不明确，依照本法第六十一条的规定仍不能确定的，受损害方根据标的的性质以及损失的大小，可以合理选择要求对方承担修理、更换、重作、退货、减少价款或者报酬等违约责任。”

④ 尹忠显主编：《新合同法审判实务研究》，人民法院出版社2006年版，第272页。

⑤ 王利明、崔建远：《合同法新论·总则》（修订版），中国政法大学出版社2000年版，第317页。

⑥ 林诚二：“论债之本质与责任”，载《中兴法学》第13期。转引自王利明、崔建远：《合同法新论·总则》（修订版），中国政法大学出版社2000年版，第317页。

（二）合同法“违约责任篇”中以“继续履行”违约责任承担方式为基础的逻辑贯彻

继续履行的违约责任承担方式贯穿于《合同法》“违约责任篇”的法律条文，如其中第107条①关于违约责任承担方式的规定。《合同法》“违约责任篇”将继续履行违约责任的承担作为承担合同违约责任的优位选项；同时，其第109条关于当事人未履行金钱给付义务等违约责任及其形式的法律规定，前提是要基于当事人的约定或者具有承担金钱给付义务，支付价款或者报酬的情形；金钱债务必须实际履行，除非债权人明确同意采取替代履行方式，否则不能以实物或劳务替代，且对金钱债务来说，债务人不存在任何免责事由。金钱债务如发生迟延履行，债权人无需为损害之证明，径得请求依法定利率计算并请求支付迟延利息②。这充分体现了合同法在保护市场交易秩序中，贯彻“继续履行”的违约责任承担方式、力图减少合同履行的成本，促进交易便宜便捷，节约社会资源的立法考量。

（三）继续履行违约责任适用中的阻却

1. 立法上的继续履行违约责任适用中的阻却

《合同法》第111条规定了不履行非金钱债务或者履行非金钱债务不符合约定的违约责任。当事人一方不履行非金钱债务或者履行得不适当，对方可以请求其履行，还可以请求其承担其他违约责任，如支付违约金、赔偿损失。如果非金钱债务在法律上或者事实上不能履行，或者履行费用过高，或者债权人在合理期限内未请求履行，则不宜采取继续履行的方式承担违约责任。当违约方继续履约所需的财力、物力超过合同双方基于合同履行所能获得的利益时，应该允许违约方解除合同，用支付违约金赔偿损失来代替继续履行。

2. 实务中的继续履行违约责任适用中的阻却

司法实践中，继续履行违约责任在具体适用过程中，通常以是否构成根本违约作为判断标准；而根本违约的表现则是合同目的落空。除上述《合同法》第111条规定的不宜适用继续履行的责任方式外，继续履行违约责任还存在诸多阻却适用的场

---

① 《合同法》第107条规定：“当事人一方不履行合同义务或者履行合同义务不符合约定的，应当承担继续履行、采取补救措施或者赔偿损失等违约责任。”

② 梅忠协：《民法要义》，中国政法大学出版社1998年版，第238页。

合。是否适用继续履行违约责任的承担方式最终是一个由法官解释合同并依其裁量权加以判定的事项，对此进行具体而审慎的判断，并在此基础上加以类型化，将有助于判定是否适用继续履行违约责任的承担方式，有助于提升案件裁判的准确性。

（1）迟延履行场合的根本违约

迟延履行并非必然发生根本违约，但如果合同对履行期有明确的约定，而且履行期之约定在合同中显然处于重要地位时，则迟延履行亦会构成根本违约。对于并非特别强调履行期的合同，在迟延履行的情况下，只要迟延方当事人在对方允许的额外期限届满前履行合同，应认定不构成根本违约；反之，应认定为根本违约，非违约方当事人可解除合同。此时，不宜判决合同继续履行。

（2）履行不能场合的根本违约

在当事人具有可归责性的场合，可归责方当事人要承担履行不能之责任，又由于履行不能已使合同的整个目的落空，这种违约行为无疑应作为根本违约，非违约方当事人自得解除合同。

（3）不完全履行场合的根本违约

在不完全履行场合，通常债务人已履行给付义务，只是由于履行义务不完全，或者是由于附随义务的不履行而给债权人造成损害，此场合通常是通过赔偿损失的方式解决：如果因违反附随义务而造成扩大的损害，即造成了债权人人身或其他财产（固有利益）的损害，则会发生违约责任与侵权责任的竞合，此时能否作为根本违约则是一个问题。笔者以为检验的标准仍然要看是否因此而使债权人的合同目的落空，无法简单地一概而论；在债权人合同目的落空场合，或者说危及作为合同关系之基础的信赖关系时，则应作为根本违约，法官不能裁决继续履行合同，同时，应允许债权人解除合同；否则即不能作为根本违约。

（四）与继续履行相对应的逻辑对立面——合同的解除

与“继续履行”相对应的是“停止违约行为”或“合同的解除”[①]，“合同的

---

① 这里的“停止违约行为”或“合同的解除”指的是违约责任的承担方式，并非指《合同法》第六章“合同权利义务的终止”中的合同的解除，《合同法》第六章规定的合同的解除，无论是约定解除还是法定解除，都会产生合同履行终止、合同权利义务终止的法律后果，而并不必然导致违约责任的承担。在合同解除权不成立，合同未解除的场合，合同仍应继续履行。同样，在合同履行完结后，合同当事人的合同权利义务亦终止。笔者注。

解除系为适应变化了的主客观情况而设置的消灭合同关系的制度，虽与合同的履行对立，但在尽可能地保护当事人的合法权益这点上，两者又目标一致。违约责任既是违约的补救手段，又是促使债务人履行合同的法律措施"①。《合同法》第107条和《民法通则》第111条均未明确规定"停止违约行为"和"合同的解除"作为违约责任承担的方式。其原因盖在于违约行为大都会导致合同目的落空，合同违约责任承担的诸多方式中，均已经涵盖了停止违约行为和合同的解除。对于合同目的尚未落空的场合，"在履行义务或者采取补救措施后，对方还有其他损失的，应当赔偿损失"②；"质量不符合约定的，……受损害方根据标的的性质以及损失的大小，可以合理选择要求对方承担修理、更换……等违约责任"③。由此，"继续履行"作为违约责任承担方式的基础地位和优位选项在《合同法》违约责任体系中得到了体现和贯彻，同时，"继续履行"在和其他违约责任方式并用的过程中，在违约责任承担方式竞合的情势下，在当事人的选择违约责任承担方式和违约责任的司法规制之间，仍具有一定的优位性。对于上述合同目的落空、当事人根本违约的场合，如守约方当事人仍选择继续履行合同的请求提起仲裁或者诉讼，当属枉费心机。

（五）继续履行外在的逻辑支撑和制度保障

合同的履行不仅是合同法律效力的主要内容，而且是整个合同法的核心④。正如有学者所说："合同履行是其他一切合同法律制度的归宿和延伸"⑤。继续履行的"前世"是合同的履行，"今生"则演变成为以国家司法强制力推行的违约责任的

① 王利明、崔建远：《合同法新论·总则》（修订版），中国政法大学出版社2000年版，第318页。

② 《合同法》第112条规定："当事人一方不履行合同义务或者履行合同义务不符合约定的，在履行义务或者采取补救措施后，对方还有其他损失的，应当赔偿损失。"

③ 《合同法》第111条规定："质量不符合约定的，应当按照当事人的约定承担违约责任。对违约责任没有约定或者约定不明确，依照本法第六十一条的规定仍不能确定的，受损害方根据标的的性质以及损失的大小，可以合理选择要求对方承担修理、更换、重作、退货、减少价款或者报酬等违约责任。"

④ 王利明、崔建远：《合同法新论·总则》（修订版），中国政法大学出版社2000年版，第318页。

⑤ 苏惠祥主编：《中国当代合同法论》第146页。转引自王利明、崔建远：《合同法新论·总则》（修订版），中国政法大学出版社2000年版，第319页。

承担方式——一种《合同法》中的违约责任承担的法定制度。“任何法律制度都有其独特的价值，不可能被其他制度完全替代。法律制度之间尽管具有互补作用，这是建立法律体系所必须的”[①]。同样，继续履行外在的逻辑支撑和制度保障亦由合同履行的佐辅前提演变而来，具体而言，“合同的成立是合同履行的前提，合同的法律效力既含有合同履行之意，又是合同履行的依据和动力所在。合同的担保是促使合同履行，保障债权实现的法律制度。合同的保全可起到间接强制债务人履行合同的作用。合同债权债务的转让只不过是履行主体的变更，并不是对合同履行的否定。合同的解除系为适应变化了的主客观情况而设置的消灭合同关系的制度……违约责任既是违约的补救手段，又是促使债务人履行合同的法律措施”[②]。上述林林总总的制度，对合同的继续履行提供了外在的逻辑基础支撑和制度保障。

三、泾渭分明，相辅相成——继续履行与其他违约责任承担方式的并用

在以“继续履行”违约责任承担方式为基础的逻辑贯彻中，“继续履行”与其他违约责任承担方式既要做到泾渭分明，此消彼长；又要相辅相成，互通交融，保持违约责任体系的自洽性和周延性。

（一）定金和继续履行的并用问题

定金是由合同双方当事人约定的，为保证合同的履行，由一方预先向对方给付的一定数量的货币或其他代替物。定金的形式有多种，但在实践中，最基本的形式是解约定金和违约定金[③]。从《中华人民共和国担保法》第89条[④]和《合同法》第

---

① 崔建远：《关于我国〈物权法〉草案的若干修改意见》，载王利明主编：《判解研究》（总第25辑），人民法院出版社，第18页。

② 王利明、崔建远：《合同法新论·总则》（修订版），中国政法大学出版社2004年版，第318～319页。

③ 所谓解约定金，是指当事人为保留单方解除主合同的权利而交付的定金。交付解约定金的一方可以放弃定金而解除合同，而接受定金的一方如果愿意加倍返还定金也可以解除合同。其目的在于当事人通过定金的放弃和加倍返还保留解除合同的权利和机会。所谓违约定金，是指在接受定金以后，一方当事人不履行主合同义务，应当接受定金罚则制裁。

④ 《担保法》第89条规定：“当事人可以约定一方向对方给付定金作为债权的担保。债务人履行债务后，定金应当抵作价款或者收回。给付定金的一方不履行约定的债务的，无权要求返还定金；收受定金的一方不履行约定的债务的，应当双倍返还定金。”

115条[①]的规定来看，我国立法采纳的法定定金形式显然是违约定金，并没有给予一方在放弃定金或双倍返还定金的条件下单方解除合同的权利。违约定金设立的目的主要是为了防止一方违约，督促双方履行。此种定金在实践中运用得最为广泛。从我国现行立法的规定来看，主要规定了违约定金，即在一方违约以后，如按定金罚则接受了制裁，违约当事人仍负有继续履行合同的义务，而不因适用定金罚则而使合同解除。

（二）违约金和继续履行的并用

由于《合同法》确立的违约金制度性质上主要是赔偿性的，而且赔偿是全面的、充分的，在根本违约时，通过违约金制度的适用，违约相对方的损失可以得到有效、充分的补偿，因此，一般而言，违约金和实际履行不能并用。但是，对迟延履行的违约行为，根据《合同法》第114条第3款[②]之规定，违约金与实际履行是可以并用的。另外，在部分违约场合，违约金和实际履行亦可以并用，如分期付款买卖合同[③]中，买受人在向出卖人支付了一定比例的价款后，即使在以后存在延期付款的情形，出卖人在合同没有另行约定的情形下，不得随意要求解除合同。此时，违约相对方可以在主张继续履行的同时，根据违约方实际违约程度主张违约金。

（三）损害赔偿和继续履行的并用

《合同法》第112条[④]规定至少包含以下两点在出现违约状态时的立法导向：1. 实际履行是应当优先适用的履行方式。因为：其一，实际履行能够使违约相对人获得合同规定的利益，并能防止违约方通过违约从事投机，获取不正当利益；其

---

① 《合同法》第115条："当事人可以依照《中华人民共和国担保法》的约定一方向对方给付定金作为债权的担保。债务人履行债务后，定金应当抵做价款或者收回。给付定金的一方不履行约定的债务的，无权要求返还定金；收受定金的一方不履行约定债务的，应当双倍返还定金。"

② 《合同法》第114条第3款规定："当事人就迟延履行约定违约金的，违约方支付违约金后，还应当履行债务。"

③ 《合同法》第167条规定："分期付款的买受人未支付到期价款的金额达到全部价款的五分之一的，出卖人可以要求买受人支付全部价款或者解除合同。"

④ 《合同法》第112条规定："当事人一方不履行合同义务或者履行合同义务不符合约定的，在履行义务或者采取补救措施后，对方还有其他损失的，应当赔偿损失。"

二，从举证责任来看，违约相对方主张实际履行的方式可避免承担对违约损失的举证责任；其三，实践中，一些损失是很难予以确定的，违约相对人在举证上存在事实上的难度。2. 实际履行后，对违约相对人的实际损失，应当按照全面赔偿的原则，实现合同订立时的预期利益。即实际履行后，可以并用赔偿损失，除非违约方已经赔偿了相对方在合同正常履行状态下所应当获得的全部利益，且相对方不宜主张实际履行。

以上违约责任并用的诸种情势，要求裁判法官根据当事人的诉讼请求、讼争法律关系的权利义务内容以及讼争合同自身质的规定性等诸多方面进行考量和把握。

四、合同法“违约责任篇”以“继续履行”违约责任承担方式为基础的法理思考

“信守诺言”应当是《合同法》的道德根基，因为它体现了《合同法》诚实信用“帝王条款”的魅力和深意。继续履行的法理基础系诚实信用原则和有约必守原则的遵循和提倡。在《合同法》规定的诸多违约责任的承担方式中，“继续履行”位居基础地位。《合同法》之所以作出这种位序选择，是由于“继续履行”比其他违约责任的承担方式更经济便宜有效，更有利于促进实现当事人的合同目的，维护当事人的信赖利益和交易安全，促进社会效益和社会资源的整合和利用。

对于以“继续履行”作为违约责任承担方式，持反对观点的系效率违约理论。“英美法的名谚‘救济走在权利之前’仍然是指导英美法学界的思路”①。效率违约（theory of efficient breach），又称有效违约，是以波斯纳为代表的美国经济分析法学派提出的一种违约理论。其含义是：合同一方当事人只有因违约带来的收益将超出己方以及他方履约的预期收益，并且针对预期收益的损害赔偿有限，使之在承担违约责任后仍有盈余，违约才是一个理性的选择②。简言之，经济分析法学认为当履约的成本超过各方所获利益时，违约比履约更有效。在有些情况下，一方当事人可能会仅仅由于他违约的收益将超出他履约的预期收益而去冒违约风险。如果他的违约收益也将超过他方履约的预期收益，并且对预期收益损失的损害赔偿是有限的，

① 沈达明编著：《英美合同法引论》，对外贸易出版社 1993 年版，第 66 页。

② “效率违约”载百度百科 http：//baike. baidu. com/view/2248474. htm，最后访问日期：2014 年 7 月 15 日。

那就有违约的激励。但存在这种激励是应该的①。然而该观点存在以下可商榷之处：

（一）诚实信用的《合同法》“帝王条款”将受到撼动和冲击

依据合同建立的信赖与期待关系将被摧毁，因为继续履行可以促进信赖，减少预防成本，只有在履行不能或者履行成本过高或者监督困难等情形下，违约赔偿才比继续履行更为有效。从法律角度来看，违约当然不能得到鼓励。

（二）经济分析理论通过财富计算来确定救济，在技术上存在“不确定性”

在确定最有效的违约救济方法时，人们由于此类知识与经验的欠缺往往不知道哪些行为是有效率的以及哪些行为是无效率的，尤其是，因违约行为而引起的社会信任方面的损失绝不可能予以量化。既然难以有效评估履行合同的价值和履行合同的成本，那么经济分析理论就无法提供一个可靠的“有效率的”违约规则。

五、以“继续履行”违约责任承担方式为基础的逻辑贯彻及其司法实践——法官的释明权对当事人选择违约责任承担方式的司法规制

（一）法官的释明权对当事人选择违约责任承担方式的司法规制

合同有效性的预设是必然的前提和基础，相关法律及司法解释对合同本质属性的定位，为其提供了相应的法理滋养、法律规制和裁判依据，如《中华人民共和国物权法》第15条②、《最高人民法院关于审理买卖合同纠纷案件适用法律问题的解释》第3条③等等。违约行为发生后，违约方应承担何种责任，应由作为权利人的守约方来确定。权利内含对权利本身的处分权，行使或不行使权利是权利人的自由，作为权利人的守约方可以选择行使何种救济权，从而确定违约方的责任。同

---

① ［美］理查德·A. 波斯纳：《法律的经济分析（上）》，蒋兆康译，中国大百科全书出版社1997年版，第152页。

② 第15条规定：“当事人之间订立有关设立、变更、转让和消灭不动产物权的合同，除法律另有规定或者合同另有约定外，自合同成立时生效；未办理物权登记的，不影响合同效力。”

③ 《最高人民法院关于审理买卖合同纠纷案件适用法律问题的解释》第3条第1款规定：“当事人一方以出卖人在缔约时对标的物没有所有权或者处分权为由主张合同无效的，人民法院不予支持。”

时，在违约法律关系中，守约方为法律所欲保护的一方，对守约方最为有力的保护方式，即赋予其选择的权利，由守约方根据个案的实际及自身的利益状况，决定让违约方承担何种责任，这也是实现立法目的的有效方式。但是，违约责任承担中权利人的选择是受到一定限制的，这主要发生在守约方同时主张违约方承担数种违约责任时，也会发生在某种单一责任形式的选择上。此种限制主要是基于公平及效益的考虑。违约责任的功能主要在于对守约方损失的补偿，而不在于对违约方的惩罚，如果守约方可以任意地要求数种违约责任形式的并用，会导致守约方获得的利益远高于其因对方违约而产生的损失，这有违违约责任的补偿性，将导致双方利益的失衡。

在诉讼中，继续履行的违约责任的承担，要经过守约方的催告和诉请，即在起诉状中明确此项诉讼请求；当守约方不选择"继续履行"作为违约责任承担的方式，而合同本身存在可以继续履行的情势时，法官应向当事人行使释明权，进行合理规制，达到诉讼权利均衡和司法效率提高的目的。

（二）合同案件类型化对正确适用继续履行的违约责任承担方式的意义

合同案件类型化对适用继续履行的违约责任承担方式，既有其贯彻执行的基础的、普适的依据，又有其应然性和必然性；对合同案件进行类型化对提升司法裁判的正当性具有重要意义。如，对于特定物买卖合同、加工合同、承揽合同、商品房销售合同、经过公证的赠与合同等，法官在裁决时，必须将继续履行作为承担违约责任的优位选项。然而，对于"租赁、雇佣、合伙等契约，基于其继续性之结合关系，特别强调信赖基础，要求当事人各尽其力实现债之目的……信赖基础一旦丧失……法律自宜允许一方当事人终止契约"①。对于非金钱债务，当其不适合继续履行时，不应强制其继续履行。丧失了信任基础的委托合同就属于此类。当委托人对受托人的信任不复存在时，强行要求其继续将委托事项交予受托人办理，不利于委托事项的完成。而不能完成委托事项，受托人也将浪费时间、精力和机会成本。所以委托合同当事人应当有权在信任丧失时撤销或辞去委托。又由于丧失信任属于主

① 王泽鉴：《民法学说与判例研究》，中国政法大学出版社1998年版，第95页。

观心理状态，无法证明，所以，也就不可能要求解除方在解除合同时证明“信任丧失”。

此外，《合同法》在适用中应当保持自身开放的体系，对继续履行的违约责任承担方式而言，纵使当事人双方在缔结合同时，对违约责任方式有事先约定，但未约定继续履行，而合同存在可以继续履行的情势，法官在进行审理时，应当适度行使释明权。即，在当事人的诉讼请求主张与其依据的事实不相当时，法官有义务对其作出提示，告知其可以变更诉讼请求，能继续履行合同的，建议其变更诉讼请求为继续履行合同或促成其提出更适当的诉讼请求，以利于从本质上解决纠纷。所以，必要的司法规制和司法能动对保障正确适用继续履行的违约责任方式具有重要意义。

六、余论：作为合同法违约责任体系中的继续履行的违约责任的价值选择——有约必守原则、诚实信用原则的再提倡兼对案例的回应

案例一中，甲乙丙三方签订的抵押借款协议应当有效；乙可以通过提起民间借贷之诉来实现自己的债权，具体是将甲列为被告，并将丙列为诉讼第三人，诉讼请求第一项写明，要求丙和甲继续履行抵押借款合同，对抵押贷款合同办理备案登记。诉讼请求第二项即要求实现抵押债权。

案例二的问题实质上是未登记已占有的房屋买受人的权利保护问题。房屋二重买卖中，传统理论认为登记的后买受人优先于已占有的前买受人，因债权不能对抗物权，登记的后买受人可以对占有的前买受人主张返还请求权的要件是无权占有，但前买受人之占有乃基于有效之买卖法律关系，该买卖之效力并不因出卖人的二重买卖而受影响，前买受人依据交付获得的占有和收益权也不因出卖人的再次转让行为而终止，故后买受人之返还请求权不能成立。当房屋交付后，前买受人取得了占有、使用和收益等权能，出卖人的再次转让行为属无权处分，登记的后买受人不能取得出卖人所没有的占有、使用和收益权。已登记的后买受人只有在符合善意取得的要件时才能对抗前买受人的占有权利。前买受人的占有产生公示效力，后买受人

负有合理调查占有的义务，未尽该调查义务的，构成调查知情[1]。侧重保护前买受人既符合诚实信用原则，减少信赖损失，更有助于提高经济效率。所以，未经登记备案的房产，可以要求当事人办理过户登记，继续履行合同，故，乙能取得该房屋的所有权。其次，支付违约金的救济方式助长了效率违约，不利于合同法“帝王条款”有违诚实信用原则。

案例三中，依据《最高人民法院关于审理买卖合同纠纷案件适用法律问题的解释》第3条第1款的规定，“当事人一方以出卖人在缔约时对标的物没有所有权或者处分权为由主张合同无效的，人民法院不予支持。”在占有改定场合，出卖人甲在转移所有权之后仍然占有标的物，其持续占有标的物的状态对世人所显示的权利外观，使世人有理由相信其拥有所有权，后买受人丙基于对此权利外观的信赖与甲发生买卖关系可谓在情理之中。但是，在占有改定情况下，先买受人乙已经取得所有权，其与后买受人丙之间的关系不仅是两个买受人之间的关系，更是所有权人与无权处分行为中的善意第三人之间的关系。所以，利用善意取得制度解决二者之间的利益冲突较适用二重买卖的理论更具有合理性和科学性[2]。

综上，在《合同法》违约责任的适用中，应坚持有约必守、诚实信用原则；其次，基于社会效益的考虑，兼顾社会资源财富的进一步整合和利用，在彰显继续履行违约责任承担方式的实用性、便宜性和灵活性的同时，保持《合同法》自身旺盛的生命力。

（李卫国　辽宁省沈阳高新技术产业开发区人民法院）

---

① 就善意的判断而言，需要将可归责性理论纳入衡量，亦即须就第三人之知情状态是否存在过失、是否符合诚信要求等要素进行综合性判断。可归责性理论以英美法上的知情区分理论为典型，英美法将知情区分为实际知情、推定知情及调查知情等三种类型。调查知情是一种可归责的知情状态，假如一项合理的调查就能揭示权利的存在，第三人未尽调查义务，就会被认为知道该权利。陈永强：“未登记已占有的房屋买受人的权利保护”，载《环球法律评论》2013年第3期。转引自陈永强：“特殊动产多重买卖解释要素体系之再构成——以法释（2012）8号第10条为中心”，载《法学》2016年第1期。

② 马新彦：“一物二卖的救济与防范”，载《法学研究》2005年第2期。转引自最高人民法院民事审判第二庭编著：《最高人民法院〈关于买卖合同司法解释的理解与适用〉》，人民法院出版社2012年版，第171－172页。

二、合同分则

保理合同纠纷案件审理“无法可依”困境之破解

【司法精要】

保理是一项以债权人转让其应收账款为前提，集融资、应收账款催收、账务管理及坏账担保于一体的综合性金融服务。近年来，我国保理业迎来了快速发展时期，法院开始逐步受理保理合同纠纷案件，并且数量不断增多。但目前保理行业处于“立法真空期”，保理在国内法律上难寻名称，难觅既定规则，相关纠纷的审理面临“无法可依”的困境。因此，在当前我国一系列金融改革举措推进实施过程中，研究保理业务相关法律问题，总结审判经验，探讨如何适用法律，如何依法合理解决此类纠纷，具有现实意义和价值。

文章首先梳理分析当前司法实践中面临的困惑与审理难点问题。其次，“无法可依”的情况，对保理合同纠纷案件的审理思路和法律争议问题进行分析并提出若干建议。最后，拟制了《关于审理保理合同纠纷案件适用法律问题的解释》，以期提供一个规范、可操作、可借鉴的具体方案，为妥善处理复杂的保理合同纠纷案件探寻参考路径。

现代商品交换中，赊销成为国际交易中进口商普遍要求的付款方式，保理作为一种基于买方信用的贸易融资方式得到迅速发展。保理商买断应收账款的所有权，对债务人（通常也称为买方）付款承担担保，使供应商（通常也称为债权人或卖方）的支付风险得以化解，供应商还可无需抵押或占用银行信用额度，就可获得贸易融资补充经营所需资金，这对于拓宽中小企业融资渠道、扩大外贸出口及建立诚信市场等具有积极作用。我国保理业起步较晚，发展相对缓慢，现尚属于一种金融创新业务。但近年来，随着上海浦东新区、天津滨海新区商业保理试点业务①的推进，中国（上海）自由贸易试验区对商业保理业务的鼓励与支持，② 我国保理业迎来了快速发展时期，相关的法律纠纷也不断增加。然而，目前保理行业处于“立法真空期”，缺乏专门的法律规制，法院审理相关案件几乎“无法可依”。因此，及时总结相关审判经验，探讨如何依法合理解决保理合同纠纷案件，具有现实意义和价值。

一、个案摸索：从冰山一角窥视案件特点

保理是指供应商与保理商通过签订保理协议，供应商将对债务人现在或将来的应收账款转让给保理商，从而获取融资，或获得保理商提供的分户账管理、账款管理与催收、信用风险担保等综合性金融服务。保理合同可分为有追索权保理③和无追索权保理④，公开型保理⑤和隐蔽型保理⑥，国际保理⑦和国内保理⑧，直接保理⑨和间接保理⑩等。近年来，随着金融改革的深入推进，保理业务快速发展，各级法

① 2012 年 6 月 27 日，商务部下发《关于商业保理试点有关工作的通知》，同意在上海浦东新区、天津滨海新区开展商业保理试点，设立商业保理公司。

② 中国（上海）自由贸易试验区公布的第一个管理办法就是《中国（上海）自由贸易试验区商业保理业务管理暂行办法》，以鼓励和促进上海自贸区的健康发展，扩大自贸区内信用服务业对外开放。

③ 是指无论应收账款因何种原因不能收回，保理商都有权向供应商索回已付融资款项并拒付尚未收回的差额款项。

④ 是指当债务人因清偿能力不足或破产等情形而无法收回应收账款时，保理商不能向供应商追索已发放的融资款。在当前国际保理业务中，占主流地位的是无追索权保理业务。

⑤ 是指在应收账款债权转让时，将债权让与事项通知债务人的保理业务。

⑥ 是指在应收账款债权转让之时并不立即通知债务人的保理业务。

⑦ 是指出口保理商与进口保理商位于不同国家（地区）的保理业务。

⑧ 是指保理业务的各当事人均在同一国家（地区）的保理业务。

⑨ 是指债务人应直接向保理商支付到期应收账款的保理方式。

⑩ 是指债务人仍向供应商付款的保理方式。

院也逐步开始受理保理合同方面的案件，以S市为例，至今已受理约数十件。[①] 笔者从中选取2个典型案例，与云南高院审理的中国保理第一案作一比较分析，以粗略勾勒出保理合同纠纷案件的特点和审理难点。

案例一：[②] 1994年2月，原告云纺公司与被告中行北京分行签订《出口保理业务协议》，为无追索权保理合同。同年2~4月，原告共向美国哥伦比亚公司发出四批货物，依据其中两批货物金额的80%，被告向原告提供融资。同年8月，美国哥伦比亚公司提出，由于另外两批货物因原告供货的质量问题，遭到美国海关扣留，但已付了货款，因此在问题解决之前，拒付被告提供融资项的两批货物的货款。据此，被告从原告账户上直接扣划了融资款。原告起诉要求判令被告赔偿因违反合同扣款造成的损失，并支付余下货款。一审法院经审理认为，美方提出反索拒付货款时，被告作为保理商应当与美方进行交涉，况且保理业务下的货物未出现质量争议，也无充分证据证实确因原告的责任引起拒付，故被告扣回融资款，违反了协议规定，应承担相应责任，并应按协议支付原告余下20%的货款。二审法院经审理认为，虽是无追索权保理合同，但若进口商提出质量争议或因出口商责任引起的拒付及拖延付款，保理商将有权追索。由于遭美国海关扣留的货物仍属于保理业务范围内，原告未将合格的应收账款转让给保理商，故保理商可以行使追索权，扣划融资款。另剩余货款属基础合同交易的范畴，被告无支付剩余货款的义务。故撤销一审判决，驳回原告诉讼请求。

案例二：[③] 被告一与原告某银行签订了《国内保理业务合同》，将其对被告二的应收账款转让给原告，原告提供融资，为有追索权保理合同。原告在中国人民银行征信中心办理了应收账款转让登记，并依约发放了融资款。被告一向被告二发出《更改付款账户申请》。嗣后，两被告均未履行相应义务。为此，原告起诉要求判令被告二支付债权本金及相应利息损失，被告一在融资本息范围内对债务承担回购责

---

① 因无专门的保理合同纠纷案由，案件数量难以精确统计，无法进行科学、全面的统计分析。

② 中国保理第一案：云南省纺织品进出口公司诉中国银行北京市分行保理合同纠纷，云南省高级人民法院（1997）云高经终字数第39号民事判决书，转引自金赛波：《中国信用证法律和重要案例点评》（2002年度），对外经济贸易大学出版社2003年版，第393~405页。

③ 中国工商银行股份有限公司上海市青浦支行诉上海康虹纺织品有限公司等合同纠纷案，上海市第二中级人民法院（2012）沪二民六（商）终字第148号民事判决书。

任。一审法院经审理认为，保理协议依法有效，但根据合同法的规定，债权人转让权利的，应当通知债务人，未经通知，该转让对债务人不发生效力。而本案中，由于被告一未履行通知义务，原告与被告一之间实际上采取的是隐蔽保理模式，故对被告二不发生效力，原告不能对被告二行使追索权。原告要求被告一对应收账款债权行使回购的权利也因债权的消灭而丧失了实现基础，但仍可基于保理合同的约定对被告一享有最终追索权，即要求被告一偿还融资款项及从应收账款到期日至清偿日止的相应利息。二审法院经审理认为，被告一发出的《更改付款账户申请》未明确表明债权转让的意思，虽然被告二确认收到该申请，但不能从中推定出被告一履行了通知义务。原告在央行登记系统中对应收账款进行了登记，但是央行《应收账款质押登记办法》仅明确了应收账款质押登记的法律效力，保理业务中债权转让登记并无法律法规赋予其法律效力，只能视为是提供权利"公示服务"，不发生强制性排他对抗效力，不能免除原告的通知义务，故维持原判。

案例三:[①] 被告一与原告某银行签订了《有追索权国内保理业务协议》，将其对被告二的应收款43949675元债权转让给原告，同时申请34950000元融资款。被告一向被告二以书面形式送达《应收账款转让通知书》，并得到被告二的书面确认。嗣后，两被告均未履行相应义务，故原告起诉要求判令被告二偿还原告应收账款34950000元及其相应利息，被告二未履行时，由被告一根据被告二未履行的金额向原告偿还融资款，并受让对被告二享有的债权。法院经审理认为，原告有权选择先向被告二行使追索权，如被告二未能或未能足额向原告承担付款责任，原告可要求被告一对未收到的应收账款进行反转让，并清偿所欠原告的从应收账款到期日至清偿日止的融资本息。被告一在完成受让债权给付融资款义务后，原告享有的与之相应的对被告二的应收账款债权（融资款与应收账款债权的折算比例为79.52:100）转回至被告一，免除被告二就此笔应收账款债权向原告的偿还责任。

上述三个案例在当前保理合同纠纷案件中具有一定的代表性，既有涉及债务人对保理商的抗辩权行使问题，也有保理合同的效力认定问题，还有保理商追索权行使问题，是对保理合同纠纷案件情况较为集中的反映。

---

① 中国光大银行股份有限公司上海浦东支行诉江西海通铜业有限公司、上海炽丰贸易发展有限公司等合同纠纷案，上海市浦东新区人民法院（2013）浦民六（商）初字第7233号民事判决书。

二、审判困境：司法实践的困惑与难点梳理

分析上述三个案例可以看出，在审理保理合同纠纷案件中主要存在以下问题：

1. 性质模糊：合同性质认定和案由确定各异

一旦发生保理业务纠纷，最基础的问题就是如何从法律角度认定保理合同的性质，法律上的定性将直接影响当事人之间权利义务关系的认定和责任的分担。因此，保理合同的法律性质是需要探讨的基础性问题。目前，从国外的法律理论及实践来看，主要有委托代理说①、债权质押说②、债权让与担保说③、债权转让说④等观点。（详见下图）

关于保理合同性质几种学说的比较

学说	观点	存在的问题
委托代理说	如同托收一样，基于供应商和保理商之间的委托代理而开展，特殊之处在于保理商不仅要代为催收款项，债务人无力付款时还要向供应商承担担保付款责任。	一般代理中，代理人行为的后果由被代理人承担，但在保理业务中，尤其是无追索权的保理业务，一旦应收账款由于债务人无力清偿等原因不能收回，由保理商而非供应商承担后果。事实上，保理商办理保理业务也并非为了代其催收应收账款。
债权质押说	保理商为供应商提供融资，供应商以应收账款作为质押。	债权质押中，出质人出质债权，向质权人清偿融资本息，出质人不能偿债时，质权人方可处置质押物。但保理业务中，保理商而非供应商以应收账款债权人身份催收款项，并可承担坏账担保，应收账款出现商务争议时，向供应商追索。

① ［德］施米托夫：《国际贸易法文选》，赵秀文译，中国大百科全书出版社1993年版，第409~413页。

② ［英］费瑞迪·萨林格：《保理法律与实务》，刘园、叶志壮译，对外经济贸易大学出版社1995年版，第11页。

③ 黄斌：《国际保理——金融创新及法律实务》，法律出版社2006年版，第21~22页。

④ 黄斌：《国际保理——金融创新及法律实务》，法律出版社2006年版，第22~23页。

续表

学说	观点	存在的问题
债权让与担保说	供应商将应收账款以让与担保的方式提供担保，保理商对其进行融资。	让与担保中，担保人有要求返还主债务的权利，且融资款项债务人必须清偿。但在保理业务中，一旦应收账款办理转让，供应商无权利要求保理商返还，且融资款更接近预付款，只要不出现商务争议，无需清偿。
债权转让说	供应商将应收账款债权转让给保理商，要求债务人将应收账款支付给保理商。	与一般民事债权转让不同，在一定条件下，保理商对供应商具有追索权，是附加一定限制的债权转让，特殊情况下，也存在只提供销售账户管理或代收应收账款功能的保理商。

由于对保理合同性质认识不统一，现行法律又缺乏规定，最高人民法院于2011年颁行的《民事案件案由规定》中也没有保理合同这类案由①，因此不同法院会使用不同的案由，如“金融借款合同纠纷”“债权转让合同纠纷”“金融衍生品种交易纠纷”“合同纠纷”或“其他合同纠纷”等。前述三个案例，就分别采用了不同案由，甚至同一案件一、二审法院的案由也各不相同。

2. 法律空缺：保理合同纠纷案件的规制困境

我国的保理法律制度极不健全，处于立法空白阶段，没有专门或专章法律规定，现行规定只是行业性和地方性规范，难以适应保理业的发展需要。从法律层面看，《中华人民共和国合同法》（以下简称《合同法》）并无专章规定，《中华人民共和国民法通则》（以下简称《民法通则》）、《中华人民共和国物权法》（以下简称《物权法》）也无涉及，最高人民法院也未制定专门的司法解释指导审判实践；从行业规范层面看，目前有《中国银行业保理业务规范》和《中国银行业保理业务自律公约》；从地方规范层面看，目前仅上海、天津两地制定了相关规定，有《中国（上海）自由贸易试验区商业保理业务管理暂行办法》《上海浦东新区设立商业保理企业试行办法》和《天津市商业保理业试点管理办法》，但行业规范和地方规范多是行政性规定，缺乏对保理业务法律权利义务的界定和规制。从国际公约

① 《民事案件案由规定》中“合同纠纷”为二级案由，其又设有48个三级案由、77个四级案由。

和惯例来看，主要有以下三方面的规范性文件：第一是由国际统一私法协会制定的《国际保理公约》，这是迄今国际保理领域唯一的一部专门性国际公约；第二是属国际惯例性质的国际保理商联合会（FCI）制定的《国际保理通则》①；第三是由联合国国际贸易法委员会制定的《国际贸易中的应收账款转让公约》。但我国并未加入上述两个公约，根据《民法通则》第142条的规定，只能适用其中的惯例，即《国际保理通则》。

由于相关法律缺失，在审理保理合同纠纷案件过程中，只能适用散见于其他法律中的有关规定，法律适用难以统一。如前述三个案例中，案例一适用的是《国际保理通则》，案例二适用的是《合同法》和《物权法》，案例三适用的是《民法通则》。

3. 地位不明：当事人诉讼地位难以确定

保理业务至少涉及三方法律关系②，即保理商与供应商的保理合同关系，供应商与债务人的买卖合同关系，以及保理商与债务人的债权债务关系。因此，在诉讼过程中，由于诉请不同，或涉及保理合同关系，或涉及债权债务关系，三方当事人的诉讼地位也会不同，实践中没有统一做法。保理商或供应商在开展业务中权益受到损害起诉到法院，可能将保理合同的另一方当事人作为被告，如案例一，也可能将债务人作为被告，也可能将前述两人作为共同被告，如案例二和案例三，或将第三方追加为无独立请求权第三人。

4. 争议不定：理解认识存在差异

由于前述的合同性质模糊、法律缺失等问题，导致审理保理合同案件时存在法律争议。如案例一的争议焦点在于无追索权保理合同的追索问题，无追索权保理是相对的，对于因商事合同纠纷争议导致应收账款不能收回时，保理商对供应商享有追索权③，绝对的无追索权几乎是不存在的④。案例一中，因债务人与供应商的另外一笔交易导致债务人向供应商提出索赔而产生争议，债务人的这种反索赔与抗辩、抵销一样，属于因合同纠纷争议引起的应收账款不能收回的情形，保理商据此

---

① 前身是《国际保理业务惯例规则》。

② 国际保理业务涉及四方当事人：供应商、债务人、出口保理商和进口保理商。

③ 《国际保理通则》所规定的即是此种情形，国家外汇管理局颁布的《关于出口保付代理业务项下收汇核销管理有关问题的通知》也采纳了这一观点。

④ 秦国勇：《商业保理操作实务》，法律出版社2013年版，第85页。

可以对供应商行使追索权①。但由于对这一法律争议的理解和认识不同，一、二审法院的判决大相径庭，二审将一审的结果完全改判。又如，案例二的争议焦点在于保理合同的通知效力，由于保理商和供应商对债权转让通知义务的履行理解错误，保理商在央行应收账款质押登记系统中的登记行为和供应商仅发出《更改付款账户申请》的行为，均未正确履行债权转让的通知义务，致使保理合同对债务人无效。再如案例三中的追索权行使问题，在有追索权的保理合同中，保理商有权在保理期间对逾期未足额受偿的债务直接向供应商行使追索权，同时该追索权的行使不影响对债务人行使追索权，供应商一般在融资款的范围内对保理商未按时受偿的应收账款承担回购责任，并按照融资款与应收账款债权的比例折算的应收账款，免除债务人对保理商的偿还责任。② 但是该案中保理商并未按照未受偿的应收账款数额，而是按照融资款数额向债务人和供应商行使追索权，实则保理商的权益并未受到全面保护。

三、消解路径："无法可依"下的审理思路探析和建议

如前所述，保理合同纠纷属于新类型案件，《民法通则》《合同法》《物权法》等法律都缺乏相关的规定，也无成熟的司法实践经验可供借鉴，最高人民法院也未出台相应的司法解释，只能依据屈指可数的几个总则条文进行裁判，所以在司法实践中存在诸多困惑和难点，亟需加强相关问题研究，积累审判经验，统一裁判尺度，明确审理规则，既能为保理行业发展提供必要的行为指引，减少诉讼争议，又能促进我国保理行业相关法律制度的完善，为保理业的发展提供有力的司法保障。为此，笔者提出以下建议：

1. 明确保理合同的法律性质。通过对前述关于保理合同性质的几种学说的比较分析，结合国际上关于保理性质的主流观点，并参照有关法律规范，笔者认为，保理合同是一种具有突出商业惯例特点的债权转让性质的合同。因为从保理业务的运作和权利义务来看，供应商将债权转让给保理商，保理商支付了融资款作为对价，并明确告知债务人将应收账款支付给保理商，保理商对债务承担信用风险责

---

① 黄斌：《国际保理——金融创新及法律事务》，法律出版社2006年版，第160～161页。

② 黄斌：《国际保理——金融创新及法律事务》，法律出版社2006年版，第54页。

任，符合债权转让的法律特性。但由于保理是在国际贸易中产生和发展起来的，它又区别于一般民事债权转让，带有浓厚的商业操作惯例色彩，具体表现在：一些保理不以即时支付资金为转让对价；在一定条件下，保理商对供应商有追索权，可以行使反转让，如案例三；有些保理中保理商不提供融资及坏账担保，仅为供应商提供销售账户管理或代收应收账款功能，不具有债权转让性质。

2. 单独设立保理合同纠纷案由。由于缺乏独立的案由，目前的保理合同纠纷案件分散在各类子案由下，既不利于统计分析保理业纠纷的特征和相关案件数量的变化情况，也不利于进行系统的案例分析和裁判规则指引。因此，笔者认为，应及时设置保理合同纠纷案由，只要是涉及保理合同方面的纠纷都应以此“命名”。

3. 统一适用的法律规则。在“立法真空期”，审判实践中可依据案件不同争议类型适用不同的法律规则。笔者认为，对于国际保理合同纠纷案件，应首先依据合同当事人协议选择处理争议所适用的法律；若当事人没有选择，则适用保理商所在地的法律。对于国内保理合同，应首先以合同当事人约定的具体条款来确定权利义务，再基于特别法优于一般法的原则，适用《合同法》总则的有关规定，若是仍无法可据，可以适用《民法通则》或根据案情适用《国际保理通则》。

4. 明确当事人的诉讼地位。一般而言，保理商在未受偿的情况下会将供应商、债务人均设为被告，行使追索权，如案例二、案例三，但若起诉其中一方，法院有必要追加另外一方作为无独立请求权的第三人，以便查明案件事实。供应商或债务人作为原告时，可能只依据保理合同或买卖合同起诉相对方，此时可根据案件实际情况考虑是否追加第三人。在隐蔽型保理合同纠纷中，有关融资与费用的清算在供应商和保理商之间进行，若有必要查清买卖合同关系的基础事实、履行情况等，应将债务人作为第三人予以追加。

5. 合同效力的认定问题。保理融资是以基础买卖关系为前提，并且应收账款是可受让的。因此，笔者认为，在案件审理过程中，对保理合同的效力认定要进行实质性审查，结合基础买卖合同、应收账款的性质、融资款项以及当事人的合同权利和义务等作出认定。对于缺乏真实、合法的基础买卖关系或保理商不具有从事保理业务经营范围的，应认定合同无效；但对于基础买卖关系被解除、被撤销，或对债务人不发生效力，或者应收账款不具有可转让性的，一方提出撤销合同，法院应予支持。对于无效或被撤销的保理合同，保理商可以要求供应商归还融资款，并依据责任赔偿相应的利息损失。

6. 通知效力及追索权的行使问题。公开型保理只有将债权转让的事实明确通知至债务人才对债务人发生效力，这是保理商对债务人主张权利的关键。无论通知主体是谁，通知的形式如何，只有债务人做出明确知悉该债权转让事实的意思表示，或者债务人已实际向保理商履行还款义务的，才能认定通知有效。如前述案例二，即便债权转让在央行应收账款质押/转让登记系统中进行了公示登记，也不能免除债权转让通知义务。[1] 对于对债务人生效的保理合同，债务人作为买方可以基于买卖合同关系向保理商主张抗辩权或抵销权，“债务人之地位不因债权让与或担保而恶化”[2]“只要转让时在债权关系的内容中该抗辩发生的原因业已存在，或者抗辩事由发生的基础在通知时存在”[3] 均能主张。对于无追索权保理合同，一旦债务人提出抗辩或抵销权等使债务无法得到清偿时，保理商仍可以向供应商行使追索权。

四、制度思考：拟制《关于审理保理合同纠纷案件适用法律问题的解释（建议稿）》

为有效破解保理合同纠纷案件“无法可依”的困境，笔者试通过前文的分析论述，拟制《关于审理保理合同纠纷案件适用法律问题的解释（建议稿）》，为审判业务部门提供一个具有可借鉴性、可操作性的具体方案，也能为后续的相关立法完善提供制度经验。

关于审理保理合同纠纷案件适用法律问题的解释（建议稿）

为正确审理保理合同纠纷案件，根据《中华人民共和国合同法》《中华人民共和国物权法》《中华人民共和国民事诉讼法》等法律的规定，结合审判实践，制定本解释。

---

① 吴峻雪、张娜娜：“保理债权转让中转让通知的效力及形式”，载《人民司法》2013年第18期。

② ［英］P. S. 阿蒂亚：《合同法导论》，赵旭东等译，中国政法大学出版社2002年版，第267页。

③ 韩世远：《合同法总论》，法律出版社2004年版，第565页。

第一条 保理合同是指保理商与供应商（通常也称为债权人或卖方）签订的保理协议，约定供应商将现在或将来的应收账款转让给保理商，供应商获取融资，或获得保理商提供的分户账管理、账款催收、坏账担保等服务。结合基础买卖合同、应收账款的性质、融资款项以及当事人的合同权利和义务，人民法院应对是否构成保理合同法律关系作出认定。

对名为保理合同，但实际不构成保理业务法律关系的，人民法院应按照其实际法律关系处理。

第二条 保理商与供应商因保理合同发生纠纷，或者债权人与债务人（通常也称为买方）因买卖合同发生纠纷，当事人仅对其中一个合同关系提起诉讼，人民法院经审查后认为另一个合同关系的当事人与案件处理结果有法律上的利害关系的，可以通知其作为第三人参加诉讼。

第三条 按照是否将应收账款转让的事实通知债务人，可分为公开型保理和隐蔽型保理。公开型保理应将应收账款转让的事实明确通知债务人，未经通知或通知不明确，债务人也未实际向保理商履行还款义务的，该转让对债务人不发生效力。

第四条 债务人的权利不因债权转让而消灭，债务人拒绝接受货物，提出抗辩或抵销权的，人民法院应当综合考量应收账款属性及履行情况等因素，根据买卖合同约定来确定。但债务人提出的任何抗辩或抵销权，必须是在债务人收到转让通知时债务人可利用的抗辩或抵销权。

第五条 有下列情形之一的，应认定保理合同无效：

（一）保理商不具有从事保理业务经营范围的；

（二）供应商与债务人之间不存在真实、合法的买卖关系的；

（三）以保理合同形式规避国家有关法律、法规的；

（四）依照有关法律、法规规定应认定为无效的。

保理合同被认定为无效，当事人就合同无效情形下，双方权利义务有约定的从约定，无约定或者约定不明，且当事人协商不成的，融资款应当返还保理商。因供应商的原因导致合同无效的，应赔偿保理商的利息损失。

第六条 按照银行在债务人破产、无理拖欠或无法偿付应收账款时，是否可以向供应商反转让应收账款，或要求供应商回购应收账款或归还融资，可分为有追索权保理和无追索权保理。

对于有追索权保理，在应收账款到期无法从债务人处收回时，保理商向供应商反转让应收账款，或要求供应商回购应收账款或归还融资的，人民法院应予支持。

对于无追索权保理，应收账款在无商业纠纷等情况下无法得到清偿，保理商向供应商反转让应收账款，或要求供应商回购应收账款或归还融资的，人民法院不予支持。应收账款在债务人拒绝接受货物或提出抗辩或抵销权等情况下无法得到清偿，保理商向供应商反转让应收账款，或要求供应商回购应收账款或归还融资的，人民法院应予支持。

第七条 保理商依照本解释第六条在一审诉讼中仅行使追索权，对损失赔偿未提出主张的，人民法院可以向当事人进行释明。

前款规定的损失赔偿范围限于供应商回购应收账款或归还融资款金额自应收账款到期日至保理商实现追索权之日按中国人民银行同期贷款利率计算的相应利息。

第八条 有下列情形之一，保理商或供应商请求解除保理合同的，人民法院应予支持：

（一）供应商与债务人订立的买卖合同解除、被确认无效或者被撤销，且双方未重新订立买卖合同的；

（二）公开型保理的转让事实未通知债务人的；

（三）供应商与债务人约定禁止转让应收账款的；

（四）应收账款不属于现有的或未来的金钱债权及其产生的收益的；

（五）因债务人的原因致使合同目的不能实现的。

第九条 保理商依照本解释第八条在一审诉讼中仅请求解除保理合同，未行使追索权及对损失赔偿提出主张的，人民法院可以向当事人进行释明。

前款规定的损失赔偿范围限于融资款发放日至保理商收回融资款之日按中国人民银行同期贷款利率计算的相应利息。

第十条 供应商有下列情形之一，导致保理商无法收回应收账款，保理商要求供应商承担相应责任的，人民法院应予支持：

（一）供应商明知与债务人约定禁止转让应收账款而不告知保理商的；

（二）附有通知债务人义务而未履行的；

（三）怠于行使隐蔽型保理合同中约定的由供应商向债务人催收应收账款义务的。

第十一条 供应商的债权有第三人提供担保的，保理商在行使追索权时可以要求保证人履行保证责任。

第十二条 保理合同纠纷案件的当事人，可以协议选择与争议有实际联系地点的法院管辖。当事人未选择管辖法院的，应由被告住所地或合同履行地法院管辖。

第十三条 国际保理合同纠纷案件的当事人可以协议选择处理合同争议所适用的法律；当事人没有选择的，适用保理商所在地的法律。

第十四条 当事人因保理合同行使追索权争议向人民法院请求保护其权利的诉讼时效期间为两年，自保理商明确知道应收账款不能收回之日起计算。

（高佳运　上海市高级人民法院）

“一房数卖”合同履行顺位之确定

【司法精要】

对“一房数卖”，或称“房屋多重买卖”等，理论界、实务界就合同效力、所有权变动已形成共识，但如果买受人均向出卖人主张权利，法官当如何裁判，受制于传统物债两分体系、债权平等原则，至今尚未形成一致而又令人信服的观点，以至于法官们仍在“各自为政”，影响了司法的统一与权威。现行法律框架下，消解“一房数卖”导致的权利冲突，应当着眼于买受人请求权顺位的确定，而不是依据合同直接确定取得所有权的次序。买受人自合同订立时起，客观存在的、具有权利价值、诚信价值和经济价值的合理“期待”，具备了民事权利的基本内涵，尽管法律尚未明确规定，但至少应当承认买受人的债权中蕴含着这种物债之间的“中间型权利”。债权平等性的实质，在于赋予各债权人实现债权的平等地位。切合实际的法律上的平等，是有限领域内的实质平等。“一房数卖”情形下，应当承认买受人债权事实上的不平等，并根据“中间型权利”状况予以相应的保护。当事人权利冲突的实质是利益的冲突，无法定优先因素情形下确定“一房数卖”合同履行顺位，当以利益衡量为主线，以法律原则与精神为指引，充分考量自由与秩序的平衡、公平与效率的平衡、当事人利益与社会利益的平衡等价值要素，充分考量预告登记、合法占有房屋、支付价款等诸多事实要素，尊重公众认同的常理、习惯和朴素的道德情感，借鉴实践中解决土地、动产买卖权利冲突的成熟方法，与多重转让合同履行顺位规定之精神。如此确定“一房数卖”合同的履行顺位，可以最小的损害实现各方利益的最大化和均衡，既符合法律的原则与精神，又具有可接受性和可操作性。

司空见惯的“一房数卖”，由于合同主体的部分重叠与合同标的的完全重合，导致数个平等买卖合同间效力互相排斥的二律背反现象。面对出卖人与买受人的权利冲突，司法当如何选择，面对买受人之间的权利冲突，司法当如何衡平，理论界莫衷一是，实务界意见纷呈，但至今尚未形成基本一致而又令人信服的观点。当事人权利冲突的实质是利益的冲突。解决出卖人与买受人之间、买受人相互间的权利冲突，实质是在没有法定优先因素情形下，对当事人冲突的利益进行衡量与取舍，利益衡平原则应当成为解决“一房数卖”产生的权利冲突的终极原则。本文拟在考察既有裁判观点基础上，通过对买受人债权的解析、债权平等性理论的重新诠释，以利益衡量为主线，探析“一房数卖”合同的履行顺位，以期对消解“一房数卖”产生的权利冲突、统一司法裁判有所裨益。

一、现状考察：既定物权变动模式下众说纷纭的裁判观点

“一房数卖”的数份合同均有效的情况下，如果买受人尚未办毕房屋产权变更登记，并不产生房屋产权变动效力。如果买受人同时向出卖人主张权利，法官应当如何裁判，学者著述、实务部门主要有以下观点。

（一）出卖人自主决定说

一种观点认为，根据“债务人任意履行规则”，应赋予出卖人自由选择履行对象、决定房屋所有权归属的权利[①]，如果出卖人不愿选择履行对象，应倾向于由第

① 详见徐洁：“一房二卖现象的法律防范”，载《法学》2003 年第 1 期；柴志虹：“‘一房数卖’房屋所有权最终归属问题浅析”，载《内蒙古师范大学学报》（哲学社会科学版）2006 年第 5 期。

一买受人取得所有权[①]。一种观点认为，“一房二卖”情形下，应由先占有房屋或先办毕过户登记者取得房屋所有权；“一房数卖”的数个买受人同时行使请求权，应由出卖人自主选择债务履行、决定房屋所有权的归属[②]。

“一房数卖”系出卖人背信的结果，若再由出卖人自主决定房屋所有权归属，或在数份合同中择一履行，虽然保护了出卖人的合同自由与物权处分自由，但却忽视了出卖人的背信，甚至有怂恿背信行为之嫌，也容易催生出卖人与个别买受人串通损害其他买受人利益的行为[③]；任由出卖人选择合同履行对象，将无视各买受人平等的债权，有违债权平等原则；任由出卖人在履约与违约间选择，即使其违约是有效率的，也将构成对社会整个秩序的破坏[④]。该观点既有违法理也难以得到公众的认同。

（二）区别情况保护说

出于最终解决“一房数卖”导致的权利冲突，多数学者以及实务部门认为，应当区分不同情况予以实体处理，或由买受人之一取得房屋所有权，或在众多买受人中择一保护其合同请求权，或依据一定规则确定买受人取得所有权的顺位，或依据一定规则确定合同的履行顺位；对于不能取得房屋所有权或者请求权未能实现者，由出卖人承担违约责任。该学说观点庞杂，又可归结为单一保护说与顺位保护说。

1. 单一保护说

持此类观点者认为，在买受人未办毕房屋产权过户登记情况下，应由依据合同占有房屋者取得所有权[⑤]，或依“成立在先，取得在先”原则确定房屋所有权归属[⑥]，

---

① 孙鹏：“不动产二重买卖研究——意思主义与形式主义制度设计之比较”，载《比较法研究》2005 第 1 期。

② 王轶：“论一物数卖——以物权变动模式的立法选择为背景”，载《清华大学学报》（哲学社会科学版）2002 年第 4 期；孙玉华：“论‘一房二卖’的物权归属”，载《知识经济》2012 年第 19 期。

③ 宋晓明等：“《关于审理买卖合同纠纷案件适用法律问题的解释》的理解与适用”，载《人民司法》2012 年第 15 期。

④ 王利明：《合同法研究》（第一卷），法律出版社 2002 年版，第 185 页。

⑤ 详见《沈阳市中级人民法院关于审理房地产案件若干问题的处理意见（之二）》（沈中法［2004］31 号）；秦江：“不动产二重买卖均未登记之物权归属”，清华大学硕士论文（2007 年）。

⑥ 廖兴存：“论房屋二重买卖的法律规制”，载《江苏警官学院学报》2006 年第 1 期。

或优先保护合法占有房屋者合同履行请求权[①]，或确认订立在先合同的债权具有优先权[②]。

2. 顺位保护说

持此类观点者认为，应区分不同情形确定买受人合同请求权的保护顺位，或确定取得所有权的次序。具体有以下观点：一是预告登记优先说，或以预告登记、买受人占有、合同成立在先之顺位决定所有权归属[③]，或以预告登记、预售登记备案、合法占有、价款支付、合同成立和生效在先、主张权利在先之次序确定房屋所有权归属[④]。二是合法占有优先说，认为应当优先保护合法占有者的权利，但究竟是优先取得所有权还是优先实现债权，以及如何具体确定保护顺位，又存在较大争议与差异[⑤]。三是先行请求优先说，认为应以买受人请求履行合同、转移标的物的先后，作为优先履行合同以及所有权归属的判定标准，并分别情况确定请求权保护顺位[⑥]。

区别情况保护买受人权利的诸多观点，为最终解决买受人权利冲突提出了可供选择的方案。但无论是单一保护说还是顺位保护说，虽然符合诚信原则要求，却一定程度上限制了出卖人的合同自由与物权处分自由；若依一定规则确定房屋所有权归属，无异于直接依据生效合同及履行认定所有权的变动，有违我国不动产物权变动模式的基本要求；若依一定规则优先保护某一买受人的请求权，或者确定债权保

---

① 孙宪忠："房屋买卖交付而未登记的法律效果分析"，载《人民法院报》2005年2月2日。

② 王咏霞："论不动产物权变动中债权和物权的保护——兼论'一房二卖'问题"，载《法学评论》1998年第2期。

③ 详见张丽："关于'一房多卖'的法律问题探析"，载《渤海大学学报》（哲学社会科学版）2012年第4期。

④ 详见韩松："同一房屋多重买卖情况下买受人取得房屋所有权的顺序确定"，载《政法学刊》2012年第6期。

⑤ 详见辽宁省高级人民法院《全省房地产案件专题研讨会纪要》（辽高法［2003］164号）；山东省高级人民法院《全省民事审判工作座谈会纪要》（鲁高法［2005］201号）；朱晔："不动产双重交易纠纷中的利益衡量"，载《浙江大学学报》（人文社会科学版）2007年第4期；《重庆市高级人民法院关于当前民事审判若干法律问题的指导意见》（2007年11月22日通过）；《北京市高级人民法院关于审理房屋买卖合同纠纷案件适用法律若干问题的指导意见（试行）》（京高法发［2010］458号）；《全国民事审判工作会议纪要》（法办［2011］442号）；《最高人民法院关于适用〈中华人民共和国物权法〉若干问题的解释（一）》（2012年民法学会讨论稿）；彭诚信、岳耀东："房屋多重转让中权利保护顺位的确立依据与证成——以'占有优先保护说'为核心"，载《山东社会科学》2012年第5期。

⑥ 详见秦建刚："房屋二重买卖法律规制论"，山东大学硕士论文（2012年）。

护的先后顺序，无异于使无公示性的债权具有对抗甚至排斥其他债权的效力[①]。在没有法定优先因素前提下，为何要赋予某一买受人债权的优先地位，以及如何确定买受人的债权顺位，尚需要进一步论证，也是本文力求解决的问题。

（三）竞价购买及变价受偿说

在买受人均无法定优先因素情形下，可由法院组织买受人自愿协商，采用竞价方式确定房屋所有权归属，所得价款按比例偿付其他买受人的债权；协商不成或竞价不成，可以拍卖、变卖房屋，根据各买受人付款数额和应得赔偿金额按比例分配所得价款，买受人受偿不足部分另行判决出卖人承担赔偿责任[②]。

竞价购买及变价受偿说，表面上为买受人提供了平等取得房屋所有权的机会，似乎公平对待了每位买受人，然而，由买受人确定房屋所有权归属，或者拍卖、变卖房屋，不但限制了出卖人履行合同与承担违约责任的选择权，而且侵犯了出卖人的物权处分权；采用竞价方式确定房屋所有权归属，无异于人为解除了生效买卖合同的拘束力，无异于直接依据生效合同认定所有权变动，背离《中华人民共和国合同法》（以下简称《合同法》）、《中华人民共和国物权法》（以下简称《物权法》）的明确规定，以竞得人支付大大高于约定价款的代价，为背信的出卖人赚得了高额利润，既有悖司法的价值追求，也有违公众认同的正义观；拍卖、变卖后由买受人按比例受偿，违背了出卖人特别是买受人的合同目的，人为增大了交易成本，损害了交易效率。此外，该说是否具有普适的可能性，值得怀疑。

（四）程序性解决方案说

既然实体法层面难以找到无懈可击的解决方法，应当转换思路从程序性规则中寻找突破口。如果买受人诉请“确认房屋所有权归属”，依据“不动产所有权以登记为准”规则，只要没有办理产权转移登记，均作出“驳回诉讼请求”的确认判决。如果买受人诉请“出卖人办理转移登记手续”，仅需依据买卖合同审查是否享有给付请求权，有，则支持其诉请，反之，则驳回其诉请[③]。

---

① 崔建远：《债权：借鉴与发展》（修订版），中国人民大学出版社2012年版，第391页。

② 刘保玉：“论多重买卖的法律规制——兼评《买卖合同司法解释》第9、10条”，载《法学论坛》2013年第6期。

③ 佟萌：“房屋多重转让中的权利保护顺位问题”，载《中国检察官》2013年第8期。

程序性解决方案说体现了“不告不理”原则、私法自治原则与合同相对性原理，但其聚焦于单个合同的独立性，着眼于解决问题的程序性，回避了客观上存在的权利冲突。顾左右而言他的“确认之诉”解决方案，实乃多此一举；忽视合同主体重叠与合同标的同一的“给付之诉”解决方案下，如果不同买受人的请求权均能成立，由于判决指向标的的同一，最终仅有某一买受人能获得请求权的实现，在既有纠纷尚未化解的情况下，又导致胜诉买受人间新的权利冲突，引发未能实现请求权的买受人与出卖人间新的诉累。

二、穷途思变：物债两分体系下蕴含“中间型权利”的债权与传统债权平等性理论的重新诠释

现行法律框架下，消解“一房数卖”导致的权利冲突，应当着眼于买受人请求权顺位的确定，而不是直接依据合同确定取得所有权的次序。然而，传统财产权物债两分体系、债权平等性理论却制约着司法的作为，以致于众多裁判观点难以令人信服。既要解决现实的权利冲突，又不能动摇民法理论与体系的根基，我们有必要重新审视既有理论与体系的不完善之处，赋予其更加丰富的科学内涵与正义属性，使之更能适应客观现实的需要。

（一）物债两分体系下蕴含“中间型权利”的买受人的债权

抽象思维模式下的债权与物权两分法，便于人们认识财产权利性质，便于确立财产权利变动规则以解决相互间的冲突。然而，这种“非此即彼”权利状态划分之初，就存在着二者间的“中间型权利”①。在房屋交易活动中，买受人权利取得的非即时性，决定了买受人在完成过户登记前不能取得房屋所有权，但并不因此否定自合同订立时起就客观存在的买受人的某种合理“期待”。是在订立合同基础上，与出卖人达成的房屋产权变动合意，蕴含着最终取得房屋所有权、具有权利价值的期待；是在诚信原则基础上，蕴含着需要出卖人、社会其他成员承认交易阶段性成果、具有诚信价值的期待；买受人的这种“期待”，是在理性经济人基础上，蕴含着不损害他人利益和社会利益前提下追求利益最大化、具有经济价值的期待。买受

① 关于“中间型权利”详见：冉昊：“论‘中间型权利’与财产法二元架构——兼论分类的方法论意义”，载《中国法学》2005年第6期；孟俊红：“关于物权与债权中间权利类型的思考”，载《河南教育学院学报》（哲学社会科学版）2010年第4期。

人的这种"期待"，因自身具有的权利价值、诚信价值和经济价值，而具备了民事权利应具有的基本内涵。尽管权利是国家通过法律规定对法律关系主体可以自主决定作出某种行为的许可和保障手段[1]，但法律能够容纳全部现实社会需求并能适应自身不断发展需要的特性，决定了权利应当是一个不断发现、发展、开放的概念与体系，决定了买受人的"中间型权利"应当受到法律的保护。尽管法律尚未明确规定此种权利，但至少我们应当承认买受人的债权中蕴含着这些"中间型权利"。

（二）债权冲突情形下传统债权平等理论的重新诠释

通说认为，债权平等性是债权的基本法律特征，尽管债权平等的基本内容存在全部债权平等说[2]、普通债权平等说[3]、多数债权平等说[4]的分歧，但"不论成立先后，一律平等受偿"却是学者们一致的观点。尽管债权平等原则在某些特定情况和特定领域不断受到冲击，甚至有学者认为应当予以否定[5]，但并不因此动摇其在债法领域的基础地位。司法解决债权冲突的客观需要，决定了应当对传统债权平等理论予以重新诠释。债权平等性假设的实质，在于赋予各债权人实现债权的平等地位，债权平等，并非无条件、无原则的平等，也不是从不同角度审视得出的绝对平等，只是切合实际的法律上的平等[6]；债权平等，并非不论何种债权均能适用的平等，也不是所有债权人"一律平等受偿"的平均，而是有限领域内"相同情况相同对待，不同情况不同对待"的实质平等。如果片面追求形式上的债权平等，必然导致债权实质上的不平等[7]。因而，在坚持债权平等原则前提下，众多学者承认债权平等原则存在例外情形，立法、司法赋予了某些债权特定条件下的优先效力[8]。

---

① 葛洪义：《法理学教程》，中国法制出版社2000年版，第226页。

② 王利明等：《民法学》，法律出版社2005年版，第495页。

③ 杨立新：《债法总则研究》，中国人民大学出版社2006年版，第1页。

④ 郑玉波：《民法债编总论》（第二版），陈荣隆修订，中国政法大学出版社2003年版，第4页。

⑤ 王立志、李静："债权平等性：解构与解困"，载《甘肃政法学院学报》2010年第1期。

⑥ 齐树洁：《破产法研究》，厦门大学出版社2004年版，第69页。

⑦ 戴新毅："债权平等及其突破模式选择"，载《河北法学》2013年第6期。

⑧ 如：《物权法》第20条、《合同法》第286条、《中华人民共和国企业破产法》第113条等；《最高人民法院关于审理涉及国有土地使用权合同纠纷案件适用法律问题的解释》第10条、《最高人民法院关于审理涉及农村土地承包纠纷案件适用法律问题的解释》第20条、《最高人民法院关于审理买卖合同纠纷案件适用法律问题的解释》第9条、第10条，等等。

“一房数卖”情形下，缘于房屋的唯一性与不可分性，既不能同时满足所有买受人的请求，也不能将债权分割开来分别履行，而应当承认买受人蕴含“中间型权利”的债权事实上的不平等，并根据其“中间型权利”的状况予以相应的法律保护。

三、困境突围：价值要素与事实要素考量下合同履行顺位的理性选择

当事人权利冲突的实质是利益的冲突。化解“一房数卖”产生的权利冲突，实质是对当事人冲突利益的衡量与取舍。在没有法定优先因素情形下，确定“一房数卖”合同的履行顺位，应当以利益衡量为主线，在法律原则与精神指引下，充分考量影响合同履行顺位的价值要素与事实要素，尊重公众认同的常理、习惯和朴素的道德情感，借鉴实践中解决土地、动产买卖权利冲突的成熟方法与多重转让合同履行顺位规定之精神。

（一）确立“一房数卖”合同履行顺位应当考量的价值要素

司法并非在虚拟“法律世界”中进行简单的逻辑推理，而是在特定语境和技术制约下，基于理性的复杂的价值选择过程[①]。确立“一房数卖”合同履行顺位，应当在法律原则与精神指引下，寻求当事人利益与社会利益、出卖人利益与买受人利益、买受人之间利益冲突的最佳平衡点，实现自由与秩序、公平与效率、当事人利益与社会利益的平衡。

1. 自由与秩序的平衡

法律为人们提供行为标准、行为规则和行为尺度的目的，在于创设和维护一定的社会秩序。秩序是法律的基础性价值。自由不过是人们希望逐渐接近而不能完全达到的一种状态[②]，不过是“做法律所许可的一切事情的权利”[③]。自由是法律的目标性价值。人可以有秩序而无自由，但不能有自由而无秩序[④]。当以社会为本位的秩序，与以个体为本位的自由发生冲突时，应当坚守立法确立的“秩序优先，兼顾

---

① 孙万胜：《司法权的法理之维》，法律出版社2002年版，第50页。

② ［英］哈耶克：《自由宪章》，杨玉生译，中国社会科学出版社1999年版，第29页。

③ ［法］孟德斯鸠：《论法的精神》（上册），张雁深译，商务印书馆1959年版，第183页。

④ ［美］塞缪尔·P. 亨廷顿：《变化社会中的政治秩序》，王冠华译，生活·读书·新知三联书店1989年版，第7页。

最高程度的自由”价值序位[①]。司法解决“一房数卖”产生的权利冲突，一方面，应当将维护秩序作为优先的价值追求，限制出卖人选择履行合同对象的自由，尊重人们普遍认同的商业道德与习惯的交易方式，在法律原则与精神指引下确定合同履行顺位，以维护法律确定的、公众认同的秩序；另一方面，应当在秩序优先前提下，保障当事人最大程度的合同自由与物权处分自由，尊重出卖人、买受人的意思自治，承认“一房数卖”诸合同的效力，允许出卖人在履约与违约间选择，并以违约责任衡平出卖人与买受人间的利益。

2. 公平与效率的平衡

公平是社会进步追求的目标，效率是推动社会发展的动力[②]，法的价值目标必然是公平与效率的双重追求。资源的有限性与人们需求的无限性，决定了统一于人的本质与发展的效率与公平，必然是相互依存相互区别、对立统一的共同体。尽管公平正义是法律的终极价值，也是司法的最终取向[③]，但所有法律活动均可用经济方法来分析与指导，都应以效率最大化为目的[④]。当公平与效率发生冲突时，司法应当坚持保障最低限度公平基础上的效率优先的价值序位。司法解决“一房数卖”产生的权利冲突，首先，应当在保障各买受人平等获得实现债权机会的基础上，尽可能降低纠纷解决成本，尽可能一次性化解纠纷，实现纠纷解决公正与效率的平衡。其次，应当考虑司法配置物权的实际效果，力求以最小的耗费配置资源、保障资源的高效利用，实现资源配置公平与效率的平衡。第三，关注买受人权利的相互性[⑤]，寻找优先保护利益与牺牲让位利益的最佳平衡点，力求相关利益最大化，把利益牺牲降到最低限度，在买受人相互之间实现公平与效率的平衡。

---

① 李莉：《我国民事立法中价值目标的冲突与选择》，载《法学论坛》2010 年第 5 期。

② 薄振峰等：《通过法治走向和谐——和谐社会下的利益冲突及其法律控制》，法律出版社 2013 年版，第 132 页。

③ 孔祥俊：《司法理念与裁判方法》，法律出版社 2005 年版，第 59 ~ 60 页。

④ 钱弘道：“法律经济学的理论基础”，载《法学研究》2002 年第 4 期。

⑤ 关于权利相互性，详见［美］罗纳德·哈里·科斯：“社会成本问题”，盛洪、陈郁译校，载《企业、市场与法律》，格致出版社、上海三联书店、上海人民出版社 2009 年版，第 97 页；苏力：“《秋菊打官司》案、邱氏鼠药案和言论自由”，载《法学研究》1996 年第 3 期。

3. 当事人利益与社会利益的平衡

司法裁判的实质，在于平衡当事人间、当事人与社会整体间的利益关系，在于维护个体权益基础上推动整个社会的发展，实现各种利益的均衡。利益衡量的直接目的在于解决当事人的利益纷争，但当事人利益关系往往是社会利益关系的缩影。司法衡量当事人利益，必须充分考量个案正义对社会整体利益的影响，考量裁判方案与法律对社会利益关系总体安排的协调性，考量解决方法的普遍意义与社会价值①，使之与利益衡量目的相适应、成比例。司法解决“一房数卖”所产生的权利冲突，一方面，应当在“利益最大化”价值追求指引下，衡平出卖人、买受人利益；另一方面，在当事人利益与社会利益冲突时，既将当事人利益限定于法律原则与精神容忍的范围内，又使其与商业交往所要求的诚信，以及公众认同的常理、习惯和朴素的道德情感相一致，避免冲击法律的安定性与稳定性，使其既合符法理又符合事理与情理，将当事人利益限定于更有理性基础、更值得保护的利益②范围内，以优先保护法律倾向保护的社会利益。

（二）确定“一房数卖”合同履行顺位应当考量的事实要素

如前所述，买受人的请求权是蕴含着“中间型权利”的债权，虽然“中间型权利”并不决定房屋所有权的归属，但却影响着债权被法律承认与保护、公众认同的程度。买受人自订立合同时起的某些事实，决定着“中间型权利”的状况，确立“一房数卖”合同履行顺位，应当考量这些影响“中间型权利”的事实。

1. 预告登记。《物权法》规定的预告登记主要适用于在建商品房的预售活动，但预告登记已被赋予了准物权效力，房屋预告登记有效期间，排除了他人就同一房屋取得所有权的权利。若某买受人已与出卖人办理了预告登记，则其请求权应当予以优先保护。

2. 买受人合法占有房屋。“占有”只是一种“状态”并无对抗效力，但却体现着当事人间转移所有权的合意与结果，一定范围内“公示”了支配和控制房屋的事实，具有准物权性质。在一般社会观念里，谁以所有的意思占有房屋谁就拥有所有权。无论从法理上还是从事实上看，无论是尊重公众一般法律情感，抑或考虑社会

---

① 杨素云：“利益衡量：理论、标准和方法”，载《学海》2011 年第 5 期。

② ［美］卡多佐：《司法过程的性质》，苏力译，商务印书馆 2000 年版，第 45 页。

关系的稳定，买受人基于买卖合同合法占有房屋应当成为确定合同履行顺位的事实要素。

3. 买受人支付价款。是否给付价款，意味着是否履行合同义务，付款数额的多少，意味着履行义务的程度，支付价款的先后，意味着履行义务的先后。各买受人是否履行义务、履行义务先后与程度，决定着其债权中“中间型权利”的差异。将买受人支付价款情况作为考量合同权利保护顺位的事实要素，可以促进合同的善意履行，维护正常的交易秩序。

4. 合同生效先后。“一房数卖”往往因出卖人追逐更高的卖价所致，将合同生效先后作为请求权保护顺位的考量因素，符合诚信原则要求，有助于防范可能的道德风险，符合公众认同的“排队规则”，一定程度上尊重了公众的情感和认知水平，有助于提升裁判的可接受度。

5. 预售合同备案、网上签约。商品房预售合同一经登记备案，则表明该买卖行为已纳入行政监管，买受人获得了行政程序上的保护。网上签约并不具有法律效力，但具有备案产生的交易透明公开的管理效果。商品房预售合同是否登记备案、房屋买卖合同是否网上签约，可以反映合同成立后买受人是否尽到合理的注意义务。

6. 请求权行使先后。“法律不保护权利上的睡眠者”，将请求权行使先后作为请求权保护顺位的考量因素，有助于提醒人们积极主张权利，促进交易的迅速完成，及时稳定社会秩序。

（三）“一房数卖”情形下合同履行顺位的确定

综合上述分析，考量影响合同履行顺位的价值要素与事实要素，借鉴实践中解决土地、动产买卖权利冲突的成熟方法与多重转让合同履行顺位规定之精神，“一房数卖”合同履行顺位，即优先保护权利的顺位，买受人请求出卖人履行办理房屋产权过户登记等合同义务的应当依次按照以下情形确定：

1. 已经办理了房屋所有权预告登记且在有效期内的；

2. 已经合法占有房屋的；

3. 先行支付价款的；

4. 合同生效在先的；

5. 已办理商品房预售登记备案或网签的；

6. 先行请求履行合同义务的。

结　语

如何确定“一房数卖”合同履行顺位，是一个价值判断问题。当今价值多元情况下，现实交易的复杂性与“一房数卖”的特殊性，决定了任何方案都只具有相对合理性。房屋买卖交易中买受人权利取得的非即时性，决定着“一房数卖”现象还将不可避免，合同标的的唯一性与特定性，决定着出卖人与买受人之间、买受人相互之间的权利冲突还将继续存在。我们期待，最高人民法院在考量法律的价值追求，尊重公众认同的常理、习惯和朴素道德情感基础上，尽快制定出具有可接受性和可操作性的司法解释，以终结法官“各自为政”的局面，维护司法的统一与权威。

（张顺强　四川省金堂县人民法院）

借名登记的房屋权属认定

【司法精要】

借名登记，使房屋产权在归属上出现了形式和实质的区分，即本应归属于实际出资人的房屋产权在外在形式上看是属于登记名义人的，从而产生形式产权和实质产权的冲突。但这样的冲突是双方当事人平等协商和意思自治的结果，体现为私法自治与国家强制之间的某种对抗性。随着近年来房价的不断上涨，为争夺房屋产权获取经济利益，实际出资人要求确认房屋权属，登记名义人要求实际出资人腾退房屋的纠纷开始增多。然而，对此类案件的处理，现行法律未能提供清晰的裁判规则，各地法院的裁判思路也比较混乱，一定程度上影响了司法公信力。法院审理这类纠纷时，在认定事实和适用法律方面时常面临困扰。本文通过对中国裁判文书网上 76 份一审民事判决的考察，分别从国家政策、举证规则、裁判统一性、裁判社会效果等不同层面逐一分析现有裁判的缺漏，以探知案件事实和保护真实权利的裁判规则为目标，提出应当及时关注和准确适用国家政策规定，合理设定举证规则和证明标准，兼顾房屋买卖行为和借名登记行为的效力关联，准用委托合同规定，以促进裁判统一，实现合理平衡各方利益。

一、引言

近年来，许多购房者出于规避限贷和限购政策、简化手续、减少税费或者享受优惠等目的，借用他人名义购房和办理产权登记，形成了借名登记现象。借名登记又称借名购房，是指在房屋买卖过程中，实际出资人（又称借名人）因不能或不便以自己的名义购买房屋，经与他人（又称登记名义人或出名人）协商征得同意后借用他人名义购房并将房屋产权登记在他人名下，由实际出资人享有房屋权益，使得房屋的法律权属和事实权属分离的行为。借名登记造成房屋权属登记失实，导致房屋买卖过程中事实权利和法律权利的断裂，容易引发房屋权属争议（见图一）和其他一系列社会问题。

面对形形色色的借名行为，认定房屋权属的司法实践未能充分地回答以下问题：法院裁判如何认定借名登记的法律效力？借名登记事实与讼争房屋权属之间有何关系？如何解决法律物权和事实物权的冲突？由于缺乏对此等问题的有效回应，对于如何使物权法理论与司法审判实践更好地融合，从而更加合理地确定房屋权属，现有研究并未提供令人满意的答案。有鉴于此，本文尝试以中国裁判文书网上相关一审案例为样本，探寻审判实践存在的问题及其解决之道。

随着2010年中央开始加强对房地产市场调控，2011年起涉及政策适用的案件逐渐进入司法实践，考虑到通常情况下一审普通程序适用6个月审限的规定以及中国裁判文书网登载的多为2011年之后的法律文书的情况，本文以2011年6月1日为起点，以2014年6月1日为终点，确定了检索案例的3年期限。根据中国裁判文书网提供的检索路径，本文以上述3年期限为区间，以“借名”“房屋”为关键词、以“民事案件”“民事判决书”为案件类型和文书类型进行检索，得到各类案例共127个。围绕借名关系当事人争夺房屋产权这一标准剔除无关案例,[①] 并从二审案件文书中提炼出一审案件案号、判决理由、判决结果等信息后，累计筛选出76个一审案例。

考虑到案件事实对裁判的关键性以及一审法院在查清事实方面的功能，以一审案例为研究对象，有助于把握法院在认定事实以及据以适用裁判规范时的具体思路。同时，源于中国裁判文书网的案例反映了审判实践的最新进展，具有较强的代表性。虽然遴选的案例总量有限，但其反映的问题已经具有相当的典型性和较广的覆盖面，从某种意义上说已足以揭示同类案件中存在的共性问题。

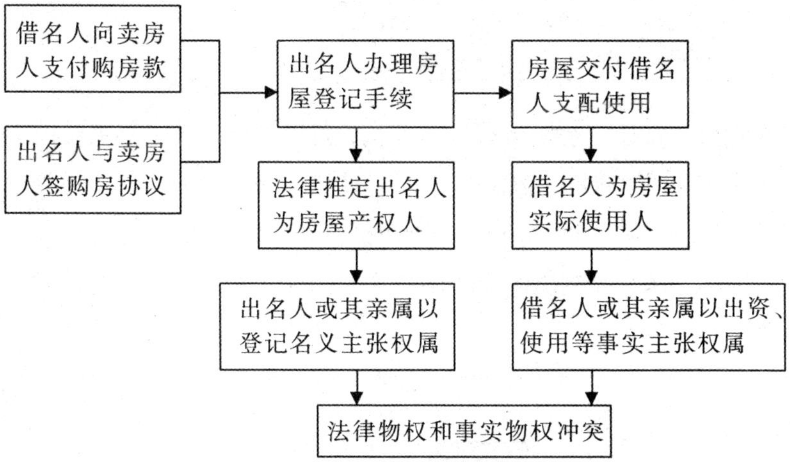

图一　借名登记行为导致房屋权属冲突示意图

在样本案例中，通常主张实际出资的借名人也实际占有、使用讼争房屋或者对讼争房屋进行收益，甚至实际控制房屋产权证书；出名人通常只拥有名义上的所有权，但并未实际行使这种所有权的具体权能。基于此，在借名人和出名人之间形成了所有权行使方面的差异（参见表一）。

---

① 剔除的案例包括：一是主张返还购房款等非以房屋为诉求内容的案例；二是纠纷主体超出借名关系当事人范围的案例；三是双方当事人均认可系借名买房，不存在房屋权属争议的案例；四是涉及借名登记的双方当事人合建房屋所有权确认纠纷案例；五是其他不相关的案例，如借名购车、借名订立建设工程施工合同、借名办理工商登记等案例。

表一：样本案例中借名人和出名人行使所有权的差异

	借名人	出名人
行使权能	行使占有、使用、收益权能	通常未实际行使或仅行使处分权能
行使理由	房屋系其出资及入住后继续缴费、还贷、装修等支付对价或添附等事实	房屋登记在其名下，具有所有人的法律地位
行使状态	在其与讼争房屋之间建立了日常性的较为紧密的事实联系	在其与讼争房屋之间只建立了名义上的较为松散的法律联系
司法确认	基于权利来源或者借名人与房屋的紧密关系，确认房屋权属归借名人	基于法律层面上的未被推翻的登记推定力，确认房屋权属归出名人

从裁判理由方面看，考察76件样本案例，可以发现法院裁判关注的主要因素包括证据和事实、国家政策、物权效力、行为性质。图二展现了样本案例中相关裁判因素的分布情况，从中可以发现，基于证据和事实作出判决的案件比例最高，有55件，基于国家政策作出判决的案件有17件，基于物权效力和行为性质作出的案件各有4件。①

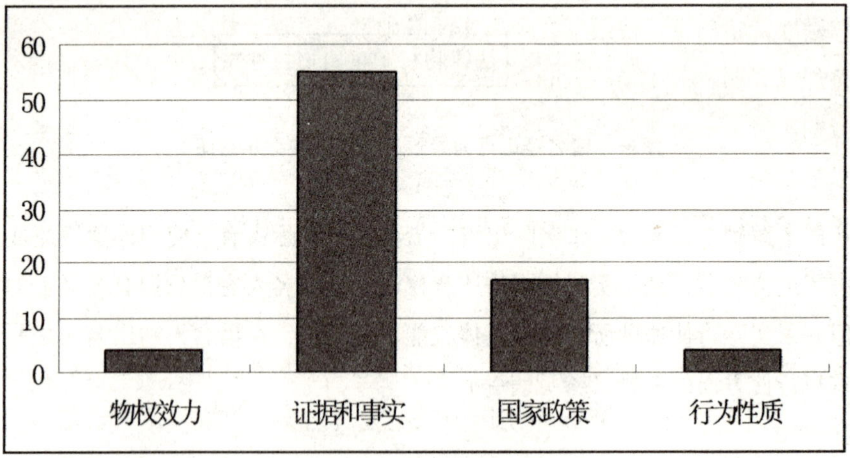

图二　76个样本案例裁判因素分布图

① 在一个案件中，法院可能基于多个关注因素作出判决，故上述统计数字的总和可能超过样本案例数。

从裁判结果方面看，在 76 个样本案例中，法院判决房屋归实际出资人所有的有 44 件，约占案例总数的 57.9%，判决房屋归登记名义人所有的有 32 件，约占总数的 42.1%。

二、实证考察：裁判思路的展开

（一）以借名事实为裁判基础

基于该思路，在不存在借名书面协议的情况下，可以根据当事人提供的涉案证据和法院查明的事实认定是否存在借名事实。如存在借名事实，则直接根据该事实确定房屋权属，从而回避对借名行为的价值判断和效力认定。

一是基于出资、使用、房屋登记等某项或某几项客观事实推定当事人间存在借名合意。在这种裁判思路下，法院通过回溯当事人购房时的事实状况，结合房款支付、房屋交付、居住、使用等情况综合分析，先认定是否存在借名事实，再确定房屋的归属。在赵某、李某禄与李某合同纠纷案中，法院认为，本案通过原告的当庭举证可以证实首付款系原告出资，每月房贷亦由原告偿还，遂认定当事人之间存在借名买房的意思表示，原告是讼争房屋的真实权利人。①

二是在认定出资、使用等客观事实的基础上，还要求对双方在主观方面存在借名合意加以证明。对于当事人间（曾经）存在亲属关系的案件，即使根据涉案证据可以查明出资系一方所为或者房屋由一方使用，也不直接以出资或使用等事实推定存在借名合意，而是要求举证证明借名合意的存在，因此对实际出资人施加相对严格的举证责任。例如，在卞某旗与卞某云、卞某珍所有权确认纠纷案中，法院认为，当事人系特殊亲属关系，因未能举证证明双方存在借名购房合意，原告实际出资的行为宜认定为赠与关系或债权债务关系，不产生物权效力。② 又如，在韩某新、朱某军与王某泉等所有权确认纠纷案中，法院认为，原告未能证明双方曾达成借名购买经济适用房的约定，因讼争房屋限特定人员购买，出资不足以认定房屋所有权。基于双方此前的亲戚关系，对房屋进行装修和居住使用也不足以作为认定权属

---

① 参见天津市红桥区人民法院（2013）红民初字第 4479 号民事判决书。

② 参见山东省青岛市市南区人民法院（2013）南民初字第 10853 号民事判决书。

的依据。[1]

（二）以证明的法律关系为裁判基础

实践中，虽然当事人的诉求都指向房屋所有权，但完全可能基于不同性质的法律关系提出权利主张。在样本案例中，实际出资人通常主张双方存在借名关系，而登记名义人则主张有利于其获得房屋产权的他种法律关系。

一是实际出资人主张系借名关系；登记名义人则主张因向出资人借钱买房形成民间借贷关系，只愿意返还借款，不愿意放弃房屋产权。在刘某龙、姜某琴与王某耀所有权确认纠纷案中，被告主张某向二原告借款买房，二原告主张某借用被告名义买房。法院认为，讼争房屋从购买时起一直由原告实际占有、使用，被告从未居住，且从购房时起长达五年时间内未向原告提出过异议或主张过权利，原告亦未就房款问题向被告主张过权利。现被告主张双方系借款关系，却没有借据等书面材料，也没有偿还时间、利息等约定，其主张缺乏事实依据，也不符合常理。[2]

二是实际出资人主张借名关系；登记名义人则主张系委托对方购房，与对方间形成委托合同关系，基于该关系仅愿意返还对方实际支付的购房款或者包含相应利息。在原告许某与被告马某、第三人李某、刘某楼房屋确权纠纷案中，法院认为，虽然讼争房产买卖在产权部门的备案合同为出卖人黄伟屏与马某所签，但黄某屏到庭后表示仅与许某存在买卖关系，与马某并不相识，且其陈述的交易过程、付款情形能够与许某举证相互印证。马某及李某、刘某楼认为系委托许某代为买房，但未提供证据证实。因此确认房产系许某以马某名义购买，其产权应归许某所有。[3]

三是实际出资人主张借名关系；登记名义人主张赠与关系并提出权属要求。在王某英诉刘某轩、刘某婷所有权确认纠纷案中，刘某婷主张讼争房屋系王某英赠与给刘志轩所有，刘某轩、刘某婷签署的《离婚协议书》也显示刘某轩亦确认房屋系王某英赠与。现王某英提供其与刘某轩签订的《协议书》欲证明房屋系其出资为其所有，但因房屋登记于刘某轩名下，刘某轩也确认房屋系王京英赠与，王某英、刘某轩也未举证证明曾告知刘某婷上述《协议书》，法院认为王某英并非讼争房屋所

---

① 参见浙江省杭州市下城区人民法院（2013）杭下民初字第1755号民事判决书。

② 参见北京市东城区人民法院（2013）东民初字第4137号民事判决书。

③ 参见江苏省徐州市泉山区人民法院（2012）泉民初字第1413号民事判决书，类似案例还可参见浙江省杭州市江干区人民法院（2013）杭江民初字第220号民事判决书。

有权人。[①]

（三）以借名行为效力为裁判基础

法院在确认存在借名事实后，出于相关因素的考量，对借名事实进行价值判断并进而裁决讼争房屋的归属：

一是违反国家政策的借名行为无效或者效力待定。虽然当事人之间存在借名关系，法院对此也予以确认，但如果借名行为与现行经济政策特别是房地产政策相冲突——如存在规避限购政策或经适房政策嫌疑等——则法院通常判决该行为无效或者效力待定，对实际出资人要求确认权属或者要求协助办理过户手续的诉讼请求不予支持。例如，在郑某诉杨某培等返还原物纠纷案中，法院认为，郑某与杨某培之间存在口头借名买房合同，该约定违反国家经济适用房政策的规定应为无效，合同无效后，被告应当腾退房屋。[②]

二是因国家政策施行时限届满而认定借名行为有效。基于国家政策的变动性和暂时性，其对司法实践的影响可能因实施期限届满、发布主体废止等原因而丧失作用力。例如，在同样涉及经适房政策的刘某丽与路某君房屋买卖合同纠纷案中，法院认为，经济适用房仅是限制流通物而非禁止流通物，路某君借名购买的讼争房屋性质虽为经济适用房，但其所有权证书取得及契税缴纳均已满 5 年，具备上市交易条件，因此认定双方签订的借名买房合同有效，判决刘某丽协助办理房屋过户手续。[③]

三是因未违反法律、法规的强制性或禁止性规定而有效，并不考虑是否违反国家政策要求。在杜某与中国国际科技促进会（以下简称科促会）所有权确认纠纷案中，法院认为，科促会、杜某之间存在借名买房协议，根据相关法律规定，该协议并未违反法律法规强制性规定，亦不存在其他导致合同无效的情形，合同应属有效。合同签订后购房相关费用均由科促会交纳，讼争房屋由科促会实际占有支配，遂确认科促会对讼争房屋拥有所有权。[④]

四是基于委托合同的性质和后果认定借名行为有效。实践中，有的法院将借名

---

① 参见北京市朝阳区人民法院（2013）朝民初字第 09972 号民事判决书。

② 参见北京市昌平区人民法院（2013）昌民初字第 4938 号民事判决书。

③ 参见北京市石景山区人民法院（2013）石民初字第 1942 号民事判决书。

④ 参见北京市海淀区人民法院（2013）海民初字第 21913 号民事判决书。

买房的性质认定为委托合同关系，基于《中华人民共和国合同法》（以下简称《合同法》）第404条规定判决讼争房屋属于登记名义人基于委托事务所获财产，应当归还作为委托人的实际出资人所有。例如，在余某军与马某华、谭某瑶所有权确认纠纷案中，法院认为，原被告间形成的借名买房关系属委托合同关系，被告以自己的名义实施的购房行为系基于该关系实施的隐名代理行为。基于委托合同关系，涉案房产应归原告所有，被告将讼争房屋登记至自己名下，侵害了原告合法权益。遂判决确认房屋归原告所有，被告协助办理房屋过户登记手续。①

（四）以权利性质为裁判基础

这种裁判思路的实质在于，在认定存在借名事实后，直接确认实际出资人享有的权利性质，判决登记名义人承担相应的法律责任。

一是认为实际出资人基于出资、使用等相关事实，因购置房屋足以产生对抗登记不动产物权的正当权源。基于这种权源，赋予权利人提起确认之诉和给付之诉的权利，包括要求确认房屋权属和要求登记名义人协助办理过户手续等各项权利。在70件案例中，实际出资人同时提出确认权属和协助过户请求的有20件，其中得到判决支持的有16件。例如，在冯某强、娄某芳诉冯某所有权确认纠纷案中，法院认为，二原告已经履行全部付款义务，系讼争房屋的真正权利人。但法院未对真正权利人享有的权利内容和范围加以明确界定，而是不加分析地直接赋予实际出资人与登记产权人同等的权利，最终确认房屋归原告所有，被告协助办理过户手续。②

二是认为基于物权效力理论，实际出资人只享有债权请求权而非物权请求权。司法实践中，有的法院以讼争房屋未事实上登记在实际出资人名下为由，认为讼争房屋未产生物权效力，实际出资人不能直接请求确认房屋归其所有，只能基于借名关系向对方提出协助办理过户手续或者搬出讼争房屋等请求。例如，在郑某娇与李某璇、深圳市淞江爱地实业有限公司所有权确认纠纷案中，法院认为，涉案房产系借名购房，目前尚未登记至原告名下，未产生物权效力，原告要求确认房屋归其所有于法无据。但原告作为实际出资人有权请求二被告协助办理转移登记手续。③又

---

① 参见湖南省常德市武陵区人民法院（2013）武民初字第01801号民事判决书。

② 参见上海市奉贤区人民法院（2014）奉民三（民）初字第738号民事判决书。

③ 参见广东省深圳市龙岗区人民法院（2013）深龙法民三初字第995号民事判决书。

如，在李某总与北京大红门亮驿商城有限责任公司（以下简称亮驿商城）所有权确认纠纷案中，法院认为，本案双方存在借名登记关系，亮驿商城基于该关系享有债权请求权，可要求李某总转移登记，但其直接要求确认对讼争房屋的产权，与债权请求权不符，法院不予支持。①

三、实践迷思：对裁判思路的质疑

（一）国家政策的司法适用存在偏差

考察样本案例可以发现，司法适用国家政策时存在一定的偏差。第一，未说明援引政策的理由和政策的内容。个别案例以“违反了国家相关政策的规定，应为无效”为由，否定借名行为效力，但未合理说明援引政策的理由，“国家相关政策”的内容也语焉不详，导致司法对政策的适用存在随意性。第二，对政策的解释存在差异。例如，同样涉及经济适用房，有的案件基于经适房购房资格的限制未详加分析就判定借名行为无效，房屋归登记名义人所有，有的案件却突破上述限制，以经适房为限制流通物以及限制流通期限届满为由，认定借名行为有效，房屋归出资人所有。第三，适用政策作出判决的比例较低。就房地产限购政策而言，该政策对司法实践而言尚属于新事物。在当事人涉嫌以借名方式规避限购政策时，若法院未能及时把握政策要求，只是简单根据举证情况认定房屋权属，则可能变相促成规避行为的实现。第四，未能正确处理政策与法律的关系。经济政策与民法规范之间可能存在负相关的关系，即民事行为所指向的法律规则背后的价值目标与经济政策正好冲突。样本案例中，基于政策考量作出的案例比例偏低，反映出个别法院基于长期实践形成的路径依赖，在面对经济政策与民法规范的冲突时有意无意地回避了经济政策的规定。

（二）证据规则缺乏应有的确定性

现实中，借名关系当事人之间通常具有较为密切的社会关系，基于彼此的感情信任，借名往往采取口头约定等非正式方式进行。因此，实际出资人需要充分举证证实登记名义人仅仅是名义出借，实际出资人才是实际的权利人。样本案例中，不同法院适用证据规则存在一定的不确定性。第一，举证规则不够明确。与其他确认

---

① 参见北京市丰台区人民法院（2013）丰民初字第05115号民事判决书。

所有权纠纷不同的是，对于房屋买卖借名登记纠纷，如何通过证据分析进行法律判断，通过何种规则确定房屋的真正权利人是问题关键所在。[①]“不动产事实物权没有登记外观形式或与登记外观形式不一致，要获得法律的保护、甚至优于登记物权的保护，必须具有较为清晰、明确的判定条件和根据。”[②] 然而，司法实践的现状表明，这种“较为清晰、明确的判定条件和根据”尚付之阙如。第二，证明标准不一和举证责任分配失衡。在样本案例中，有的法院只要求当事人承担房屋出资证明责任，有的法院则要当事人同时承担对讼争房屋出资、使用、收益和管理的证明责任；有的法院基于简单的证据未加深入分析即推定借名事实存在，有的法院却实行较为严格的举证责任，要求证明双方存在借名合意的主观意思；有的法院分配举证责任明显失衡，等等。第三，对证据的审核认定过于主观。原则上，审核认定证据应当通过对涉案证据进行全面分析，从证据“三性”的角度充分说明采信（或不采信）的法理根据或事实依据。但个别案件中法院审核认定证据时，对此未作充分阐释，导致认证过程辩法析理不足，主观随意性较强。

（三）“同案不同判”现象一定程度存在

通过分析样本案例的裁判结果，可以发现存在“同案不同判”的问题。所谓“同案不同判”，可以区分为在法律解释过程中“对同一个法律规则作出彼此矛盾的解释”与在法律适用过程中“对同一组要件事实适用不同法律规则”。[③] 结合这种区分，可以发现，除了上述适用同一国家政策作出不同判决结果外，样本案例中还存在以下“同案不同判”问题：第一，在“对同一个法律规则作出彼此矛盾的解释”方面，对《中华人民共和国物权法》（以下简称《物权法》）第17条“不动产权属证书是权利人享有该不动产物权的证明”的规定，有的法院将其解释为权利人凭借不动产权属证书即可拥有不动产物权，有的法院则倾向于解释为产权证书本身不能直接决定实体法律关系存在与否，否认权利人凭借不动产权属证书即可拥有不动产物权。第二，在“对同一组要件事实适用不同法律规则”方面，一些案件都

① 史智军：“房屋借名登记纠纷中真正权利人的认定规则”，载《人民法院报》2013年9月19日第7版。

② 魏海：“不动产事实物权的判定依据及冲突解决规则”，载《法律适用》2010年第4期。

③ 陈杭平：“论‘同案不同判’的产生与识别”，载《当代法学》2012年第5期。

存在一方当事人出资和使用房屋、另一方出借名义的事实，但判决适用的法律规则却迥然不同：部分判决基于《物权法》第31条、第95条第1款等规定，认定因涉案房屋未登记至出资人名下，其要求确认房屋权属无法支持；而另一部分判决则根据《合同法》第404条规定，认定借名行为具有委托合同性质，登记名义人作为受托人有义务将所获得的房屋交付委托人，从而判决房屋权属归出资人。第三，对实际出资人能否请求直接确认其为房屋所有权人，样本案件的判决结果差异明显，有的判决认为出资人有权提起确认之诉，而有的判决则认为借名人只能提起给付之诉，即请求法院判决登记名义人协助实际买受人办理产权转移登记。

（四）部分判决未考虑道德风险和社会成本

法院在判决讼争房屋权属时，如果无视借名事实或者以未必充分的理由否定该事实，判决房屋归登记名义人所有，由登记名义人返还购房费用，则将产生下列权利义务失衡的结果：实际出资人出资购房，却丧失房屋所有权，仅能获得多年前支付的购房款，而无法获得该购房款的利息。因近年来房价上涨，该购房款基本上无法购买到同等的房产。随着房屋产权旁落，实际出资人实际上也丧失了因房屋升值产生的巨大利益。相比之下，登记名义人仅因出借名义即可获得房屋产权和房屋升值利益。上述裁判结果将引发下列负面效应：第一，违背当事人真意，损害所有权的静态安全。如果司法裁判仅考虑不动产登记制度对善意第三人的保护，可能导致“真正的、未登录于登记簿册的权利人，将有因之丧失权利的危险”，从而“损害所有权的静的安全。”[①] 因真实权利人的利益得不到保障，也将消减司法公信，导致判决执行的社会成本增加。第二，助长登记名义人的贪欲，以购房资格为牟利工具，引发道德风险。例如，以保障房政策为依据认定购买经适房的借名行为无效，明显违反诚信原则，对毁约行为和投机心理形成不当激励。因此对实际出资、装修并长期居住的出资人而言难谓公平，实践中也难以实现让这部分群体服判息诉的良好社会效果。[②] 第三，破坏社会生活秩序的稳定。如果法院确认房屋归登记名义人所有，则涉及实际出资人腾退房屋的问题，不但原有的社会秩序将被打破，实际购

---

① 陈华彬：《物权法研究》，香港金桥文化出版公司2001年版，第289页。

② 陈石磊等：“保障性住房：‘借名买房’问题突出”，载《人民政协报》2012年2月6日第B04版。

房人还要重新找房。如其经济条件不好，则可能因眼下房价过高而无力购买。如该房屋系其唯一的住处，还存在强制执行的困难。①

四、祛除迷雾：裁判规则的完善

《物权法》第15条在物权变动方面认可了债权形式主义原则，即物权变动必须意思主义与登记（或交付）相结合。② 这意味着，如果支撑物权变动的原因行为或者基础关系不成立或被撤销，则不能实现物权变动的法律效果。就借名登记案件而言，需要法院确认借名约定有效（当事人意思表示真实合法）并判决办理产权变更登记（以登记为物权变动方式），才能实现物权变动的法律效果。因此，实践中应当围绕物权变动的形式主义原则完善裁判规则。

（一）充分关注和准确适用国家政策规定

政策在司法实践中的适用问题是长期以来困扰司法裁判的难题。实践中应当充分关注和准确适用政策规定，正确处理经济政策与民法规范的冲突问题。

一是充分关注政策内容及其对审判实践的影响。房地产权属确认案件是涉及国家经济政策较多的民事案件类型，法院在司法实践中需要自觉关注和掌握国家经济政策的具体内容，分析把握经济政策背后的动因，准确研判政策与法律规范之间的关联，预见政策适用对案件审理的潜在影响。

二是将政策作为方向性、原则性指引。因政策在性质上既非法律也非行政法规，多以部门规章形式出现，缺乏直接作为裁判依据的合法性空间。实践中，可以考虑将国家政策作为方向性、原则性指引，即在法律文书的裁判理由部分进行法理性的宣示，或者作为具体法律适用的指引，即在法律文书的裁判依据部分说明以政策推引具体法律规范的缘由。

三是慎用政策否定交易自由。政策脱胎于特定的时代背景，具有明显的临时性特征。现行房地产政策通过设定民事主体参与经济活动的具体资格或条件，在一定程度上牺牲契约自由来实现调控房地产市场价格的目标，其仅对合同履行造成暂时而非永久的履行不能。对符合当事人真意的借名登记行为，不应轻易以政策否定其

---

① 蒋光辉："借名购买经济适用房之归属"，载《法律适用》2012年第8期。

② 王泽鉴：《民法物权》，北京大学出版社2009年版，第55页。

法律效力，而应尊重交易自由，不妨将借名关系视为“附条件有效契约”[1] 处理房屋权属问题。

（二）合理设定和准确适用证据规则

事实物权与法律物权不一致时，法定的物权公示形式并不能体现真正物权人的真实意思表示，在法律上必须建立起使二者得到同一认定的制度，确立保护真实权利的法律规则。[2] 为此，通过合理设定和准确适用证据规则认定真相就非常重要。

一是实行举证责任倒置的证明负担规则。物权法上的不动产登记效力规范属于权利推定规范，而权利推定规范系在所有权证明较为困难的情形下，为减轻不动产登记簿上的登记人的举证负担而特别设定的一项证明负担规则。[3] 也就是说，推定力制度在程序法上建立了确定权利的负担和举证责任倒置制度，登记名义人无须积极证明自己权利的真实性，而是将举证责任转移给提出相反主张的实际出资人，由其举证反驳登记推定力。[4]

二是适用高度盖然性的证明标准。高度盖然性标准的实施须借助法官心证，如果法官从证据中获得的心证为事实存在具有高度可能性，该心证就满足了高度盖然性的要求。这要求实际出资人充分举证推翻登记推定的事实，若仅提出一些证据致使推定事实真伪不明，仍然会承担不利的诉讼结果。实践中，若根据高度盖然性标准认定事实可能导致显失公平的结果时，法院可以考虑当事人的举证能力必要时依职权取证。

三是指引当事人围绕焦点举证、质证，审慎进行认证。实践中，法院应当确保当事人直接围绕“实际出资人购房时存在保留所有权的意思表示”这一待证事实充分展开举证、质证，以出资人权源合法（即合法获得权利）和权利保有（即未放弃权利）的证据推翻登记推定力。在充分举证、质证的基础上审慎进行认证，依

---

① 对于借名登记的内部效力，晚近认为若其内容或目的未违反强制、禁止法律规定或有悖于公序良俗，且在原因正当的情形下是一个附条件的有效契约。参见葛文：“借名登记与查封的效力”，载《人民司法·应用》2011 年第 1 期。

② 刘艳：“不动产登记与事实物权的法律判断”，载《齐鲁学刊》2013 年第 5 期。

③ ［德］鲍尔·施蒂尔纳：《德国物权法》（上册），张双根译，法律出版社 2004 年版，第 63 页。

④ 俞里江、王继红：“论不动产物权登记的推定力”，载《人民司法·应用》2009 年第 1 期。

据证据与其证明对象间的关系确定证明力，理清证据间的相互关系，在综合涉案证据的基础上形成对案件事实真伪的心证。

（三）兼顾房屋买卖和借名登记的行为效力

在借名行为引发的房屋权属纠纷案件中，房屋权属的流转包括两个阶段：第一，登记名义人与出卖人协商建立房屋买卖关系，该关系属于借名当事人的外部关系。第二，由登记名义人向房管部门办理登记，并根据约定在特定情况下将房屋产权过户给实际出资人，这属于借名当事人间的内部关系。在上述关系中，房屋买卖行为和借名登记行为均涉及物权变动，房屋买卖行为为借名登记行为提供合法性基础，也为房屋权属认定提供正当性权源，构成司法判断的逻辑起点。房屋买卖行为效力与借名登记行为效力之间具有高度关联性并深刻影响物权变动的效果（见表二）。

表二：房屋买卖和借名登记行为的效力结构关系

房屋买卖 / 借名登记	有效	无效
有效	A	B
无效	C	D

表一反映了房屋买卖和借名登记行为的效力结构关系。

第一，在A情形下，房屋买卖行为和借名登记行为均有效，房屋买卖形成的法律效果与借名登记行为相互衔接，房屋所有权呈现以下流转形式：出卖人→登记名义人→实际出资人。在A情形下，实际出资人获得房屋所有权。

第二，在B情形下，房屋买卖行为无效，借名登记行为有效，借名登记行为形成的法律效果与房屋买卖行为之间发生断裂。因房屋买卖合同无效，根据《合同法》第58条“合同无效或者被撤销后，因该合同取得的财产，应当予以返还”的规定，登记名义人取得的房屋应当返还出卖人，因房屋所有权复归出卖人所有，实际出资人无法通过借用登记名义人的名义实现购房目的。

第三，在C情形下，房屋买卖行为有效，借名登记行为无效，房屋买卖形成的法律效果与借名登记行为之间发生断裂。因借名行为无效，实际出资人无法基于借名约定获得房屋所有权，房屋所有权关系也回复到假定借名关系自始不存在的状态，呈现以下流转形式：出卖人→登记名义人。在C情形下，登记名义人获得房屋所有权。

第四，在D情形下，房屋买卖行为和借名登记行为均无效，借名登记行为和房屋买卖行为均不能导致相应的法律效果，根据《合同法》第58条“合同无效或者被撤销后，因该合同取得的财产，应当予以返还”的规定，登记名义人取得的房屋应当返还出卖人，因房屋所有权复归房屋出卖人，实际出资人无法通过借用登记名义人的名义实现购房目的。

（四）准用委托合同规定促进裁判统一

由于实践中对借名行为的性质缺乏统一认识，准用委托合同的规定处理房屋权属纠纷有助于促进裁判尺度的统一。

一是借名登记行为准用委托合同规定具有正当性。借名买房行为属于合同行为，借名买房合同是法律尚无特别规定的无名合同。《合同法》并不禁止民事主体在不违反法律强制性、禁止性规定和尊重社会公益的前提下，自主订立法无明文规定的无名合同并给予效力上的保障。在借名买房行为中，登记名义人在签订房屋买卖合同时，并不以实际出资人的委托代理人的身份出现，而是以自己的名义建立民事法律关系，双方形成一种特殊的委托关系。①

二是准用委托合同规定不会影响当事人举证责任的负担。从法律特征看，委托合同具有诺成性和非要式性。借名合同准用关于委托合同的法律规定，也属于诺成性和非要式性合同。正因为诺成性和非要式性可能导致借名事实模糊不清，为了克服这一弊端，主张存在借名关系的实际出资人必须根据前述高度盖然性的证明标准，提供客观存在的与案件事实相关联且对案件事实具有证明力的证据证明其主张成立，而不能以举证难度较大等理由主张减轻举证责任。

三是基于委托合同关系，法院仅应支持给付之诉的诉讼请求。出于保障诉权的目的，当事人提起确认之诉或给付之诉均无不可，但因实际出资人的事实物权未经登记而未生效，② 法院不宜直接确认其为房屋所有权人，而应基于双方的委托关系，

---

① 马韶莹、杜壮：“‘借名买房’合算乎?”，载 http://news.163.com/11/1103/11/7HUCITOM00014AED.html，最后访问日期：2014年4月28日。

② 根据《物权法》第9条，我国不动产登记制度实行实质主义登记，不动产物权设立、转移、变更和废止等行为，非经登记不得生效。

判决登记名义人履行合同附随义务，将其履行受托事项所获得的房屋移交并通过协助办理过户登记履行移交手续。从近年来部分高级人民法院出台的指导性意见看，支持给付之诉的诉讼请求也是较为普遍的观点。①

（五）从社会效果考量权衡各方利益

登记物权的权属正当性取决于登记的外观形式，其本身既不考虑登记人取得物权是否具备实体法依据，也不考虑登记是否符合客观真实情况。出于防止道德风险和降低社会成本的考虑，法院应从实现良好社会效果出发，合理权衡各方利益。

一是尽量维护现有民事生活基本秩序。实践中，为防止登记名义人私自处分房屋损害实际出资人利益，后者通常会设法控制讼争房屋及其权利凭证，致使前者对房屋只具有名义所有权人的空壳地位。这表明，当事人通过自主行为形塑了物权支配的现实样态并确定了相对稳定的物权支配关系。在司法理念上，法院有义务尊重和维系现实物权支配秩序的稳定性，避免因司法裁判对意思自治的过度干预破坏既有社会秩序和对当事人生活造成不利影响。

二是落实对登记名义人或实际出资人的损失补偿。在借名关系中，如果确认借名登记的法律效力，法院将房屋判归实际出资人所有，登记名义人因出借购房资格而可能导致其将来购房受限或无法享受购房贷款等优惠政策；如果否认借名登记的法律效力，将房屋判归登记名义人所有，在房价持续上涨的背景下，登记名义人因房屋升值而获得较大利益，对实际出资人则造成一定的信赖利益损失。为了弥补当事人的损失，若当事人主张购房资格损失或房屋增值损失，法院可以结合当事人过错程度、可得利益损失等因素，从利益平衡的角度出发，对合理范围内的赔偿损失诉求予以支持。

三是充分考虑当事人的住房需求和现有购房能力。一方面，通过审理及时把握各方当事人的居住情况和住房需求，必要时实地走访调查了解双方的住房情况。对

---

① 例如，北京市高级人民法院《关于审理房屋买卖合同纠纷案件适用法律若干问题的指导意见（试行）》第15条规定："……借名人依据合同约定要求登记人（出名人）办理房屋所有权转移登记的，可予支持。"浙江省高级人民法院《关于审理受房地产市场调控政策影响的房屋买卖合同纠纷案件的若干意见（试行）》第8条从相反角度规定："实际买受人为规避限购、禁购政策，以他人名义与出卖人订立合同并办理房屋权属证书后，以其系实际买受人为由，请求确认其为房屋产权人的，不予支持，但调控政策重新调整并准许其取得产权的除外。"

长期使用讼争房屋除讼争房屋之外无其他居所的实际出资人，可以考虑尽量通过调解维持其现有的居住条件。另一方面，对当事人的现有购房能力进行调查了解。对缺乏购房能力，只能依靠讼争房屋居住生活的当事人，应当在审理过程中充分考虑其现实困难，如果要判决其腾退房屋，应当协调相关部门为其安排临时性住房或帮助其申请价格相对较低的经济适用住房等保障性住房。

（胡立峰　福建省高级人民法院）

高息借贷引发的以房抵债合同效力认定

【司法精要】

随着银行贷款的日益紧缩，民间资金的逐渐充沛，民间借贷作为民间融资的一种重要形式，对经济的快速发展起到了一定的促进作用，但在审判实践中，我们发现民间借贷呈现借贷关系、抵押关系与虚假房屋买卖、刑事犯罪、公证处承担连带赔偿责任等多种法律关系相互交叉的局面。这类案件名为房屋买卖合同纠纷，实为无法偿还到期民间高息借贷引发的以房抵债纠纷。对于高息借贷引发的以房抵债合同的效力如何认定颇有争议。如认定合同有效，则高息借贷与房屋买卖捆绑式的借贷模式势必如虎添翼，显然不利于将民间借贷规范到我国目前的法律规定中，法院也可能被怀疑为高利贷的保护伞。如认定合同无效，处理结果对借款人有利，借款人取得借款，但最终无需将房屋出售，不利于维护合同诚信原则，可能导致善意第三人巨额房款付之东流，司法处于一个两难的境地。本文的研究思路为从纠纷现状出发，总结此类纠纷的主要表现形式、种类、不同意见，引入流质条款的立法目的和要件，分析此类纠纷是否能够归入流质契约的范畴，从而认定以房抵债纠纷在不同情况下的效力。

一、高息借贷以房抵债纠纷的类案分析与成因分析

（一）类案分析

通过分析近年来高息借贷以房抵债案件的审理情况，可对其表现形式、类型及

特点作如下归纳；

1. 表现形式

民间高息借贷引发的虚假房屋买卖纠纷的主要表现为：

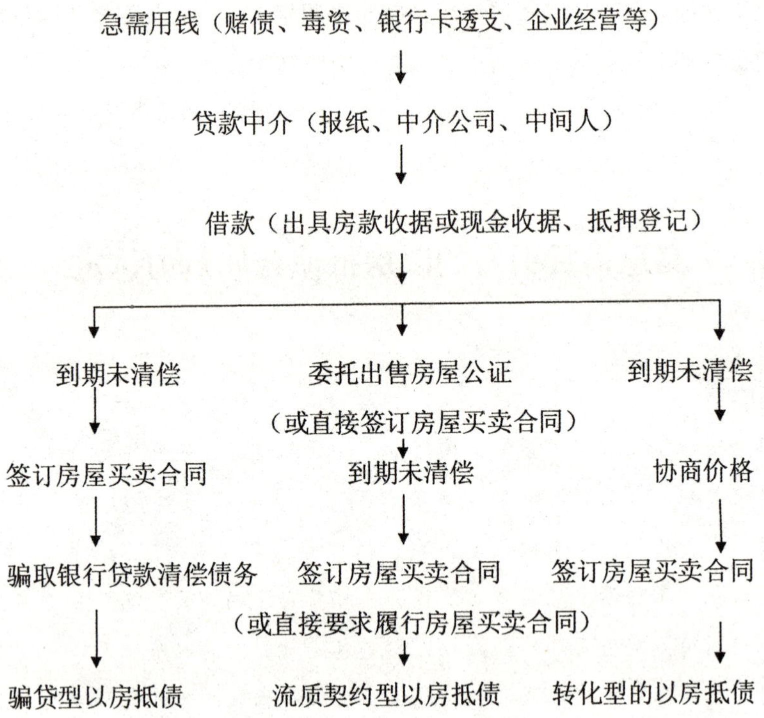

2. 纠纷类型

按照债务的实现方式，可将此类纠纷分为三大类：

(1) 因无法偿还到期债务，通过签订虚假房屋买卖合同的方式骗取银行贷款，可称之为骗贷型的以房抵债纠纷。

纠纷类型一：借款人系房屋唯一产权人，到期未能清偿债务，与出借方或者知情的第三人签订虚假房屋买卖合同，骗取银行贷款，仍由借款人实际掌控房屋并由其偿还银行贷款。

纠纷类型二：借款人系房屋共有权人之一，隐瞒其他权利人，通过虚假公证的方式代表全体权利人与他人签订虚假房屋买卖合同，套取银行贷款，房屋仍由原权利人实际居住并由借款人实际偿还银行贷款。

纠纷类型三：冒名顶替他人或通过虚假公证的方式，处分他人房产，将他人财产过户至知情的第三方名下，骗取银行贷款，房产仍由原产权人居住使用，由借款人实际偿还银行贷款。此类纠纷主要发生在近亲属之间。

（2）签订借款合同同时签订房屋买卖合同或办理委托债权人（或其指定的人，下同）出售房屋的公证手续，一旦借款人到期未能清偿债务，买受人直接凭房屋买卖合同要求办理过户手续或受托人凭公证委托书出售房屋，将房屋出售给债权人或其指定的人。可称之为流质契约型的以房抵债纠纷。

纠纷类型一：签订借款合同同时签订房屋买卖合同。借款人与出借方（或出借方指定的第三方，下同）签订借款合同的同时签订房屋买卖合同，约定如到期未能清偿债务，则双方履行房屋买卖合同，将房屋以约定的价格转让给出借方。

纠纷类型二：签订借款合同同时出具公证委托书。签订借款合同同时，借款人向出借方出具公证委托书，委托债权人出售房屋。债务人到期未能清偿债务，受托人凭公证委托书将房屋出售给债权人。

（3）签订借款合同并办理房屋抵押，债务人到期未能清偿债务，经协商，以合理的价格将房屋出售给债权人或委托债权人出售房屋，可称之为转化型的以房抵债纠纷。

3. 纠纷特点

（1）案件定性难。审判实践中，认定合同有效、无效均有类似的判例，有以名为买卖，实为借贷为由判决合同无效的；有以以合法形式掩盖非法目的为由判决合同无效的；有以无权代理为由判决合同无效的；有以流质契约为由判决合同无效的；有以借款人对签订房屋买卖合同后果明知为由判决合同有效的；有基于诚实信用原则认定合同有效的不利于规范民间借贷行为。类案定性上的不确定性，不利于统一司法。

（2）隐蔽性强、认定事实难。从单纯的民间高息借贷发展到用房抵债，更甚发展到出借方欲通过司法途径保障不法收益，其放款的手段日益完善，甚至具有一定的组织性、产业化倾向。如为取得虚假买卖合同支付房款凭证，出借方向借款人转账后要求借款人立即现金返还，以取得银行支付流水应付司法审查；将利息计入本金计算复利，预先将利息在交付款中扣除，约定高额罚息；在借据上只载明借款数额，不区分本金和利息，用借据这一合法形式掩盖高利贷的实质；有的则表现为投资入股、委托理财等形式，与正常商业交易、民间借贷相混同，给法院认定事实增加了很大的难度。

(3) 容易激化矛盾。房屋作为家庭资产的重要部分，对家庭成员的生活影响巨大。以房抵债可能导致不知情的房屋权利人流离失所，善意购房人终身积蓄付之东流，严重侵犯了守法权利人与善意购房第三人的合法权益，给社会制造了不稳定因素。

(4) 法律适用难。此类纠纷往往会引发借款合同纠纷、房屋买卖合同纠纷、抵押合同纠纷（个人抵押和银行抵押）等多种民事纠纷，难以在一案中一并解决，一案往往牵连数案，另外，还会涉及刑事诉讼，如犯罪分子的骗贷行为被依法追究等。多种法律关系交叉，纠纷的处理存在法律适用的前后衔接、统一适法的问题。

(5) 调解送达难。合同效力定性上的不确定，导致调解缺乏相应的依据。高息借贷所约定的借款数额与借款人实际取得款项差距巨大，导致此类案件基本不可能调解处理。审判实践中，借款人迫于偿还债务压力、出借方不愿接受法院事实审查，当事人消极应诉，导致法院送达难，案件缺席审理居多，事实查明难度极大。

（二）成因分析

近年来高息借贷以房抵债案件的成因较多，主要有如下四点：

1. 融资渠道狭窄，民间资本寻求出路。一方面，国家信贷政策经历了高速扩张向适度紧缩的迅速调整，银行信贷规模大幅减少，贷款难成为普遍现象。另一方面，在股市低迷楼市升温趋稳的大环境下，民间资本持续积累，急需合理的流向和释放。近几年，存款利率水平远低于同期居民消费价格指数（CPI）的涨幅，利率倒挂现象导致民间资金更倾向于获利丰厚的借贷行业。供需两旺的民间借贷市场凭借其手续简便、随行就市等特点得以迅速发展。

2. 房产价值巨大，能够为高息借贷提供保障。为保障出借资金的安全，放贷者往往要求借款人提供一定的资产担保，但作为急需借款的中小企业、个体经营户尤其是个人，本身还款能力欠佳，房屋作为蕴含巨大经济价值的资产成为借款担保的不二之选。一旦还款有异，高息借贷引发的虚假房屋买卖纠纷即随之而来。

3. 巨额利益的驱使。近几年，随着房产市场的节节升温，房价上涨带来的巨大收益为各方窥视，尤其是买卖合同一方的放贷者，当房价上涨的收益远远高于利息收益时，如其仅主张借款，可能面临超银行同期贷款4倍利息无效[①]的判决，而主张买卖合同有效，既可以获取高额的利息收益（利息一般作为房款计入已付款中），同时还能获得房价上涨带来的巨大收益。

4. 缺乏有效的监管，违法成本低。即便法院认定房屋买卖合同无效，放贷者也能退而求其次，以借贷关系向借款人主张借款。这种保本型的诉讼结果使得高息放贷者频频利用法律的强制性保障高息借贷的高收益。同时，缺乏有效的监管也是高息借贷引起虚假房屋买卖高发的一大成因。在房屋共有人未到场的情况下，公证处违规操作，公证委托放贷者有权处分房屋，为放贷者直接获取房屋提供了最直接的保证。一旦法院认定房屋买卖合同无效或房屋共有人撤销公证，公证处除了撤销公证外，所承担的责任却远低于其给房屋共有人带来的财产损害。刑事方面，此类虚假房屋买卖纠纷诉讼移送公安难度较大，即便房屋买卖虚假，但借款事实确实存在，难以认定欺诈，也间接导致此类纠纷愈演愈烈。

二、审判实践中对以房抵债纠纷合同效力的争议

（一）骗贷型的以房抵债纠纷

骗贷纠纷中，并无支付房款、交付房屋等常规房屋交易行为，而是凭借虚假房屋买卖合同及首付款收据，通过银行贷款审核，套取银行贷款。对其效力，实践中，主要有“有效说”“无效说”和“可撤销说”。

“有效说”认为出售方签订房屋买卖合同时明确以套取银行贷款为目的，事后却以房屋买卖行为并非其真实意思表示为由要求确认合同无效，当事人系以“守法”为名，行“毁约”之实，有违诚实信用原则，当事人请求确认合同无效的应予以驳回。

“无效说”中，根据依据的法条不同，又可分为“以合法形式掩盖非法目的说”“恶意串通，损害第三人利益说”和“违反真实意思说”，分别应用的条款为《中华人民共和国合同法》（以下简称《合同法》）第52条第2款、第3款及《中华人民共和国民法通则》（以下简称《民法通则》）第55条。

可撤销说认为，房屋买卖合同与贷款合同系两份合同，应当赋予银行撤销权。

① 《最高人民法院关于审理民间借贷案件适用法律若干问题的规定》中对此已作了修改。

如双方确无买卖房屋的真实意思表示，买卖合同无效。如出售方以自己的房屋对买受方提供担保的意思表示真实，则房屋买卖合同有效。因买卖双方向银行隐瞒了贷款的实际用途，通过虚假的房屋买卖骗取贷款，如银行签约时为善意，则银行在签订借款合同时为受欺诈签订，可请求撤销、可变更贷款合同。银行若能满足善意取得的要件，则可善意取得抵押权。

（二）流质契约型的以房抵债纠纷

流质契约型的以房抵债纠纷除了签订房屋买卖合同时与借贷具有一定的关联性外，之后的房屋买卖履行过程可能与正常的房屋买卖并无区别，审理难度更大。对此类合同效力，实践中主要有以下几种观点：一种意见认为，放贷者在未能实现债权的情况下，债务到期后只能与债务人协商折价补偿，无权代表债务人签订房屋买卖合同，房屋买卖合同因无权代理而无效。

另一种意见认为，借款人在借款时明知出具《公证委托书》后，放贷者无需经过己方同意即可房屋处分，仍向放贷者出具《公证委托书》的，属于处分自己的民事权利，应当承担相应的法律后果，否则可能会出现放贷者既无法收回借款，也无法取得房屋利益的失衡局面，因此，房屋买卖合同应当认定为有效合同。

第三种观点认为，我国否认流质条款的效力，虽然借款合同中并未约定到期未清偿债务，房屋直接归债权人所有，但债务人在借款当时即签订房屋买卖合同或以公证委托的形式赋予债权人直接处分房屋的权利，符合流质契约的实质要件，应属无效。

（三）转化型的以房抵债纠纷

一种意见认为，此类合同符合流质契约的实质要件，应属无效。理由如上。

另一种意见认为，此类纠纷应区分情况认定合同效力。引入“流质条款”的概念，认定放贷者直接处分房屋的“流质契约”无效，经充分协商，能够实现房屋价值的合同有效。笔者赞同此种观点，理由将在后文详述。

三、对于以房抵债买卖合同的效力认定

（一）构成无效合同之法条索引

1. 非真实意思表示。《民法通则》第55条规定：民事法律行为应当具备的条

件，行为人具有相应的民事行为能力，意思表示真实和不违反法律或者社会公共利益。

2. 违反《合同法》第52条之无效情形。《合同法》第52条第2款规定：恶意串通，损害国家、集体或者第三人利益的合同无效。《合同法》第52条第3款规定：以合法形式掩盖非法目的的合同无效。

3. 违反流质条款禁止性规定而无效。《中华人民共和国物权法》（以下简称《物权法》）第186条、第211条规定：抵押（质）权人在债务履行期届满前，不得与抵押（出质）人约定债务人不履行到期债务时抵（质）押财产归债权人所有。

（二）纠纷处理的法律适用

1. 骗贷型以房抵债合同纠纷

纠纷之一：借款人为了骗取银行贷款与他人恶意串通，签订虚假房屋买卖合同，将自己所有的房屋过户至知情的第三人名下。通过出具虚假收款收据等方式，以房屋买卖的合法形式，掩盖其套取银行贷款的目的，违反《合同法》第52条第3款“以合法形式掩盖非法目的”的法律规定而无效。

纠纷之二：房屋出售方与买受人恶意串通，将与他人共有的房屋出售给买受人，套取银行贷款，损害了其他房屋产权人的利益，违反《合同法》第52条第2款“恶意串通，损害国家、集体或者第三人利益的合同无效”的规定而无效。

纠纷之三：制作假身份证、冒名顶替他人与买受人恶意串通，将他人房屋出售给买受人，套取银行贷款，亦违反了《合同法》第52条第2款“恶意串通，损害国家、集体或者第三人利益的合同无效”的规定而无效。

2. 流质契约型和转化型的以房抵债纠纷

（1）流质条款的定义及立法目的

流质条款，又称流质契约，是指在抵押权设立时至债务履行期届满前，抵押权人和抵押人约定在主债务清偿期届满债权人未受清偿时，抵押人将其抵押财产的所有权移转为债权人所有的契约。[①] 在《物权法》的制定过程中，尽管一些学者强烈

---

① 最高人民法院物权法研究小组编著：《中华人民共和国物权法条文理解与适用》，人民法院出版社2007年版，第556页。

呼吁重新审视禁止流质条款的合理性，[①] 但最后颁布的《物权法》仍采禁止主义。

我国禁止流质条款的原因：第一，保护担保人的利益。“债务人之借贷，每每为急迫困窘之时，债权人多利用债务人此一时穷迫，未遑熟虑之机，借助契约自由主义，逼使订立流质契约。”[②] 第二，保护担保人的其他债权人的利益。如果法律允许流质条款，担保人和担保物权人就可能恶意串通，通过订立流质条款的合法方式，逃避担保人对其他债权人的债务，损害其他债权人的利益。第三，防止国有资产流失。根据流质条款，只要债务人不能清偿到期债务，抵押物的所有权即移归债权人，一些国有企业很可能利用该手段逃避国有资产管理部门对国有资产的监管，从而造成国有资产大量流失。[③] 第四，彰显担保物权本质。担保物权是以担保物的交换价值为基础设定的他物权，旨在确保主债权的清偿，而非以取得担保物的所有权为目的。因此，在担保合同中约定债权届期不能清偿时债权人可不经任何清算程序直接取得担保物的所有权，与担保物权的本质和功能不符。[④]

（2）流质条款适用情形与纠纷情形之比较

比较一：立法目的——体现公平、等价有偿原则

流质条款立法的本意是为了体现公平、等价有偿原则，在很多情况下，债务人为经济上困难所迫，会自己提供或请求第三人提供高价值的抵押财产担保价值较小的债务，而债权人可能乘人之危，迫使债务人签订契约，从中获取暴利，损害债务人或第三人的利益。

笔者认为，为高息借贷而签订的以房抵债房屋买卖合同往往导致当事人之间利益失衡，禁止立法流质契约的目的正是为了遏制，故此结果应当将此类抵债合同纳入流质契约规范的范畴中，理由如下：1. 在高息借贷中，借款人往往出于经济上的极度困难或融资渠道的严重匮乏，才会向放贷者借取款项。在此情况下，借款人相对于放贷者明显处于不利地位，难以体现交易的公平、等价有偿。2. 流质契约中在房地产市场持续升温的大局势下，房产的价值在签订抵押合同时难以为当事人

---

① 较有代表性者，参见季秀平：“论流质契约的解禁”，载《河北法学》2005 年第 4 期；王明锁：“禁止流质约款之合理性反思”，载《法律科学》2006 年第 1 期。

② 梁慧星、陈华彬：《物权法》，法律出版社 1997 年版，第 332 页。

③ 程啸：《中国抵押权制度的理论与实践》，法律出版社 2002 年版，第 404～405 页。

④ 刘静：“论流质契约的禁止”，载《法律适用》1999 年第 6 期。

所预估，如认定房屋买卖合同有效，不仅损害了抵押人的利益，也不利于保护其他抵押权人或债权人的利益。3. 司法实践中，借款人所负债务往往远低于房屋价值。房屋作为公民赖以生存的基本社会物资，如赋予出借人在债务履行期限届满后有权选择履行或不履行房屋买卖合同的权利，剥夺了借款人用其他方式偿还债务的选择权，也不利于社会的稳定。

比较二：时间要件——成立时间为抵（质）押权设立时至债务履行期届满前

流质条款成立的时间必须是设立抵押权至债务履行期届满前，债务履行期届满后，抵押人在债务无法偿还的情况下，自愿与抵押权人达成协议，将抵押物折价补偿给抵押权人，不属于流质契约，是法律允许的抵押权人实现抵押权的方式之一。

根据上述要件，高息借贷虚假房屋买卖合同纠纷中，如出借人在出借资金时即与借款人就房屋签订买卖合同或从借款人处取得出售房屋《公证委托书》，则符合流质条款关于约定时间的要求。如高息借贷后，借款人在债务到期后未能归还借款，之后经协商，与出借人达成协议，以房抵债，则可认定双方签订的房屋买卖合同有效。

比较三：内容要件——抵押权人与抵押人约定，在主债务清偿期届满债权人未受清偿时，抵押人将其抵押财产的所有权移转为债权人所有

抵押权人与抵押人可以在担保合同中作出上述约定，也可以在担保合同外另行约定。约定的内容应当理解为债务到期后未能清偿，抵押财产所有权直接归属于债权人，无需经过折价、拍卖、变卖等程序。此内容要件是高息借贷以房抵债房屋买卖合同是否符合流质条款的关键要件。无论抵押权人与抵押人是在抵押合同中还是另行约定流质条款，都有债务到期未还，抵押物直接转移所有权的较为明确的意思表示。高息借贷以房抵债房屋买卖合同是以借款的同时签订房屋买卖合同或由借款人向出借人出具房屋出售《公证委托书》的形式出现，意思表示其是否符合流质条款的上述内容有待考量。我们认为，出借人在出借资金时要求借款人提供房屋作为债务偿还的担保，双方对以房屋作抵押的意思表示明确。由于高息借贷具有还款时间短的特点，因此如采取签订房屋买卖合同的方式作为债务担保的，房屋买卖合同约定的过户时间往往在约定的还款时间之后，一旦债务期限届满，出借人即可凭借房屋买卖合同主张房屋过户，直接取得房屋产权。如采取公证委托出借人出售房屋

的方式，则一旦债务期限届满未能清偿，出借人即可凭借委托书直接处分房屋，实践中，出借人一般将房屋过户至亲友名下。通过上述过程可以看出，高息借贷虚假房屋买卖合同不仅具有债务到期不还，以房抵债的意思表示，甚至出借人有选择履行或不履行房屋买卖合同的权利，且无需经过其他程序，比流质条款中抵押物所有权直接归属于抵押权人这一权利范围更大。

比较四：程序要件——抵押财产的私力转移与折价、拍卖、变卖

禁止流质条款从立法目的上讲，主要是为了保障抵押物能实现合理的价值，如允许抵押权人在债务到期未受清偿时直接取得抵押物的所有权，显然不利于抵押物实现其物权利益，容易造成显失公平或乘人之危，因此，流质条款主要限制的是抵押权人对抵押财产的私力转移，而非其追求债务清偿的权利。因此，法律规定了抵押权人实现抵押权的途径有折价、拍卖、变卖，同时对折价、拍卖、变卖作出了程序上的规定。抵押物折价的，需满足两个条件：1. 债务履行期届满抵押权人未受清偿；2. 抵押权人与抵押人协议折价取得抵押财产的所有权。同时，考虑到协议折价涉及与抵押财产有利害关系的各方当事人的利益，法律同时对协议取得抵押财产作出了限制规定：1. 抵押权人须与抵押人签订协议；2. 签订协议的时间须在担保债权已届清偿期后，在清偿期届至前签订的，属于流质契约；3. 不得损害其他抵押权人和债权人的利益，即不得以明显不合理的价格处分抵押财产，损害其他债权人的利益，否则，后顺位的抵押权人和债权人可根据《合同法》第 74 条、第 75 条之规定行使撤销权。抵押物拍卖或通过法律程序变卖的，都能确保对抵押财产作出合理的估价，实现其合理价值，因此，即便抵押权人与抵押人在签订担保合同时约定，到期不能清偿债务，抵押权人有权直接委托拍卖机构拍卖抵押财产，该约定不是通过私力转移抵押财产的所有权或归属权，不属于流质条款。

高息借贷中约定的以房抵债，放贷者在出借资金的同时即与借款人双方有债务到期不还以房抵债的意思表示，显然不符合抵押财产折价的条件。低押权人直接将房屋过户至自己或指定的第三人名下，显然不属于通过拍卖的方式处分房屋。抵押权人也非通过法院变卖房屋后获取补偿，而是要求法院确认房屋买卖合同有效，因此，也不符合抵押财产变卖的条件。综上，高息借贷同时签订的房屋买卖合同或以委托公证书的形式与他人签订的房屋买卖合同均属于抵押权人私力转移抵押物的行为，具备流质契约的程序要件，当属无效。

（3）纠纷处理的法律适用

A. 流质契约型的以房抵债纠纷

纠纷类型一：签订借款合同同时签订房屋买卖合同的以房抵债纠纷，如上述要件分析，签订借款合同的同时签订房屋买卖合同符合流质条款的时间要件、内容要件和私力转移的程序要件，不符合等价有偿原则，双方签订的房屋买卖合同属流质契约因而无效。

纠纷类型二：如上所述，签订房屋买卖合同同时办理公证委托书，后出借人凭借公证委托书与串通的第三人签订房屋买卖合同，是变相的将物权直接归属于出借人的行为，出借人具有出售房屋和决定房屋价格的权利，较之纠纷类型一，出借人实现物的价值的利益更难得到保障。如认定此类合同有效，出借人将面临不可估量的价值贬值，故亦无效。

B. 转化型的以房抵债纠纷

债务到期后，签订房屋买卖合同或出具公证委托书。签订借款合同后，借款人到期未能清偿债务，经磋商，借款人与出借人签订房屋买卖合同或办理公证委托出售房屋手续，将房屋出售给借款人或第三人。此类纠纷从时间要件、内容要件和程序要件几个方面分析，均不属于流质契约，主观上符合买卖双方当事人的真实意思表示，客观上能够实现物的价值，体现等价有偿的合同交易原则，属有效合同。

（三）例外情形

1. 折价协商

债权人可以通过抵押财产的折价取得抵押财产的所有权。高息借贷中，债务履行期限届满，借款人无力偿还债务，与出借人就房屋协商，折价出售给出借人，符合法律规定的折价取得抵押财产的规定，当属有效。但折价的价格需不损害其他债权人的利益，否则，其他债权人可依法行使撤销权。

2. 善意购房人

出借人基于《公证委托书》将房屋出售给第三人的，法律在保护借款人合法利益的同时，更应依据《物权法》关于善意取得的规定保护善意购房人的权益。

3. 拍卖、变卖

高息借贷中，借款人与出借人事先约定，如债务到期未能清偿，出借人有权直接对抵押房屋委托拍卖或通过法院变卖，该约定有效。

四、处理高息借贷以房抵债案件的建议与对策

高息借贷与房屋买卖合同捆绑的借贷模式已经成为保障高息借贷能够顺利回笼资金的主要放贷手段，伴随而生的治安、刑事和民事问题不可小觑。笔者认为，有利可图是高息借贷捆绑房屋买卖合同现象高发的主要诱因，减少或杜绝此类纠纷的发生，要从借贷双方及虚假房屋买卖合同形成的中间环节三方面着手。

（一）借贷债权人——使其“无利可图”

1. 完善相关法律、法规，对高利贷的行为进行约束。鉴于目前民间借贷普遍存在且有扩大化的趋势，国家有必要结合民间借贷的现状和特征，制定出相应的法律、法规或管理办法，以法律的形式规范民间借贷活动，保护民间借贷双方的合法权益。同时，明确民间借贷的管理机关和职责，建立民间借贷的运作机制和风险防范机制，确保民间借贷向依法、规范、安全、健康的方向发展。

2. 公安机关应当加大打击力度。对带有黑社会性质的犯罪行为从严打击，针对虚假房屋买卖过程中出现的非法拘禁、非法扣押财物等方式的犯罪行为定罪量刑，不能简单地以涉及经济纠纷为由不予立案。双方当事人在民事诉讼中均自认系为了骗取银行贷款而签订虚假房屋买卖合同的，应当移送公安机关处理。

3. “合理价格”审查。出借人一是通过利用借款人对资金急需和自身的优势地位，与借款人签订明显低于市场价的房屋买卖合同，二是利用房屋买卖委托公证书与自己或串通的第三人签订明显低于市场价的房屋买卖合同，以获取房屋溢价。如法院能够在诉讼中设立出借人必须补足房屋差价方能取得房屋产权的障碍，将使出借人无利可图，借款人亦能信守承诺。

（二）借贷债务人——加大“风险系数”

1. 加强法制宣传，提高风险意识。通过加强审判指导、发布典型案例等形式，宣传法律知识；电视、报刊、网络等媒体应宣传理性投资，提倡健康生活观，从而减少高利贷等违法行为的发生，避免不必要的纠纷产生，促进社会和谐。

2. 加大执行力度，畅通抵押权实现途径。出借人的债权如果能够得到强有力的执行，一方面可减少其购买或出售房屋抵债的可能性，另一方面也能给予借款人恰当的制约，尤其是要加强“唯一住房”的执行力度，采取折价、以大换小等多种执行渠道，提高借款人的偿还能力。

3. 完善个人征信系统，增加违法成本。法院对恶意虚假诉讼、恶意串通、人为造成执行难的当事人应予以严厉打击，对于那些合法欠债的赖账户、失信者，向社会公布拒不履行的信息，在征信系统中予以记载，使其信用程度降低，从而减少纠纷的发生，也有助于案件执行工作的开展。

（三）买卖程序——严控中间环节

1. 增强联动效能，共建社会和谐。法院在审理案件过程中，加强与相关职能机构的沟通协调，发挥各职能部门的联动作用，共同促进民间借贷市场有序、规范发展。对有证据证明有高利贷嫌疑的及有非法吸收公众存款、非法发放高利贷线索的，及时向公安、工商等部门通报情况，由相关部门负责调查，依法制裁违法行为；对发现有引发系统性金融风险可能的，做好与政府、金融监管部门的沟通联络，统筹协调案件的处理和风险防范。

2. 规范公证程序，加大责任力度。无论是骗贷纠纷还是实质意义上的以房抵债纠纷，公证机关在其中都扮演着重要角色。正是由于公证机关公证程序不规范，如在权利人未到场的情况下出具虚假公证、当事人以第一代身份证骗取公证文书等，加之公证文书较之于其他文书具有更高的法律效力，导致恶意串通的各方得以顺利完成房屋过户。笔者认为，在处理此类纠纷中，应当加重公证机关的责任承担，由于公证机关的原因导致一方当事人损失的，公证机关应当在其责任范围内承担连带责任。

（龚立琼　上海市杨浦区人民法院）

未经“民主议定”程序签订的土地对外承包合同效力辨析

【司法精要】

农村集体经济组织未经“民主议定”程序签订土地对外承包合同，目前仍广泛存在，因此而起纠纷诉至法院的也不在少数。理论观点、制度规定及司法裁判上对此类承包合同效力的认定尚未形成一致意见，有认为无效的，有认为效力待定的，也有认为有效的。本文通过分析“民主议定”程序存在的法律依据，即农村土地所有权归属主体与行使主体的分离，论证了“民主议定”程序本质上系约束农村集体经济组织权力行使的内部管理程序，《中华人民共和国农村土地承包法》（以下简称《农村土地承包法》）对此程序的规定系管理性的强制性规定，对此程序的违反不能认定合同无效。然后从《中华人民共和国物权法》（以下简称《物权法》）的相关规定入手，从平衡农村土地归属主体与承包人利益的角度出发，得出违反“民主议定”程序签订的土地对外承包合同效力系可撤销。理论上认定农村土地对外承包合同系可撤销合同，但在制度层面，当前并没有相应的规则去规范撤销权的行使，需要对撤销权行使的时间、事由、主体等方面予以完善。当然，要真正解决问题，必须从源头入手，通过建立相应的监督机制、侵权赔偿机制、集体成员直接选举、罢免集体经济组织负责人等制度，约束农村集体经济组织签订对外土地承包合同的权力，使之能严格遵守法定的“民主议定”程序。

《农村土地承包法》第48条第1款规定，发包方将农村土地发包给本集体经济组织以外的单位或者个人承包，应当事先经本集体经济组织成员的村民会议三分之二以上成员或者三分之二以上村民代表的同意……。此即“民主议定”程序，目的是为了保护村民的集体利益不受侵害，但在实践中却未取得预期的效果，许多农村集体经济组织在对外发包土地时并未遵循此规定，而是直接与承包人签订承包合同。合同签订后，在承包人投入大量资金对承包地进行改造升级后，农村集体经济组织或其部分成员基于利益最大化或其他非法目的，以承包合同未经“民主议定”程序为由，要求法院确认承包合同无效，承包人交还土地。由于相关法律对未经“民主议定”程序签订的土地对外承包合同应如何处理未作出明确的规定，最高人民法院针对农业承包合同纠纷的几个司法解释的相关规定也有变化，致不同地区的法院对合同效力的认识亦不一致。因此，有必要对未经“民主议定”程序签订的土地对外承包合同效力进行深入探讨，以辨明是非并寻求解决之道。

一、无效、效力待定抑或有效：认定未经“民主议定”程序签订的土地对外承包合同效力的理论、制度及司法现状

就全国范围来看，农村集体经济组织未经“民主议定”程序签订土地对外承包合同的不在少数，同时因合同履行起纷争诉至法院的也不在少数。针对此类案件的处理，理论观点、制度设计及司法实践步调并不一致，下面归纳说明之。

1. 理论上的观点有无效和效力待定。理论上专门探讨农村土地对外承包合同效力的文章并不多，其中，有人主张违反“民主议定”程序签订的承包合同无效。[①] 也有人认为违反民主议定原则的承包合同并非必然无效，属于效力待定合同。王胜亦认为违反民主议定原则的合同无效。[②]

2. 制度规定最初认为合同无效，后演变为合同原则上无效，特殊情况下有效，再到目前综合各种情形评判合同效力。针对农村土地承包纠纷，最高人民法院前后共出台了三个司法解释，其中1986年《关于审理农村承包合同纠纷案件若干问题的意见》，明确规定违反民主议定原则的农村承包合同无效。1999年《关于审理农

---

① 苏谦谦：“论‘民主议定原则’及其法律实践——以农村土地承包合同为例”，载《法制与社会》2007年第3期。王胜：“浅谈如何认定农村土地承包合同纠纷中的合同效力”，辽阳法院网 http://lyzy.chinacourt.org/public/detail.php?id=1856，最后访问日期：2014年6月10日。

② 蒋贤争：“民主议定原则与农村土地承包合同效力的认定”，中国农经信息网 http://www.caein.com/index.asp?NewsID=36897&xAction=xReadNews，最后访问日期：2014年6月10日；李吏民：“未经民主议定程序土地承包合同的效力”，http://blog.sina.com.cn/s/blog_40224d5c0102dx60.html，最后访问日期：2014年6月10日。

业承包合同纠纷案件若干问题的规定（试行）》规定，发包方违背集体经济组织成员大会或者成员代表大会决议，越权发包的，合同无效。同时又规定，自承包合同签订之日起超过一年，或者虽未超过一年，但承包人已实际做了大量投入的，对原告方要求确认该承包合同无效或者要求终止该承包合同的，人民法院不予支持。之后相关的司法解释对未经民主议定程序签订的承包合同效力未再作出明确规定。只是在《最高人民法院关于适用〈中华人民共和国合同法〉若干问题的解释（二）》（以下简称《合同法司法解释（二）》）及《最高人民法院关于当前形势下审理民商事合同纠纷案件若干问题的指导意见》中针对如何认定违反强制性规定的合同效力作了进一步明确。①

3. 司法实践中有认定此类合同无效的，也有认定有效的。认定合同有效为普遍做法，其理由是，《农村土地承包法》第48条第1款规定的“民主议定”程序属于法律的强制性规定，农村集体经济组织未经“民主议定程序”与本集体经济组织以外的单位或个人签订土地承包合同，违反法律的强制性规定，符合《中华人民共和国合同法》（以下简称《合同法》）第52条第5项规定的情形，应认定为无效。在笔者查询的涉及农村土地对外承包的案件中，90%以上的判决持此观点。②

少数法院认为未经“民主议定”程序签订的土地对外承包合同是有效的。从笔者查找的案例来看，认定合同有效的理由有二：一种理由认为，强制性规定包括管理性强制性规定和效力性强制性规定，根据《合同法司法解释（二）》的规定，违反法律、行政法规的强制性规定导致合同无效的，指的是违反效力性强制性规定，而《农村土地承包法》第48条第1款规定的“民主议定”程序属于管理性强制性规定，对此的违反不导致合同的无效。③ 另一种理由认为，农村集体经济组织在与承包人签订承包合同前有义务召开村民会议进行讨论，集体经济组织作为合同当事

① 详见《最高人民法院关于当前形势下审理民商事合同纠纷案件若干问题的指导意见》第15条、第16条。

② 详见北京市第一中级人民法院（2012）一中民终字第6025号民事判决书；河南省郑州市中级人民法院（2009）郑民二终字第676号民事判决书；湖北省襄樊市襄阳区人民法院[2007]襄民三初字第163号民事判决书；江苏省镇江市丹徒区人民法院（2006）徒民二初字第305号民事判决书；广东省广州市中级人民法院（2011）穗中法民五终字第2573号民事判决书；等等。

③ 详见广东省湛江市中级人民法院（2011）湛中法民三终字第15号民事判决书。

人违反此义务与承包人签订合同，又以承包合同违反“民主议定”程序为由要求确认合同无效，违反了诚实信用原则，对其诉讼请求不予支持。[①] 第二种理由虽未对合同效力作出直接认定，但变相地认可了土地对外承包合同的法律效力。

二、所有权归属主体与行使主体的分离：评判未经“民主议定”程序签订的土地对外承包合同效力时需考虑的制度背景

既然是否经过“民主议定”程序直接影响了法院对土地对外承包合同效力的认定，那么，在对此类合同的效力进行认定前，有必要探究一下“民主议定”程序存在的依据，即为什么签订农村土地对外承包合同之前需经“民主议定”程序通过。

1. 从权利归属主体来看，农民是农村集体土地所有权的权利主体。我国法律规定，农村土地，除法律规定属于国家所有的以外，属于农民集体所有。也就是说，组成农村集体经济组织的农民是集体经济组织所有土地的权利主体。同时，土地是农民最基本的生产资料，对于保障农民正常的生产、生活有不可替代的作用。当前我国农村的土地最根本的功能还是为每一位农民提供生活保障和基本福利。[②] 土地对于农民的生产和生活具有十分重要的意义，通过法律加强对农村土地的保护极为重要。作为土地的权利主体，农民自然享有对集体土地的处分权，但作为法定权利归属主体的农民是以个体形式存在的，其个人意志不能代表集体意志，故在涉及对土地的处分时，需要由权利归属主体共同决定。农村土地的集体所有权性质正是对外承包前需“民主议定”的权利基础。

2. 从权利行使主体来看，农村集体经济组织是集体土地所有权的行使主体。集体经济组织是一个组织，无论是否具有法人格，至少是一实体，拥有一定的财产，具有一定的组织机构和管理人员，而集体则是乡镇、村、村民小组全体成员的集合。农民集体不是法律上的组织，而是全体农民的集合，是一个抽象的、没有法律人格意义的集合群体。[③] 虽然法律规定了农民集体是农村集体土地的所有权归属

---

① 详见海南省海南中级人民法院（2007）海南民三终字第 86 号民事判决书。

② 史际春：“论集体所有权的概念”，载《法律科学》1991 年第 6 期。

③ 于建嵘：“农村集体土地所有权虚置的制度分析”，载《论中国土地制度改革》，中国财政经济出版社 2009 年版，第 23 页。

主体，但因农民集体与农民在法律上不是对应存在的平等主体，农民存在的个体性不允许其以土地所有权归属主体的形式来处分集体土地。为解决这一问题，法律规定由农村集体经济组织代表集体行使所有权，对集体所有的财产进行管理、经营。

在农村集体土地所有权归属主体和行使主体分离的情况下，为保障所有权归属主体的合法权益不被行使主体侵害，法律为行使主体行使权利设置了一定的程序限制，在其代表集体处分集体财产前，应当经村民会议讨论决定。农村集体土地对外承包经营，涉及对土地所有权的处分，此乃权利归属主体才享有的权利，因此事先需要由权利归属主体决定，集体经济组织根据决定选定承包人，签订土地承包合同。

三、约束集体经济组织权利行使的内部管理程序：对“民主议定”程序性质的解读

从《农村土地承包法》第48条第1款规定的内容来看，“民主议定”程序是对外签订土地承包合同的前置程序，是对农村集体经济组织对外承包农村土地权限的一种程序性限制。那么，此规定是否属于法律上的强制性规定呢？强制性规定是指不论当事人意思如何均应适用的规定，且具有强制适用的效力，在学理上可进一步分为命令规定和禁止规定，其中命令当事人应为一定行为者，称之为命令规定。[①]从《农村土地承包法》第48条第1款规定的用语来看，使用的是“应当”，也就是说经“民主议定”程序通过是农村集体经济组织对外发包前应当履行的义务，农村集体经济组织不能排除其适用。既然该规定不能依当事人自由意志自主决定，即不属于任意性规定。故《农村土地承包法》第48条第1款关于“民主议定”程序的规定属于强制性规定。

那么，对外承包合同如果未经“民主议定”程序通过，是否无效呢？在我国以前的司法实践中，对于违反法律强制性规定的合同效力一般是持否认态度的，即认为只要合同违反法律的强制性规定就是无效的，后来随着时代的变化，这种观点逐渐发生了改变。《合同法司法解释（二）》中将导致合同无效的强制性规定限定为效力性强制性规定，从而缩小了合同无效的范围。但对于何为效力性强制性规定，

① 韩世远：《合同法总论》，法律出版社2004年版，第198页。

该解释并未给出进一步的说明，而法律本身亦不会给出结论，从而给法官适用造成了困惑。

因此，有学者指出，效力规范与纯粹管理规范的区分是一记“马后炮”，其实质不过是对强制规范对合同影响之判断结果的一种描述，并无能力指导法官的预先判断。……在判决前，法官是难以预先识别出某一具体规范究竟是“效力性强制规范”还是“纯粹管理规范”的。[①] 效力性规范与管理性规范区分标准的缺失，使其区分意义变得仅具有结果价值，而无实际操作价值，对于法官判断合同效力并无实际意义。既然不能从规定本身区分效力性规范与管理性规范，学者又从其他方面着手希望找到区分的标准。王泽鉴先生认为应综合法规的意旨，权衡相冲突的利益（法益的种类、交易安全，其所禁止者究系针对双方当事人或仅一方当事人等）加以认定。[②] 我妻荣先生认为区分效力规范与纯粹管理规范，只能是“分别对管制法规的立法宗旨、对违反社会行为的伦理非难程度、对一般交易的影响、当事人间的信用、公正等进行仔细探讨加以决定。”[③] 我国也有学者主张对效力规范的判断，不能仅仅根据规范本身的字语进行，更不能先入为主地认为该种规范就属于效力规范。规范性质的判断需要根据规范设计的目的，规范所体现的价值等综合进行考虑。[④]

实际上，在无法区分效力性规范与管理性规范的前提下，《合同法司法解释（二）》中关于违反法律、行政法规效力性强制性规定的合同无效的规定，显得没有任何指导意义。因此，最高人民法院于2009年7月7日印发的《关于当前形势下审理民商事合同纠纷案件若干问题的指导意见》要求各地法院“应当综合法律法规的意旨，权衡相互冲突的权益，诸如权益的种类、交易安全以及其所规制的对象等，综合认定强制性规定的类型。如果强制性规范规制的是合同行为本身即只要该合同行为发生即绝对地损害国家利益或者社会公共利益的，人民法院应当认定合同无效。”

---

① 黄忠：“违法合同的效力判定路径之辨识”，载《法学家》2010年第5期。

② 王泽鉴：《民法总则》，中国政法大学出版社2001年版，第276页。

③ ［日］我妻荣：《新订民法总则》，于敏译，中国政法大学出版社2008年版，第248页。

④ 参见许中缘：“民法强行性规范研究”，载《法学家》2009年第2期。

遵循以上解释与规定，我们来分析《农村土地承包法》第48条第1款规定的“民主议定”程序的性质。首先，从对当事人主体的要求来看，该规定是对农村集体经济组织一方提出的要求，对承包人并无约束力；其次，从条文设立的目的来看，是在农村土地所有权归属主体与行使主体分离的情况下，为保障所有权归属主体的合法权益不受行使主体的侵害而对行使主体行使权利的一种限制；第三，从农村土地对外承包所涉利益来看，该类合同针对的是农村中四种荒地的对外承包，合同有效与否，与国家利益和社会公共利益无涉，只与农民集体利益和承包人利益有关。综上，笔者认为《农村土地承包法》第48条第1款规定的“民主议定”程序属于管理性强制性规定，是在农村土地所有权归属主体与行使主体分离的背景下，为保证归属主体的合法权益，防止行使主体滥用权利而设置的一种内部管理程序。

四、可撤销：未经“民主议定”程序签订的对外土地承包合同效力之界定

判断合同效力的意义在于识别某一合同是否符合法律的精神和规定，因而能否取得法律的认可。法律认可的为有效，法律否认的则无效。[①] 如上所述，《农村土地承包法》第48条第1款规定的“民主议定”程序属于管理性强制性规定，对其违反并不导致合同无效。那么，是否据此就能得出未经“民主议定”程序通过而签订的对外土地承包合同有效呢？笔者认为，鉴于《合同法》规定的合同效力类型的多样性及“民主议定”程序背后隐藏的土地归属主体利益的保护等因素，答案不是非此即彼。

农村土地对外承包合同不能简单地认定为有效的主要原因在于对土地归属主体利益的保护。农村土地所有权的归属主体是农民集体，农村集体经济组织是法定的土地所有权的行使主体。但“我国立法上并没有就农民集体意思的形成与表达作出规定。那么就很容易导致农村集体经济组织、村民委员会、村民小组等管理经营主体（实际上是管理人员）的意思表示代替了农民集体的意思表示……”[②] 而且在我国农村，目前由于大量人口外出打工，村民会议基本上没有召开过，大部分农村也

① 应秀良：“违反行政法强制性规定的合同效力探讨”，载《法律适用》2004年第3期。

② 董景山：《农村集体所有土地所有权行使模式研究》，法律出版社2012年版，第90页。

没有村民代表，也不存在村民代表会议，现实情况为农村集体经济组织谋求个人利益提供了条件，其可以根据法律赋予的管理、经营权，根据自己的意志处分农村集体土地，在这种情况下如果认定对外承包合同有效，就忽视了农村土地权利归属主体的存在，对其权利也无法给予周全的法律保护。因此，对于未经“民主议定”程序而签订的对外土地承包合同不宜直接认定为有效。

那么，既然权利的归属主体是农民集体，农村集体经济组织只是行使主体，对于其未经“民主议定”程序签订的对外土地承包合同是否可以认定为效力待定，根据权利归属主体的追认情况来确认其效力？效力待定合同，根据《合同法》的规定，有限制民事行为能力人订立的合同、无权代理订立的合同、无处分权的人处分他人财产的合同三种类型。很明显，未经“民主议定”程序签订的土地对外承包合同不属于前两种类型，似乎类似第三种，但要看到，农村集体经济组织虽然不是土地的所有权人，但其行使土地的对外承包权利，是根据法律赋予，对土地的管理、经营权，并非真正的无权处分。因此，未经“民主议定”程序而签订的土地对外承包合同不属于效力待定合同。

除了以上讨论的合同类型外，《合同法》还规定了可变更、可撤销合同类型。可变更、可撤销的情形包括重大误解、显失公平、欺诈胁迫和乘人之危。因为变更针对的是合同中的某一或几个条款的内容修改，且基于合同的相对性，提出变更主张的必须是合同的一方当事人，合同之外的第三人无权提起，故未经“民主议定”程序签订的农村土地对外承包合同不符合可变更合同的特点。同时，比照《合同法》规定的四种可撤销的情形，未经“民主议定”程序签订的农村土地对外承包合同似乎均不符合，貌似也不属于可撤销合同。

如此，则对未经“民主议定”程序签订的农村土地对外承包合同效力的探讨似乎走进了死胡同，已无法得出一个合理的解释。实际上，上述讨论均是以《合同法》的规定为基础展开的，是从合同本身进行探讨的，而未涉及合同所涉及的标的。如果换一个角度，从农村土地所有权的保护入手，也许会突破“山重水复疑无路”的困境，从而达到“柳暗花明又一村”的境界。《物权法》第63条第2款针对农村集体财产权的保护专门作了规定，“集体经济组织、村民委员会或者其负责人作出的决定侵害集体成员合法权益的，受侵害的集体成员可以请求人民法院予以撤销。”根据该条规定，未经“民主议定”程序签订的土地对外承包合同即可对号入座，将之认定为可撤销合同。实际上，最高人民法院在2008年12月8日公布废止《关于审理农业承包合同纠纷案件若干问题的规定（试行)》的理由就是此解释已被《物权法》及新的司法解释取代。将未经民主议定程序签订的土地对外承包合同认定为可撤销合同，既照顾到了善意承包人的利益，又实现了对土地所有权归属主体利益的保护，实现了两者利益保护的平衡。

五、规则缺失：集体经济组织成员行使撤销权的法律现状

虽然从《物权法》的规定着手，未经“民主议定”程序签订的土地对外承包合同可以认定为可撤销合同，但此可撤销与《合同法》上规定的可撤销合同是有区别的，主要表现在：1. 撤销权行使的主体不同。《合同法》规定的可撤销合同，撤销权行使的主体是合同的一方当事人，而农村土地对外承包合同，其撤销权行使的主体却非合同的双方当事人，而是农村集体经济组织的成员。2. 撤销权行使的理由不同。《合同法》上规定的可撤销合同，可撤销的情形有四，分别是重大误解、显失公平、欺诈胁迫和乘人之危，而集体经济组织成员行使撤销权的理由是其认为农村集体经济组织或其负责人作出的决定侵害了集体成员的合法权益。

既然两者非同一概念，而《物权法》并未规定撤销权行使的规则，那么其能否适用《合同法》的规定呢？下面针对集体成员行使撤销权过程中涉及的一些主要问题进行解析。

1. 撤销权行使时间。《合同法》规定的撤销权行使时间是一个除斥期间，要求当事人须在一年内行使，逾期权利就会丧失。农村土地对外承包合同不仅涉及农民集体的利益，同时也关系到承包人的利益，两者利益应得到均等保护，不能以牺牲一方利益为代价而特别保护另一方的利益，因此，对于集体经济组织成员行使请求撤销土地对外承包合同的请求权的时间亦应有所规制。《合同法》规定的撤销权行使时间可以在此类案件中适用。

2. 撤销权行使的事由。《物权法》规定的集体经济组织成员行使撤销权的事由是集体经济组织或其负责人的决定侵害了集体成员的合法权益。此处所讲的合法权益，既可以是程序上的决定权，也可以是实体上的权益。此事由亦应适用于集体经济组织成员请求撤销土地对外承包合同。如未经“民主议定”程序通过而以较低的价格签订土地对外承包合同，损害集体成员利益的，即可以成为行使撤销权的

事由。

3. 撤销权行使的主体。根据《物权法》赋予的撤销权，请求撤销农村土地对外承包合同的主体，只能是农村集体经济组织的成员，农村集体经济组织及承包人不能依据物权法的规定要求撤销合同。但问题是，农村集体经济组织成员是一个集体组织中的个体，其能否代表集体的意志？如一个不能代表，多少人可以代表？《物权法》对此未予规定，从而使该条款的适用缺乏可操作性。笔者认为，此问题可从两个方面进行分析：首先，从程序方面看，如果农村集体经济组织成员以土地对外承包合同未经"民主议定"程序通过请求撤销的，应对其人数有一定的限制，不能以一人或极少数人意志绑架集体意志。考虑到土地对外承包需要村民会议三分之二以上成员或三分之二以上村民代表同意，至少应有符合条件的三分之一的村民会议成员或三分之一的村民代表，才可以土地对外承包违反"民主议定"程序为由请求撤销。其次，从承包合同内容看，如果农村集体经济组织成员以合同内容侵害集体成员利益为由请求撤销的，可不作人数要求，只要是集体经济组织内符合法定起诉条件的成员，均可以以自己的名义提起诉讼。

六、亡羊补牢：合同效力司法确认之后的再思考

未经"民主议定"程序而签订的农村土地对外承包合同，虽然可以通过赋予此类合同可撤销的法律效力来平衡土地所有权的归属主体与承包人之间的利益，但此方法显然是治标不治本，且事后维权的成本太高，不是一种理想的解决问题的方法。要解决此问题，须从源头治理，使农村集体经济组织在行使集体财产的管理、经营权时，按照法律的要求进行，不越权、不滥用权。事实上，《农村土地承包法》第 48 条第 1 款作为一条强制性规定，虽然要求农村集体经济组织在进行土地对外承包前需经"民主议定"程序决议通过，但在之后的法律责任中，对于农村集体经济组织未按此要求而对外签订土地承包合同的，并无相应的责任规定。没有责任追究，根本无法保障法律预期的完全兑现。因此，必须制定相应的规则，来预防并制止农村集体经济组织及其负责人滥用权利而侵害农民集体的利益。笔者认为，以下几种方法可以尝试适用：

1. 在农村集体经济组织内部设立监督人，监督集体经济组织及其负责人管理、经营农村集体财产的活动。如果把农村集体经济组织比作一个股份制公司的话，农

民就类似于股东，负责人就类似于执行董事或董事长，但却缺少内部的监督机构。没有监督，权力就容易滥用。……要防止滥用权力，就必须以权力约束权力。① 因此，有必要借鉴现代公司治理机制设立监督员或监督委员会，由其监督集体经济组织及其负责人按照法定的程序行使对集体财产的经营、管理权，同时要求在处分集体财产时要征得监督人的同意才能进行。

2. 建立侵权赔偿机制，让滥用权力侵害集体利益者承担责任。农村土地归农民集体所有，其占有、使用、收益、处分权均应由农民集体享有，农村集体经济组织对此并无利益，它只是法律规定的管理、经营主体，因此，农村集体经济组织及其负责人在管理、经营农村土地时，如未按法律规定的程序行使权力，从而侵害农民集体利益造成损失的，集体成员应有权提起侵权之诉，要求滥用职权之人赔偿集体的损失。另一方面，承包人因信赖合同而投入大量资金对土地进行改造升级，如果因承包合同未经"民主议定"程序而被撤销从而造成损失的，也应有权起诉滥用职权之集体经济组织负责人，要求赔偿损失。如此，通过经济制裁手段制约集体经济组织及其负责人遵循法定程序行使权力。

3. 法律上明确规定农村集体经济组织负责人由集体成员选举产生和罢免。"在农村集体所有权行使过程中，农村集体经济组织、村委会、村民小组应该是农民集体的集体意志的执行者。而不能以其意志作为农民集体的意志。我国当前农村集体所有权受到侵害的重要原因，就在于上述是代表主体的村委会、村民小组代表的并非农民集体的意志。"② 当前，农村大部分集体经济组织的负责人并不是由集体成员选举产生的，而是由上级指定的，或者由村委会负责人兼任，农村集体经济组织成员对负责人不能起到有效的监督作用，从而造成集体所有权受到侵害。为改变这一现状，有必要在立法上赋予集体经济组织成员对集体经济组织负责人的选举权和罢免权，对负责人行使权力损害集体利益的，集体成员有权予以罢免，从而实现二者关系的实质化，督促负责人谨慎行使权力，从而有效地保护集体利益。

（刘新生　河南博云天律师事务所

毛　龘　河南法官进修学院）

① ［法］孟德斯鸠：《论法的精神》，商务印书馆1982年版，第154页。

② 董景山：《农村集体所有土地所有权行使模式研究》，法律出版社2012年版，第93页。

限制交易规则为何失灵

——国有土地使用权转让合同效力的法律经济学解释

【司法精要】

《中华人民共和国城市房地产管理法》（以下简称《城市房地产管理法》）关于房地产转让的“开发条件”的规定，是以防止“炒地皮”为目的而设定的一种限制交易规则。2003 年以前，最高人民法院对该限制交易规则所持的立场是肯定的，即对不符合“开发条件”的房地产转让合同一律认定无效。但自 2004 年以来，最高人民法院的一系列判决均认定不具备“开发条件”不影响转让合同的效力。这一司法立场的转变，几乎使前述限制交易规则在诉讼场域失灵。笔者认为，限制交易规则失灵势必助长“炒卖地皮”现象和趋势的蔓延，最终将有害于市场经济的健康发展。产生前述问题的原因在于“有效说”法律论证方法存在缺陷，有必要予以澄明，并进而还限制交易规则在土地使用权转让市场中应有的价值地位。

我国开放城镇国有土地使用权流转市场，最早的法律制度是 1990 年由国务院颁行的《中华人民共和国城镇国有土地使用权出让和转让暂行条例》。该条例在允许国有土地使用权转让的同时，明确规定了转让的限制规则，即“未按土地使用权出让合同规定的期限和条件投资开发、利用土地的，土地使用权不得转让。”1994 年制定的《城市房地产管理法》第 38 条对房地产转让规定了两个条件，即：1. 转让人按照出让合同的约定已经支付全部土地使用权出让金，并取得了土地使用权证书（以下简称“取得条件”）；2. 转让的房地产按照土地出让合同的约定进行了投资开发，其中，属于房屋建设工程的，完成开发投资总额的百分之二十五以上；属于成片开发土地的，形成工业用地或者其他建设用地条件（以下简称“开发条件”)。同时，该法第37条规定，不符合第38条规定条件的房地产不得转让。2007年该法经过修正后施行至今，其中转让条件的限制规则除条款顺序相应改为第38条和第39条外，内容并无变化。

然而，实践中当事人违反《城市房地产管理法》规定的条件进行国有土地使用权转让的情形十分普遍。在处理此类诉讼纠纷的过程中，最高人民法院所持的司法立场总体上经历了从违反限制交易规则合同一律无效到“取得条件”可以补正、不符合“开发条件”不影响合同效力的变化。笔者认为，涉及“取得条件”的现行司法处理规则在理论上是自洽圆融的，但涉及“开发条件”的司法处理规则，不仅在实践操作上存在明显的矛盾，而且在法律论证方法上也存在理论缺陷。本文试图从法益衡量的角度，对土地使用权转让合同纠纷案件中涉及“开发条件”的现行司法处理规则提出批评并进而阐发笔者的基本观点。

一、司法对“开发条件”规则的立场演变

2003年6月9日，最高人民法院针对广西壮族自治区高级人民法院的请示在答复①中认为，未同时具备《城市房地产管理法》第38条规定的两个条件的，转让合同无效。不具备“开发条件”的转让“绝对无效”这一规则在最高人民法院2003年审结的“河南天坤交通旅游有限公司与华明（郑州）置业有限公司土地使用权转让纠纷上诉案”② 中也被加以运用，该案例的“裁判主旨”指出，“土地使用权转让合同纠纷中的转让方，必须先以国有土地使用权出让的方式取得国有土地使用权。对房屋建设工程合同，转让方必须按照出让合同的约定进行投资开发并完成开发投资总额的25%以上。合同约定的条款违反法律、行政法规的强制性规定的无效”③，该案例的判理解析中进一步强调，“……《城市房地产管理法》第三十八条第1款第2项规定的转让条件。其重要性并不亚于前款第1项的规定，同样对转

① 参见《最高人民法院关于土地转让方未按规定完成土地的开发投资即签订土地使用权转让合同的效力问题的答复》（法函［2003］34号）

② 最高人民法院民事审判第一庭编：《最高人民法院民事案例解析（附指导案例）1》（土地纠纷），法律出版社2010年版，第215～220页。

③ 最高人民法院民事审判第一庭编：《最高人民法院民事案例解析（附指导案例）1》（土地纠纷），法律出版社2010年版，第215页。

让合同效力的认定有绝对性影响”①。

但前述答复和判决所确立的规则，很快被最高人民法院的另一个判决虚置。2004年，最高人民法院在其审结的“桂馨源公司诉全威公司等土地使用权转让合同纠纷上诉案”②（以下简称“46号案”）中，对不具备“开发条件”是否影响合同效力问题采取了与前述答复和案例裁判意见完全不同的立场。该案说理部分认为，“《城市房地产管理法》第三十八条关于土地转让时投资应达到开发投资总额25%的规定，是对土地使用权转让合同标的物设定的于物权变动时的限制性条件，转让的土地未达到25%以上的投资，属合同标的物瑕疵，并不直接影响土地使用权转让合同效力，《城市房地产管理法》第三十八条的该项规定，不是认定土地使用权转让合同效力的法律强制性规定。”该案的判决认为“开发条件”不影响合同效力的理由有二：一是不具备“开发条件”属合同标的物瑕疵；二是《城市房地产管理法》关于“开发条件”的限制规则不属于法律强制性规定。但是，如果说“开发条件”的限制规则不属于法律的强制性规定，那么它应当属于什么性质的规定呢？该案判决理由没有给出进一步的答案。

2006年，最高人民法院针对“河南花园置业有限公司与河南鑫苑置业有限公司土地使用权转让合同纠纷案”，作出（2006）民一终字第26号判决（以下简称“26号案”）③。“26号案”在结论上继承了“46号案”的立场，但其判决理由与“46号案”却不尽相同，“26号案”判决理由中没有沿用“转让的土地未达到25%以上的投资，属合同标的物瑕疵”的说法，而是认为《房地产法》第37、38条系行政管理性质的规定，从而避免《中华人民共和国合同法》（以下简称《合同法》）第52条第5项关于“违反法律行政法规的合同无效”之规定的适用。由此可见，该案对法律规范作出了“行政管理性质的规定”和“针对合同效力的强制性规定”

① 最高人民法院民事审判第一庭编：《最高人民法院民事案例解析（附指导案例）1》（土地纠纷），法律出版社2010年版，第220页。

② 最高人民法院民事审判第一庭编：《最高人民法院民事案例解析（附指导案例）1》（土地纠纷），法律出版社2010年版，第410~420页，另载《中华人民共和国最高人民法院公报》2005年第7期。

③ 田朗亮：“违反城市房地产管理法第38，39条等强制性法律规定的房地产转让合同的效力认定”，载http：//www.renminchangcheng.com/news/384.html，最后访问日期：2014年4月10日。

的区分，而且这种区分实际上是将行政管理性质的规定与强制性规定作为同位阶的概念并列对待。

当然，“26号案”对法律规范性质进行分类的做法也没有成为后来判决一以贯之的标准。这一点，从2006年最高人民法院判决的另一个案件中有所体现。最高人民法院（2006）民一终字第57号“上海枫丹丽舍房地产开发有限公司与上海华夏文化旅游区开发有限公司土地使用权转让合同纠纷案”（以下简称“57号案”）中判称：“《城市房地产管理法》第三十八条的立法目的不是鼓励有违诚实信用的行为，该条规定也不能成为当事人单方违约的理由。华夏公司一方面收取了对方的土地转让金，享受了合同带给其的利益，另一方面，非但不履行应尽的合同义务，反而以自身违约行为造成的土地未能达到过户条件之结果作为抗辩事由主张合同无效，违反诚实信用原则，本院对此不予支持”①。很明显，“57号案”是直接以“诚实信用原则”作为其判决的理论基础，而没有考虑“开发条件”限制规则的法律规范性质。但“57号案”判决又补充强调，“在华夏公司和枫丹公司没有申请办理讼争地块土地使用权过户的情况下，讼争地块是否具备转让条件及能否过户等，属于合同履行问题，与合同效力无关。”② 这一补充说理与后来物权法中的“物权变动原因行为与结果行为相区分”的原则相似。

2007年《中华人民共和国物权法》（以下简称《物权法》）出台以后，围绕“开发条件”限制规则是否影响土地使用权转让合同效力又形成了新的解说。最高人民法院物权法研究小组编著的《〈中华人民共和国物权法〉条文理解和适用》中对物权法第15条③的相关见解如下：“本条是关于不动产物权变动的原因与结果进行区分的规定。……如土地使用权转让，同样也存在原因与结果之间的区分。……该（土地使用权转让）合同即原因行为是否生效，不取决于土地使用权是否登记过户到受让方名下这一结果，也不取决于准备转让的土地是否达到《城市房地产管理

---

① 最高人民法院物权法研究小组编著：《〈中华人民共和国物权法〉条文理解与适用》，人民法院出版社2007年版，第85~86页。

② 最高人民法院物权法研究小组编著：《〈中华人民共和国物权法〉条文理解与适用》，人民法院出版社2007年版，第85~86页。

③ 《物权法》第15条：当事人之间订立有关设立、变更、转让和消灭不动产物权的合同，除法律另有规定或者合同另有约定外，自合同成立时生效；未办理物权登记的，不影响合同效力。

法》第38条规定的转让条件，而取决于双方当事人签订的合同这一原因行为本身是否有效①。然而，实践中除“57号案”判决外，笔者未检索到直接适用“物权变动原因行为与结果行为相区分”的原则作为认定不符合“开发条件”的土地使用权转让合同有效的案例。在后来的相关案件中，最高人民法院转而形成并适用了“效力性强制性规定”标准。

2009年5月，《最高人民法院关于适用〈中华人民共和国合同法〉若干问题的解释（二）》（以下简称为《合同法司法解释（二）》）出台，该解释第14条规定：“合同法第五十二条第（五）项规定的‘强制性规定’，是指效力性强制性规定。”之后，最高人民法院在土地使用权转让纠纷的若干裁判中②，均以《城市房地产管理法》的“开发条件”不属于效力性强制性规定为由，认定相关的土地使用权转让合同有效。

二、“有效说”的实践困境与理论缺陷

从“46号案”判决以降，最高人民法院针对土地使用权转让不符合“开发条件”的基本秉持了“有效说”立场。这一立场直接导致的制度问题是，《城市房地产管理法》规定的“开发条件”规则本意是防止“炒地皮”行为，而“有效说”则越过对“炒地皮”行为的价值评价，使得“开发条件”规则在司法领域失去了对合同的约束效力，如此则必然产生司法规则与立法规则相背离。“有效说”导致的实践问题是，该说支持继续履行合同，而房地产管理部门又拒绝为当事人办理不动产过户登记，如此则必然产生司法立场与行政立场相对立。

笔者认为，导致上述制度问题和实践问题的原因在于，“有效说”的理论依据存在偏差。从前文的描述中我们可以梳理出“有效说”的两条基本理论轨迹：一条以规避适用《合同法》第52条第5项规定为目标，经历了从最初的标的物瑕疵理论，到诚实信用原则理论，再到物权变动原因行为与结果行为相区分理论的变化轨迹；另一条则以限制解释《合同法》第52条第5项规定为目标，经历了从“开发

① 最高人民法院物权法研究小组编著：《〈中华人民共和国物权法〉条文理解与适用》，人民法院出版社2007年版，第85~86页。

② 如最高人民法院（2013）民提字第165号民事判决书、（2013）民申字第842号民事裁定书。最后访问日期：2014年7月15日。

条件”规则属于行政管理性规定（与强制性规定并列）理论，再到该规则不属于效力性强制性规定理论（与管理性强制性规定并列）的变化轨迹。法院判决对“开发条件”规则判断的理论依据变动不居，反映了司法认识的模糊不清和司法态度的摇摆不定。“有效说”的两条理论轨迹所存在理论缺陷和实务偏差分述如下：

（一）规避适用《合同法》第52条第5项规定的理论缺陷

适用标的物瑕疵理论的缺陷主要表现在两个方面：一是在物权变动效力的判断上混淆了标的物瑕疵与物权行为瑕疵的概念。标的物瑕疵在理论上又可以区分为物的瑕疵与权利瑕疵。物的瑕疵一般是指标的物的质量瑕疵，物的质量瑕疵在法律上具有质与量的衡量标准，如动产物的瑕疵衡量标准是《产品质量法》，包括建设工程使用的建筑材料、建筑构配件和设备均适用《产品质量法》的规定；不动产物的瑕疵衡量标准也有相应的法律规制，如建设工程勘察、设计、施工的质量应符合国家规定的安全标准。标的物权利瑕疵则主要涉及标的物处分者和受让者的权利问题，可能产生越权处分、无权处分、善意取得等法律后果。2005年颁布的《最高人民法院关于审理涉及国有土地使用权合同纠纷案件适用法律问题的解释》（以下简称《国有土地使用权合同纠纷解释》）第9条，就是对《城市房地产管理法》关于“取得条件”的解释，是关于处分权瑕疵与合同效力关系的规定。而《城市房地产管理法》关于“开发条件”的规定，针对的不是标的物（土地使用权）本身，而是标的物的转让行为，是对物权行为的限制。

一次完整的物权变动行为包含了三个连续行为，即“物权取得登记行为（变动前行为）——物权变动合同（原因）行为——物权变动登记（结果）行为”。在该行为模式中，物权的“取得登记行为”与“变动登记行为”是两个完全不同的概念，不能相互替换。“物权变动原因行与结果行为相区分”原则之所以能够适用，实际上是以物权“取得登记行为”合法为前提的。《国有土地使用权合同纠纷解释》第9条即是对土地使用权“取得行为”合法性的规定，该规定虽然对《城市房地产管理法》规定的“取得条件”放宽了标准，但仍然坚持了以“取得条件”补正为底线。即“起诉前转让方已经取得出让土地使用权证书或者有批准权的人民政府同意转让的，应当认定合同有效”，反之，如果转让人起诉前未取得使用权证书或者未取得政府同意，则合同无效。反观《国有土地使用权合同纠纷解释》第8条，该条规定“土地使用权人作为转让方与受让方订立土地使用权转让合同后，当事人一方以双方之间未办理土地使用权变更登记手续为由，请求确认合同无效的，不予支持”。其中的“变更登记”是指物权变动结果行为中的“转让过户登记”，而不是指变动前的“取得登记”。据此，物权变动合同的效力固然不受“转让过户登记”行为的影响，但根据该解释第9条之规定，物权变动合同的效力必须受物权变动前的“取得登记”行为的影响。在《城市房地产管理法》中“土地使用权的取得”和“土地及房地产开发”同属物权“变动前行为”，既然最高人民法院司法解释认可了“取得条件”对合同效力的拘束力，尽管该解释对“开发条件”是否影响合同效力未作规定，但二者逻辑前提是一致的，其逻辑结论也应当一致。

更为重要的是，当物权“变动前行为”合法时，只要物权变动的原因行为不具有违法因素，法院在认定合同有效的同时判决当事人履行结果行为也是可以实现的。而如果物权“变动前行为”违反法律规定，即便是合同转让方自愿申请办理土地使用权变更登记，正常情况下土地管理部门将根据《城市房地产管理法》的限制交易规则，阻却物权变动结果的发生。此时，如果法院认定不具备“开发条件”的土地使用权转让合同有效，通常要判决双方当事人继续履行合同，由此引发的现实问题是，当土地管理部门根据《城市房地产管理法》规定，以转让土地未达到“开发条件”为由不予办理土地使用权变更登记手续时，法院的生效判决就无法执行。有论者针对这种可能发生的情况提出了一种解决方案，即“土地使用权转让合同转让标的物土地因没有达到法定的投资开发条件，导致无法办理土地使用权权属变更登记手续的属于土地使用权转让合同转让方不能完全履行合同的问题，可通过瑕疵担保责任和违约责任制度对受让人救济，……”①。这种解决方案实际上也存在前提错误，因为瑕疵担保责任产生的前提须受让人善意取得，违约责任产生的前提是双方约定不违反法律规定。而在土地使用权转让纠纷中，双方当事人知道也应当知道法律规定的限制交易规则，转让人和受让人均存在违反或规避限制交易规则的主观故意。由于任何一方均非善意，瑕疵担保责任和违约责任制度在此类纠纷中均不得适用。

同理，以“诚实信用原则”为理论依据的“有效说”判决，也存在适用前提

---

① 韩延斌：“对最高人民法院《关于审理涉及国有土地使用权合同纠纷案件适用法律的解释》的理解与适用”，载《法律适用》2005年第8期。

错误的缺陷。因为，诚实信用原则只有在一方违背的情况下才有适用的必要和可能，当合同的双方都违背诚实信用原则的时候，则不能依据该原则对某一方进行救济。正如前文所述，在土地使用权转让合同的订立过程中，合同双方不仅对限制交易规则是明知的，而且对转让的土地是否具备“开发条件”的事实也是明知的①。个别案件甚至是双方当事人为规避土地管理部门的登记限制，共同串通通过诉讼获取合同有效判决来达到其转让的目的。若如此，以诚实信用原则支撑的有效判决岂非沦为当事人实现其不法利益的工具?

(二) 限制解释《合同法》第52条第5项规定的实务偏差

在鼓励交易②的思想指引下，最高人民法院一方面通过司法解释对无效合同的认定逐步采取了严格的限制，另一方面通过大量的案例指引，推动涉及合同效力纠纷的司法裁判转向不轻易认定合同无效的立场。以限制解释《合同法》关于“违反法律法规强制性规定的合同无效”为方法的判决理由，是当前处理国有土地使用权转让合同纠纷案件中的主流观点。2009年5月，最高人民法院《合同法司法解释（二)》出台，该解释第14条规定:“合同法第五十二条第（五）项规定的‘强制性规定’，是指效力性强制性规定。”

那么，强制性规定除了效力性强制性规定，还存在其他性质的强制性规定吗?对此，《合同法司法解释（二)》未能给出明确的答案。2009年7月，《最高人民法院关于当前形势下审理民商事合同纠纷案件若干问题的指导意见》（以下简称《指导意见》）（法发〔2009〕40号文）出台，该《意见》第15条规定:“正确理解、识别和适用合同法第五十二条第（五）项中的‘违反法律、行政法规的强制性规定’，关系到民商事合同的效力维护以及市场交易的安全和稳定。人民法院应当注意根据《合同法司法解释（二)》第14条之规定，注意区分效力性强制规定和管理性强制规定。违反效力性强制规定的，人民法院应当认定合同无效；违反管理性

---

① 在一些案件中，受让人可能会主张其对开发条件是否具备不明知。但由于法律有关于开发条件的规定，受让人即因法律规定而负有注意义务。

② 2007年《全国法院民商事审判工作会议纪要》在“如何判断合同无效、判断合同无效的依据”一段内容中强调:“鼓励交易是《合同法》的重要精神，要谨慎正确地认定合同无效，人民法院审理合同纠纷案件不应产生阻碍合法交易的后果。”载中华文本库，http://www.chinadmd.com/file/ptpixw6osueczvrravvv3ops_2.html，最后访问日期：2014年7月22日。

强制规定的，人民法院应当根据具体情形认定其效力。”

由上可见，《指导意见》发展了《合同法司法解释（二）》的理论，并确立了两个标准：1. 明确了法律强制性规定包括效力性规范和管理性规范。管理性规范不是与强制性规范并列的同位概念，而是与效力性规范并列并从属于法律强制性规定的下位概念。2. 在承继“违反效力性规范绝对无效”原则的前提下，明确了“违反管理性规范视情况而定”的规则。换言之，即使违反了某一属管理性规范而非效力性规范的法律规定，也不能简单地推导出合同有效的结论，而“应当根据具体情形认定其效力”。但在司法实践中，《指导意见》确立的第2项规则并未引起重视，有关判决往往简单地以“开发条件”规则不属效力性强制性规定为由，认定合同有效。使“违反管理性规范视情况而定”的合同效力规则被弃置不顾。

鼓励交易固然是市场经济条件下合同法的内在精神，但必须指出的是，鼓励交易不是市场经济的目的，促进有效交易才是市场经济的真正目的。而“开发条件”则是促进有效交易的一种法律保障，尽管“开发条件”的合理限度还存在讨论的空间。

三、“开发条件”下的法益分层与规则定位

“有效说”的种种理论重点关注的是受让人的合同利益，从标的物瑕疵、到诚实信用原则，从“物权变动原因行为与结果行为相区分”原则到“效力性强制性规定”，其理论中心都不外乎是：当转让合同双方利益冲突时，受让方的利益应当优先考虑。

必须指出的是，利益与法益并非同义的概念。“法益”是一个比“权益”略窄而介于“权利”和“利益”之间的概念。“权利”当然意味着法律保护，而“利益”则并非一定能够得到法律保护①。

（一）土地所有者的法益制约着土地使用权的转让

土地使用权转让纠纷从表面上看，似乎只是转让人与受让人之间的利益之争。事实上，“土地开发”源自于国有土地使用权出让合同约定，而法律则通过限定最低开发限度对后续转让预先设定权利边界。因此，基于土地使用权转让与土地使用权出让之间的承继性，围绕土地使用权存在三方利益关系。“开发条件”不仅仅是

① 凌斌：《法治的代价：法律经济学原理批判》，法律出版社2012年版，第147页。

对土地使用权转让合同双方当事人转让行为的约束，而且是对土地使用权出让方（代表国家的政府或相关部门）依据出让合同所具有的利益的确认和保护。在“出让方——转让方（相对于出让的受让方）——受让方（相对于转让的受让方）”三者关系中，土地开发满足“开发条件”成为三者利益博弈的均衡点。

在不具备“开发条件”的土地使用权转让纠纷中，转让双方当事人的利益诉求都已经超越了“开发条件”设定的权利边界。此时，如果通过司法裁判进行“强制交易”，势必打破三方利益均衡从而损害出让人的法益。众所周知，《城市房地产管理法》对土地出让和转让的制度设计是整体性的，不仅在转让环节对转让人设定了开发条件，而且对转让人根据出让合同取得使用权设定了开发期限。[①] 其所体现的法律立场是，土地使用权人以出让方式取得使用权后，并非无条件地保有使用权，而是必须以在规定的期限内进行实际开发使用土地为条件。否则，出让方将有权征收土地闲置费直至无偿收回土地使用权。这不仅是对出让合同中受让人的义务规则，也是关于出让人的权利规则。当受让人怠于履行开发义务时，出让人的法益即应恢复原状。虽然相关规定没有明确受让人的开发限度，但受让人对土地开发程度为零的时候，出让人的法益是明确的，即经过一年则出让人取得征收土地闲置费的法益；经过两年，出让人取得收回土地使用权的法益。特别是在出让人取得收回土地使用权法益的情形下，转让合同中转让人实际上已经丧失了基于土地使用权产生的经济利益，故其与受让人根据转让合同所诉求的利益都不再是法益，不能得到法律的保护。虽然开发程度为零只是“开发条件”下的特殊情况，但这一特殊情况是存在的（46 号案即属此情形），并且恰恰证伪了当下司法立场中“不具备开发条件不影响合同效力”“只有违反效力性强制性规定才能认定合同无效”等观点，也证成了“违反管理性强制规定的，人民法院应当根据具体情形认定其效力”要求中所包含的“违反管理性规定也可能无效”观点的合理性和正当性。

（二）限制交易规则的法律经济学定位

笔者认为，将法律、行政法规的强制性规定区分为效力性强制规定和管理性强

---

① 《城市房地产管理法》第 26 条规定：“以出让方式取得土地使用权进行房地产开发的，必须按照土地使用权出让合同约定的土地用途、动工开发期限开发土地。超过出让合同约定的动工开发日期满一年未动工开发的，可以征收相当于土地使用权出让金百分之二十以下的土地闲置费；满二年未动工开发的，可以无偿收回土地使用权。”

制规定，不仅在理论上众说纷纭，而且在司法认定的界分时更是模糊不清。从法律经济学的观点看，市场交易规则完全可以简单地划分为可易规则和禁易规则，并进而延伸出管制规则和无为规则①。其中，管制规则处理的不是法益能否获得私人转移的问题，而是如何满足特定标准后进行私人转移的问题②。管制规则的要点在于，法律明确指定法益的归属，并且允许法益的私人转让，但是严格限定了法益转让的法定条件，而制定和审核相应法定要求的并非当事双方，而是代表国家的第三方权威③。《城市房地产管理法》第38条和第39条的规定就是这样一种管制规则。土地使用权转让的"开发条件"已由法律明文规定，且对"开发条件"审核的第三方也在法律中确立为房地产管理部门。此时，符合"开发条件"私人转移是正常的市场交易，正常的市场交易是应当得到房地产管理部门审核通过的，一旦正常交易引发诉讼司法必然从立法的立场出发作出转让有效的裁判，其结果是与行政立场保持一致。而不符合"开发条件"私人转移则属"灰市"交易，此时如果司法仍然确认交易有效则背离了立法立场，与行政立场也发生了对立。更为严重的社会后果是"限制交易规则不影响合同效力"成为"炒卖地皮"行为的挡箭牌，导致国有土地使用权转让的市场交易秩序失范。

当然，有人还会质疑，即使土地开发达到25%，当事人在此基础上一再转让也不代表土地开发就一定有效，它和"零开发"情况下炒卖地皮只是程度上的不同。这的确是一个问题。但这个问题的实质是，法律如何设立开发条件更为合理、更能有效促进开发，也即管制的限度问题。对于这个问题的讨论已属立法权衡的范畴，司法要做的是如何遵循法律的既有规定，而不是另寻他途、自行其是。

结　语

限制交易规则与禁止交易规则一样，都是市场经济中规范商事主体行为的重要规则。违反禁止交易规则必然导致"黑市"出现，违反限制交易规则势将产生"灰市"交易。无论是"黑市"还是"灰市"，都不是健康的市场。商事裁判离不开对市场规则的经济学把握，商事交易行为的效力认定必须与法律确立的交易规则

---

① 凌斌：《法治的代价：法律经济学原理批判》，法律出版社2012年版，第145~164 。

② 凌斌：《法治的代价：法律经济学原理批判》，法律出版社2012年版，第164页。

③ 凌斌：《法治的代价：法律经济学原理批判》，法律出版社2012年版，第165~166页。

相适应。只有承认限制交易规则对商事合同的效力影响，才能有效抑制“灰市”。认识不清这个问题，不当的司法裁判势必为“灰市”交易洞开方便之门。这显然不是我国发展市场经济所想要的结果。

（陈建平　江西省高级人民法院）

财产保险合同纠纷索赔权主体之反思与重塑

【司法精要】

保险合同本身涉及投保人、被保险人、保险人、保险代理人等多方主体，实践中又存在大量财产所有人与使用人分离、名义被保险人与实际受益人共存现象，使得保险事故诉诸法律程序解决时，诉讼主体关系极为复杂。原告是否为适格当事人，已经成为处理保险合同纠纷案件首要面对的难题。现有路径下，法律规定仅将索赔权赋予被保险人，已经无法适应社会实践以及保险业发展的需求。立法虽已呈现从宽认定保险利益的导向，但与之配套的涉及索赔权主体的法律规定依然缺位，司法实践中仍难避免因认知差异而导致裁判结果不一的情况。当论及非被保险人是否拥有索赔权及索赔权主体范围问题时，法官也往往陷入无所适从的尴尬。鉴于此，将索赔权主体范围扩大至非被保险人有其理论依据及现实需求。本文汲取理论研究与实践经验的合理性因素，提出“两步三量法”，试图划定出可行的索赔权主体范围，以期有助于保险索赔权主体认定难题的解决。

《最高人民法院关于适用〈中华人民共和国保险法〉若干问题的解释（二）》（以下简称《保险法司法解释（二）》）对保险利益作出了新的规定，承认财产的使用人、租赁人、承运人等主体对保险标的具有保险利益①，但令人遗憾的是，解释

① 保险法司法解释起草小组：“《关于适用〈中华人民共和国保险法〉若干问题的解释（二）》的理解与适用”，载《商事审判指导》第33辑，第33页。

仅从上述主体具有投保后获取保险金资格的角度进行规制，对于索赔权主体这一审判实践中首要面对的问题，仍未提及，当前相关的理论研究和探讨也非常欠缺。

实践中惯行的做法是将索赔权主体简单地等同于被保险人，而将其他与保险事故相关的非被保险人均划在主体范围之外。是否应将索赔权主体限定在被保险人范围内？对该问题的阐释和澄清，不仅有助于保险合同纠纷案件审判在逻辑上的周延，更有助于切实维护和保障保险消费者的合法权益。

一、现实困惑：基于对立法与实践悖离的分析

（一）法律缺位

《中华人民共和国保险法》（以下简称《保险法》）将保险金请求权赋予了被保险人，纵观该法及司法解释中涉及财产保险的内容，其权利部分几乎全部围绕被保险人展开规定，内容见下表：

表一

	法律依据	规定内容	具体条文
1	《保险法》第12条第2款	保险利益	财产保险的被保险人在保险事故发生时，对保险标的应当具有保险利益。
2	《保险法》第12条第5款	保险金请求权	被保险人是指其财产或者人身受保险合同保障，享有保险金请求权的人。
3	《保险法》第12条第6款	保险利益概念	保险利益是指投保人或者被保险人对保险标的具有的法律上承认的权利。
4	《保险法》第57条第2款	施救费用	保险事故发生后，被保险人为防止或者减少保险标的的损失所支付的必要的合理的费用，由保险人承担。
5	《保险法》第64条	鉴定费用	保险人、被保险人为查明和确定保险事故的性质、原因和保险标的的损失程度所支付的必要的、合理的费用，由保险人承担。
6	《保险法》第65条第1款	责任保险受损三者方请求权	保险人对责任保险的被保险人给第三者造成的损害，可以依照法律的规定或者合同的约定，直接向该第三者赔偿保险金。

续表

	法律依据	规定内容	具体条文
7	《保险法》第65条第3款	被保险人先予赔付	责任保险的被保险人给第三者造成损害，被保险人未向该第三者赔偿的，保险人不得向被保险人赔偿保险金。
8	《保险法》第65条第4款	责任保险概念	责任保险是指以被保险人对第三者依法应负的赔偿责任为保险标的的保险。
9	《保险法司法解释（二）》第1条	保险金请求权	财产保险中，不同投保人就同一保险标的同时投保，保险事故发生后，被保险人在其保险利益范围内依据保险合同主张保险赔偿的，人民法院应予支持。

通过法条梳理可以发现，上述条项立法之时似乎未将实际财产受损者并非被保险人这一情况考虑在内，而将索赔相关权利及义务仅赋予了被保险人。

各保险公司（保险人）在财产保险合同条款中对索赔权主体的规定亦大致相同，以涉机动车保险合同为例，索赔权主体均列为被保险人①。

由此可见，法律规定的、保险人认可的索赔权益人仅为被保险人，其他人在保险人的视野中均为“不适格”主体。但实践中常见的问题是，除了保险合同的当事人——保险人和投保人（被保险人），还存在其他更为复杂的保险活动参加人，法律将权利均赋予被保险人的规定，在实践适用中遇到了障碍。

（二）实证分析

为了解审判实践中法官对该问题的处理方式及看法，本文选取了《保险法司法解释（二）》实施以来全国6个省市法院的300份涉及索赔权主体问题的生效裁判文书作为样本进行分析②，并与17位承办保险类案件资深法官进行深入访谈，得出

① 如“被保险人索赔时，应当向保险人提供与确认保险事故的性质、原因、损失程度有关的证明和资料”（平安、大地、太平洋、太平、永诚保险）；“被保险人向保险人申请赔付时，应当向保险人提供：……”。（平安保险、渤海保险）；等，以上内容统计自各保险公司保险条款。

② 样本采集自中国裁判文书网及天津法院文书网，为尽可能使选取的案件更能反映司法运行现状，样本选择兼顾了地域分布、区域经济发展状况等因素，分布于黑龙江、天津、浙江、甘肃、湖南、广东6个省市的超过20家法院，含判决书及裁定书。

以下结论：

1. 在非被保险人为原告的保险合同纠纷案件中，原告以机动车保险合同纠纷中的实际驾驶人、实际车主等非被保险人为主

在样本案件中，实际驾驶人、实际车主等提起诉讼的有205件，占到全部统计案件数的（下同）68.4%；财产保险合同中载明的“受益人”“索赔权益人”提起诉讼的76件，占25.3%；保险金请求权的受让方提起诉讼的案件19件，占6.3%。当前司法实践中，机动车保险合同纠纷已经占到法院受理财产保险案件的绝大多数，机动车上存在的权利非常复杂，例如借用、租用、挂靠等关系的存在使得事故发生时的法律关系状况远远超出现有法律规定的框架。

2. 对于非被保险人作为原告起诉的案件，不同地区、不同法官裁判结果不一

样本案件中，认为主体不适格，直接以裁定驳回起诉的137件，占45.3%；判决保险公司先行向被保险人赔付，再由被保险人支付给实际车主、实际驾驶人等非被保险人的1件，占0.6%；以判决方式驳回非被保险人诉讼请求的19件，占6.3%；允许非被保险人作为原告的143件，占47.8%。

3. 对于是否应将索赔权益人限定在被保险人范围内，法官在认识上存在分歧，考量因素多样化

审判实践中，法官在判断是否具有索赔权时会根据个案情况，结合多方面因素予以综合考量（见表二）。其中“是否违反法律效力性强制性规定”所占比例最大，其次为是否有利于纠纷的最终解决，涉及的考量因素为谁是最终的受损方，以避免之后的多次追偿、代位求偿导致的保险金“多绕几个圈再回到最终受损者手中”，减少当事人诉累及对司法资源的浪费。通过分析我们也察觉，在法官的视野中更为重视个案公正，立法者则更应站在全局角度予以综合考量。

表二

考量因素	是否违反效力性强制性规定	是否有利于纠纷的最终解决	是否有益维护保险消费者权益	是否有益防范道德风险	其他
所占比例	67.3%	21.5%	6.7%	2.5%	2%

4. 法官对于将保险金请求权仅赋予被保险人的态度，有期待立法与实践更加契合的现实需求

当谈及对当前保险金请求权法律规定的看法时，受访法官不约而同地认为规定存在一定逻辑不畅之处。对于处理态度，仅有3名法官认为属于“行使自由裁量权”范畴，相当比例的法官则认为“不好解决”“保险公司常以此为由抗辩”，抱以“无法避免地进行类推解释”“模糊处理”“有意识进行回避、绕着法条走”等态度（见表三）。

表三

处理态度	行使自由裁量权	进行类推解释	模糊处理	有意识回避
所占比例	17.6%	11.8%	58.8%	11.8%

二、问题检视：常见情况总结及现实需求

经过对法条的梳理及案件的分析发现涉及以下几类情况的案件问题居首，现作进一步分析和论证。

（一）常见情况汇总

1. 非营业用机动车（家庭自用）的实际驾驶人

机动车管理部门与保险人为了方便保险车辆与保险合同的对应及统一管理，保险人开具保单时在“被保险人”一栏填写为机动车登记证、行驶证上记载的车主，然而现实生活中存在大量车辆行驶证记载的所有人与实际所有人（常见于车辆所有权变更后未在车辆管理部门办理信息变更手续）、车辆所有人与车辆使用人（常见于购车为家庭成员使用或车辆长期借用、租用他人）、车辆所有人与事故发生时的驾驶人（常见于车辆借用或租用他人）分离的状态。

2. 营业用客运机动车（主要为出租车）的实际所有人

根据规定，营运客运机动车均需挂靠在客运企业或出租车公司，即机动车行驶证上记载的车辆所有人为该客运企业或出租车公司，实为出租车司机本人。

3. 营业用货运机动车的实际所有人

与营业用客运机动车相类似，货运车辆均需挂靠货运企业，机动车行驶证上记载的车辆所有人为该货运企业，而实际的车辆运营由实际所有人负责，车辆由实际所有人或其雇佣的司机驾驶。

上述三种情况，一旦发生交通事故造成了三者方损失，承担赔偿责任的往往是车辆的实际驾驶人或实际车主。实践中保险人常以下列两种理由抗辩：一是当实际

承担赔偿责任的驾驶人作为原告时，被告（保险人）会抗辩实际驾驶人并非被保险人，根据《保险法》规定及保险合同约定，无索赔资格。二是当被保险人作为原告时，被告（保险人）会提出实际驾驶人承担了对第三者的赔偿责任，原告并未实际赔付故无索赔资格。

实践中，实际承担赔付义务的驾驶人理赔未果后多采用变通方式，即由被保险人作为原告，实际驾驶人作为被保险人的代理人进入诉讼，“代理被保险人”主张权利。但是，《中华人民共和国民事诉讼法》（以下简称《民事诉讼法》）实施后，实际驾驶人也无法再以该种方式诉请赔偿。在被保险人是法人的情况下，实际驾驶人或车辆实际所有人尚能以“当事人的工作人员”身份参加诉讼。当被保险人为自然人时，若不符合《民事诉讼法》关于代理人资格①的规定，实际驾驶人或车辆实际所有人就变得既无主体资格，也无代理资格，被挡在诉讼的大门之外。

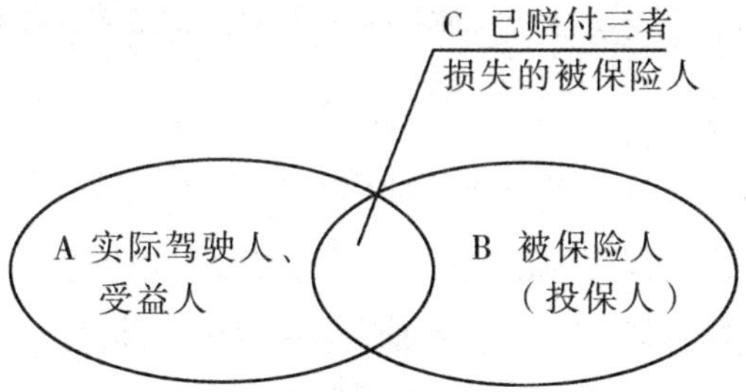

图4

如图所示，严格按照《保险法》规定，保险人所应承担的保险给付责任以被保险人对受害人承担赔偿责任为基础。依照此规定，仅有C范围内即已实际赔付受害方的被保险人符合法律规定的赔付标准，A与B范围内人员均无法得到赔付。只有当被保险人亲自对第三者承担赔偿责任后，保险公司才向其理赔。不管被保险人和车辆使用人之间具有何种法律关系，即便是配偶、亲友间使用车辆，只要被保险人不对第三者承担赔偿责任，保险公司既可以不向实际驾驶人理赔，也可以不向被保险人理赔。此观点实质限制了责任保险的适用范围，势必造成大量保险车辆无法得到赔付。

① 《民事诉讼法》第58条第2款：“下列人员可以被委托为诉讼代理人：（一）律师、基层法律服务工作者；（二）当事人的近亲属或者工作人员；（三）当事人所在社区、单位以及有关社会团体推荐的公民。”

4. 责任保险中受损三者方

《保险法》赋予了责任保险中的受保险车辆损害的三者方直接索赔权①，并在第65条第2款中对其权利作出限制②：第一，被保险人给三者方造成损害；第二，被保险人对三者方应付赔偿责任；第三，赔偿责任确定；第四，根据被保险人的请求，若被保险人怠于请求，三者方有权直接向保险人请求赔偿。

在实际驾驶人并非被保险人，发生交通事故导致三者方损失，该侵权责任应由侵权行为人即实际驾驶人承担的情形下，受损三者方能否向保险人进行索赔？保险人以被保险人对三者方不负赔偿责任为由进行抗辩能否得到支持？依照法律规定，非被保险人对受损三者方造成伤害，此时受损三者方并未满足行使索赔权的所有条件，应当无权向保险人请求索赔。然而我国保险审判实践一直以来遵循“加强保险消费者保护”的精神，认为保险人的此项抗辩不成立，受损三者方可向保险公司行使索赔权。上述立法与司法的矛盾也与法律未将非被保险人纳入索赔权主体范围相关。

（二）现实需求

通过对上述问题的梳理，可以得出如下结论：司法实践期待更为可行的索赔权主体规定。尽管立法已经对保险利益进行了进一步规制，以期规范保险合同的投保和索赔。但涉及保险利益的一些相关问题例如索赔权主体范围已经成为影响审判的桎梏，亟需在扩大保险利益范围后予以明确。2009年《保险法》修改后，部分地区高级人民法院已经意识到了将非被保险人纳入索赔权主体范围的必要性，江苏省、山东省、重庆市等以指导意见、会议纪要等形式，就被保险人之外第三人索赔权作出了规定，赋予车辆借用人、租用人等非被保险人诉讼主体资格。实践操作中面对纷繁复杂的案件，法官也会结合个案具体情况，综合各方当事人利益、最大诚信原则、对保险行业发展的影响等因素，对被保险人之外的相关第三人开放索赔权，这一过程实则已对被保险人享有保险金请求权的法律规定有所突破。但对索赔权主体法律规定的缺位导致实践操作中因认知差异而使裁判结果不一，审判实践期待立法的明确规定。

---

① 《保险法》第65条第1款：“保险人对责任保险的被保险人给第三者造成的损害，可以依照法律的规定或者合同的约定，直接向该第三者赔偿保险金。”

② 《保险法》第65条第2款：“责任保险的被保险人给第三者造成损害，被保险人对第三者应负的赔偿责任确定的，根据被保险人的请求，保险人应当直接向该第三者赔偿保险金。被保险人怠于请求的，第三者有权就其应获赔偿部分直接向保险人请求赔偿保险金。”

三、理论探寻：国内外相关理论依据的考察

（一）民事实体法理论

1. 合同相对性

纵观各国保险立法规定，普通法系国家将保险合同保险人的相对人称作被保险人，而大陆法系国家一般称投保人。2009 年修订的《保险法》将我国保险合同的当事人限定为投保人与保险人。①

传统合同法理论认为合同效力仅及于合同双方当事人，对第三人不产生约束力。罗马法中也有“任何人不得为他人缔约”以及“行为应在要约人和受约人之间达成”的原则。② 有原则必有例外，《保险法》第 22 条将保险金请求权赋予被保险人的规定，在投保人与被保险人并非同一人时，实则已是对合同相对性的突破。机动车作为特殊的动产，保险消费者投保的目的是为了弥补“机动车使用过程中造成的损失”，这种使用应当包括自用与他用，被保险人允许的合法驾驶人，亦可在保险合同内容范围内向保险人行使索赔权。

2. 索赔权主体与保险利益

关于保险利益，《保险法》第 12 条第 6 款有明确规定③，《保险法司法解释（二）》也已将保险利益作广义理解，包括非所有权性质的使用权、租赁权、抵押权等其他财产性权利，保险利益的主体也扩大到借用人、租用人、保管人、承运人等。法谚有云：“无保险利益，无保险。”由此可见保险利益原则的重要地位及防范道德风险的重要作用，但实践中其功能产生一定的异化，保险利益原则已经成为很多保险公司推卸责任的理由。

《保险法司法解释（二）》将视角放在保险利益享有者在投保后请求保险金的权利范围问题，但投保是一个固定的时点，在保险合同履行过程中，保险利益的有无和享有保险利益的主体不断发生变化，若严格控制由被保险人作为原告进行诉讼，

---

① 《保险法》第 10 条第 1 款：“保险合同是投保人与保险人约定保险权利义务关系的协议。”

② ［意］波德罗·彭梵得：《罗马法教科书》，黄风译，中国政法大学出版社 1992 年版，第 311 页。

③ 《保险法》第 12 条第 6 款：“保险利益是投保人或者被保险人对保险标的具有的法律上承认的利益。”

还将会带来其他问题：因被保险人对事故状况不知情，导致法庭查明事实的困难；被保险人未受损而获得赔偿金产生不当得利；被保险人怠于行使请求权而导致实际赔付者无从获取保险金等等。财产保险的目的在于弥补因风险造成的损失，现行司法已从宽认定保险利益，具有保险利益的非被保险人，其实际损失应当得以弥补。

3. 财产保险合同中的受益人

《保险法》第18条明确了受益人的概念①，而理论与实务界对此概念的适用范围有不同观点。有学者认为受益人只存在于人寿保险合同中②，另有观点认为“财产保险单通常未载有‘受益人’专栏，多以被保险人为受益人。若保单上曾附载批单，就受益人为指定或声明者，以该经指定声明之人为受益人。”③“在财产保险中亦不妨有受益人之指定……”。④

笔者认为财产保险中也可有“受益人”概念的存在，原因如下：

第一，法无禁止即自由。受益人从其概念角度来看，并非保险合同一方当事人，并不承担缴纳保费的义务，为单纯获取利益之人。“盖基于私法自治原则，要保人或被保险人当然可将保险契约上之保险赔偿请求权让与受益人，故受益人据此而成为具有受领保险金权利之人。”⑤

虽然我国保险法没有确立财产保险受益人制度，但是也未明文规定在财产保险合同中禁止使用“受益人”这一概念。实践中，当事人在财产保险合同中约定受益人的情况屡见不鲜，表明随着保险行业的不断发展，财产保险中受益人制度的设立已有其现实需求，若仍严扣规定教条地认为财产保险中不存在受益人，则不免与社会现实脱节，也对保险行业的发展形成掣肘。

第二，不符合管理性强制性规定，并不必然导致合同条款无效。笔者认为，人身保险受益人的定义属于管理性强制性规定，具有倡导性而非禁止性，法律法规未规定违反此类规范将导致合同无效或者不成立，而合同本身也并不损害国家、社会公共利益以及第三人的利益，属于合同当事人合理行使私法权利的范畴，不应予以

---

① 《保险法》第18条第3款：“受益人是指人身保险合同中由被保险人或者投保人指定的享有索赔权的人。投保人、被保险人可以为受益人。”

② 许谨良：《保险学》，上海财经大学出版社2003年版，第67页。

③ 施文森：《保险法总论》，台湾三民书局1990年版，第25页。

④ 郑玉波：《保险法论》，台湾三民书局2003年版，第19~20页。

⑤ 江朝国：《保险法基础理论》，中国政法大学出版社2002年版，第135页。

法律上的否定评价。被保险人基于意思自治的私法原则，应有权将其索赔权以指定或约定受益人的方式让渡给第三人。

4. 请求权：联系与区别

有观点认为，被保险人依据合同向保险人请求保险金的权利，具有债权请求权的普遍特征。在保险事故发生后，保险金请求权为具有“交换”价值的既得权，被保险人可以将之让与他人或者为自己或他人设定担保。[①] 持否定意见的观点认为，保险金请求权依赖于强烈的信赖关系，如果允许转让则有悖于最大诚信原则，也有悖于保险利益原则一直维护的防范道德风险的作用。

保险审判实践中应当注重把握保险合同的特殊性。[②] 笔者认为索赔权不应像普通债权一样随意进行转让，对向汽车修理厂、专业索赔公司转让持否定态度。认为应当遵循保险法中损失填补原则，坚持“有限制的让渡”，例如向责任保险中已经实际赔付受害三者方损失的合法实际驾驶人转让。保险之真正意义在于填补损害，有损失方得填补，且仅为“填补”，不可以此获利，因而保险金请求权不得转让给未有损失之人。权利的取得一方因“移入”而获取权利，一方“移出”权利，则不再拥有权利[③]，在实际驾驶人取得保险金请求权后，被保险人的请求权相对消灭。

（二）诉讼程序法依据

上述理论皆是从民事实体法角度对非被保险人相关索赔权益进行论证，若从民事程序法角度探寻是否有主体资格，则需考量“适格当事人”问题。德国民诉法学中对于诉讼主体资格的规定经历了从“实体上的当事人”至“适格当事人”概念的转变，[④] 明确了当事人适格是与诉讼标的相关的、针对于特定诉讼的资格。

日本有学者认为当事人适格为“在何人成为当事人时，法院以本案判决方式来对‘请求的妥当与否’也即‘作为诉讼标的之法律关系的存在与否作出确定’才是必要且有意义的”。[⑤] 因而论及诉讼主体资格的问题，我们必须考虑“在何人之

---

① 吴庆宝：《保险诉讼原理与判例》，人民法院出版社2005年版，第456页。

② 参见唐世银：“保险合同特殊性研究”，载《人民司法·应用》2013年第23期。

③ 参见朱庆育：《民法总论》，北京大学出版社2013年版，第501页。

④ ［日］高桥宏志：《民事诉讼法制度与理论的深层分析》，林剑锋译，法律出版社2003年版，第209页。

⑤ ［日］兼子一：《民事诉讼法体系》，酒井书店昭和29年版，第158页，转引自［日］高桥宏志：《民事诉讼法制度与理论的深层分析》，林剑锋译，法律出版社2003年版，第206页。

间进行诉讼能使纷争有效且适当地获得解决”。

四、合理路径：对索赔权主体范围进行有限制的扩张

考虑到诉讼解决的必要性和实效性，笔者认为，应在避免无序的扩大原告范围的同时赋予相关主体索赔权主体资格。在汲取理论和经验的基础之上，本文尝试运用“两步三量法”为索赔权主体划定合理范围。

“两步三量法”的逻辑体系可归结为：首先，将保险金请求权范围扩大至被保险人之外的其他主体——受益人、其他第三人等；其次，对于符合上述条件的主体进行有条件的限缩，从与事故发生时是否具有保险利益、是否合法控制车辆、是否实际受损或实际赔付等三个方面予以分析考量，从而判断是否具备索赔权主体资格，流程参见下图（Y 为“是”，N 为“否”）。

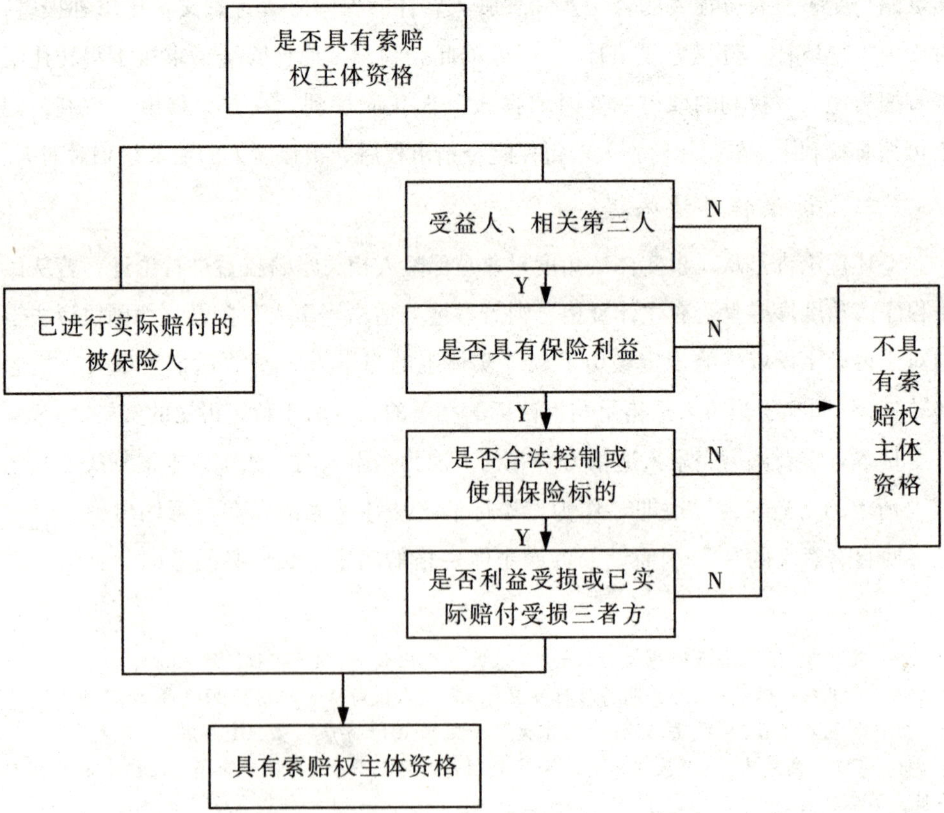

图 5

步骤一：赋予财产保险受益人和第三人索赔权

1. 保险合同中约定受益人的索赔权

《保险法》强调对被保险人保险利益的保护，而忽视了作为被保险人“基于私法自治”选择的受领保险金权利之人，受益人同样应受到法律的保护。在财产保险合同中约定受益人是基于合同当事人的自由，《保险法》应准予保险合同当事人自由选择权，打破受益人只存在于人身保险合同中的思维定式，从而使保险法与保险实践的惯常做法趋向统一。

2. 其他第三人的索赔权

此处第三人并非责任保险中受到损害的三者方，而是指被保险人（投保人）、受益人之外的其他保险事故相关第三人，例如保险车辆实际驾驶人，赋予第三人索赔权不仅能消除其行使索赔权时的种种不顺，而且能使保险合同更好地发挥保险预防风险、弥补损失的功能，同时也能杜绝部分被保险人未赔付而获赔的不当得利行为。

为解决以上问题，建议《保险法》第 12 条第 6 款作如下修改：“保险利益是指投保人、被保险人、受益人或投保人、被保险人认可的第三人对保险标的具有的法律上承认的利益。”借鉴我国台湾地区“保险法”第 5 条的规定①，将第 18 条第 3 款修改为：“受益人是指保险合同中由被保险人或者投保人指定的享有保险金请求权的人，投保人、被保险人均可以为受益人。”从而使“受益人”概念突破人身保险的限定，使私法自治原则在保险法中发挥更大作用。上述措施若得以实施，将会实现法律相关规定从无到有、从模糊到明确的转变，减少保险法立法与司法实践的矛盾，使法律的运行更加合理顺畅。

步骤二：设立条件予以合理规制

任何权利的行使都应有其边界和限制，财产保险索赔权主体亦不例外，在赋予受益人和第三人索赔权的同时，设定制度上的规制，从保险利益、合法身份、实际赔付三个方面予以考量，从而防范扩大索赔权主体范围可能带来的道德风险。

1. 是否具备保险利益。经对通行于普通法系的“利益主义”和大陆法系的

---

① 台湾地区“保险法”第 5 条：“本法所称受益人指，被保险人或要保人约定享有赔偿请求权之人，要保人或被保险人均得为受益人。”

"同意主义"[①] 原则作比较分析，受益人较之投保人对保险标的更应具有保险利益。对于财产保险而言，审判实践中应当从宽认定保险利益。[②] 借用人、租用人、保管人、承运人等主体基于自己的法律地位或利益关系，对保险标的享有保险利益。但为了避免道德风险的发生，保险利益无疑是一个有力屏障，只有因保险事故导致其保险利益受损的人，才有资格成为索赔权人。举轻以明重，责任保险中的第三人更需要保险利益。受益人是保险合同双方在合同中约定的保险金请求权人，第三人是合同订立后不特定的索赔权人，第三人的保险利益产生于其对事故第三者损失的赔付（仅在责任险中，不包括车辆损失险）。

2. 控制、使用保险标的需有合法依据。以涉机动车保险合同为例，第三人必须为"被保险人允许的合法驾驶员"，这里有两层含义：第一，被保险人允许。可以是借用、租用、挂靠、承包等法律允许的机动车使用方式，偷用、盗窃、将机动车作为犯罪工具等行为被排除在"允许"的范围之外，这种规定亦是尊重当事人意思自治的表现。这种允许也有其时间点限定，只要是在驾驶机动车时得到被保险人允许即可。实践中有因第三人驾驶机动车发生事故，导致其与被保险人交恶，被保险人不同意第三人索赔的案例。第二，合法驾驶员。即驾驶员要满足《中华人民共和国道路交通安全法》对驾驶人的资格要求，包括具有驾驶资格和驾驶与准驾车型相符的机动车。

3. 因事故导致利益受损或对事故进行实际赔付。"保险契约订立之目的在填补保险事故发生时真正受损害人之具体损失"[③]，财产保险合同遵循损失补偿原则，索赔权主体在保险事故发生时须受有损害，没有损害者不得请求赔偿。保险事故发生后，如由被保险人对三者方进行赔付，则实际驾驶人无法享有索赔权。只有以实际驾驶人本人身份进行了实际赔付，才得以享有索赔权，如以被保险人代理人身份，则索赔权仍归属被保险人。保险合同中约定受益人的，当受益人与被保险人就

---

① 姜维物：《我国保险受益人法律制度之完善》，2012 年中国青年政治学院硕士学位论文。保险利益原则前文已有论述，"同意主义原则"为"法律并不过问投保人或者受益人与被保险人之间是否存在保险利益，而是由被保险人通过自己的判断而决定何人可以作为投保人或者受益人。"

② 最高人民法院民事审判第二庭编著：《最高人民法院关于保险法司法解释（二）理解与适用》，人民法院出版社 2013 年版，第 47 页。

③ 江朝国：《保险法基础理论》，中国政法大学 2002 年版，第 150 页。

索赔权主体发生争议时，应衡量二者谁受到了实际的财产损失，如被保险人的财产因保险事故受损，则得以享有索赔权主体身份，反之，如实际受损者为约定的受益人，则由受益人享有索赔权。

（王建军　李蓓　钟鸣　天津市河东区人民法院）

保险合同不利解释原则之司法适用

【司法精要】

不利解释原则是保险合同条款中的一项富有特色的解释原则，该原则的作用主要是矫正格式合同中双方当事人的利益失衡，从而达到保护中处于弱势的保险相对人利益的目的。《中华人民共和国保险法》（以下简称《保险法》）第30条引入了该原则，但由于我国保险业起步较晚，在保险条款解释理论上研究不够充分，导致不利解释原则在司法裁判中存在诸多适用误区。而法学理论和实务界对不利解释原则的适用位阶、“争议”条款的定性、适用的保险条款范围等问题均有分歧，导致司法裁判中对不利解释原则的适用不统一、不规范，其后果可能扩大了该原则的适用范围，反而违背了设立该原则的初衷。本文以法院裁判为视角，通过对250余份案例进行统计分析，针对不利解释原则在司法裁判中的难点问题进行了深入论证。最后结合我国实际情况，对不利解释原则在司法裁判方面如何准确适用、立法层面如何完善提出了一些建议。

不利解释原则①起源于古罗马著名的法律谚语：“有疑义应为表意人不利益之解释”②，主要是指格式合同的语句有歧义或者模糊时，应采取对拟订合同条款一

---

① 我国还有学者称为“有利解释原则”，英美法系国家则称为“疑义利益解释原则”。

② ［意］桑德罗·斯奇巴奇选编：《民法大全选译》，丁玫译，中国政法大学出版社1992年版，第17页。

方或者使用格式合同一方不利的解释。[①]

随着社会经济发展，保险行业出现了保险格式条款，在提高效率的同时，亦成为保险人免除或者减轻己方责任的借口，为避免保险人与被保险人之间的利益失衡，就出现了不利解释原则。最早将不利解释原则纳入保险法领域的案例是英国的"威廉·吉朋诉理查德·马丁"保险合同纠纷案。[②] 通过此案，英国正式将不利解释原则纳入保险合同中的基本解释原则，之后其他国家也逐渐接受并确立了这一原则。

我国2009年修订的《保险法》第30条规定：采用保险人提供的格式条款订立的保险合同，保险人与投保人、被保险人或者受益人对合同条款有争议的，应当按照通常理解予以解释。对合同条款有两种以上解释的，人民法院或者仲裁机构应当作出有利于被保险人和受益人的解释。在立法上确立了不利解释原则。但该规定明显过于笼统，没有形成一定的解释制度，从而造成司法裁判中存在诸多适用误区。

一、司法裁判中适用不利解释原则的误区

笔者曾对我国G市法院2008年至2012年间保险合同纠纷案例进行了不完全统计，共收集250余例（主要为财产保险合同纠纷），其中保险公司作为被告的案件，败诉率[③]高达80%以上，而这80%的案件中有近20%左右涉及不利解释原则的适用问题。

笔者对样本案例进行统计分析后发现，司法裁判中适用不利解释原则时主要存在以下误区：一是难以正确把握不利解释原则的适用位阶；二是难以准确定性"争议"条款；三是难以明确不利解释原则的适用条款范围。下面将以案例的形式对上述难点问题逐一进行分析。

（一）把握适用位阶的难点

1. 案件基本情况和裁判结果

蔡某为其车辆投保了盗抢险，保险条款约定，驾驶人饮酒或服用国家管制的精

---

① 温世扬主编：《保险法》，法律出版社2003年版，第139页。

② 详见李玉泉编著：《保险法》，法律出版社1997年版，第146页。

③ 此处的败诉仅指保险公司需要向被保险人赔偿保险金的情况。

神药品，保险人不负责赔偿。某日凌晨一点，蔡某饮酒过量后将车停放在一公园门口休息，凌晨三点，有人用液体喷射蔡某眼睛后将车辆抢走。蔡某向保险公司索赔，保险公司以驾驶人饮酒为由拒赔。蔡某遂诉至法院，其认为“驾驶人”应当是指驾驶车辆处于行驶状态的人，其被抢时车辆处于静止状态，蔡某在车上休息，故不能将蔡某理解为“驾驶人”。在保险人未对“驾驶人”的概念有明确解释的情况下，人民法院应当作不利于保险公司的解释，由保险公司赔偿。

法院认为，蔡某饮酒过量后将车停在被抢地点休息，蔡某处于驾驶座上，汽车没有熄火，其有能力随时直接驱动汽车，应视为驾驶人，保险公司主张免责有理。关于免责条款中“驾驶人”概念的解释问题，按文义解释，该条款并未明确约定“驾驶人”仅指车辆行驶状态中的驾驶人；按目的解释，该条款的目的是要求驾驶人履行安全注意义务，避免因酒后驾车增加保险风险。如果将“驾驶人”解释为行驶车辆的驾驶人，与该免责条款设立目的不符。故通过文义解释及目的解释可以明确免责条款设立的意图和含义，不需要运用不利解释原则，免责条款有效。最终，一、二审法院均判决驳回蔡某的诉讼请求。①

2. 案例反映的问题

（1）不利解释原则被认为应当优先适用

《保险法》第30条明确将不利解释原则确定为补充性的原则，也就是说不利解释原则应当在其他解释原则无法将保险条款解释清楚的情况下才予以适用。但实践中有法官或者当事人误认为只要对保险条款的解释产生争议，就优先适用不利解释原则。如案例中蔡某就认为如何理解“驾驶人”的概念有争议，应当适用不利解释原则，但法院通过文义解释、目的解释原则明确了保险条款的意思，不存在适用不利解释原则的必要。

（2）“通常解释”的说法过于笼统

对于保险合同中的格式条款，《保险法》规定先要按照通常理解予以解释，只有在按通常解释有两种以上解释的，才可能适用不利解释原则。但哪些解释原则属于“通常解释”，“通常解释”到何种程度可以认定含义已经清楚了，《保险法》并未规定。一旦法官认为保险条款难以解释，可能就会怠于探寻当事人的真实意思表

---

① 摘自广东省广州市中级人民法院（2009）穗中法民二终字第223号民事判决书。

示而适用不利解释原则，判决保险人败诉。

（二）定性“争议”条款的难点

1. 案件基本情况和裁判结果

A公司因运输货物向保险公司投保运输险，该运输险分为基本险和综合险两种险别，基本险的保险费为300元，综合险的保险费为1800元。在A公司持有的保险单（正本）中手写注明了保险费为1800元，但未注明险种，只在基本险项下划了“√‰”（如下图所示）：

投保人	被保险人	保险金额（元）	保险费率		保险费（元）
			基本险	综合险	
陈X	A公司	600000	√‰	‰	1800

注：图中的“√”和“1800”字样为手写。

但保险公司持有的保险单（副本）上注明的保险费为300元，也未注明险种。后A公司的汽车在运输途中，为了闪避他人车辆造成货物坠落，损失价值为12万元，A公司向保险公司索赔。保险公司认为，保险单（副本）中注明的保险费为300元，故A公司购买的应为基本险。根据基本险的规定，车辆未发生碰撞保险公司不承担保险责任。

法院认为，涉案保险单正本和副本对于保险费金额的记载不一致，保险单上未明确记载投保的是基本险还是综合险，在“保险费率”栏仅是打了个勾，导致双方当事人对保险费金额和投保的具体险别产生争议。保险公司作为专业保险机构，有责任出具内容明确的保险单，引发争议的责任在于保险公司，根据《保险法》第30条规定，应作有利于被保险人的解释，故一、二审法院均采纳A公司已支付1800元和投保综合险的主张，判决保险公司赔偿保险金12万元。①

2. 案例反映的问题

（1）是否有“争议”就适用不利解释原则

上述案例中，原、被告对交纳的保费金额和承保险别发生争议，法院也认为确实存在不同的两种解释，也就是“有争议”，才有适用不利解释原则的必要。但司法裁判中，有人认为只要有“争议”，就要适用不利解释原则，而并不去考究这些

---

① 摘自广东省广州市中级人民法院（2011）穗中法民二终字第1262号民事判决书。

"争议"是人为造成的，还是客观存在的，是否属于保险法意义上的"争议"。

(2)"争议"与"疑义"之争

我国保险法立法中采用的是"争议"的概念，但很多学者指出，应以存在"疑义"来作为适用不利解释原则的前提条件。从司法裁判来看，很多法院并没有严格区分"争议"和"疑义"，甚至将当事人的争吵也视为"争议"，并适用不利解释原则，这样做实际会扩大不利解释原则的适用范围，对于保障当事人的权益来说并不公平。

(三) 明确适用条款范围的难点

1. 案件基本情况和裁判结果

徐某为其车辆向保险公司投保了交强险、车辆损失险、盗抢险等险别，保险单中记载"未上牌"，保险期间为2009年3月27日零时起至2010年3月26日二十四时止。2009年4月15日，徐某驾车在高速公路行驶时操作失误，撞坏护栏，交警部门认定徐某对事故负全部责任。徐某支付了赔偿费、车辆维修费等合共15600元。后徐某向保险公司索赔，保险公司认为，徐某的车辆自购买之日（2009年3月26日）至事故发生之日尚未上牌，根据保险条款约定，"除另有约定外，发生保险事故时被保险机动车无公安机关交通管理部门核发的行驶证或号牌或未按规定检验或检验不合格"，保险公司可以免责。由于保险车辆在事故发生时未领取行驶证或号牌，保险公司拒赔。

法院认为，保险单上明确载明"保险期间自2009年3月27日零时起至2010年3月26日二十四时止"；在该保险单的"特别约定"中，仅注明"盗抢险保险责任自本保险车辆领取正式号牌之日开始，至本保险合同所载保险期限的终止之日24时终止"，故在没有特别约定的情况下，车辆损失险和第三者责任险的保险期间应适用保险单关于保险期间的一般约定，即自2009年3月27日零时起算。本案保险事故发生在保险期间内，保险公司应对此承担保险责任。涉案保险单关于保险期间的约定应视为该免责条款中的"另有约定"，故本案不应适用上述免责条款。而且，免责条款为保险公司提供的格式条款，而保险单中关于保险期间的约定为非格式条款，根据《中华人民共和国合同法》（以下简称《合同法》）第41条的规定，"格式条款和非格式条款不一致的，应当采用非格式条款"，故保险单中关于保险期间的约定应优先适用。根据《保险法》第30条的规定，在有争议的情况下，对该免责条款应作有利于被保险人的解释。最终一、二审法院均判决由保险公司向徐某赔偿保险金15600元。①

2. 案例反映的问题

（1）不利解释原则应当适用于格式条款

根据《保险法》第30条的规定，只有格式条款并且对于该格式条款有两种以上的合理解释，才能适用不利解释原则。也就是说，必须同时符合这两项条件才能适用不利解释原则。上述案例中，法院认为关于车辆损失险保险期间的约定是投保人与保险人的另行约定，属于非格式条款，应当采信非格式条款，这种理解是正确的。但法院同时又认为存在争议，应当适用不利解释原则，笔者认为值得商榷。既然保险期间的约定已经是特别约定，而保险单上对保险期间记载得也很清楚，不存在两种以上解释"争议"条款。

（2）非格式条款能否适用不利解释原则

《保险法》第30条的规定否定了非格式条款适用不利解释原则的可能。但现实生活中，还包括很多类型的保险条款。比如有些保险条款是由保险人和投保人双方共同协商而拟定的；保险公司拟定保险合同过程中，有些保险条款必须经过保险监管机构的审批；还有一些由保险监管机构制定的保险条款等。这些类型的条款并非严格意义上的格式条款。司法裁判中遇到这类条款时，能否适用不利解释原则，目前没有统一观点。

二、正确适用保险合同不利解释原则之探析

保险人在保险条款起草过程中，往往将自己的利益最大化而尽量减轻保险相对人的权利，在对保险条款理解发生争议时，保险相对人往往处于弱势地位。因此正确适用不利解释原则，对于维护被保险人及受益人的利益具有重要意义。

（一）不利解释原则的适用位阶

1. 在适用位阶上，无论是英美法系还是大陆法系的理论，都将不利解释原则作为格式条款解释的补充性原则。英国学者克拉克指出"不利解释原则是可供适用的第二位的解释原则，该原则在其他解释原则无法确定保险合同含义的情况下方可

---

① 摘自广东省广州市中级人民法院（2009）穗中法民二终字第1817号民事判决书。

采用。”① 但在我国司法裁判中曾长期将不利解释原则作为第一位的解释原则而优先适用。这种误解源于我国在曾经的立法中对于不利解释原则的规定。例如2002年《保险法》第31条规定，对于保险合同的条款，保险人与投保人、被保险人或者受益人有争议时，人民法院或者仲裁机关应当作有利于被保险人和受益人的解释。这样的规定直接排除了其他解释原则，将不利解释原则作为第一位的解释原则，导致只要发生争议就适用不利解释原则，该条规定因此而饱受诟病。后2009年《保险法》第30条对此修订为“采用保险人提供的格式条款订立的保险合同，保险人与投保人、被保险人或者受益人对保险条款有争议的，应当按照通常理解予以解释。对保险条款有两种以上解释的，人民法院或者仲裁机构应当作出有利于被保险人和受益人的解释。”才在立法上将不利解释原则确定为补充性原则，这是保险法立法上的重大进步。

2. 对《保险法》第30条中的“通常理解”如何理解？《保险法》第30条规定，对保险条款发生争议时“应当按照通常理解予以解释”。此规定过于笼统，究竟哪些解释原则属于“通常理解”可以适用的原则？解释到何种程度可以认为解释清楚了？难以把握。《合同法》第125条对于合同解释规定：“当事人对合同条款的理解有争议的，应当按照合同所使用的词句、合同的有关条款、合同的目的、交易习惯以及诚实信用原则，确定该条款的真实意思。”该条体现了合同的几种主要解释方法，如文义解释、目的解释、习惯解释、诚实信用解释原则。因此笔者认为，“通常理解”首先可以适用《合同法》第125条的解释原则。除此之外，还可以运用整体解释原则、专业解释原则等解释合同条款。总之，应当先穷尽常用的基本解释方法，以确定合同条款是否真正存在疑义。至于如何认定“解释清楚”，应当解释到普通人能够理解的程度。

（二）“争议”条款的定性

1. “争议”条款的识别

在保险合同纠纷中，为了达到胜诉的目的，当事人会将一些本为清晰的条款断章取义，曲解原意，人为造成“争议”，这属于主观性争议。如果对保险条款进行

---

① ［英］Malcolm A Clarke：《保险合同法》，何美欢、吴志攀译，北京大学出版社2002年版，第356页。

通常解释后确实存在两种或两种以上的含义，且几种含义均难以取舍，这属于客观性争议。主观性争议并非《保险法》意义上的“争议”，是人为制造的争议，因此法院首先应当对条款进行识别，识别其是否属于真正的争议。只有客观性争议才能适用不利解释原则。对于那些通过通常解释原则就能厘清意思的保险条款，不应再适用不利解释原则。

2. 用“疑义”作为确定适用不利解释原则的标准

“争议”不同于“疑义”，“争议”的外延大于“疑义”。由于我国法律规定不利解释原则适用的条件是有“争议”，所以司法裁判中法院通常不会深究“争议”与“疑义”的区别。而古罗马法学家认为：“内容含混或者书写不清的简约不利于卖方和贷方，因为他们在起草简约时本该书写得更清楚”[①]，因此，合同内容模糊不清才是适用不利解释原则的前提条件。笔者同意用“疑义”作为确定是否适用不利解释原则的标准。原因在于：第一，虽然当事人对保险条款有争议是对条款进行解释的必要前提，但并不能视为适用不利解释原则的充分条件。只有对争议条款经充分解释后仍存在疑义的情况下才能适用不利解释原则，因此，有“疑义”才是适用不利解释原则的真正前提条件。第二，从语法上来说，“争议”既可以用作动词，也可以用作名词。也就是“争议”这一词语本身就可能产生歧义。而“疑义”只能是名词，是客观存在的，“疑义”不能被创造，只能被发现。所以用“疑义”作为区分是否适用不利解释原则的标准应该更加准确，更好操作。

（三）不利解释原则的适用条款范围

《保险法》规定将不利解释原则适用于格式条款，因此准确定义格式条款就能确定不利解释原则的适用范围。格式保险条款，是指“合同当事人一方为了将来与不特定多数当事人订约之用而预先拟定的，并在订立合同时未与对方协商的保险条款”。[②] 但在保险合同中，除了格式条款外，如前文提到的，还存在一些其他类型的条款，且使用的频率越来越高，对这些条款能否适用不利解释原则？

1. 关于保险人和投保人双方协商的约定条款，在缔结合同的过程中双方当事

---

① ［意］桑德罗·斯奇巴奇选编：《民法大全选译》，丁玫译，中国政法大学出版社 1992 年版，第 17 页。

② 苏号朋：《格式保险条款研究》，中国人民大学出版社 2004 年版，第 42 页。

人的地位是平等的，达成的条款内容也是双方当事人的合意，因此双方的约定只要没有违反法律禁止性、强制性规定，属于当事人对自己权利的依法处分，无须再适用不利解释原则。

2. 对于审批条款，理论和实务界存在不同观点。一种观点认为，由于这些保险条款由保险监管部门审批，并非单独反映合同制定者保险人的意志，如再适用不利解释原则，显然不当。[①] 另一种观点认为，保险监督管理机构虽然在审批保险人起草的保险条款时有义务对不公平条款不予审批，但实际上保险监管部门也难以超脱于保险行业之上，如果排斥不利解释原则会使被保险人失去法律救济，为规范保险活动和保护投保方利益的审批制度反而会成为保险人利用模糊用语损害被保险人权益的保护伞。[②] 笔者认为，审批条款虽然经过保险监管机构的审批，但主要还是由保险人拟定并呈批的，条款所反映的内容就不能排除保险人在拟定条款过程中对己方利益的最大保护。虽然保险监管机构对保险人制定的条款进行审批的核心目的在于确保保险相对人的利益可以得到国家规定的最低限度的保护[③]，但保险监管机构对被保险人所能提供的最低限度保护显然是不够的。因此，对于审批条款仍应适用不利解释原则。

3. 保险监管机构制定的条款。这些条款，不仅是为了加强保险条款统一化的进程，更重要的是为了有效规范保险活动，平衡保险人和保险相对人的利益，是一国政府对保险市场行政调控的产物。[④] 多见于保险合同的通用条款。有学者认为，虽然这些指导性条款由政府制定，但其内容仍然主要是建立在由保险人特别是经验丰富的大型保险人拟就的格式保单条款的基础上，保险相对人依然难以全面知晓保险合同的性质和内容，因此当法定条款有歧义时，仍应作有利于保险相对人的解释。[⑤] 也有学者认为，这种格式条款虽有法律规定的某些表征，即一方提供、反复适用和未与对方协商，但非保险人“预先拟定”，此种场合如使其承担不利解释的

---

① 李勇杰：“试论保险合同的解释原则”，载《现代财经》2005 年第 2 期。

② 程兵、严志凌：“论保险合同条款的不利解释原则”，载《法学》2004 年第 9 期。

③ 张儒芳、张胜利：“保险合同有利解释原则的法律分析”，载《科技创业》2006 年，第 6 期。

④ 王江凌、郭建斌：“‘不利解释人解释规则’相关法律问题研究”，载《保险研究》2006 年，第 1 期。

⑤ 邹海林：《保险法》，人民法院出版社 1998 年版，第 101 页。

责任不符合民法归责原则，且不符合不利解释原则使用的法意。因此，不应将此类条款作为格式条款运用不利解释原则解释。①

笔者认为，这类条款不应再适用不利解释原则。原因在于：第一，从法理学角度看，这类条款拟定的目的在于对保险人和保险相对人的利益进行合理分配，也就是保证实质上的公平，所以这类条款对于保险合同双方当事人是平等适用的。既然双方当事人的法律地位并没有出现失衡，就不需要法律进行矫正。第二，从经济学角度看，制定这类条款的目的是国家期望保险市场能够健康发展，因此这类条款的内容多具有时代性、政策性，如果法律过于压制或者保护一方利益，不利于保险市场的健康发展。第三，从社会学角度看，保险人除了是商业经营者的角色，还承担着一定的社会功能。这类条款就是为了规范市场，保护社会公共秩序而产生的。从这个意义上说，对这类保险条款发生争议时，不应再适用不利解释原则。

三、完善保险合同不利解释原则之路径

不利解释原则的本意在于矫正保险人与被保险人之间的利益失衡，但司法裁判中存在误用该原则的问题，有时甚至矫枉过正，以至无法正确保障当事人的合法权益，并且损害了司法权威。如何走出司法裁判的误区，正确适用和进一步完善保险合同的不利解释原则，完美的处理方式是既能够肯定条款效力又能够倾斜保护交易者。②

（一）在司法裁判中准确适用不利解释原则

1. 要准确识别疑义条款

法官在司法裁判中尤其要注意区分主观性争议和客观性争议，只有客观性争议才是保险法意义上的争议，才能适用不利解释原则，不能陷入当事人一闹就视为争议，一争议就适用不利解释原则的误区。至于如何判断是否有疑义，根据美国法院对疑义性的判断标准，分为四种：完美标准、惩罚性标准、多数主义者标准、普通读者标准。其中普通读者标准是指根据具有正常的、合理理解能力的、未经专业训

---

① 胡泰来："反立约人解释规则研究"，载《保险研究》2004 年第 12 期。

② 曹兴权、罗璨："保险不利解释原则适用的二维视域——弱者保护与技术维护之衡平"，中国私法网，http//：www. privatelaw. com. cn/Web_ P/N_ Show/？PID =9448，最后访问日期：2014 年 7 月 5 日。

练的合同阅读者在阅读该合同时，是否能诚实地对其含义产生歧义来判断，如果说具有正常理解能力的第三人对保险合同条款并未看出歧义，则即便当事人对该条款理解有争议，也应当认为保险条款意思清晰明白，而不适用不利保险人解释原则。[①]普通读者标准已得到各国认可笔者认为也是较为适合我国的标准，也就是说解释条款的含义要达到普通人可以理解的程度。

2. 要充分尊重当事人的意思自治

在民事法律关系中，除非存在显失公正或重大误解的事由，合同解释均不得排除当事人意思自治，不利解释原则亦应如是。司法裁判中，部分法院会因当事人理赔不顺而迁怒于保险公司，认为保险公司拒赔无理，因此对于保险条款的解释过于倾向有利于被保险人，判决保险公司败诉，这种做法不符合法律公平价值的要求。因此法官在司法裁判中要严格遵从法律原则的理念，一方面准确把握不利解释原则的补充性特征，合理地运用解释原则；另一方面要尽量寻求当事人的真实意图，避免对保险条款的随意解释，从而保护商事交易的稳定性，避免矫枉过正。

3. 做到通常解释原则与不利解释原则并用

不利解释原则的功能在于为有争议的解释提供解决问题的手段或途径，并不能单独发挥作用，也不能取代合同解释的一般原则，必须与其他解释原则一起适用时才能发挥其功能。判断是否是真正的争议，必须通过通常解释原则进行释意，而非只适用不利解释原则。关于保险条款的含义，法官在司法裁判中应当从投保单、保险单等具体文件的反映中去理解当事人的真实意图。如果属于保险合同条款模糊不清等，法官应当正确选择适用保险合同的解释原则，包括文义解释、目的解释、整体解释、习惯解释、诚信解释以及不利解释原则，尤其是正确把握不利解释适用的范围、方式和条件等，以探求双方当事人的真正意思，实现保险合同解释对实质公平和正义的追求。[②] 总之应当先穷尽一般的解释原则，之后仍存在疑义的情况下才能适用不利解释原则。

（二）从立法层面上完善不利解释原则

从 1995 年我国制定第一部《保险法》后，2002 年、2009 年两次进行修订，后

① Travelers Indemnity Co. v. Armstrong，384 N. E. 2d 613（Ind. App. 1979）。

② 吴庆宝主编：《保险诉讼原理与判例》，人民法院出版社 2005 年版，第 45 页。

又陆续出台了《保险法》司法解释（一）（二），但仍不够完善，因此建议在立法方面采取以下措施：

1. 为了进一步明确不利解释原则的适用位阶，对《保险法》第30条中的“通常理解”，在司法解释中加以说明，明确该“通常理解”是以《合同法》第120条的规定为基本解释原则，在适用基本解释原则仍不能达到解释目的的，可以适用其他解释原则，尽量穷尽各种解释原则，达到准确释意当事人的真实意思表示。解释的标准要达到普通人可以理解的程度。

2. 鉴于“争议”与“疑义”的区别，将《保险法》第30条中“保险人与投保人、被保险人或者受益人对保险条款有争议的”修改为“保险人与投保人、被保险人或者受益人对保险条款有疑义的”，将有“疑义”作为适用不利解释原则的前提条件。

3. 由于《保险法》第30条只规定了不利解释原则适用于格式条款，其范围过于狭窄，不利于保险业的发展，因此在司法解释中应明确审批条款也应当适用不利解释原则，并明确规定当事人地位相当的保险条款，不再适用不利解释原则。

（余彬　广州铁路运输中级法院）

建筑公司项目部对外签订合同之效力认定及法律责任承担

【司法精要】

近几年人民法院受理的案件中，建筑公司项目部作为一方当事人的情况越来越多，并呈现出逐年增长的态势。根据传统民法理论，建筑公司项目部并不具备民事主体资格，但却对外进行着相当的经营活动。如何正确认定这些合同的效力，并合理区分各交易主体的责任承担方式，现行法律缺乏具体明确的规定，实践中也颇具争议，人民法院在处理这些案件时亦认识不一。笔者对此进行专题调研，在分析所收集的所在中级人民法院及辖区基层人民法院近五年商事裁判并进行问卷调查的基础上，对建筑公司项目部的主体资格、对外所签合同的效力及责任承担方式进行分析论证，认为建筑公司项目部虽不具备主体资格，但不应轻易否定合同的效力，只是合同所约束的主体存在不同；在对责任承担进行法律分析和现实分析后，根据合同性质的不同，提出买卖合同可依据表见代理制度认定均由建筑公司承担责任，借款合同一般不构成表见代理，由行为人承担责任，担保合同原则上不构成表见代理，应严格依法作出认定。

建筑公司项目部（以下简称项目部）作为建筑公司设在施工现场的管理机构，系一次性临设机构。① 审判实践中，项目部所涉纠纷②案件不仅数量较大，案由多样，且两级法院多有不同认识。笔者以所在中级人民法院及辖区基层人民法院近五年（2009年~2013年）审理该类纠纷的商事裁判为主要研究样本，试图通过实证分析，为依法准确认定该类纠纷涉及的相关法律问题并统一裁判尺度，妥善解决该类纠纷进而规范建筑市场的健康发展提供参考。

一、实证调研的现状分析

（一）审判数据的调查分析

笔者经分析研究样本，发现：

1. 案件数量逐年增长

2009年至2013年间，笔者所在中级人民法院受理该类案件的数量分别为25件、58件、69件、78件、85件，而同时期各辖区基层人民法院共受理该类案件的数量分别为105件、147件、169件、195件、216件。该类案件的数量呈现逐年增长态势，既与项目部参与市场经济交往增多有关，也在一定程度上反映了建筑业的非健康发展状况。

---

① 关于建筑公司项目部的含义，可参见原国家建设部批准施行的《建设工程项目管理规范》（GB/T50326－2006）第2.0.11条：项目经理部（或项目部）是由项目经理在企业法定代表人授权和职能部门的支持下按照企业的相关规定组建的、进行项目管理的一次性的组织机构。

② 因本文仅研究项目部所涉纠纷案件，故为行文方便，后文将项目部所涉纠纷统一简称为该类纠纷，项目部所涉纠纷案件统一简称为该类案件。

2. 合同性质多种多样

该类纠纷所涉及的合同性质，包括买卖合同、借款合同、担保合同、租赁合同、运输合同、财产保险合同等，反映出项目部作为经营主体参与市场交易的多样性和广泛性，对发展市场经济、促进市场繁荣发挥了积极作用。

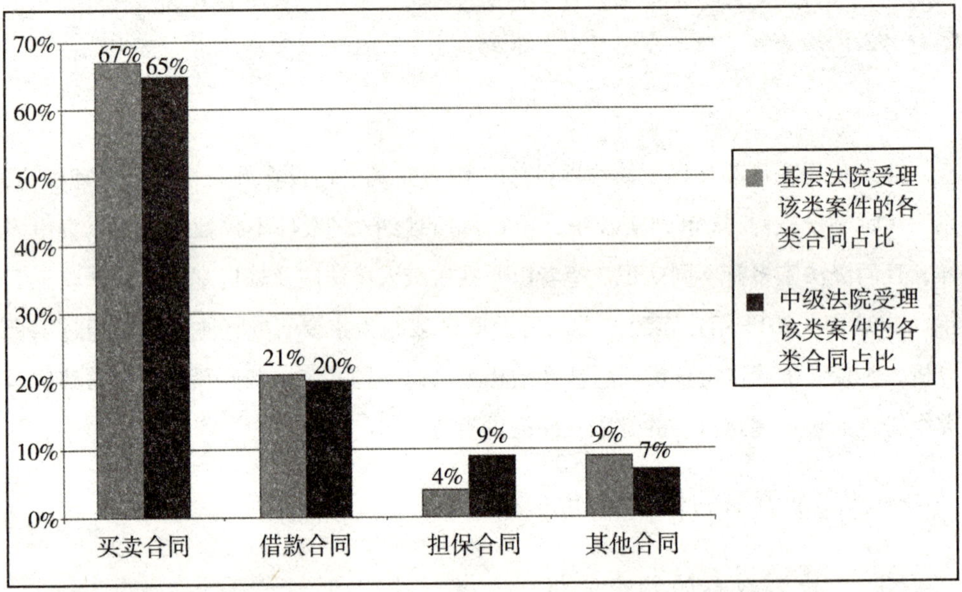

图一：某中级法院及辖区基层法院受理该类案件中各类合同的占比情况

从图一可见，在某中级人民法院和基层人民法院受理的该类案件中，买卖合同均占据了绝对比例，反映出买卖合同仍然是经济交往中最重要的合同类型；中级人民法院受理的担保合同类纠纷所占比例超过了其在基层人民法院所占比例，表明此类纠纷的上诉率明显高于其他合同类型，一定程度上反映出当事人诉求的强烈及实践中对该类合同的认识分歧。

3. 裁判认定不尽一致

以判决方式结案的案件中，人民法院对大部分合同都认定为有效，但也存在着一审法院认定为无效而二审法院认定为有效的情况，反映出两级法院对于部分合同的效力存在不同认识，进而直接影响着合同责任的承担。此外，在鼓励调解、倡导和谐的大环境下，相当数量的案件以调解、撤诉方式结案，但仅有少数裁判文书明确了法官的观点，据了解，大部分的调解、撤诉案件都是法官基于回避效力认定等问题而积极协调的结果。

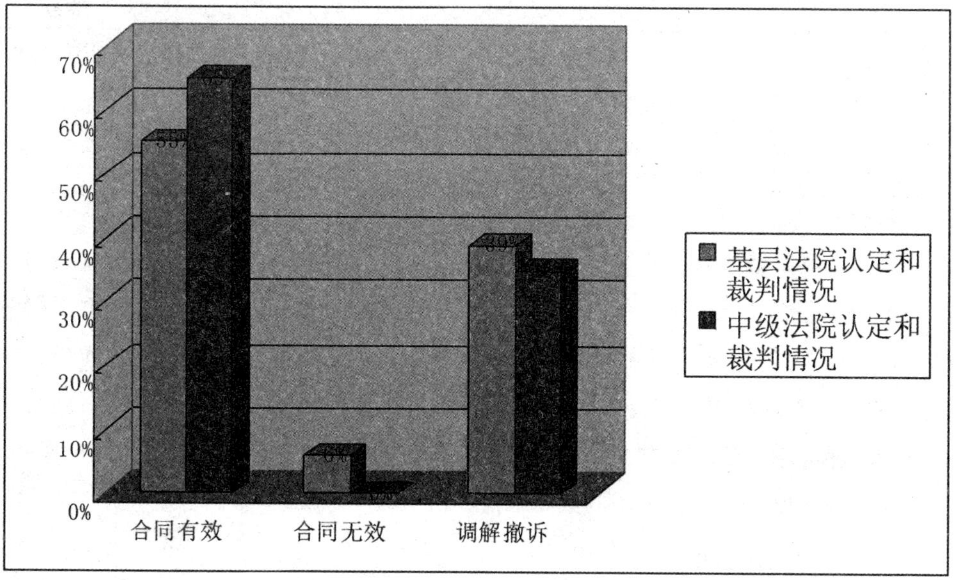

图二：某中级法院及辖区基层法院对合同效力的认定和裁判方式情况

（二）调查问卷的统计分析

鉴于对合同效力等问题认识不一，笔者先后向全市各级法院的法官、各高校的专家学者、律师和建筑公司法务人员等发放调查问卷共计405份，回收有效问卷321份。

调查问卷涉及的主要问题有：未领取营业执照和已领取营业执照的项目部是否具有民事主体资格，能否承担民事责任；如能，则与建筑公司如何承担责任；项目部对外签订各种合同的效力如何认定；项目部经理签字的效力认定及责任承担；对该类纠纷所承载的利益如何衡量、取舍等。围绕这些问题，笔者就调查问卷的反馈情况作如下统计：

项目部主体资格与责任承担问卷统计表

主体资格与责任承担	未领取营业执照的项目部		领取营业执照的项目部	
	份数	占比	份数	占比
无主体资格	306	95.43%	117	36.57%
有主体资格	15	4.57%	204	63.43%
能承担责任	37	11.43%	211	65.71%
不能承担责任	284	88.57%	110	34.29%

续表

主体资格与责任承担	未领取营业执照的项目部		领取营业执照的项目部	
	份数	占比	份数	占比
公司直接承担	299	93.14%	221	68.97%
公司补充承担	22	6.86%	100	31.03%

另外，对于债权人、建筑公司及项目部的利益衡量，认为应优先保护债权人、维护市场公平的共114份，占35.48%；认为应注重建筑公司权益、不应过于严苛的共34份，占10.59%；认为应平等保护，寻找各方利益平衡点的共173份，占53.76%。对于现实中不符合法律规定的情形，认为应尊重社会发展现实，调整法律规定以适应现实状况的共94份，占29.36%；认为应发挥法律指引、评价作用，严格法律规定以引导社会现实的共227份，占70.64%。

（三）特别说明

1. 根据前述图一，项目部所涉合同虽性质多样，但以买卖合同、借款合同和担保合同三种占比最多，且最典型。基于此，下文将针对该三种类型的合同进行分析。其他如租赁合同等，因与买卖合同类似，不再单独加以论证。

2. 根据前述图二和调查问卷统计表，司法实践中对于合同效力存在不同认识，根本原因在于对项目部是否具有民事主体地位存在认识分歧，同时对于参与交易的各方市场主体是否应当承担责任及如何承担责任亦存在不同认识。

笔者同时搜索了全国其他法院的官方网站，发现多地法院官网上近年均有关于项目部所涉纠纷的讨论文章。① 可见，该类纠纷在短期内大量增加的情况已经引起了一线法官的广泛关注，并以讨论文章的形式表达了对该类纠纷涉及的相关法律问题存在的不同认识。

二、项目部所签合同的效力分析

（一）项目部主体资格之论

项目部系建筑公司临时性内设机构，能否取得“其他组织”的法律地位呢？理

---

① 如江苏省南通市中级人民法院、山东省聊城市中级人民法院、安徽省蚌埠市中级人民法院、云南省昭通市中级人民法院、江西省九江市庐山区人民法院、河南省焦作市解放区人民法院等。

论界和实务界有以下几种认识：

第一，项目部只是诉讼法上的“其他组织”而非实体法上的“其他组织”。其主要理由为，“现代社会中，诉讼权利能力与实体权利能力的有限分离成为一个带普遍性的趋势。无论是大陆法系国家还是英美法系国家，非法人团体的民事诉讼当事人资格都得到了普遍的承认，但其民事主体资格却未获得普遍的认同。承认民事诉讼权利能力与民事权利能力的分离，也就必须相应的承认民事诉讼当事人与民事主体的分离。”① 甚至有观点认为，非法人团体领域民事主体资格与当事人能力的分离即为我国“其他组织”的特殊性表现。②

第二，项目部是诉讼法和实体法上的“其他组织”。其主要理由为，“具有当事人资格者，应当具备民事主体资格；享有了民事主体资格者，应当赋予其当事人资格。在非法人团体领域，民事主体与诉讼主体应该具有内在的统一性。只有依照实体法规定能够承载权利义务即为民事主体，才有可能在诉讼中享有诉讼权利承担诉讼义务，才不至于使法院之判决沦为形式。”③ “在主体的范围和类型上，实体法和程序法必须保持统一，而不能出现丝毫偏差，实体法上的民事主体与程序法上的诉讼主体仅是同一主体在不同法律制度中的不同身份，即以抽象层面观之，民事主体与诉讼主体应是内涵有别但外延一致的。”④ 因此，诉讼法上的界定应适用于实体法，项目部如成为诉讼法上的“其他组织”，则亦可享有民事权利，承担民事责任。

第三，项目部既非实体法上的“其他组织”，亦非诉讼法上的“其他组织”。实务中的观点认为，《最高人民法院关于适用〈中华人民共和国民事诉讼法〉的解释》第52条中所列举的个人独资企业等“其他组织”可作为认定其他未列举的组织的参照，但项目部显然不符合这些“共性”特点，譬如，这些“其他组织”的设立都经过登记核准，具备可供判断的外在标志即领取了营业执照等；有固定的工

---

① 肖建国：《民事诉讼程序价值论》，中国人民大学出版社2000年版，第412页。

② 参见邱曼丽：“从民事主体资格与当事人能力的分离看我国其他组织的特殊性”，载《北京交通管理干部学院学报》2004年第4期。

③ 谭启平：“民事主体与民事诉讼主体有限分离论之反思”，载《现代法学》2007年第5期。

④ 谭启平：“民事主体与民事诉讼主体有限分离论之反思”，载《现代法学》2007年第5期。

作场所，可据以确定管辖、送达文书等；具备相应的组织机构、人员，存续状态具有稳定性等等。

笔者认为，第一、二种观点的前提在于项目部已经依法履行了设立的相关手续包括申领营业执照等，成为了诉讼法上的其他组织，因此第三种观点更具可采性，但对诉讼主体中“其他组织”的认定标准可适当放宽。即项目部一般仅为建筑公司内设机构，不具备民事主体资格，但建筑公司以文件设立并领取了营业执照的项目部可以被视为诉讼法上的“其他组织”，参与诉讼。有观点甚至认为，法律应明确规定设立项目部必须进行工商登记，否则不允许设立。[①] 这不但有利于法院查清案情，维护各方当事人的合法权益，也有利于市场主体防范交易风险，有利于相关行政部门加强对建筑公司及其项目部的有效监管，促进建筑行业的健康发展。

（二）合同效力的基本观点

基于对当事人自主权利的尊重，为了确保交易的安全、便捷，我国立法将通过公权力确认合同无效的法定事由作了明确规定。[②] 法律在具体制度设计上给予了市场交易以最大程度的支持，故司法审查不宜轻易否定合同的效力。基于此，下文对该类合同所涉及的基本问题进行总的梳理。

1. 基于合同形式的区分

根据收集的裁判文书，项目部所涉合同的形式主要包括：(1) 项目部根据建筑公司授权签订并加盖项目部印章的；(2) 项目经理或负责人根据建筑公司授权签订的；(3) 项目部无建筑公司授权而以建筑公司名义签订但加盖项目部印章的；(4) 项目部以自己名义签订并加盖项目部印章的；(5) 项目经理或负责人以项目部名义签订的。

前两种合同，因系基于合法有效的授权行为而形成，应认定建筑公司与相对人之间成立合同并生效；后三种合同，系项目部或项目经理、负责人缺乏授权形成，认定较为复杂，故后文着重针对该三种情形进行论证。

2. 基于代理法律制度的基本观点

项目部缺乏建筑公司授权签订合同，是现实生活中最常见的情形，也是人民法

---

① 王俊霞、张莉蔚：“建设工程项目部的诉讼主体资格及责任承担的思考”，载《前沿》2012年第9期。

② 王强、靳玉馨：“约定资金占用费的房屋买卖合同之性质”，载《人民司法·案例》2009年第12期。

院受理该类纠纷中出现最多的情况。

《合同法》第48条规定了狭义无权代理行为，其法律后果因被代理人有追认权或拒绝权而处于效力待定状态。如果追认，则该无权代理转变为有权代理，所订合同对被代理人产生拘束力，由被代理人承担民事责任；如果不予追认，则所订合同对被代理人不发生效力，其民事责任自应由行为人承担。前述三种情形下，如建筑公司事后对项目部的行为予以追认，则该行为对建筑公司发生法律效力，反之，该行为对建筑公司不发生法律效力。

除狭义无权代理外，《合同法》第49条还规定了表见代理制度。构成表见代理，发生与有权代理相同的法律后果，由被代理人向相对人承担责任。前述三种情形下，如相对人有理由相信项目部的行为是在建筑公司授权范围之内，则该行为对建筑公司发生法律效力，反之，该行为对建筑公司不发生法律效力。

3. 基于商主体谨慎注意义务的观点

商主体是以营利为目的，经常、反复、持续从事特定商事活动为业的民事主体。相比普通民事主体，商主体具有更多的商品或服务专业信息、更多的技能与经验、更强的风险识别与控制能力，比普通民事主体具有一定的专业性。“商人的专业性决定了三项重要原则……就谨慎和注意义务而言，商人在开展属于其经营范围之内的商事活动时负有较高程度的尽职调查义务。”① 因此，商主体应负有较高程度的审慎注意义务。

就建筑相关行业而言，作为项目部相对方的商主体在拟与项目部签订合同时，应负有审慎的注意义务，包括认真审查项目部所获授权的情况和项目经理的代理权限，甚至在发现授权不明情况下向建筑公司的进一步核实。如行为人缺乏授权而擅自代表公司与相对方签订合同，但相对人未能尽到审慎的注意义务而盲目相信了行为人，其因自身的审查过失显然不能构成善意且无过失。

4. 基于项目部印章的基本观点

实践中，因项目部印章基本都未到公安机关印章管理部门进行登记备案，使用混乱的情况大量存在。走访中，诸多建筑公司表示，根据事后清查发现，项目经理

① 刘俊海：“法官如何裁决商人纷争”，载《人民法院报》2012年2月27日，第2版。另，关于商主体的专业性、独立性，还可参见赵万一：《商法的独立性与商事审判的独立化》，载《法律科学》2012年第1期。

持有印章后并未按规定妥善管理、使用印章，事后盖章、时间倒签、虚盖印章等事件时有发生，严重侵害了建筑公司的合法权益。笔者认为，因项目部印章未到公安机关登记备案，根据我国印章刻制和使用的相关规定，该枚项目部印章并不能作为项目部甚至建筑公司对外意思表示的象征，也不能直接视为构成表见代理的充分依据，只能作为印章持有人（一般为项目经理或负责人）的意思表示。

（三）项目部所签合同的具体效力分析

基于上述基本观点的厘清，笔者将依据合同的不同性质，对项目部缺乏授权而签订的合同效力逐一进行分析：

1. 买卖合同效力分析

以项目部为买方的买卖合同中，对于缺乏授权签订的合同，建材供应商应负有审慎注意义务，人民法院应以相对人签订合同时是否“确有理由相信其具有代理权从而基于善意”作为标准来认定是否构成表见代理。合同相对人在主观上是否出于善意、有无过失是表见代理认定的重要依据。① 相对人善意且无过失的判断标准是其是否知道行为人没有代理权、超越代理权或者代理权已经终止。对无过失的判断，有法官认为：一是考察行为人代理权外观的真假程度。一般说来，行为人代理权外观的可疑之处越多，可疑程度越高，则相对人信赖的正当性、合理性程度就越低；二是考察相对人是否尽到谨慎审查义务。一般而言，对于不熟悉的客户或代理人，表面有缺陷的身份和权利凭证，授权不明的代理事项、权限、期限等，相对人应负有谨慎审查义务。相对人是否尽到谨慎审查义务，是判断其过失之有无、大小以及信赖正当性、合理性有无及其程度的重要依据。② 最高人民法院亦曾在相关意见中持相同观点③。据此，实践中如严格按照表见代理制度的规定，相对人往往缺

---

① 葛晓燕：“如何认定是否构成表见代理”，载《人民法院报》2010 年 12 月 16 日第 6 版。

② 高满：“表见代理成立的认定标准”，载 http：//tjbdfy. chinacourt. org/article/detail/2014/05/id/1287396. shtml（天津市宝坻区人民法院官网），最后访问日期：2014 年 4 月 16 日。

③ 《最高人民法院关于当前形势下审理民商事合同纠纷案件若干问题的指导意见》（法发［2009］40 号）。其中对于如何认定相对人的善意，要求人民法院应当结合合同缔结与履行过程中的各种因素综合判断合同相对人是否尽到合理注意义务，此外还要考虑合同的缔结时间、以谁的名义签字、是否盖有相关印章及印章真伪、标的物的交付方式与地点、购买的材料、租赁的器材、所借款项的用途、建筑单位是否知道项目经理的行为、是否参与合同履行等各种因素，作出综合分析判断。

乏对项目部人员的足够审查而难以被人民法院认定为善意且无过失。由于欠缺表见代理的构成要素，故合同无法在相对人与建筑公司之间成立生效。但从鼓励市场交易、最大程度肯定合同效力角度出发，可以认定合同在相对人与行为人之间成立生效，只是合同所约束的主体不同而已。

2. 借款合同效力分析

建设工程大多耗资巨大，项目部通常以借款人的形象出现。从收集的裁判文书看，书面凭证上记载的借款人大多为项目经理个人，有的还加盖了项目部印章。

借款合同与买卖合同至少有以下不同点：其一，前者标的物是特殊种类物——货币，判断是否用于建设工程有难度；后者标的物为建材，判断是否用于建设工程相对容易；其二，因建筑公司设立项目部的目的就在于组织施工建设，故建筑公司对项目部的授权中往往含有建材采购，而项目部作为公司的分支机构，其所需资金应全额来源于建筑公司，并无组织建设资金的授权，相对方难以“相信有授权”。因此，相对方拟向项目部出借资金的，应负有更高程度的审慎注意义务，人民法院对借款合同的效力认定亦应确定相比买卖合同更高的证明标准。

基于前述分析，对借款合同可作如下区别认定：

（1）一般情况下，项目部或项目经理对外签订的借款合同一方主体为项目经理，借款合同对项目经理发生效力；

（2）特殊情形下（如合同明确约定所借款项直接进入建筑公司账户或代为支付该工程的建材供应商账户并有支付凭证等），项目经理的行为构成表见代理的，可认定出借人与建筑公司之间存在有效借款合同关系。

3. 担保合同效力分析

从收集的裁判文书来看，项目部通常作为合同中的担保方，对建筑项目中的有关事项进行担保。

债的担保，包括物的担保和人的担保。人的担保，要求具有代为清偿债务能力的自然人、法人或其他组织才可依法担任保证人，即要求担保人具有相应的民事行为能力和民事责任能力。如允许不具备民事行为能力的单位分支机构或职能部门等随意对外提供担保，将不利于维护市场经济秩序和市场交易的稳定。因此我国法律对担保关系作出了严格的规定。《中华人民共和国担保法》（以下简称《担保法》）及司法解释规定，企业法人的分支机构、职能部门不得为保证人，企业法人的分支机构未经法人的书面授权提供保证的保证合同无效；企业法人的职能部门提供保证的，保证合同无效。前述规定都是关于保证人主体资格的强制性规定，一旦违反将导致担保合同无效。

从项目部的定义和设立目的来看，项目部的职权中显然不包括对外提供担保，故项目部的行为原则上不可能构成表见代理。根据前述分析，笔者认为：项目部未获授权而擅自提供保证担保的，因其缺乏主体资格，应认定为无效。

三、项目部所签合同的责任承担

（一）项目部责任承担的法律和现实分析

项目部未获授权订立且建筑公司事后未予追认的合同，建筑公司及其项目部之间应向相对人承担何种责任，理论界与实务界众说纷纭。有观点认为，因项目部无主体地位，故其应承担的责任均应由其设立主体即建筑公司承担；[①] 也有观点认为，项目部作为应负直接责任的经营主体，虽无主体资格，但却有经营管理的财产，具备一定的经济能力，能够成为责任主体，故可由项目部先承担责任，建筑公司对不足部分再承担补充责任；[②] 还有观点认为，在当前社会诚信缺失的背景下，为最大限度保护债权人的合法权益，同时对违规转包、分包、挂靠行为和不诚信行为进行惩戒，应要求建筑公司与其项目部承担连带责任。[③]

根据前述对合同效力的分析，笔者认为，通过表见代理而形成的合同，因其在相对人与建筑公司之间成立有效，故法律责任应由建筑公司承担；其他无权代理合同而建筑公司又不予追认的，因合同无法在相对人与建筑公司之间成立生效，故法

---

① 参见张利平：“建筑公司项目部承担合同法律责任的适当性分析”，载内蒙古自治区察哈尔右翼前旗人民法院官网 http：//cyqqfy. chinacourt. org/article/detail/2014/07/id/1336263. shtml；钟丹：“项目部经理出面签合同，公司承担责任”，载广西法制网 http：//www. gxfzw. com. cn/news/news_ show. asp？id＝174210，最后访问日期：2014 年 4 月 18 日。

② 王俊霞、张莉蔚：“建设工程项目部的诉讼主体资格及责任承担的思考”，载《前沿》2012 年第 9 期。

③ 参见辽宁省阜新市太平区人民法院（2014）太民二初字第 12 号民事判决书（芦洪涛与阜新海天建筑工程有限责任公司、廖春梅买卖合同纠纷案）；万能太：“违法分包人对拖欠的工程款应否承担连带责任”，载江西省抚州市中级人民法院官网 http：//fzzy. chinacourt. org/article/detail/2013/11/id/1123618. shtml，最后访问日期：2014 年 4 月 18 日。

律责任只能由行为人承担。

然而，司法的重要价值之一在于对社会的有效回应。现实生活中，建材供应商按约提供了建材，而项目部却拖欠应付款项，有违诚信原则。如严格依照法律规定认定不构成表见代理，显然不利于保护诚信的供货方，也与公平价值相背离。如何才能妥当作出认定？“法律均为地方化的、片段式的知识，因此需要从现实出发，多角度地考虑如何进行利益平衡，达成最佳方案……应从利益失衡的现实、法条的内在逻辑、当事人的审查能力及其可能的救济是否存在等多个角度……”① 笔者从现实的利益失衡状态、当事人的诚信程度以及可能获得的权利救济途径分析如下：

1. 建筑市场的高利润有目共睹，项目部因直接承建工程，应能获得可观收益，建筑公司也因工程的承建而获得大量利益，甚至不劳而获大量管理费、挂靠费。建材供应商在提供建材后却未能按时收回货款，合法利益受损，相比建筑公司及其项目部所获得的巨大利益，属于利益失衡的受损方，应当获得受偿。

2. 建材供应商按约向建筑公司的工地供货之后，其项目部却未能按约付款甚至故意拖延付款，显属不诚信行为，应当受到惩戒，同时对他人起到警示作用。

3. 如所供建材出现任何问题，则项目部因实际占有该建材而可以多渠道获得救济，但建材供应商因已经让渡了建材，如向项目部自力救济无果，除了寻求司法救济，别无他法。

在对项目部签订合同这一现实状况进行法律分析和现实分析后，笔者遇到了两难的困境，即：对于现实中不符合法律规定的情形，是应尊重社会发展现实，灵活适用法律规定以顺应现实，还是坚持发挥法律指引、评价作用，严格法律规定以引导社会现实。

在比较和衡量诸多价值后，笔者最终认为，事实和价值、实存和应然可以调和。对事物的价值判断，一方面需要尊重立法权和法律的权威，另一方面也需要尊重司法的具体化要求。换言之，法的适用除了考量其规范性，还须考量最低程度的社会实效性。

笔者经过多次与学者、法官、律师等人士反复论证后认为，借款和担保法律关系中，借款和担保的意思表示须建筑公司明确授权，故证明标准不宜降低，但因买

---

① 胡田野：《公司法律裁判》，法律出版社2012年版，第674~675页。

卖合同数量巨大，基于现实考量，可对表见代理的裁判标准适当放宽，即以项目部具有代表建筑公司组织施工的权利，直接认定相对人有理由相信项目部所签的买卖合同是在授权范围内，故构成表见代理。当然，对于诉讼中的建材供应商，人民法院首先应积极引导其举证，必要时给予释明，以保护债权人的失衡利益，维护诚信方的合法利益。

（二）项目部责任承担的实例评析

1. 买卖合同中的责任承担

收集的裁判样本对于建材买卖合同中应由建筑公司承担责任的意见基本统一，但裁判理由不一。如重庆市璧山县人民法院（2011）璧民初字第2184号案，七塘建司承建了某项目，部分货款拖欠未付，邹某作为项目负责人在结算单上签字。七塘建司抗辩邹某作为承包人应按内部承包合同自行承担责任。一审法院认为邹某的结算行为应视为七塘建司的行为，故判令七塘建司承担责任。二审法院认为邹某在达成口头约定时出示了七塘建司出具的授权委托书，所供货物用于该项目，事后七塘建司的付款应视为对邹某行为的追认，故应由七塘建司承担责任。

审判实践中，建筑公司往往以其与项目经理签订的《内部承包合同》中约定的“自负盈亏”等类似条款抗辩。前述案例一审认为承包人在承包期间的民事交往责任应由企业承担，二审则认为因七塘建司的事后付款行为而构成对合同的追认，进而成立有权代理。笔者基于前述的法律和现实分析认为，即便该案中无建筑公司的付款行为，相对人基于项目部的设立目的及职权范围，亦可认定相对人有理由相信项目部所签合同是在建筑公司明示或默示的授权范围之内，构成表见代理，应由建筑公司承担责任。

2. 借款合同中的责任承担

收集的绝大多数裁判样本认为借款合同的民事责任一般由行为人承担，但也有少数意见认为应由建筑公司承担。如重庆市合川区人民法院（2010）合法民初字第845号案，宁安建司任命高某为某项目部经理并刻制项目部印章一枚，高某向曾某借款并以项目部名义出具借条且加盖项目部印章。宁安建司抗辩认为公司从未收到过该笔款项。一审认为，因该项目部未领取营业执照，不能对外承担民事责任，应由宁安建司承担责任。二审认为，高某作为项目经理仅有施工管理等职责而无借款的授权或职责，曾某在借款时也无相信高某具有借款事项授权的充分依据，且无该款进入宁安建司或项目部账户及该款实际用于施工的证据，故认定由高某承担责任。

笔者认为，项目部对外签订的借款合同，如不构成表见代理，则只能由借款人或印章持有人承担责任。

3. 担保合同中的责任承担

收集的多数裁判样本认为建筑公司直接承担担保责任，但也有少数不同意见。如重庆市渝北区人民法院（2011）渝北法民初字第4970号案，渝青公司承接某工程并成立项目部，谢某为负责人。2008年12月谢某向张某借款，担保人处加盖项目部印章。该项目部未办理工商登记，也未获渝青公司授权。裁判认为，谢某系项目部负责人且明确该款用于建设，故借款人为项目部，而项目部不具有独立承担民事责任的资格和能力，故认定由渝青公司承担责任。

笔者认为，参照《担保法》及司法解释的规定，领取了营业执照的项目部可在核准的范围内从事经营活动，应视为公司的分支机构，在无书面授权情况下提供保证而给债权人造成损失的，由其以自己经营管理的财产先行承担过错赔偿责任；未领取营业执照的项目部可视为公司的职能部门，债权人应知道其不得为保证人，由此造成的损失由债权人自行承担。

（三）建筑公司及其项目部责任承担的综合观点

基于前述分析，在综合社会现状、行业模式并充分考虑各方当事人的利益后，笔者建议在今后一段时期内，对于具体的责任承担方式可做如下处理：

对于项目部缺乏授权订立且建筑公司事后未予追认的合同，如构成表见代理，由建筑公司对此承担责任；否则只能由印章持有人承担责任；担保法作为特别法，担保法律关系应从其规定。换言之，买卖合同中可认定均构成表见代理，由建筑公司承担责任；借款合同中一般由署名借款人或印章持有人承担责任；担保合同中，领取了营业执照的项目部以自己的财产先行承担过错赔偿责任，未领取营业执照的项目部不承担责任。

（曾进　彭海波　重庆市第一中级人民法院）

实际施工人向发包人主张权利的法律适用与完善

【司法精要】

本文以最高人民法院驳回再审申请的案例中存在的问题为出发点，结合审判实践，提出了亟需研究解决的问题。从理论及实务层面论述了司法解释的不足及应予以完善的建议。每一部分内容都均有独到的观点和新意，对当前审判实践处理此类案件具有十分重要的指导意义。

仔细研读据以研讨的案例，三级法院在处理上都存在一定的问题，可见研究本文命题的必要所在。

一、关于追加当事人，指出了《最高人民法院关于审理建设工程施工合同纠纷案件适用法律问题的解释》（以下简称《解释》）关于“可以追加”的规定不足。本文认为：除“特定情形”外，均应当追加转包人或违法分包人为当事人。

二、关于追加的转包人或违法分包人的诉讼地位，《解释》没有详细具体规定，实务中又多认为是共同被告。本文认为：实际施工人申请追加的应为被告；发包人申请追加及人民法院依职权追加的应为第三人。

三、关于发包人的责任与转包人或者违法分包人有无关联问题，本文认为：发包人的责任具有法定的独立性，不是连带责任和程序意义上的补充责任，发包人对实际施工人不享有先诉抗辩权。

四、关于发包人应承担责任的情形限定，本文指出了较为权威观点的可商榷之处，提出实际施工人与发包人是否形成事实上的权利义务关系，不影响发包人承担责任。

五、关于发包人应承担责任的其他依据，提出与实际施工人形成结算关系的发包人应承担工程款给付责任，该责任与《解释》第26条第2款规定的发包人责任性质不同，两者并存时，当事人主张权利享有选择权。两种责任的各自理由不能同时作为裁判依据。

六、关于发包人承担责任的标准，提出在形成结算关系情况下，实际施工人据此主张工程价款，应以实际施工人与转包人或违法分包人约定的标准确定工程价款。

在建设工程转包或违法分包情形下，对实际施工人向发包人主张工程款而提起的诉讼，审判实践中依据的是《解释》第26条第2款之规定。但该规定过于简约且有不足，加之审判实践中个案情况复杂，因此，在保护实际施工人利益的同时，如何全面维护好发包人及转包人或者违法分包人的利益，无论在程序上还是实体上，无论从实务层面还是从理论探讨上，尚有许多问题值得研究。有些问题足以引起司法解释的高度重视，亟需明确、调整，以便于执法的统一。

一、据以研究的案例

基本案情：某个人丙以乙公司名义与甲公司（发包方）签订建设工程施工合同，之后，丙又以乙公司名义与丁公司签订承包合同，将主体框架工程按每平方米180元承包给丁公司。经查实，丁公司实际施工的面积为65765平方米，合同履行当中，甲公司已给付丁公司工程款10056134元。因拖欠工程款，丁公司起诉甲公司，一审法院追加乙公司、丙个人为第三人。在一审诉讼期间，丁公司明确表示不向乙公司及丙个人主张权利。甲公司与丙个人均主张双方工程款结算完毕。丁公司对甲、丙双方的主张不予认可，但经一审法院释明未在指定期间就甲公司是否拖欠丙个人的工程款申请鉴定。丙个人主张不拖欠丁公司工程款。二审诉讼期间，甲公司主张其与乙公司签订的建设工程施工合同约定的工程计价标准低于丙个人以乙公司名义与丁公司之间的约定，但在丁公司申请鉴定的情况下，甲公司不同意鉴定。

裁判结果：一审法院驳回丁公司的诉讼请求。其主要理由是：丁公司不向乙公司、丙个人主张权利，丙个人又否认拖欠丁公司工程款，法院无法确认丙个人是否拖欠丁公司工程款，因此，丁公司失去了向甲公司主张权利的前提。另，甲公司是否拖欠丙个人的工程款，因丁公司不申请鉴定，故也无从确认。

二审法院撤销一审判决，支持了丁公司的诉讼请求。即按丁公司施工的面积及丙个人以乙公司名义与丁公司约定的工程款计价标准确定丁公司施工完毕的工程款，减去甲公司已支付的部分，判决由甲公司支付工程款1781566元。其主要理由是：甲公司与丁公司在实际履行当中形成了直接的结算关系；关于取费标准的高低问题，甲公司不同意鉴定，应承担不利后果。故未履行部分应由甲公司承担。

再审法院驳回了甲公司的再审申请。其主要理由是：二审判决认定甲公司与丁公司构成直接的结算关系有证据佐证；甲公司可以对分包合同中工程款取费标准等提出合理异议，并相应调整丁公司应得的工程款数额，但在丁公司主张其与丙个人以乙公司名义约定的取费标准低于甲公司与乙公司之间约定的取费标准并同意鉴定的情况下，甲公司不同意鉴定，故其应当承担降低取费标准的主张不能成立的不利后果；依据《解释》第26条第2款之规定，丁公司作为实际施工人有权向甲公司主张权利。

此案一审与二审、再审的结果大相径庭，二审与再审虽然结果相同，但裁判的理由又存在差异。二审的理由是甲公司与丁公司形成了直接的结算关系；再审除二审的理由外，又增加了一个理由，即依据《解释》第26条第2款之规定，丁公司作为实际施工人有权向甲公司主张权利。

同一案件三级法院在处理上存有差异，司法解释的简约与不足当是其中的原因之一，确有深刻探讨之必要。

二、值得探讨解决的问题

《解释》第26条第2款规定："实际施工人以发包人为被告主张权利的，人民法院可以追加转包人或者违法分包人为本案当事人。发包人只在欠付工程价款范围内对实际施工人承担责任。"《2011年全国民事审判工作会议纪要》（法办［2011］442号）（以下简称《纪要》）又指出：对实际施工人向与其没有合同关系的转包人、分包人、总承包人、发包人提起的诉讼，要严格依照法律、司法解释的规定进行审查；不能随意扩大《解释》第26条第2款的适用范围，并且严格依据相关司法解释规定明确发包人只在欠付工程价款的范围内对实际施工人承担责任。如何正确适用《解释》第26条第2款，切实把握好《纪要》精神，在此，我们结合前述案例加以探讨。

1. 关于当事人的追加问题

实际施工人仅起诉发包人，转包人或者违法分包人是否应当追加为案件当事人？依对《解释》第26条第2款的字面理解，应该是可以追加，也可以不追加。但是，从民事审判实践的情况看，不是可否追加的问题，而是应否追加的问题。

以前述案例为例，由于《解释》第26条第2款规定发包人只在欠付工程价款的范围内对实际施工人承担责任，因此，正确处理此案，首先需要解决的问题就是丙个人是否拖欠丁公司工程款，甲公司是否拖欠丙个人工程款。如不追加，则相互之间是否拖欠以及欠付多少该如何确定？或许可认为，在乙公司、丙个人不参加诉讼的情况下，可依甲公司、丁公司举证的情况确定各当事人之间是否拖欠及欠付多少。但是，审判实践表明，仅仅依靠单方举证，易于导致事实认定错误，造成错判。审理此类案件的司法实务中，一方面，工程发包人会通过虚假举证主张不拖欠转包人或者违法分包人的工程款，以逃避责任；另一方面，实际施工人也会通过虚假举证虚拟拖欠事实或拖欠数额。在转包人、违法分包人不参加诉讼的情况下，往往因难以查清事实而无法避免上述问题。尤其是建设工程施工合同纠纷案件，工程造价多数情况需要通过鉴定方能得出结论，而在有关当事人不参加诉讼的情况下，无从保证鉴定结论的准确性。

从维护转包人或者违法分包人的利益角度看，确定发包人是否拖欠转包人或违法分包人的工程款及拖欠数额，转包人或违法分包人是否拖欠实际施工人的工程款及拖欠数额，与转包人或违法分包人具有密切的利害关系。在转包人、违法分包人不参加诉讼的情况下便予以确定，极易损害转包人或违法分包人的利益。即转包人、违法分包人不欠实际施工人工程款，判决确认欠了；发包人拖欠转包人、违法分包人工程款，判决确认不欠了，或者欠多确认少了。此种情形下判决认定的事实，当事人往往会把它作为另行主张权利的依据。如转包人或违法分包人不能提供证据推翻生效判决认定的事实，则其利益损害将无从得到修复和弥补。

从保护实际施工人利益角度看，如转包人或违法分包人未参加诉讼，在相关事实无法查清的情况下径行处理，实际施工人的诉讼请求被驳回的情况将无法避免。倘若如此，实际施工人是否还能以转包人或违法分包人、发包人为共同被告另行提起诉讼？如果可以，莫不如当初就把转包人或违法分包人追加到诉讼当中。这样，不仅避免了审判资源的浪费，而且使当事人的利益得到了及时的保护。如果说不可以，那么，实际施工人能否通过再审途径获得司法救济，在没有新证据新理由的情况下，难道还能以生效判决遗漏当事人为由进入再审程序吗？如果说遗漏当事人，由于当事人没有申请追加，人民法院也没有依职权追加，那么，谁之过？显然，是个困惑！一切根源于《解释》第26条第2款就追加转包人或违法分包人为当事人是“可以”的规定。如果没有追加，属于实际施工人的责任，则其必然不能通过再审程序获得利益救济。

由上，从司法实务考察衡量，为全面切实保护当事人利益，在实际施工人仅起诉发包人的情况下，不追加转包人或违法分包人参加诉讼，是不可取的选择。《解释》第26条第2款关于追加当事人上“可以”的表述，使追加和不追加似乎成了自由裁量的范畴，加大了执法的随意性，极易损害当事人的利益。我们认为，发包人或实际施工人申请追加的，必须追加；发包人或实际施工人没有申请追加的，人民法院应当依职权追加。

那么，什么情况可以不追加？我们认为，发包人、转包人或违法分包人、实际施工人就相互之间拖欠工程款及其数额没有异议的，可不予追加。于此情形，实际施工人利益得到了保护，也不会损害其他当事人的利益。

需要指出，在当事人的追加上，人民法院有权对当事人行使处分权予以合理的干预。《中华人民共和国民事诉讼法》第132条规定：“必须共同进行诉讼的当事人没有参加诉讼的，人民法院应当通知其参加诉讼。”该规定就是合理干预的法律依据。《最高人民法院关于审理人身损害赔偿案件适用法律若干问题的解释》（以下简称《人身损害解释》）第5条规定：“赔偿权利人起诉部分共同侵权人，人民法院应当追加其他共同侵权人作为共同被告。”该规定便是处分权受到干预的例证。但这里的干预体现在必要的共同诉讼当中。在非必要共同诉讼场合是否亦应如此？《解释》或许正是囿于这种考虑，而作出“可以”的选择。这种模棱两可选择的弊端已为司法实践所证明。我们认为，于本文命题应当作出肯定的回答，即在实际施工人仅起诉发包人的情形下，应追加转包人或者违法分包人为当事人：一是符合诉讼经济原则，能够切实避免诉累所致的审判资源浪费；二是有利于查清案件事实，以切实全面保护当事人利益；三是符合此类纠纷的特点；四是并不构成对“不告不理”“私法自治”原则的冲击与破坏。

回到前述案例，由于发包人甲公司不承认拖欠丙个人的工程款，丙个人也不承认拖欠丁公司工程款，因此，一审法院追加乙公司、丙个人为当事人可谓是正确的选择。

2. 关于追加到诉讼中的转包人或者违法分包人的诉讼地位问题

此节问题司法解释没有明确。在司法实务中，就追加的当事人是共同被告还是第三人不无争议，做法不一。

有观点[①]认为："转包合同、违法分包合同关系中的承包人主张权利应当以不突破合同相对性为基本原则；只有特定情况下以准许突破合同相对性作为补充。转承包人与发包人（业主）之间已经全面实际履行承包人与发包人（业主）签订的建设工程施工合同并形成事实上的权利义务关系时，转承包人事实上已经取代第一手的承包人与发包人形成合同关系，在这种情况下，应当准许转承包人以发包人为被告提起追索工程款的诉讼，人民法院可以追加转包人为共同被告。"该观点对突破合同相对性原则作了限缩解释，也明确了追加转包人的诉讼地位。

对此，我们不能苟同。在理论研究领域和司法实务界，应承担连带责任和共同责任的当事人被追加至诉讼中，其诉讼地位为共同被告似乎成为主流倾向。但是，具有司法解释权的最高人民法院对此曾经动摇。在其起草的《人身损害解释》征求意见稿中曾经规定：赔偿权利人未起诉的其他共同侵权人，在裁判文书中列为第三人。主要考虑是坚持"不告不理"的制度特征。但最终未能如此，主要是考虑追加为共同被告能够体现共同诉讼制度的特征。[②] 我们认为，在"不告不理"制度与共同诉讼制度的权衡上，后者应当让位于前者。因为前者是诉讼制度的根本，是"私法自治"最核心、最本质的体现。"被告系原告命名"，共同诉讼制度对当事人处分权的干预当限于当事人是否必须参加诉讼，至于诉讼身份应服从于当事人的意思自治，遵从原告的命名。从当事人利益的救济与维护上看，当事人叫什么"名字"并不重要，过于苛求制度特征，未免有舍本逐末之嫌。

在连带责任情形下，如为贴合共同诉讼制度的特征，则遵从原告的命名将原告未起诉的当事人列为第三人似乎有所不顺，但在非连带责任场合，这种遵从便为理所当然。

于本文命题，实际施工人与发包人没有直接的法律关系，其向发包人主张权利源于《解释》第26条第2款之规定，因此发包人的责任是一种法定责任。转包人

① 最高人民法院民事审判第一庭编著：《最高人民法院建设工程施工合同司法解释的理解与适用》，人民法院出版社2004年版，第229页。

② 最高人民法院民事审判第一庭编著：《最高人民法院人身损害赔偿司法解释的理解与适用》，人民法院出版社2004年版，第92页。

或违法分包人与实际施工人存在合同关系，其承担的是直接的合同责任，该责任与发包人承担的责任不是基于同一因由，相对于发包人承担的法定责任而言，转包人或违法分包人与这种法定的权利义务关系没有直接的关联性，尤其是在实际施工人不主张转包人或违法分包人承担责任的情况下，发包人应承担的责任具有明显的独立性，与转包人或违法分包人无涉。只是发包人实际上应否承担责任及承担多少，案件的处理结果将影响转包人或违法分包人与发包人以及实际施工人之间的利益关系，即影响他们相互之间债权是否存在及额度多少的确定。因此，追加的转包人或违法分包人之诉讼地位为第三人，更符合法律及法理对第三人的定位。

鉴于上述，我们认为，追加至诉讼中的转包人或违法分包人因追加的主体不同其诉讼地位当有区别：

实际施工人起诉发包人后又申请追加转包人或违法分包人参加诉讼的，追加的转包人或违法分包人应为共同被告；发包人申请追加的，其主体身份及其承担责任的法定性和独立性决定了追加的转包人或违法分包人之诉讼地位只能是第三人；人民法院依职权追加，依前文所述，其目的就是为了查清案件事实，全面保护各方当事人利益。因此，依职权追加的转包人或者违法分包人，其诉讼地位亦为第三人。

有人认为①，实际施工人对发包人主张的权利，本质上是合同法上的代位权在建筑施工领域的具体体现。该观点正确与否，我们在此不作评价。但由此我们想到《最高人民法院关于适用〈中华人民共和国合同法〉若干问题解释（一）》第16条之规定。该条一款规定：“债权人以次债务人为被告向人民法院提起代位权诉讼，未将债务人列为第三人的，人民法院可以追加债务人为第三人。”我们认为，《解释》第26条第2款规定的发包人的责任与上述规定的次债务人的责任类型较为相似。从这两种责任的比较上看，将转包人或违法分包人定位为第三人，也符合类似情况等同对待的原则。

回到前述案例，一审法院追加乙公司、丙个人为第三人是妥当的。

3. 关于发包人的责任与转包人或违法分包人应承担的责任有无关联问题

前文已述，发包人的责任是一种法定责任，是《解释》在特定的历史阶段为保护特定人利益而专设的一种责任制度，是法律政策使然的结果。那么这种责任与转

---

① 肖乐新：“实际施工人权利保护若干问题探析”，载《人民法院报》。

包人或违法分包人应承担的责任有无关联？实践中，有的主张发包人的责任是一种连带责任，有的则主张是一种补充责任。

前文已述，转包人或违法分包人应承担的责任与发包人应承担的责任是两种性质不同的责任，两种责任缺乏连带责任共同性的因素，而且《解释》对此种责任并未明文规定为连带责任，因此，作为连带责任也缺少法定性。

补充责任是侵权领域的一种责任形态当无异议，且是基于法定义务不履行行为与侵权行为竞合而发生。在合同关系范畴，一个与特定合同关系毫无关联的主体，非有法定事由，没有承担责任的余地，更谈不上补充责任。从《解释》第26条第2款规定的“可以追加”的内容来推定，转包人或违法分包人并不当然为案件当事人，在转包人或违法分包人不参加诉讼的情况下，自然谈不上其责任承担，于此情形，又不影响发包人承担责任。可见，《解释》该条规定必定不是程序意义上的补充责任，也即发包人不享有先诉抗辩权。如果说是补充责任，也只是实体上也即特定份额的补充。但这种补充与侵权领域中承担补充责任以责任主体不履行法定义务为前提是不同的。我们认为，就转包人或违法分包人对实际施工人应承担的责任，发包人没有当然承担的法理基础。

既然发包人应承担的责任非程序意义上的补充责任，因此，其承担责任并不以转包人或者违法分包人承担责任为前提。如前述案例中，虽然丁公司明确表示不向乙公司、丙个人主张权利，但并不影响丁公司向甲公司主张工程款。不过，转包人或违法分包人拖欠实际施工人工程款则是发包人承担责任的先决条件。

发包人承担责任不以转包人或违法分包人先承担责任为前提条件。对此，司法实践中应予高度注意。

4. 关于发包人应承担责任的情形限定问题

关于发包人的责任，《解释》第26条第2款是在坚持合同相对性原则的前提下所作的突破当无异议。按照前已提及的观点，这种突破仅限于“转承包人与发包人（业主）之间已经全面实际履行承包人与发包人（业主）签订的建设工程施工合同并形成事实上的权利义务关系，转承包人事实上已经取代第一手承包人与发包人形成合同关系”。我们认为，这一观点限定的情形，已经失去了《解释》第26条第2款应有的本意，使得该规定没有任何实际意义。因为，按照上述观点，合同的权利义务双方就是发包人（业主）和实际施工人，也就是说发包人（业主）与承包人签订的施工合同主体通过履行行为作了变更，也即该合同的承包人已经变更为实际施工人。于此情形，实际施工人向发包人主张权利依据的是事实上形成的合同关系，并不存在合同相对性突破问题。事实上，在建筑施工领域，存在发包人对转包或者违法分包不知情的情况，履行上也是发包人针对转包人或者违法分包人，转包人或者违法分包人针对实际施工人。难道于此情形发包人还能不承担责任吗？显然不能得出如此结论。

我们认为，实际施工人是否与发包人形成事实上的权利义务关系，不影响发包人承担责任。

那么，发包人承担责任是否受到合同效力的影响？

有观点[①]认为：实际施工人在法律层面首次出现在《解释》当中，具体体现在《解释》第1条、第4条、第25条、第26条。从上述条文表述可以看出，实际施工人仅存在于合同无效情形。该观点有相对权威的解释[②]作依据。解释认为，《解释》第4条、第25条、第26条中的实际施工人与《合同法》中的施工人是不同的，指的是无效合同中的承包人。依据上述观点，发包人仅在合同无效情形下承担责任。《纪要》虽然没有明确指出《解释》第26条第2款仅适用于合同无效情形，但从其内容上推断，所持观点同上。

从《解释》有关条款的内容看，我们赞同上述观点，即《解释》第26条第2款的适用仅限于合同无效情形，在合同有效情形没有适用余地。

反之，于合同有效情形，在承包人对发包人的工程款债权尚未到期的情况下，如适用《解释》第26条第2款，虽保护了施工人的利益，但却严重地侵犯了发包人的利益。因此，在合同有效情况下，施工人可通过行使代位权的方式向发包人主张权利。

需要指出，《解释》将合同有效与否作为发包人是否承担责任的分界线在法理上存在难以逾越的鸿沟，合同有效与否债的相对人没有变！就此问题本文不作过多探讨。

5. 关于发包人对实际施工人承担责任的其他依据问题

发包人对实际施工人承担责任除依据《解释》第26条第2款外，还有无其他依据？以前述案例为例，二审法院没有适用《解释》第26条第2款，仅是以发包

① 张大为："实际施工人向发包人主张权利的尺度"，载《人民法院报》第7版。

② 最高人民法院民事审判第一庭编著：《最高人民法院建设工程施工合同司法解释的理解与适用》，人民法院出版社2004年版，第218页。

人与实际施工人形成了直接的结算关系为由判决甲公司承担责任，那么其法律、法理依据是什么?

我们认为，可从下列两个方面加以考虑：一是可以认为甲公司与丁公司之间建立了合同权利义务关系。即在实际施工当中，丁公司从来没有向乙公司、丙个人主张工程款，客观上乙公司、丙个人也没有支付，恰恰是甲公司向丁公司支付了大部分工程款。据此可以认定双方就工程款的给付形成了事实上的合同关系。《最高人民法院关于适用〈中华人民共和国合同法〉若干问题的解释（二）》第 2 条规定："当事人未以书面形式或者口头形式订立合同，但从双方从事的民事行为能够推定双方有订立合同意愿的，人民法院可以认定是以合同法第十条第一款的'其他形式'订立的合同。但法律另有规定除外。"将该规定作为这种观点的法律依据并无不妥。二是可以认为甲公司的行为属于债的加入，即甲公司与丁公司原本没有直接的权利义务关系，而是通过自身支付工程款的行为表明其愿与丙个人共同承担支付工程款的义务。关于债的加入，以何种方式，是否可以单独加入，是否必须以有书面合同为成立条件也值得研究，在此不作赘述。

值得一提的是，发包人与实际施工人形成结算关系的认定，应当慎重。司法实践中，应充分考虑发包人的行为程度，综合案件其他情况全面予以认定。给付的数额、给付次数等都是值得考虑的因素。如果发包人仅为一次给付行为，且数额较少，在没有其他证据佐证的情况下，不宜认定双方之间形成了直接的结算关系。不然，会加重善意发包人的负担。

在此需要指出，依据《解释》第 26 条第 2 款，发包人应承担责任，发包人与实际施工人形成了直接的结算关系亦应承担责任，两者并存时，以何种理由主张权利，实际施工人享有选择权。但两者责任性质不同，后果不同，判令发包人承担责任不能将两种理由同时并用。

6. 关于发包人承担责任的标准问题

在工程转包和违法分包的情况下，发包人与转包人或违法分包人之间签订了建设工程施工合同，转包人或违法分包人与实际施工人之间也签订了建设工程施工合同。前后合同就同一工程内容工程造价的计价标准的约定往往是不同的。多数情况下，后者低于前者。实践中有观点认为，如后者低于或等于前者，则按后者约定的计价标准确定工程价款；如后者高于前者，则应按照前者标准计算。之所以如此考虑，一是因为发包人承担的是替代责任，在转包人或违法分包人与实际施工人约定的标准过高的情况下，按此标准计算工程价款对发包人不公平；二是为了防止实际施工人利用《解释》第26条第2款之规定，与转包人或违法分包人恶意串通损害发包人利益。我们认为，这种观点系思维误区所致。因为发包人承担的责任范围是在拖欠转包人或违法分包人的工程价款范围内，发包人拖欠的数额是依据其与转包人或违法分包人的合同约定的标准计算的，因此，无论转包人或违法分包人与实际施工人约定的计价标准高与低，均不影响发包人承担的责任份额，都损害不了发包人的利益。发包人最终会在依约应支付给转包人或违法分包人的工程款当中摊销其支付给实际施工人的部分。如实际施工人与转包人或违法分包人恶意串通虚增工程价款，最终受损的是转包人或违法分包人。

在发包人与实际施工人形成事实结算关系的情况下，实际施工人如据此向发包人主张权利，则此时发包人的责任性质已非《解释》第26条第2款意义上发包人责任，发包人的责任承担无须考虑其是否拖欠转包人或者违法分包人的工程款。如有证据证明双方就结算标准形成一致意见的，按形成的标准确定。反之，则按转包人或违法分包人与实际施工人约定的标准计算工程价款，即使该标准高于发包人与转包人或违法分包人约定的标准，亦应如此。因为计价标准来源于转包人或者违法分包人与实际施工人之间的约定，在发包人与实际施工人没有重新作出约定的情况下，发包人就工程价款的自行给付行为，不仅意味着其愿意承担给付责任，也意味着接受给付的标准。反之，对实际施工人明显不公。

回到前述案例，在形成事实结算关系的情况下，二审法院考虑发包人甲公司提出丙个人以乙公司名义与丁公司约定的取费标准高于甲公司与乙公司约定又不同意鉴定的问题是没有意义的，并把此作为裁判理由不当。再审法院将两种理由同时作为裁判依据亦为不当。

三、关于完善《解释》的建议

通过前文的充分研讨，我们对《解释》第26条第2款提出修改建议如下：

关于当事人的追加：

实际施工人以发包人为被告主张权利的，人民法院应当追加转包人或者违法分包人为当事人。但发包人、转包人或者违法分包人、实际施工人就相互之间欠付的工程价款没有异议的除外。

关于追加的当事人诉讼地位：

实际施工人申请追加的，转包人或者违法分包人的诉讼地位为被告；发包人申请追加的，转包人或者违法分包人的诉讼地位为第三人；人民法院依职权追加的，转包人或者违法分包人的诉讼地位为第三人。

关于发包人承担责任的范围：

发包人只在欠付转包人或者违法分包人工程价款的范围内对实际施工人承担责任。

关于发包人责任的独立性：

实际施工人不向转包人或者违法分包人主张权利的，不影响发包人承担责任。

关于实际施工人请求权的选择：

实际施工人有权选择依照本《解释》第 26 条要求发包人承担责任或者依照其他法律要求其承担合同责任。

关于发包人承担责任的情形限定：

依法转包、分包建设工程，施工人向发包人主张权利的，不适用本《解释》第 26 条。

（胡光甲　辽宁省高级人民法院
李钢　沈阳铁路运输中级法院）

新时期房地产居间合同双方利益博弈焦点的实证考察

【司法精要】

当下，房地产居间合同纠纷已成为居间合同纠纷的主要类型。房地产居间合同，即是指房地产居间人一方为使委托人与第三人订立房地产合同提供机会或进行介绍的活动，由委托人向房地产居间人支付约定报酬的协议，在审判实践中主要涉及买卖和租赁两大类。依房地产居间合同之固有性质，合同双方均存在从利己主义立场出发违背合同义务损害对方利益的可能，具体表现为居间人为获取报酬或节约成本而违背如实告知义务或忠实勤勉义务、委托人为规避报酬的支付而"跳单"等。这在新时期的市场现状下尤为突出：固有的利益冲突不但随着信息的公开、市场竞争的充分和调控政策的出现日趋加剧且难以识别，而且随着居间人锁定交易机会的强烈意愿、合同义务的扩张及行政管制的介入而产生了一些新的形式。本文选取若干案件样本对居间合同双方的利益博弈作了实证考察，进而从交易信息的供给与利用、交易机会的锁定与挣脱、佣金主张的成就与否定、佣金数额的限制与突破四个方面系统地对居间合同履行各阶段出现的博弈焦点的本质及案件审理思路进行了探讨，以期对探寻房地产居间未来的立法方向以及应持的裁判立场有所进益。

随着我国房地产市场的日益蓬勃，房地产居间合同纠纷也呈现高发态势：以上海市黄浦区人民法院的案件数据①为例，一方面，房地产居间合同纠纷的绝对数量有了大幅增长，2013 年该院受理的房地产居间合同纠纷为 94 起，而在十年前（即 2003 年），该院受理的房地产居间合同纠纷为 20 起，增幅达 370%。另一方面，房地产居间合同纠纷在与其他居间合同纠纷的数量对比中占据了绝对的优势 2011 年以来，该院受理的居间合同纠纷中，有九成以上属于房地产居间合同纠纷。（详见图一）本文试图以房地产居间的基本理论和市场现状为基础，从实证层面剖析居间合同双方在履行中出现的利益博弈焦点，以期为房地产居间合同纠纷的审理提供可资借鉴的思路。

图一：2011 年以来上海市黄浦区居间合同纠纷及房地产居间合同纠纷收案情况

年度	房地产居间合同纠纷	居间合同纠纷	占比
2011	64	67	95.5%
2012	66	69	95.7%
2013	94	97	96.9%
2014 上半年	38	42	90.5%

① 包含黄浦区和卢湾区在 2011 年 10 月合并以前原黄浦区和原卢湾区人民法院的数据，下文同。

一、基于居间合同理论对利益博弈固有战场的分析

居间合同是指居间人一方为使委托人与第三人[①]订立合同提供机会或进行介绍活动，由委托人向居间人支付约定报酬的协议。[②] 房地产居间合同，即在房地产领域达成的居间合同，在审判实践中主要涉及买卖和租赁两大类[③]。我国立法在法律层面对房地产居间合同的规定主要见于《中华人民共和国合同法》（以下简称《合同法》）第二十三章，此外多见于行政规章，例如住建部制定的《房地产经纪管理办法》，上海市物价局制定的《关于规范上海市居住房屋买卖、租赁中介经纪服务收费的通知》（以下简称《上海市中介收费通知》）等。

分析学理和立法对居间合同所作的界定，不难发现居间人主要是通过付出信息或媒介劳务来换取委托人支付的对价。不过，居间人在先履行合同义务，给付信息或劳务的同时，委托人却并不当然负有必须缔约之义务。立法将不能实现合同效果的风险加诸于居间人，同时又通过居间必要费用这一设计，保证居间人不致因该风险而承受过高的商业成本。至此，居间合同双方的利益似乎在完美的立法构造中达到了一种相对的平衡。然而与立法设计相偏离的是，实践中合同双方天然的利己主义立场往往将居间交易的过程转变成为一种损人以利己的"零和博弈"。

在居间行业发源的早期市场交易中，由于交易双方缺乏对交易信息的了解，无法接触、磋商、缔约，只有借助中介的作用，双方才能知悉彼此缔约之意愿，从而促使合同的订立[④]。正因如此，居间合同双方利益博弈的固有战场正是围绕交易信息的供给和利用而展开的：就居间人而言，可能为促成交易或节约成本而违背如实告知义务或忠实勤勉义务；就委托人而言，可能在获得信息后为规避报酬支付采取"跳单"等失信行为。

---

① 在房地产买卖居间实践中，此处的第三人一般也同为居间人的委托人，本文使用该称谓仅是为从一方委托人视角考察和叙述之便利，下文同。

② 王利明：《合同法研究（第三卷）》，中国人民大学出版社2012年6月版，第765页。

③ 此外，还有少量建设工程居间合同，但比例极低，以上海市黄浦区2011年至2014年上半年判决的72起案件为例，仅有3起为建设工程类的居间合同，占比仅约4%，故本文主要着眼于房地产买卖合同及租赁合同进行问题探讨。

④ 史尚宽：《债法各论》，中国政法大学出版社2000年版，第434页。

二、基于市场现状对利益博弈新兴变化的再分析

随着信息时代的到来和我国市场经济的进一步发展，居间行为面临着一系列的新形势。一是信息垄断优势的丧失。随着互联网的普及和自媒体时代的到来，信息获取渠道日趋多元化，垄断性的信息已难觅影踪。二是居间行业竞争的加剧。我国房地产市场的火爆催生了大量房地产中介机构，也加剧了行业内部竞争。据业内人士透露，当下80%以上的房屋出租方或卖方会在不同的中介公司挂牌。三是国家宏观调控政策的冲击。随着国家通过限购、贷款等政策对房地产市场进行宏观调控，多数委托人囿于自身条件对房地产交易望而却步，压缩了房地产居间人的市场空间。四是报告居间的弱化和媒介居间的勃兴。由于居间人可垄断的非公开信息几已绝迹，信息已非委托人最迫切需要得到的服务，因而报告服务与合同媒介服务一体化成为当下的主流趋势。五是房地产居间合同义务的扩张。因房地产居间合同标的大、履约技术性强，居间人的义务渐有突破传统义务的趋势，不少居间合同中都将协助办理过户手续、协助办理贷款等义务作为居间人合同义务的一部分加以约定，司法实践中也时有因居间人未妥善履行前述义务酌情调整佣金的判例出现①。六是行政管制事项的影响。行政规章对佣金数额的限制及对房地产买卖合同网签备案的要求使得居间过程中可能出现的争议形式更趋复杂。

在新形势下，居间合同双方的利益博弈也出现了一些新兴变化：一是固有的利益博弈日趋加剧且难以识别。首先，由于限购、限贷政策的出现，居间人为了促成交易违背如实告知义务和忠实勤勉义务的风险进一步增加，实践中多有因中介虚假介绍政策情况而致讼的情况发生；其次，基于信息的公开性和市场竞争的充分性，委托人的"跳单"行为日趋难以识别，如何在居间人权利保护和正常的市场行为之间划分界限成为一个难解的课题。二是利益博弈焦点有了新的发展。首先，由于居间市场竞争日趋激烈，居间人寻找各种手段试图锁定交易机会，主要表现为居间合同中的独家委托条款、意向金条款、反"跳单"条款和违约金条款等。其次，由于房地产居间人的义务的扩张，在其促成合同订立后仍有与委托人发生利益冲突的可

---

① 例如北京市朝阳区人民法院（2012）朝民初字第20611号案，即是在居间人促成合同订立后，因其在协助办理过户手续中出现的瑕疵酌情减免了佣金。

能。再次，受部分行政管制事项的影响，在合同成立、佣金数额等问题上，居间人与委托人也频现交锋。

三、基于案件样本对利益博弈现状的实证考察

笔者以上海市黄浦区2011年至2014年上半年以判决方式结案的72起案件为考察样本，并分析这些案件的致讼原因，发现当前房地产居间合同双方的利益博弈焦点可归为以下四个方面：

（一）交易信息的供给与利用

交易信息的供给与利用是居间合同履行的根本要素之一。基于前文陈述的居间合同的特殊性，在诚实的居间人向委托人给付完整有效的信息之后，占据信息优势的一方转而成为委托人。因此在信息供给与利用的过程中，存在着一种“双边道德风险”：居间人为获得佣金，可能利用其信息优势虚伪地或不充分地向委托人报告信息以促成合同订立；而委托人在从居间人处获得相当的交易信息后，亦可能利用此优势绕过居间人径行订立合同以规避佣金的支付。前者即居间人对如实报告义务的违反，后者即俗称的“跳单”。在72起样本中，涉及如实报告义务或“跳单”争议的案件分别有11起和6起，占样本总数的15.2%和8.3%。

1. 如实报告义务和忠实勤勉义务

（1）关于义务内容

如实报告义务本属附随义务，为忠实义务的一部分，但因居间合同的特殊性上升为主合同义务，要求居间人在报告及促成交易的过程中向委托人提供真实的信息。忠实勤勉义务仍属附随义务，且与如实报告义务强调的侧面有所不同。忠实义务在剔除后者的外延后，表现为居间人不得在促成交易时有所偏倚而损害单方委托人之利益，勤勉义务则表现为居间人应积极调查交易信息，勉力使之不致遗漏。

如实报告义务和忠实勤勉义务的具体内容，实践中并无统一明确的标准供借鉴。结合《上海市中介收费通知》及当前国家房地产政策带来的影响，笔者认为至少应做到以下四项：

①权籍调查及报告

向房地产交易中心调查、征询所交易房屋权利的来源、现状、抵押状况及其他权利限制状况。向公安部门调查，核实所交易房屋在户人员信息。向权利人调查，

征询、核实其身份及处分资格。

②使用状况调查及报告

收集、调查、征询房屋坐落环境、使用年限、房屋及其设施有无缺陷等信息；向物业管理单位查询房屋的出租情况、违章搭建、相邻关系、维修资金交纳和使用情况等信息。

③行情调查及报告

依从业经验合理评估房屋市场价格，引导双方于适当的价位成交，并就委托人签约进行指导。

④委托人购房及贷款资格的核查及报告

根据委托人提供的信息，如实就现行的限购、限贷政策作出解读。

（2）关于违反后果

实践中对违反此类义务的法律后果多是以认定中介服务瑕疵而减免佣金的方式实现的。但应注意此种后果仅在居间人负有过失的前提下得以适用，在居间人故意造成损失的情形下，在不支持佣金的同时还应判决其赔偿损失[①]。此外，在居间人未促成合同订立的情况下，笔者认为不应支持其索取居间必要费用。

2.“跳单”问题

（1）关于价值评判

“跳单”行为承载的内涵究竟是中性的，还是负面的？对此，目前学界和实务界的倾向性观点是将“跳单”界定为中性的概念[②]：委托人“跳单”并不意味着必然需为此承担违约责任，仅在委托人利用居间人掌握的垄断性信息的情况下，才需承担违约责任。笔者认同该观点，但认为仍有补充之余地：从规制“跳单”的根本目的来看，即便委托人未利用垄断性信息，但可以通过外在行为推断出其有规避佣金支付之意图时，似乎也应当要求其承担责任。

（2）关于后果处断

有学者认为委托人在“跳单”后应视其以默示行为行使任意解除权解除了居

① 详见《合同法》第425条之规定。

② 参见隋彭生：“居间委托人的任意解除权及‘跳单’——以最高人民法院《指导案例1号》为例”，载《江淮论坛》2012年第4期。

间合同[1]，笔者认可该观点。故当委托人无规避佣金支付或利用垄断性信息意图而“跳单”时，后果即向居间人支付必要的居间成本。但委托人有规避佣金支付或利用垄断性信息意图而恶意“跳单”时，应承担何种类型的责任？

台湾地区有学者认为“委托人虽得随时终止居间合同，然契约之终止，究不应以使居间人丧失报酬请求权为目的而为之，否则仍应支付报酬[2]”，从而将“跳单”后果归结为佣金的支付。其基础在于将居间合同定性为附生效条件的合同，若委托人为自身利益不正当地阻碍佣金支付条件成就，应视为条件成就。对此笔者并不认同，附生效条件合同所附的条件应为意定条件，而居间合同中的佣金支付条件属法定条件，故不能适用前述规则。[3] 恶意“跳单”行为违背了委托人依诚实信用原则应负的附随义务，故其应为此承担违约责任。

对恶意“跳单”应承担的违约责任内容，应区分两种情况讨论：一是居间合同约定有反“跳单”条款的情况；二是未约定反“跳单”条款的情况。

①合同约定有反“跳单”条款

反“跳单”条款即指居间人为了防止跳单行为的发生而预先拟定的合同条款。根据笔者对案件样本的考察，通常的表述为“委托人承诺如其和相关家庭成员在一定期限内就房屋与居间人所介绍之交易对象自行成交，则视为居间人已履行居间义务，对此委托人须于买卖合同成立时一次性按买卖合同所确定之房屋总价一定比例向居间人支付服务报酬”，其逻辑结构与台湾地区学者的观点相近，但基于前文理由，“支付服务报酬”仍宜解读为一种违约责任。对于反“跳单”条款的效力，笔者认为不能一概而论：在中性“跳单”的情况下应认定其无效，但在恶意“跳单”的情况下应认定其有效。故当合同中有反“跳单”条款时，恶意“跳单”的委托人应依约承担违约责任。

②合同未约定反“跳单”条款

当合同中无反“跳单”条款时，违约责任的形式自然是赔偿实际损失和可得利益。居间人实际损失主要为居间必要成本，这一点并无争议，争议主要在于居间佣

---

① 隋彭生：“居间委托人的任意解除权及‘跳单’”，载《江淮论坛》2012 年第 4 期。

② 黄立主编：《民法债编各论》，中国政法大学出版社 2003 年版，第 561 页。

③ 参见隋彭生：“居间委托人的任意解除权及‘跳单’——以最高人民法院《指导案例 1 号》为例”，载《江淮论坛》2012 年第 4 期。

金可否解读为可得利益？笔者认为，委托人另行成交的行为本身即说明居间人促成缔约已具有相当的可能性，故居间佣金应纳入可得利益范畴。

（3）关于恶意“跳单”的识别

在以严苛的法律责任对待恶意“跳单”行为的同时，也应注重对正常市场秩序的维护，故需建立一套完善的识别机制，以区分恶意“跳单”行为与中性“跳单”行为。前文笔者将恶意“跳单”的表现界定为规避佣金支付和利用垄断性信息两种形式，后者为客观标准，相对容易识别，在此不作详述；但前者属主观标准，如何审查尚属疑难。依笔者之见，对前者的识别不妨从以下两方面入手：

①缔约后居间佣金的支付情况

由于委托人恶意“跳单”的主观意图为规避佣金支付，则其在缔约后的佣金支付情况是判断其主观意图的首要因素。若委托人未支付佣金，或无正当理由地少付佣金，则应推定其有规避佣金支付之意图。

②成交价格与磋商价格的对比情况及居间人的服务瑕疵情况

若委托人最终的成交价格与居间人举证的磋商过程中双方可接受的价格大致相同，居间人服务并无明显瑕疵，同时委托人未合理解释自行成交或选择他家居间人成交之缘由，则可推定其有规避佣金支付之意图。

（二）交易机会的锁定与挣脱

当前，居间人的信息垄断优势日渐丧失，行业竞争也日趋激烈，故其在承受未促成合同订立风险的同时，还承受着委托人另行委托他人的风险。因此，居间人试图通过各种手段，以双方合意的外在形式对委托人予以一定限制，而委托人自然不愿受此类条款所拘束，一旦实施了与约定相抵触之行为，则往往采取援引委托合同的任意解除权、格式条款无效、正常市场行为等理由进行抗辩。在72起案件样本中，涉及锁定交易机会条款争议的有18件，占25%。主要表现形式如下：1. 独家委托条款。即居间人与委托人约定后者独家委托前者处理缔约事宜，相关案件有2起，占比2.8%。2. 意向金条款。即居间人在接受买方或承租人委托时收取一定款项作为意向金，并约定该款项在居间人促成交易并转交卖方或出租人时转化为定金，相关案件有7起，占比9.7%。3. 反“跳单”条款。相关案件有3起，占比4.2%。4. 违约金条款。即居间人与委托人在合同中约定“若委托人之间到期不签订合同，则应按一定数额向居间人支付违约金”，此类条款一般在委托人和第三人已就交易达成初步意向时出现，为“委托购买意向书”或“房地产买卖居间协议”等文本[①]所固定，相关案件有6起，占比8.3%。

1. 独家委托条款

（1）关于条款效力

关于独家委托条款的效力，实践中主要有三种不同的观点：第一种观点认为无效，因为其排除了委托人选择更优质服务的权利，且与委托人的任意解除权[②]相斥。第二种观点认为独家委托条款是为了防范委托人的机会主义倾向，故应在尊重双方当事人意思自治的基础上认定此类条款有效。第三种观点认为应视其是否为格式条款且居间人是否尽提示义务而定，若为格式条款且居间人未尽提示义务则属无效。

笔者认为，独家委托条款作为居间人锁定交易机会、防范委托人机会主义倾向的工具，确有一定的合理性，对避免当下居间行业的无序竞争可产生一定的积极作用，故不应一概否认其效力。当该条款为格式条款且居间人未尽提示义务时，因为其确有排除竞争、导致合同双方利益失衡之嫌，应认定为无效；但若该条款确系合同双方合意达成，则应认可其效力。独家委托条款并不妨碍委托人行使任意解除权，仅在解除后发生违约责任清算之效果，故前者与后者相斥之说并不成立。

---

① 实践中对于兼具居间和买卖条款的“房地产买卖居间协议”等文本的性质争议很大，有观点认为此类文本可视作已成立的房屋买卖合同。但我们认为，当下的房地产交易涉及利益巨大，司法理应以更谨慎的态度对待合同成立的事实，况且居间人与委托人双方约定违约金条款的事实也充分说明此类文本仅代表双方达成初步意向，并未当然地成为有约束力的买卖合同。因此，将此类文本解读为兼具居间合同性质及预约合同性质的复合合同最为妥贴：在委托人双方之间，该合同发挥预约合同之效果；而在委托人与居间人之间，该合同发挥居间合同之效果。

② 对于居间合同当事人是否享有任意解除权，学界有一定争议。例如，王利明教授认为“因为委托人并没有义务一定要接受居间人提供的信息和服务，所以也就无须享有撤销权”，参见王利明：《合同法研究（第三卷）》，中国人民大学出版社2012年版，第788页。又如，隋彭生教授认为，委托合同当事人的任意解除权应准用于居间合同，也更能保障消费者选择最优服务的权利。参见隋彭生：“居间委托人的任意解除权及‘跳单’——以最高人民法院《指导案例1号》为例”，载《江淮论坛》2012年第4期，第113页。笔者认为，应肯定居间合同当事人的任意解除权，理由是：第一，居间合同如委托合同一般，其订立有赖于合同双方间的信任基础，当此种信任基础丧失时，要求其继续履约未免强人所难；第二，居间合同的委托事项如委托合同一般存在变化可能，故理应赋予双方以任意解除权。

(2) 关于违反后果

在违反有效独家委托条款的后果处断上，应区分情况加以讨论。

①条款仅约定了独家委托之要求

依《合同法》及相关理论，违约责任的承担形式即赔偿实际损失和可得利益。这里的实际损失一般为居间人为居间活动付出的成本，而居间佣金因为获取具有不确定性，不可归入可得利益之范畴，故居间人最后能取得之赔偿仅相当于居间必要成本，而居间必要成本的获取在委托人解除合同的前提下本身即有法律的支撑。

②条款明确约定了独家委托之要求和违约金

此时应当按约处理，不过若委托人提出违约金过高的抗辩，则法院需依民法的填补原则对违约金进行调整，因此即便约定违约金，仍可能陷入情况①所描述的尴尬情境。

综上所述，即便居间人与委托人之间存在有效的独家委托条款，其违反后果很可能与无条款约束的法律后果全无二致，此类条款对委托人的约束力微乎其微，仅有字面上的震慑作用。事实上，居间人在长期的从业实践中对此情况也心知肚明，故司法实践中因独家委托条款引发的纠纷数量稀少，样本案件中仅出现2起，且仅有1起系单纯由独家委托条款争议引发。

2. 意向金条款

(1) 关于条款效力

在房地产市场火爆之时，媒体上有不少呼声认为诸如“看房费”之类的意向金条款无法律依据，且为委托人增加了不必要之负担，导致居间人与委托人之间利益失衡，应认定无效。但笔者考察后发现，买房时是否要求（居间人）和愿意（委托人）支付意向金，并达成合意，终究是市场选择之结果。综观近年来有关看房意向金的媒体报道，集中出现的时间段与房地产市场的起伏呈正相关关系，2011年和2013年春节后较为频繁①，而在2012年房市趋冷的情况下，类似报道则难觅影

① 这是通过百度以“看房”和“意向金”作为关键字搜索并查询前二十页结果得出的结论，典型的报道例如赵莹莹：“违规‘看房费’变‘意向金’重出江湖：先看房交1万”，载新华网财经 http://news.xinhuanet.com/fortune/2013-03/19/c_115084418_2.htm，原载于《北京晚报》。又如徐运：“要看房先交钱”，载网易新闻中心 http://news.163.com/11/0125/12/6R8BUUJP00014AED.html，原载于《新闻晚报》。

踪。案例样本中，有 7 起系由意向金或定金问题引发纠纷，其中委托人被要求交付意向金的时间段分别为 2010 年 10 月，2011 年 7 月、9 月和 12 月，2012 年 1 月，2013 年 5 月、7 月，同样与房地产市场的热度相关（详见图表二）。客观而言，意向金条款并未对委托人的利益造成实质性损害，且一定程度上可以抑制房地产市场过热时部分实际需求并不强烈的投资型委托人的购房冲动。因此笔者认为，司法对此类条款的介入干预尚需谨慎，对其效力宜持肯定态度。

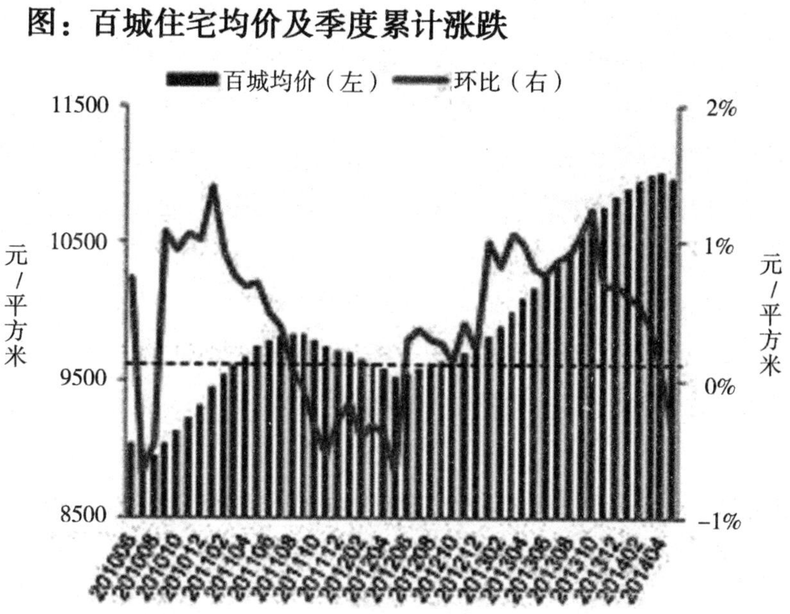

图二：2010 年以来的百城住宅房价走势图①

（2）关于意向金转定金

意向金条款在实践中的另一个争议焦点是其是否转化为定金的认定。由于定金合同属践成合同，且一般为从合同，故判定意向金转化为定金的标准一般有二：即居间人是否已将意向金转交，及委托人与第三人是否缔约。但实践中多有居间人在未促成买卖双方缔约时即擅自将意向金转交于第三人及居间人虽促成缔约但未及时转交意向金之情形，笔者认为此时法院应支持委托人向居间人主张意向金之返还：

---

① 图片来源："百城房价分析报告：信贷与供求关系影响价格，城市分化加剧"，载网易财经 http：//money. 163. com/14/0617/14/9UUSVFNQ00253B0H. html，最后访问日期：2014 年 6 月 30 日。

于法理，若委托人与第三人尚未缔约或居间人未转交意向金，何来定金之说；于情理，这无异于免除了居间人在意向金关系中承受的最主要风险，有失公允。

3. 违约金条款

违约金条款基本出现于居间人促成委托人与第三人达成初步意向之时。该初步意向为"委托购买意向书"或"房地产居间协议"等文本所固定，但这些文本又并非正式的房屋买卖合同，居间人为锁定交易机会并获得佣金，故拟定了此类条款。

有观点认为此类条款无效，理由是"居间商不是所促成合同的当事人，不享有所促成的合同中的权利，也不负担所促成的合同中的义务"①。笔者认为该观点有失偏颇，误将"委托购买意向书"或"房地产居间协议"等文本之性质解读为了居间人促成之合同。如前文所述，将此类文本解读为兼具居间合同性质及预约合同性质的复合合同最为妥贴：在委托人与第三人之间，该合同发挥预约合同之效果；而在委托人与居间人之间，该合同发挥居间合同之效果。

笔者认为，此类条款的效力与独家委托合同条款一般，应视其是否为格式条款而区分效力。若为格式条款且居间人未尽提示之义务，则应认定无效。反之，则应视为委托人在内心就合同之订立达到了相当程度之确信，并甘愿受此条款之约束，应认定为有效。但考虑到实践中约定的违约金数额一般等于佣金，为免利益失衡，法院可在个案中酌情调整。

4. 反"跳单"条款

反"跳单"条款的效力及后果已在前文的"跳单"问题部分作了讨论，在此不再赘述。

（三）佣金主张的成就与否定

传统居间理论将居间人促成合同订立作为其义务履行完毕并获取佣金的依据，然而现代房地产居间行为产生了一定的特殊性。一方面随着现代房地产业的发展，房地产居间服务的内容出现日益拓展的趋势，居间人协助委托人办理贷款、过户等手续已成为一种商业惯例，一些居间合同甚至将其作为主合同义务的一部分加以约定。对于此类协助义务，是否可普遍视为居间人的主合同义务，履行情况对居间人

---

① 周晓晨："论房地产居间的法律规制"，载《中州学刊》2010年5月刊。

的报酬请求权具体产生何种影响，尚有争议。[①] 另一方面，在买卖双方签订的房屋买卖合同之外，尚有对标的和价金作出约定的“房地产买卖居间协议”和行政管理要求的网签备案合同存在，居间人促成合同订立的标准出现了分化，司法实践中存在一定的争议。这些针对佣金获取条件的争议，又进一步助长了居间人与委托人在履约过程中的机会主义倾向：居间人可能疏于防范贷款、过户等义务履行过程中潜在的风险，而意图毁约的委托人则可能利用合同成立之争议规避佣金支付。案件样本中，涉及合同成立争议的案件有 3 起，占 4.2%；涉及过户、贷款等义务办理瑕疵的案件有 2 起，占 2.8%。

1. 关于合同成立的争议

前文提到，在买卖双方签订的房屋买卖合同之外，尚有对标的和价金作出约定的“房地产买卖居间协议”和行政管理要求的网签备案合同存在，因此判定居间人促成合同订立的标准出现了分化，审判实践中的主张三者皆有之。

笔者认为，对居间人是否促成合同订立的判断应以委托人与第三人就买卖事项正式达成合意的房屋买卖合同为标准。“房地产买卖居间协议”并非居间人促成订立之合同，而属兼具居间及买卖性质的预约合同。网签备案合同则为行政部门设置的管理手续，与当事人之间的缔约行为并无关联，也不应作为合同成立之依据。

2. 协助办理过户、贷款等事项

传统居间理论认为，居间人之义务于促成双方合同订立时止。但基于现代不动产物权登记制度操作的复杂性，居间人在委托人缔约后协助其办理贷款、过户等手续已成为商业惯例，也是委托人基于对交易流程的不熟悉而委托居间人的重要动因。一般情况下此类事项不会构成司法实践中的争议，但也有例外情形：如居间人在促成合同订立后因与委托人另有纠纷而拒不协助办理过户手续；又如前文注释中提及的北京市朝阳区人民法院（2012）朝民初字第 20611 号案。

那么在这些事项未被约定的情况下，可否纳入居间合同衍生的居间人义务外延?《合同法》的规定显然已将此类义务排除在外，不过笔者发现一些地方行政规

---

① 关于此类义务未被约定为主合同义务时性质的解读，目前主要有两种观点：一种观点认为其是基于诚实信用原则推导出的附随义务，另一种观点则认为其是在复合合同构造下产生的一种“委托劳务性”的独立给付义务。参见周峰、李兴：“房屋买卖居间合同纠纷‘跳中介’现象的法律问题研究”，载《法律适用》2011 年第 10 期。

章中设定了此类义务。例如《上海市中介收费通知》附表备注第二项规定“经纪机构办完产权过户、户口迁移等手续后，方可收取经纪服务费”，将该义务作为获取佣金的条件的一部分。虽然后者因与前者抵触而无法构成委托人拒付佣金之依据，但也充分说明此类事项在现代房地产居间行为中的重要性在实务中获得了一定的重视。

笔者认为，在现阶段立法缺位的情况下，针对此类案件的处理仍应参照《合同法》之规定，认定居间人无协助过户及办理贷款之强行义务，但在居间人因履行此类事项存在瑕疵而对委托人造成损害时，可以此为由酌情减免租金。另外，将此类事项纳入房地产居间人的合同义务应成为立法未来的取向。

（四）佣金数额的限制与突破

为规范房地产居间市场秩序，《国家计委、建设部关于房地产中介服务收费的通知》中对房地产居间佣金的数额作出了一定的限制，各地基本均依此进一步出台文件，对房地产居间人居间佣金的数额作出了限制规定。如《上海市中介收费通知》将上海市居住房屋买卖的居间佣金限制为不超过房屋总价的2%，将居住房屋租赁的居间佣金限制为不超过单月租金的70%。但在实践中，居间人为谋求超限额营利，利用委托人经验不足在合同中约定超限额居间佣金，或是以到手价的名义将居间佣金与房款等其他款项混合等情况时有发生，手段五花八门。而在另一侧面，委托人为拒付或少付佣金也是理由多样，如在交易双方为规避税费支付签订“阴阳合同”时，要求以较低的价格作为佣金计算标准；当居间合同中额外约定了居间人一般服务之外的义务时，仍主张居间佣金应控制于限额之内等等。案件样本中，涉及佣金数额争议的有12起，占16.7%。其中，居间人涉嫌超限额收取居间佣金的有9起，且有8起系纠纷的直接讼因；而委托人要求根据登记价格计算佣金限额的有2起，利用佣金限额规避居间人额外义务部分佣金支付的有1起。

1. 对佣金超限的处理

目前各地都普遍地对房地产居间佣金的数额作出了明确限制，但实践中仍经常出现佣金数额超限的情况。对此，有观点认为应依规将佣金调整至限额内，也有观点认为若佣金条款非格式条款时应尊重双方合意，还有观点认为在中介负有额外义务（如促成合同按特定条件订立）的情况下可允许中介费超限。笔者认为最后一种观点较为合理，行政规章是在给出相应服务范围的基础上对佣金数额作出了限制，若居间人与委托人就额外服务另有约定，合理超限并无不可，严格依限处理反而会影响相应的市场需求。

2. 对佣金计算基准的确定

目前居间服务佣金一般以房屋成交价作为基数按比例计算，然而房屋居间实践中多有以阴阳合同做低价格，而出现房屋登记交易价格与实际交易价格不一致的情况。对此，有观点认为应以房屋实际交易价格作为佣金数额的计算基准，也有观点认为出于抑制居间方做低价格意愿之需要，应以房屋登记交易价格作为佣金数额的计算基准。笔者认为对此类案件应以符合合同各方真实意思表示的房屋实际交易价格作为佣金数额的计算基准为宜，打击阴阳合同属行政干预事项，非民法调整之范围。

（金民珍　暨秉恒　上海市黄浦区人民法院）

物业服务合同履行的相关法律问题研究

【司法精要】

近年来，物业服务纠纷案件日益增多，究其原因，不仅仅在于物业服务纠纷案件类型多样、所涉法律关系复杂、案件带有群体性特征导致处理难度较大，现有法律规定比较原则，审判时缺少明确具体的条文规范，法官对此类案件把握不准，亦造成司法实践中的诸多困难。2009 年 5 月出台的《最高人民法院关于审理物业服务纠纷案件具体应用法律问题的解释》（以下简称《物业服务解释》），对《中华人民共和国物权法》（以下简称《物权法》）以及《物业管理条例》中有关物业服务问题的抽象性、原则性条文进行了司法解释，为审判实践提供了明确具体和统一的裁判标准。

《物业服务解释》主要对物业服务合同的效力、物业服务合同的履行及违约责任、物业服务合同终止的法律适用以及该解释的适用范围和时间效力等问题作出了具体规定，为了正确理解与适用该解释，本文拟透过《物业服务解释》的相关规定，结合司法实践，对物业服务合同的履行以及相关问题进行探讨，希望对司法实践有所助益。

一、业主在物业服务合同中的主体地位及其义务认定

（一）业主的合同主体地位

物业服务合同的主体认定，是物业服务合同纠纷案件审理的一大难题。物业服务合同可分为前期物业服务合同和普通物业服务合同。《物业管理条例》第21条规定："在业主、业主大会选聘物业服务企业之前，建设单位选聘物业服务企业的，应当签订书面的前期物业服务合同。"因此，前期物业服务合同是由建设单位与物业服务企业所签订。《物业管理条例》第15条规定："业主委员会代表业主与业主大会选聘的物业服务企业签订物业服务合同。"因此，普通物业服务合同是由业主委员会与物业服务企业签订的。可以看到，在合同签订的形式上，无论是前期物业服务合同还是普通物业服务合同，业主均不是直接的合同签订者。在实践中，这恰恰是业主经常据此拒绝接受合同约束的重要理由，他们认为自己并非物业服务合同的当事人。《物业管理条例》第25条规定："建设单位与物业买受人签订的买卖合同应当包含前期物业服务合同约定的内容。"根据该条款，建设单位同物业买受人签订物业买卖合同时，包含了双方转让前期物业服务合同的合意，因此，前期物业服务合同对业主之所以产生拘束力，根据在于业主对物业服务合同的概括承受。对于普通物业服务合同，《物权法》第76条、《物业管理条例》第11条都规定，选聘和解聘物业服务企业是业主共同决定的事项。物业服务企业是和业主而不是与业主委员会建立物业服务法律关系，业主委员会按照授权与业主大会选聘的物业服务企业订立物业服务合同，则是业主自治权行使的结果。[①] 所以，尽管形式上业主未参与物业服务合同的签订，但究其实质，不管从现行的立法规定还是从法理上来说，业主都是物业服务合同中与物业服务企业相对的实际权利的享有者和义务的承担者。《物业服务解释》对此作出了明确解释，其第1条规定："业主以其并非合同当

---

① 杜万华、辛正郁、杨永清："最高人民法院《建筑物区分所有权司法解释》、《物业服务司法解释》要义"，载《判解研究》第2辑，人民法院出版社2009年版，第74页。

事人为由提出抗辩的，人民法院不予支持。”这就明确规定了业主在物业服务合同中的主体地位。

（二）业主应承担的主要合同义务

1. 交纳物业服务费的义务

物业服务合同是一种新型合同，理论与实务界对其性质难免有不同的认识，观点主要有委托合同说、服务合同说、混合合同说、独立合同说等等。通说主张应当借鉴委托合同的制度机理处理物业服务合同相关争议，笔者较为赞同，因为不管是其法律关系的形成，还是物业服务合同的特征，与委托合同都有较高的相似度。从业主与物业服务企业的法律关系来看，业主是物业服务合同的委托人；从物业服务合同的内容来看，业主是支付报酬、接受服务的一方。业主有权利请求物业服务企业按照合同的内容提供相应的服务，与此相对应，业主的主要合同义务即是交纳相关的物业服务费用。当然，物业服务费用的内涵决不简单地只是物业服务企业的佣金。物业服务费可分为公共性服务费（为物业产权人、使用人提供公用卫生清洁、公共设施维修保养和保安、绿化等公共性服务而收取的费用）、公众代办性服务费（为物业产权人、使用人提供代收代缴水电费、煤气费、有线电视费、电话费等公众代办性的服务而收取的费用）和特约服务费（为物业产权人、使用人提供特约服务而收取的费用）。也有学者主张将物业服务费区分为两类，一类是用于区分建筑物的基本维护、修缮、整治工作与日常管理及其他与居民生活相关的服务所支出的费用，即通常语境下的物业服务费；另一类是专项用于物业保修期满后物业共用部位、共同设施设备的维修更新、改造的费用，称为专项维修资金。在日常生活中，业主往往认为物业费仅限于物业服务企业的佣金，业主拒交、欠交物业服务费也成为引发物业服务纠纷的重要原因之一。《物业服务解释》第6条对此作出了针对性规定：“经书面催交，业主无正当理由拒绝交纳或者在催告的合理期限内仍未交纳物业费，物业服务企业请求业主支付物业费的，人民法院应予支持。物业服务企业已经按照合同约定以及相关规定提供服务，业主仅以未享受或者无需接受相关物业服务为抗辩理由的，人民法院不予支持。”根据该条，物业服务企业在经书面催交后，业主无正当理由仍拒交、欠交物业费的，可以起诉业主并得到人民法院的支持。这不仅对物业服务企业迅速高效收缴物业费用提供了法律支持，同样也对业主积极履行交纳物业服务费的合同义务起到了督促和警示的作用。

2. 协助义务

在物业服务企业实施物业维护、保养、保修的过程中，业主应当给予协助，该协助义务不仅包括积极层面的主动提供必要的便利，还包括消极层面的不得阻碍、妨害物业服务企业的服务及管理工作。针对业主的该项义务，《物业服务解释》第4条赋予了物业服务企业相应的诉权："业主违反物业服务合同或者法律、法规、管理规约，实施妨害物业服务与管理的行为，物业服务企业请求业主承担恢复原状、停止侵害、排除妨害等相应民事责任的，人民法院应予支持。"根据该条规定，业主违反协助义务的，物业服务企业可以行使诉权，要求业主承担恢复原状、停止侵害、排除妨害等相应的民事责任。

二、物业服务企业的义务范围认定

（一）物业服务企业的主要合同义务

物业服务企业作为物业服务的提供者，其义务范围的认定乃是物业服务合同内容的重点。概括地说，物业服务企业受业主的委托，应当依照合同的约定提供相应的物业服务。《物业服务解释》第3条第1款规定："物业服务企业不履行或者不完全履行物业服务合同约定的或者法律、法规规定以及相关行业规范确定的维修、养护、管理和维护义务，业主请求物业服务企业承担继续履行、采取补救措施或者赔偿损失等违约责任的，人民法院应予支持。"因此，就物业服务企业提供服务的内容而言，可高度概括为维修、养护、管理、维护四方面。笔者认为，该四方面又可区分为两个层次：第一个层次指向"对物的管理"，指的是对建筑物、基地、附属设施、相关场地等共有部分进行维护、保养和修理；第二个层次则指向"对人的管理"，是对区分所有权人群居生活关系所进行的管理，包括维护物业管理区域内的环境卫生，也包括维持和谐有序的公共秩序。例如，当部分业主不当行使专有权，对其他业主构成妨害，或者侵害业主的共同利益时，物业服务企业有义务对其进行提示和制止。

（二）物业服务企业承担义务的扩充

《物业服务解释》第3条合理扩充了物业服务企业应承担义务的依据范围。《中华人民共和国合同法》（以下简称《合同法》）第61条规定："合同生效后，当事人就质量、价款或者报酬、履行地点等内容没有约定或者约定不明确的，可以协议补充；不能达成补充协议的，按照合同有关条款或者交易习惯确定。"合同有关条款及交易习惯均可作为合同约定欠缺或约定不明时的参照。另外，《合同法》第60条还规定了合同的附随义务：“当事人应当遵循诚实信用原则，根据合同的性质、目的和交易习惯履行通知、协助、保密等义务。”这是依据诚实信用原则对合同当事人的义务范围所进行的扩张。根据《物业服务解释》第3条第1款的规定，物业服务企业承担义务的依据范围不仅包括合同约定，还包括法律、法规的规定以及相关行业规范的规定。第3条第2款规定：“物业服务企业公开作出的服务承诺及制定的服务细则，应当认定为物业服务合同的组成部分。”据此，物业服务企业公开作出的服务承诺以及服务细则也将作为物业服务企业承担义务的依据。

（三）物业服务企业安全保障义务的理解与认定

物业服务企业对业主的财产及人身是否应承担安全保障义务？如需承担，其限度范围应当如何认定？这是司法实践中较为常见且理论上存在争议的问题。虽然《物业服务解释》中未作明确规定，但这并不必然意味着物业服务企业没有任何安全保障义务。

1. 司法解释

《最高人民法院关于审理人身损害赔偿案件适用法律若干问题的解释》第6条规定：“从事住宿、餐饮、娱乐等经营活动或者其他社会活动的自然人、法人、其他组织，未尽合理限度范围内的安全保障义务致使他人遭受人身损害，赔偿权利人请求其承担相应赔偿责任的，人民法院应予支持。”根据该条规定，承担安全保障义务的主体为经营活动的经营者和其他社会活动的组织者，但并不仅仅限于条文所列举的从事住宿、餐饮、娱乐的经营者和活动组织者。随着对安全保障义务理论研究的深化，司法实践对安全保障义务的适用早已不再局限于条文列举的经营者，诸如银行、机场、物业服务企业等也已被囊括其中。从物业服务企业的性质来说，其所从事的也是一种服务性行业，当然属于经营者的范畴。作为物业服务区域的实际管理者，物业服务企业对区域内危险源的控制力显然要高于业主。因此，物业服务企业在一定情形下承担相应的安全保障义务符合人们日常的生活常理。

2. 合同的约定或合同附随义务

通常来说，物业服务企业与业主会在服务合同中对安全保障义务加以约定，物业服务企业也会为此配有专门的保安人员、建立相关安保机制、安装必要的电子监控系统、完善区域边境的围护设施加，物业服务区域内的安全保障工作是物业服务企业实施日常管理的一项重要内容。在合同对安全保障义务作出明确约定的情况下，物业服务企业违反此义务而对业主的财产或人身造成损害的，将承担相应的违约责任。这种损害不仅包括物业服务企业所有或管理下的物对业主造成的损害，[①] 也包括因第三人的侵权行为对业主造成的损害。其次，根据《物业服务解释》第3条第2款的规定，物业服务企业的单方承诺与服务细则也被纳入到合同内容中，因此，如果在其单方承诺或服务细则中有涉及安全保障义务的服务承诺，也应作为合同义务加以履行。另外，依据物业服务合同的性质及合同的目的，物业服务企业对业主及服务区域内的安全承担保护义务属于合同附随义务的范围。因此，即使物业服务合同中没有对安全保障义务作出约定或约定不明确，也应根据《合同法》第60条的规定，基于诚信原则衍生出安全保障义务。由上可知，物业服务企业违反安全保障义务，造成业主合法权益受到损害的，既可因侵权而承担侵权责任，也可因违约而承担违约责任。当事人可以选择依《合同法》提起违约之诉，也可以选择提起侵权之诉。

3. 安全保障义务的限度

物业服务企业的安全保障义务并非可以随意解释和适用，不当界定和滥用会导致安全保障义务无边界的扩张，这将给物业服务企业带来极大的经营风险，不利于其整个行业的发展，最终也可能反过来对广大业主造成不利影响。例如，高空抛物致人损害，乃因第三人侵权行为而发生，如要求物业服务企业对高空抛物人进行监督和防范，显然不合理地提高了其注意义务的范围，扩张了安全保障义务的限度。通常来说，只要物业服务企业在保安人员及设施的配备、保安制度的建立、保安制度的落实方面做足了工作，则应判定其已尽到安全保障义务。

三、物业服务合同纠纷司法裁判所涉及的利益衡量与法律解释

（一）利益衡量：合同的履行与业主相关权利的冲突

1. 冲突的产生

在《物业服务解释》颁布之前，物业服务合同通常被称为物业管理合同。有观

---

① 如“楼顶坠物案”中，物业服务企业对楼顶的废弃搁置物未予处理，造成其坠落后将原告砸伤，法院判决因物业服务企业没有尽到相应的安全保障义务和管理职责，对原告承担赔偿责任。

点认为，物业管理中的“管理”一词具有行政隶属的服从性意义，反映了传统物业管理模式的特征，难以体现现代物业管理专业化、社会化、市场化的平等服务关系本质，宜用“人居服务”或“物业服务”的称谓取而代之①。受该观点的影响，《物权法》将过去的“物业管理企业”改称为“物业服务企业”，《物业管理条例》随亦作出相应修改。《物业服务解释》物业服务企业与业主之间在履行物业服务合同中产生的纠纷界定为“物业服务纠纷”，非常准确地界定了所要调整的法律关系。即物业服务纠纷，属于债权纠纷。它不同于物业管理纠纷。后者是共同管理人（即业主）因对区分所有建筑物的使用、收益、支配而发生的纠纷。因此，业主拥有物业管理权，而物业服务企业需要承担物业服务的义务。当然，物业服务企业履行物业服务合同，其对建筑物的共有部分拥有事实上的管理的权利。业主的物业管理权与物业服务企业实际拥有的管理权，在内容上应该是一致的，物业服务企业的管理应当以业主授权的内容为基础。但在特殊情形下，也会发生冲突。例如，业主大会或业主委员会代表业主与物业服务企业签订合同，但合同的内容侵害部分业主的合法权益，这时即产生部分业主与其他业主的物业管理权冲突，物业服务企业的管理权与部分业主的物业管理权发生冲突，物业服务企业履行该合同的相关约定将导致部分业主的合法权益受损。此时部分业主为保护自己的合法权益，可以依据《物权法》的规定行使撤销权。

2. 业主撤销权的效力

就业主撤销权设立的目的来看，是为了防止业主大会或业主委员会滥用权利作出决定而损害业主的合法权益。但就业主大会或业主委员会与物业服务企业签订的合同内容行使撤销权，不仅仅是业主大会或业主委员会滥用权利的问题，还往往涉及业主之间的利益分配问题。如在《物权法》颁布后的所谓首例业主撤销案件中，多数业主（377户）赞同在小区内新设一道围墙，以防止外来车辆和人员随意进出小区，但少数业主（8户）认为，该围墙减少了他们实际使用的公共面积，侵害其合法权益。此时，判断能否因部分业主行使撤销权而将物业服务合同的相关内容归于无效的问题，实质上转化为对行使撤销权的部分业主与其他业主之间的利益进行衡量的问题。这属于民法上的价值判断。何者利益需要优先保护或者何者利益具有

① 徐建明：《物业管理法规》，东南大学出版社2000年版，第17页。

更高的价值位阶，则需依赖于相关法理及利益衡量之方法加以确定。笔者认为，在某些特殊情形下，业主撤销权的效力不可一概而论，法院在裁判该类案件时，需要于具体个案中合理运用利益衡量之方法，尤其是应加强裁判文书的说理部分，以理服人，保证判决的正当性和妥当性。

（二）法律解释：物业服务合同履行中业主抗辩的“正当理由”

1. 问题的提出

业主拒交欠交物业服务费纠纷是司法实践中的一大难题，《物业服务解释》第6条对此作了针对性规定，根据该规定，物业服务企业经过书面催交程序，业主无正当理由仍拒交或欠交的，物业服务企业可向人民法院提起诉讼，并可得到法院支持。这一规定无疑为物业服务企业催交服务费用提供了有力的支持，但针对于具体的案件裁判而言，仍然涉及一个问题，即所谓“正当理由”该如何认定，正当理由的判断标准何在？这仍是审判实践操作中需要明确的。

2. 对“正当理由”的认定

《物业服务解释》中的相关条文，对正当理由问题暗含了一定的说明，如第5条规定：“物业服务企业违反物业服务合同约定或者法律、法规、部门规章规定，擅自扩大收费范围、提高收费标准或者重复收费，业主以违规收费为由提出抗辩的，人民法院应予支持。”据此，“违规收费”即是业主抗辩的一项正当理由。第6条的后段，则从反面折射出正当理由的问题，该段规定：“物业服务企业已经按照合同约定以及相关规定提供服务，业主仅以未享受或者无需接受相关物业服务为抗辩理由的，人民法院不予支持。”因此，物业服务企业依照合同履行义务后，业主以未享受或无需接受相关服务进行抗辩的，无法构成正当理由。就事实来看，业主欠费抗辩的理由主要来自两方面，其一为物业收费不合理；其二为物业未提供服务或服务不周。笔者认为，对正当理由的理解与判断，可分为两个层次：第一，违法或违约损害业主利益的，构成抗辩的正当理由。具体言之，即物业服务企业违反法律、法规、部门规章规定的收费标准，违法违规收费，或者违反合同的约定，损害业主利益的，可以作为业主抗辩的正当理由；第二，在不存在违法或明显违约的情况下，对于业主以服务存在瑕疵提出的抗辩，需要以诚实信用原则为基础，结合物业服务企业的服务标准与物业收费标准，对物业服务进行综合评价，进而确定业主抗辩之正当理由能否成立。

（丁剑波　新疆维吾尔自治区焉耆回族自治县人民法院）

三、借贷担保

不动产抵押物转让规则之检讨与构建
——以《物权法》第191条为中心的考察

【司法精要】

关于不动产抵押物转让规则，我国立法经历了从严格限制到放松管制再到严格限制的纠结轮回。本文认为，不动产抵押权追及力更符合保护抵押权人利益的立法目的，且与现有民法体系相契合，故应肯定。《中华人民共和国物权法》（以下简称《物权法》）第191条第1款中“抵押权人同意”，是指抵押人和抵押权人对转让价款的物上代位达成合意，即抵押权人因同意而获得对转让款的物上代位权，但抵押权追及力不受影响，抵押权人可在物上代位权和抵押权追及力之间自由选择。第2款“转让”专指抵押转让行为，“不得”属于管理性强制性规定，不影响物权效力。抵押权人虽不同意，但买受人仍可取得负抵押权的所有权，此时抵押权人对抵押物具有追及力。另外，抵押人未经抵押权人同意而产生实现抵押权额外支付的费用，抵押权人对抵押人享有赔偿请求权。

《物权法》第191条规定：“抵押期间，抵押人经抵押权人同意转让抵押财产的，应当将转让所得的价款向抵押权人提前清偿债务或者提存。转让的价款超过债权数额的部分归抵押人所有，不足部分由债务人清偿。抵押期间，抵押人未经抵押权人同意，不得转让抵押财产，但受让人代为清偿债务消灭抵押权的除外。"① 对于抵押物转让的制度设计，我国立法经历了从严格限制到放松管制再到严格限制的纠结轮回。由于立法数次更迭变迁及法条语焉不详，造成司法适用混乱，常发生与立法脱节之情况。

对《物权法》上不动产抵押物转让规则，主要存在以下几个问题：（一）不动产抵押权是否具有追及力；（二）关于第1款，抵押权人同意抵押物转让的法律效果如何，是取得转让价款的物上代位权并放弃抵押权，还是另有其他？此外，如果抵押人通过赠与或互易转让抵押物的，又该如何处理？（三）关于第2款，"不得转让抵押财产"作何解释，其中"转让"究竟指何，"不得"又具有何种规范属性。第2款后半句赋予买受人何种权利？以上问题之解答，关涉到抵押权人、抵押人和抵押物买受人之间的利益平衡和价值判断。立法语意不清或规定不完善，应借由法教义学和法学方法论对之进行妥当的解释构造。因此，本文从法释义学角度对不动产抵押物转让规则提出另一种解释模式。

一、现行不动产抵押物转让规则之检讨

不动产抵押物转让制度的不同立法模式，对抵押权人、抵押人和抵押物买受人作出不同的利益安排。抵押权人追求抵押物所担保债权之实现，抵押人对其所有的抵押物享有处分之自由，为了使抵押物买受人取得抵押物的所有权，如何在三者之间寻找一个平衡点，我国在近20年的探索中，立法者设计了不同的规制模式。在《中华人民共和国民法通则》（以下简称《民法通则》）制定前，由于对抵押权追及力缺乏必要的认识，不少人认为抵押物转让必将危及抵押权人的利益，《民法通则》虽无相关规定，但该理念贯彻于随后制定的《最高人民法院关于贯彻执行〈中华人民共和国民法通则〉若干问题的意见（试行）》第115条。该条遭到学说强烈批评，学说倾向性认为抵押人作为抵押物的所有权人，有自由处分抵押物的权利。《中华人民共和国担保法》虽采纳主流学说，但仍持十分保守的态度。直到《最高人民法院关于适用〈中华人民共和国担保法〉若干问题的解释》才排除一切限制性条件，肯定了抵押物可自由转让及抵押权具有追及力。但《物权法》第191条却

① 该条同时适用不动产和动产，本文讨论范围仅限于不动产部分。

背离理论界和实务界的一致共识，回归原点。

立法的轮回，透露出条文背后立法者艰难的利益衡量：（1）以抵押权人的利益安排作为视角。立法态度依次为：抵押物能否转让取决于抵押权人的意志（需征得其同意）——→无需征求抵押权人的意思、只需通知其即可——→抵押物转让不仅无需通知抵押权人、更不必征得其同意——→抵押物转让以抵押权人的同意为必要。（2）以抵押人作为视角。立法态度依次为：抵押人作为抵押物的所有权人，对其所有权的自由处分权曾一度被忽略——→抵押人享有处分之自由，但需履行通知和告知的法定义务——→抵押人的自由处分权被完全释放，其有权自由地转让抵押物——→抵押人的处分自由回归原点。（3）以抵押物买受人作为视角。立法态度依次为：未经抵押权人同意转让无效，买受人不能取得所有权——→抵押物转让需告知买受人，使其知晓买卖标的物上负担抵押权的事实——→买受人可取得负抵押权的所有权——→和抵押人一样，回到起点。从形式上看，抵押权人保护与抵押人、买受人保护处于此起彼伏的关系，立法对抵押权人保护的力度似乎持续下降后又回归，对抵押人和买受人的保护强度处于持续上升后又降至原点。

由于立法数次更迭，造成实务与立法严重脱节，学说对《物权法》第191条颇有微词，或从立法论上大加批判，或从解释论角度对其进行解析构造，但不少情形又超越法解释之限度而进入法续造之阶段。

（一）主观解释：立法意图的考察

法律条文背后隐藏着立法者不同的目的及利益评价，立法者基于其认可之目的及认定应予考量之观点而提出立法构想。一项规定往往不只要实现一个立法宗旨，常以不同的程度追求多重目的。这些目的一般存在阶层关系，不动产抵押物转让规则也不例外。该规则首先要追求的目标是保护抵押权人利益；其次，在符合前述目的范围内，同时保护抵押物买受人之利益。对于不动产抵押物转让，立法者预设之考量：抵押物转让将导致抵押权人和买受人利益受损。其理由在于：其一，抵押物转让，增加抵押物流转过程中的风险，增加抵押权人实现抵押权之成本，可能导致抵押物无法追回。[1] 其二，抵押权人不占有抵押物，难以对抵押物进行有效监督。

① 胡康生主编：《中华人民共和国物权法释义》，法律出版社2007年版，第418页。

因此，抵押人的信用和经济能力对于抵押价值的保存尤为重要。① 其三，若肯定抵押物自由转让和抵押权追及力，将使买受人购买抵押物有随时被追及之虞。基于前述之预设，立法者设置《物权法》第191条的转让规则。但该条文义不明、语焉不详，对此如何实现立法者上述的立法评价，学说上流行的解释模式是抵押物禁止转让主义，具体而言：

1. 经抵押权人同意之情形。根据《物权法》第191条第1款之规定，取得抵押权人同意后，抵押人应当将转让价款提前清偿或者提存，此时可认为抵押权已经提前实现。既然抵押权因实现而消灭，就不存在抵押权追及力行使之可能。但对转让价款行使物上代位权并不意味放弃抵押权。② 经过抵押权人同意，抵押人完全可以转让抵押物，即使转让导致抵押权人的债权最终不能实现，因已经取得抵押权人同意，抵押权人因此承担此不利后果，另有观点从抵押物转让必须经过抵押权人的角度，认为立法显然是彻底否定抵押权的追及力。③

2. 未经抵押权人同意之情形。从《物权法》第191条第2条可知，抵押设立之后，抵押人处分权受到严重限制，未经抵押权人同意转让的，转让行为无效。此外，从该款亦可推知立法否定抵押权追及力，因为抵押权追及力隐含两个前提：其一，抵押物所有权发生变动；其二，抵押权仍存在于抵押物上。但根据该款规定，未经抵押权人同意转让抵押物的，抵押物所有权不发生变动，不符合上述第一个要件，因此抵押权不具有追及力。④

（二）法政策上考量：不动产抵押物转让解释模式之检讨

对《物权法》第191条第2款如何解释，涉及立法是否肯定抵押权追及力，更进一步决定同条第1款的解释。对此，有进一步讨论之必要。

1. 立法者预设价值存有疑问。立法者预设的前提：抵押物转让必然导致抵押权人利益受损。此种价值评判是否成立，有商榷之余地。对其理由一，笔者认为，不动产抵押物转让并不会增加物流转的风险。不动产抵押物转让与动产不同，动产可随时辗转他处，不动产具有不宜移动性，立法未考虑两者的区别而设置同一规

---

① 尹田：《物权法》，北京大学出版社2013年版，第534页。

② 王利明：《物权法研究》（第3版），中国人民大学出版社2013年版，第1225页。

③ 崔建远等：《物权法》，清华大学出版社2008年版，第338页。

④ 王利明："抵押财产转让的法律规制"，载《法学》2014年第1期。

则，有失偏颇。对其理由二，有混淆抵押权和普通债务承担之嫌。抵押权是支配担保物的交换价值，抵押物买受人的经济能力对抵押权实现无直接关联，相反，个人信用及清偿能力确实关乎普通债务能否实现。即使买受人行为足使抵押物的价值减少，抵押权人根据《物权法》第193条，享有防止抵押物价值减少请求权和抵押权价值恢复请求权。对其理由三，笔者认为，在承认追及力之前提下，抵押物自由转让并不会影响抵押物买受人之利益。因为不动产抵押权以登记作为生效要件，登记具有公示力，第三人通过查阅不动产登记簿即可获知不动产上的权利负担，因此应推定买受人应当知道抵押权之存在。实践中，买卖双方常在合同中约定买卖标的物上抵押权的处理办法。既然买受人知道或应当知道该权利状态而仍选择购买，立法无“越俎代庖”之必要。

2. 该解释模式存在悖论。该说认为抵押人对抵押物的处分权因抵押的设立而受到限制，未经抵押权人同意转让的，构成无权处分，抵押权人不予追认，则处分行为不生效力。依据这种逻辑，如果抵押人征得抵押权人同意，就属于有权处分，买受人自然取得抵押物的所有权。但同时又认为，抵押权人同意转让的，则其取得对转让价款的物上代位权，在否定追及力同时，又认为抵押权人不放弃抵押权。既然在抵押权人同意之情形，买受人取得抵押物所有权，此时抵押权人丧失对抵押物的追及力，因此买受人取得无负担的所有权，此时不放弃抵押权究指何意。

3. 不符合比例原则。即使认为此种模式对抵押权人更为有利，但以牺牲抵押人转让自由为代价，与《物权法》“物尽其用”的价值目标相悖，不符合比例原则。比例原则为公法上的基本原则，但对私法领域亦有适用之余地。比例原则的具体内涵，可通过以下三个原则说明：(1) 适当性原则：所采取的方法须有助于目的之达成；(2) 必要性原则：在众多可以达到目的的方法中，应选择对权益损害最少者；(3) 狭义的比例原则：为达目的采取的方法所造成的损害，不得与欲达成目的的利益显失均衡。在不动产抵押物转让之情形，实现抵押权人利益之保护的途径存有多种（笔者在下文提出的解释模式即是其中一种），而上述的解释模式不仅严重限制抵押人的所有权自由，而且看似对抵押权人最为有利，但同时又否定抵押权追及力，实际上对抵押权人的保护力度减半。

4. 发生评价矛盾。基于正义思想，要求同种事务应予相同处理的原则。对评价上相同的构成事实作相异的评价，其构成评价上的矛盾：

(1)《物权法》第194条对抵押权顺位设有规定，可见在同一物上可设立数个抵押，理由在于：先设立抵押权对于后设立抵押权具有优先效力。在不动产抵押物转让之情形，抵押权设立在先，所有权变动在后，依据优先效力，抵押权具有优先于所有权的效力，似无否定所有权变动之必要。

(2)《中华人民共和国合同法》第229条确定了买卖不破租赁规则。对于租赁物转让前的租赁关系可以对抗新所有权人，即出租人发生法定变更，新所有权人承受出租人地位，租赁关系继续存续于租赁物上。以不动产租赁为例，作为不具有任何公示特征之租赁权，尚且能继续存续，作为具有登记公示效力的不动产抵押权反而予以排除，显然不当。此外，"先租后押"租赁不受影响，亦可作为论证示例。

(三) 客观目的论解释：妥当解释模式之探寻

依照上述解释模式，经抵押权人同意，抵押权人享有转让价金的物上代位权，但抵押权因抵押权人同意而丧失追及力，反而使强化对抵押权人保护之立法目的落空，可能对抵押权人更为不利。此外，上述解释方案发生评价矛盾，与《物权法》体系相悖，作为解释者的任务在于，在法条可能的文义及意义脉络范围内，应选择尽可能避免评价矛盾的解释方法。[①]

二、不动产抵押物转让规则之妥当的解释方案

(一) 不动产抵押权追及力之证成

对抗力一般是指绝对性的民事权利所具有的法律效果。德国学者卡纳里斯总结物权的绝对性包括：针对任何第三人的诉讼保护、针对第三人继受权利的继受保护、抵御破产与强制执行的能力。据此可知，在抵押物转让之情形，抵押权追及力主要指上述绝对性的第二个方面，即不论抵押物辗转于何人之手，均可追及物之所在。因此，抵押权追及力是抵押权对抗力的应有之义。如前所述，对于不动产抵押物转让之情形是否具有追及力，学说和判例倾向性意见认为，不动产抵押必须经过抵押权人的同意，因此排除抵押权的追及力。

笔者以为，上述观点应值商榷。抵押权作为物权之一，应具有绝对性及追及力。要否定抵押权追及力，需充分论证以证明其可行性。但正如上述，否定抵押权

---

① [德]卡尔·拉伦茨：《法学方法论》，商务印书馆2005年版，第212页。

追及力之学说建构存在不圆满性，甚至逻辑上相互抵牾。

首先，否定抵押权追及力的理由不足为据。抵押权人只要同意就否定抵押权的追及力，立法者似乎扮演“家父”之角色，代抵押权人为其利益作制度上安排，有强加其法律效果之嫌，与抵押物转让规则为保护抵押权人之利益的宗旨不符。

其次，对不动产抵押权是否具有追及力可作体系上的检验。所谓“体系检验”是指在数个教义学语句发生观点争议时，应参酌其他的教义学语句或法律规范以判断何种观点更可取。① 换言之，某一法学理论的有效性，须借助现行法规范和被承认的法律原则及已被认可的部分体系，审查其是否在逻辑上和评价上无矛盾地融入现有法律意义脉络之中。② 只有与被普遍认可的法律观点保持逻辑上和评价上的一致，才是较为可取的结果。《物权法》第 188 条规定，动产抵押未经登记，不得对抗善意第三人。从逻辑而言，此条可以成立反面推论。所谓反面推论是指，法律赋予构成要件 A 以法律效果 R，则 R 不得适用于其他构成要件。据此对《物权法》第 188 条进行推论：动产抵押经登记具有对抗善意第三人之效力。动产抵押之登记不是生效要件，而是对抗要件，而不动产抵押必须经登记才能生效。既然经登记之动产抵押具有对抗力，何以不动产经登记却不具有对抗力。由此可见，否定不动产抵押追及力之理论与《物权法》体系不相契合，出现体系上评价矛盾。

再次，肯定抵押权追及力对抵押权人更为有利。因为抵押权人可追及物之所在，就抵押物优先受偿。另外，即使抵押权人同意转让抵押物，亦不排除追及力，“同意”仅使抵押权人获得转让价金的物上代位权，并不意味着放弃抵押权。抵押权人可以在物上代位权和抵押权追及效力中择一行使。对抵押物买受人可能有损于抵押物的，可通过抵押权人的防止抵押物价值减少请求权和抵押权价值恢复请求权得以解决。因实现抵押权而多支付的费用，可请求抵押人赔偿。

最后，物权公示是物权产生对抗力的来源之一。如前所述，不动产抵押经登记而获得公示效力，抵押物买受人在购买抵押物之时，通过查阅不动产登记簿可知悉物上有无抵押权之负担，从而避免因抵押权之追及力而遭受不测。买受人在获悉买卖标的物上负有抵押仍为购买，乃“自甘风险”，法律无保护之必要。另外，买受

---

① ［德］罗伯特·阿列克西：《法律论证理论》，舒国滢译，中国法制出版社 2002 年版，第 324～326 页。

② ［德］卡尔·拉伦茨：《法学方法论》，陈爱娥译，商务印书馆 2005 年版，第 328 页。

人未查悉相关情况而购买，自应承担草率订约可能带来之不利后果，亦无保护之必要。此外，在肯定追及力的前提下，买受人仍有取得无权利负担所有权的可能，或因债务人履行债务，或因买受人自己代为清偿债务，使抵押权消灭。

综上，不动产抵押权的追及力更有利于抵押权人之利益保护，且与我国现有民法体系相契合，因此应肯定不动产抵押权的追及效力。最高人民法院亦认为《物权法》对抵押物转让采取制度的组合方式：以转让价金物上代位为主导，抵押权追及力为补充的抵押物转让制度，[①] 从一定程度上肯定了抵押权的追及力。

但问题是，对《物权法》第191条规定的抵押物转让须经抵押权人同意，未经同意不得转让，应如何解释。

（二）经抵押权人同意转让之情形的解释适用

学说上流行的解释模式，囿于“抵押权人同意”的文义而否定抵押权的追及力，但对“同意”是否存在其他解释之可能。

1. 因抵押权人同意转让而获得转让价金的优先受偿权

（1）转让价金的物上代位权

在对“抵押权人同意”的解释构造前，有必要先阐释抵押权的物上代位性。抵押物之价值转换形态有两类，一为其全部或一部灭失，物之价值完全变为他种形态，如物因毁损、征收等原因灭失而获得损害赔偿金和补偿金；二为物依然存在，惟其价值在法律上发生别样之形态，如转让抵押物而获得的转让价款、通过互易得到互易物。在肯定抵押权具有追及力之前提下，转让抵押物，抵押权效力亦及于该物之上，在债务人到期不履行债务时，抵押权人有权就抵押物拍卖、变卖或折价而优先受偿。可见，物上代位限于第一类价值转换形态即足以保护抵押权人之利益，无及于第二类转换形态之必要。如果不承认抵押权之追及力，抵押物转让而丧失抵押权，因此肯定抵押权人对转让价款具有优先受偿权，似有必要。

（2）“抵押权人同意”的另一种解释构造

为达到《物权法》第191条第1款和第2款之间的逻辑自洽，且无矛盾融入追及效力之中，笔者认为，抵押权人之同意可解释为对是否获得转让价款的物上代位

---

① 最高人民法院物权法研究小组编著：《〈中华人民共和国物权法〉条文理解和适用》，人民法院出版社2007年版，第573页。

权之同意。换言之，如果抵押权人同意转让抵押物，则其取得价金之物上代位权，反之，则不取得物上代位权。对转让价金的物上代位权之基础，在于抵押人和抵押权人之间达成的协议。具体而言，“同意”是抵押人和抵押权人对抵押物转让价金的物上代位达成一致意见。抵押人提出要约，抵押权人以“同意”作为承诺。如果抵押权人接受抵押人提供的转让价金，视为默示同意。与日本法定的物上代位规则不同，我国物上代位权是以当事人约定之方式，确定价金物上代位之规则。作出这种解释的正当性在于：

首先，从文义而言，抵押权人同意之法律效果为，抵押人“应当将所得价款向抵押权人提前清偿或者提存”，因此该种解释仍在文义之射程范围内。

其次，同样在《物权法》“担保物权”一编第226条至第228条中，关于质押标的转让均使用“……不得转让……但经出质人与质权人协商同意的除外”之表述，可见，将“同意”解释为双方协商一致亦不违反体系解释。

最后，从《物权法》第174条观之，立法者确定的抵押权物上代位的范围仅限于物因消灭而获得的转化价值形态，不及于抵押物的转让价金。但正如上述，抵押权人对转让价金具有优先受偿性的基础在于当事人之约定，是当事人意思自治之结果，与我国法定物上代位规则并不相悖。

有疑问的是，转让价金不足清偿债务的，剩余债权如何处理？对此，笔者认为剩余债权转化为无抵押担保的普通债权。理由如下：其一，该条明确规定“不足部分由债务人清偿”，即抵押人不负有清偿之义务。其二，《担保法》第49条同样确定了转让价金的物上代位规则，其中第2款规定“转让抵押物的价款明显低于其价值的，抵押权人有权要求抵押人提供相应的担保”，即使转让价款明显低于其价值，但高于或与抵押权人债权范围相一致的，因抵押权人仍可获得相应的优先受偿，故无权要求抵押人再提供担保。因此，该条仅适用于转让价款不仅明显低于其价值，且同时低于抵押权人债权范围之情形，就此，如果认为抵押权仍然存在剩余债权，则无再提供担保之必要。可见，《担保法》亦认为剩余债权转化为普通债权。

在此情形，抵押人为什么会有动力去征求抵押权人对于抵押物转让的同意？对此，笔者认为应分两种情形：（一）抵押人和债务人同一的情形。经债权人同意，对于剩余的债务转化为普通债务，对债务人有利。（二）抵押人和债务人不同一的情形。抵押人以价金提前清偿，使抵押权消灭，买受人才能获得无负担之所有权，以避免发生权利瑕疵担保责任。实践中，很多房屋买卖样本中，都约定房屋若有抵押，出卖人应负有除去抵押的义务，并对此设有违约金条款。另一疑问就是，抵押权人为何会同意抵押物转让，因为其若同意即获得一项选择权，详见下述。

2. 转让价金优先受偿权与抵押权追及力并存

抵押权人同意抵押物转让，是否意味着丧失追及力？笔者认为，因抵押权人之同意，使抵押权人获得一项选择权，即抵押权人可自由在转让价金和抵押物之间择一行使权利，但抵押权人行使物上代位权时，抵押权消灭，追及力被切断。① 如果同意即意味放弃追及力，则无形中给抵押权人造成压迫。抵押权人选择何种权利，主要基于对抵押物未来价值的预估评判。如果抵押权人对未来的价值并不看好，则其可能更愿意选择对转让价金优先受偿。反之，则其将等待债权届期而实现抵押权。在赠与或以明显不合理价格转让之情形，抵押权人作为理性经济人，原则上不会同意。如此，将更为全面地保护抵押权人的利益。

（三）未经抵押权人同意转让之情形的解释适用

1. "不得转让"之解释

《物权法》第191条第2款规定，抵押物未经抵押权人同意不得转让。对于该款的解释适用，应分步为之：

第一，"不得转让"针对的是"转让"。"转让"是指抵押合同抑或抵押物转让行为，还是两者兼而有之。笔者以为，此处"转让"专指抵押物转让行为。具体理由如下：(1)《物权法》第15条规定了区分原则。《物权法》确定了负担行为和处分行为区分原则，处分行为具有瑕疵不影响负担行为之效力。(2) 客观目的论解释。如前所述，同意的意义仅在于使抵押权人获得对价金的物上代位权，不影响抵押合同的效力。(3) 从体系检验获得结论。解释法律时，虽然并不能保证同一法律术语在法律的每个地方都应作相同的解释，"然而，主张应作他种理解者，就此应特别说明其理由"②《物权法》第226条到第228条与第191条具有相似的规制模式，其使用6次的"转让"一词均指处分行为。另从同法第223条规定"债务人或者第三人有权处分的下列权利可以出质：……（四）可以转让的基金份额、股份；

① ［日］近江幸治：《担保物权法》，祝娅等译，法律出版社2000年版，第124页。

② ［德］卡尔·拉伦茨：《法学方法论》，陈爱娥译，商务印书馆2005年版，第202页。

（五）……”更可得到印证。

第二，“不得转让”中“不得”应作何种解释。解释该条款首先应探讨其为何种法律规范。根据当事人是否有权任意排除适用，可将法律规范分为强制性规定和任意性规定。其中，强制性规定又分为效力性强制性规定和管理性强制性规定，前者否定行为的效力，后者在不否认行为效力的前提下，给予行为人其他惩处。两者的区分标准在于，若法律给予某种行为以积极的评价，是否有损于国家利益和社会公共利益。笔者认为“不得”条款之法律性质为管理性强制性规定，理由在于：抵押人违反该规定转让抵押物并未损害抵押权人的利益，根据抵押权追及力，抵押权人的抵押权依然存在于抵押物上，并不因抵押物转让而消灭。此外，亦无损于抵押物买受人的利益。认定转让行为有效，买受人可取得抵押物的所有权，尽管该所有权上负有抵押。相反，如果否定转让行为的效力，买受人无法取得抵押物的所有权，仅得向抵押人主张违约责任，对买受人不利。不动产抵押因登记而具有公示性，在抵押物买卖中，可推定买受人知道所购买之物负担抵押权，既然其愿意自负风险，立法无禁止之必要。可见，肯定转让行为的效力对抵押权人和抵押物买受人的利益均无损害，更无害于国家利益和社会公共利益。

据此，未经抵押权人同意转让抵押物的，该转让行为有效，买受人取得负抵押权的所有权。因买受人再转让抵押物，抵押物异主，可能增加实现抵押权的费用，对此，抵押权人有权以抵押人违反《物权法》第 191 条第 2 款规定而请求增加费用的赔偿。

2. 买受人代位清偿

根据民法基本理论，债务之清偿，可由第三人为之。第三人可分为两类：一般的第三人和有利害关系的第三人。对于一般的第三人清偿，债务人有异议时，债权人有权拒绝接受清偿。但第三人就债之履行有利害关系的，债权人不得拒绝。抵押物买受人对债之履行具有利害关系，因此其作为有利害关系的第三人有权行使代位清偿权，涤除物上的抵押权，从而取得无负担的所有权。买受人清偿债务后，在其清偿之限度内，债权人的债权移转给买受人，从而保障买受人对债务人的求偿权。[①] 此外，在抵押人和债务人为同一人的情形，买受人可主张其在清偿范围内取得对债

---

① 郑玉波：《民法债篇总论》，中国政法大学出版社 2004 年版，第 476 页。

务人的债权与债务人对自己的买卖价金请求权相互抵消，从而简化求偿程序。

司法实践中，当事人常约定债权人对抵押物转让附条件（清偿债务）的同意，对此该如何处理？这种附条件，应解释为附生效条件，于清偿债务之时才同意转让。但此时，债务因清偿而消灭，抵押权亦随着消灭，故抵押权人的同意没有任何意义。

三、解释上的最终方案（见下图）

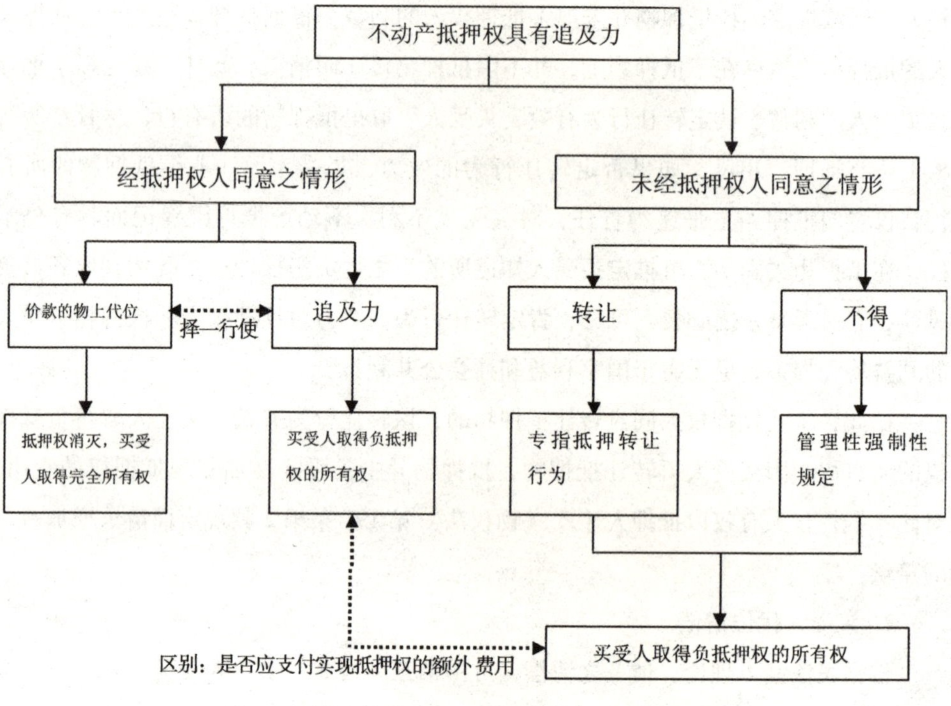

图：不动产抵押物转规则

（一）不动产抵押权的追及力更符合抵押权人之利益保护，且与现行民法体系相契合，因此应肯定不动产抵押权的追及效力。

（二）《物权法》第191条第1款中“抵押权人同意”，是指抵押人和抵押权人对转让价款的物上代位达成合意。抵押人提出要约，抵押权人以“同意”作为承诺。如果抵押权人接受抵押人提供的转让价金，视为默示同意。抵押权人因同意而获得对转让款的物上代位权，但抵押权追及力不受影响。抵押权人基于对抵押物未来价值的评估，可在物上代位权和抵押权追及力之间自由选择。如果抵押权人对未来抵押物价值并不乐观，则其将倾向于行使物上代位权。反之，则将待债权到期时，实现抵押权。

（三）对同条第2款的解释，应厘清“不得”“转让”各指含义。此处“转让”专指抵押物转让行为，无涉抵押合同。“不得”属于管理性强制性规定，不影响物权效力。抵押权人虽不同意，但买受人仍可取得负抵押权的所有权，此时抵押权人对抵押物具有追及力。另外，抵押人未经抵押权人同意转让抵押物而产生实现抵押权额外支付的费用，抵押权人对抵押人享有赔偿请求权。

（叶锋　上海市高级人民法院）

担保型买卖合同纠纷的法理辨析与裁判对策

【司法精要】

所谓担保型买卖合同，是指借贷等债务关系的当事人或其关系人以签订买卖合同的形式来担保债务的清偿，约定如不能按期清偿债务，则执行买卖合同，以物抵债。实践中主要表现为以房屋买卖合同的方式为民间借贷进行担保。此种担保方式在清偿期前并不转移担保物所有权，待债务不履行时才转移担保物所有权，因此与传统的让与担保并不相同。担保型买卖合同的本质是清偿期之前达成的代物清偿预约，即预先约定如不能按期清偿债务则以物抵债。担保型买卖合同的双方并无真实买卖意思，作为外形的买卖合同属于通谋虚伪表示，买卖合同之下隐藏的代物清偿预约是真实行为。判断担保型买卖合同的效力实质是判断代物清偿预约的效力。主张代物清偿预约有效的观点缺乏实体法依据，且容易诱发重利盘剥。《中华人民共和国物权法》（以下简称《物权法》）第186条、第211条所禁止的流担保约款在本质上是代物清偿预约，与担保型买卖合同本质相同，二者法律效力应该一致，故担保型买卖合同所隐藏的代物清偿预约应属无效，不受法律保护。在审判实务中，对债权人根据担保型买卖合同主张权利的请求应不予支持，但可以告知当事人变更诉讼请求，就主债务关系行使权利。担保型买卖合同如已在起诉前自动履行的，应认为当事人在清偿期之后仍具有代物清偿的意思，该意思受法律保护，已经履行的，产生债之消灭的效力，不容再任意反悔，但如存在可撤销事由的，当事人可以行使撤销权或变更权。

近年来，在民间借贷活动中，流行这样一种担保方式：借贷关系的当事人或其关系人在借贷合同之外再签订一份房屋买卖合同，口头约定如不能按期偿还借款，则执行房屋买卖合同，将房屋转让给出借方，以房屋抵债。对这种以担保债务清偿为目的而签订的买卖合同，本文称之为担保型买卖合同，由此而引发的纠纷即所谓担保型买卖合同纠纷。需要说明的是，此类合同名为买卖实为担保，从实质上说，称其为买卖型担保或许更为恰当。本文之所以以担保型买卖合同为题展开讨论是出于以下两点考虑：第一，此类合同具有买卖之外形，实务中均以买卖合同纠纷为案由立案，买卖合同的效力是当事人争执的焦点，也是本文要分析的重点；第二，采用担保型买卖的称谓，可以与传统让与担保中的买卖式担保（卖渡担保）相区别，防止在概念使用上发生混淆。

审判实务中，此类纠纷涉及的主要法律争议是：当事人之间法律关系的真实性质是什么，是借款关系还是买卖关系；起担保作用的买卖合同是否为真实意思表示，效力如何认定；如何把控案件审理范围，有关借贷的事实是否需要进行审理；如买方（实系出借方）要求履行买卖合同或主张赔偿违约金，如何处理；如买卖合同在起诉前已经实际履行，如何处理。以下试就担保型买卖合同的本质和效力进行分析，以期还原这一非典型担保的本来面目，从而为实务对策提供参考。

一、担保型买卖合同的本质

（一）担保型买卖合同本质上是清偿期前的代物清偿预约

担保型买卖合同虽然冠以买卖之名，但买卖不过是其借用的外衣，究其实质，是双方预先约定如到期不能清偿债务则以物抵债，其在民法概念体系中的定位应是代物清偿预约。

所谓代物清偿，是指债权人受领他种给付来代替原定给付，从而使原来的债务关系归于消灭的合同。通俗地说，代物清偿就是以物抵债。从债之消灭原因角度观察，代物清偿是要物合同，因为只有债权人现实受领了代替给付，原债务关系才归于消灭。

所谓代物清偿预约是指当事人在清偿期前预先约定，若债务人不履行债务，债权人或债务人得请求以特定标的物为代物清偿，即以特定之物抵偿债务。[①] 其有两个特点：第一，代物清偿预约成立于债务清偿期届至之前；第二，代物清偿预约以债务不履行为停止条件。可见代物清偿预约的机能主要在于预先为债务设定担保，与代物清偿侧重于清偿期后的债务清理大异其趣。

担保型买卖合同符合代物清偿预约的本质特征，因此就是代物清偿预约。解释意思表示，应探求当事人之真意，而不得拘泥于所使用之词句。[②] 按《中华人民共和国合同法》（以下简称《合同法》）第130条，买卖合同是出卖人转移标的物所有权于买受人，买受人支付价款的合同。担保型买卖合同虽然以买卖合同的面目出现，但当借款不能清偿而需要执行该合同的时候，买方并无支付价款之行为，所谓的价款实为卖方未能偿还的借款及利息。而卖方转移标的物所有权的目的也不在于履行买卖合同，卖方自始没有将标的物卖给对方的意思。双方的真实意思都是用物来抵偿债务。可见，该买卖合同实质是不履行债务则以物抵债的预先约定，也即代物清偿预约，只不过为掩人耳目或出于其他目的而采用了买卖的形式。且依学者通说，“代物清偿虽有财产权之转移，然非对此支付价金或转移其他财产，不得作为买卖或互易”[③]，只是因为代物清偿为有偿契约，所以可准用关于买卖之规定而已。[④] 也即代物清偿与买卖是本质上不同的两种民事法律行为。如果我们承认买卖与代物清偿各有其质的规定性，不能相互混淆，那么就应该承认，担保型买卖的本质是代物清偿预约，不因其有买卖合同的外形而改变性质。

（二）担保型买卖与让与担保之比较

担保型买卖是纯以买卖合同作为担保，其与传统非典型担保中的让与担保有相

---

① 参见孙森焱：《民法债编总论》（下册），法律出版社2006年版，第853页；郑玉波：《民法债编总论》，中国政法大学出版社2004年版，第485页。

② 参见《德国民法典》133条：我国台湾地区“民法”第98条之规定。

③ 史尚宽：《债法总论》，中国政法大学出版社2000年版，第815页。

④ 郑玉波：《民法债编总论》，中国政法大学出版社2004年版，第485页。

似之处，但并不相同。

所谓让与担保，是指债务人或第三人为担保债务之清偿，将担保物的所有权转移至担保权人，待债务清偿后，再将所有权返还于债务人或第三人，当债务不履行时，担保权人得就该标的物优先受偿。[①] 例如，甲欠乙借款债务100万元，为担保清偿，甲将自己一套房屋的所有权过户至乙的名下，届期如清偿债务，乙应将房屋所有权过户回甲的名下，如届期不能清偿债务，则乙可以就房屋优先受偿。在上例中，如果甲按期清偿了债务，则房屋所有权要在甲乙之间往复转移登记两次，而在不动产登记实务中，这两次所有权转移登记通常都只能以买卖的名义完成，要征收高额的契税、所得税等税费，所以，在我国现实生活中，不动产让与担保的事例并不多见。

让与担保在实务中大抵也是以买卖的形式来完成，这使其与本文研究的担保型买卖（纯以买卖合同设定担保）有相似之处。担保型买卖与让与担保的相同点在于：二者均属于法无明文的非典型担保，其目的都是担保主债务的履行，具有从属性；二者在终极上都是寄望于以担保物的价值受偿；通常都以买卖的面貌出现，而买卖合同本身均非真实意思表示（详下述）。

二者的区别在于：让与担保是在设定担保时就先将担保物的所有权转移给债权人，待债务清偿之后，再将担保物所有权转移回担保人，由于债权人在获得清偿之前已经握有担保物的所有权，故属于物权性质的担保；而担保型买卖在设定担保时只签订买卖合同，并不转移担保物所有权，是约定待债务不履行时再转移担保物所有权，起担保作用的只是债务人或担保人将来以物抵债的承诺，是纯以买卖合同本身的拘束力作担保，债权人并不享有任何物权性质的权利，因此是人的信用担保，并非物权性质的担保。由于担保型买卖是约定在不履行主债务时才转移担保物的所有权，有学者称之为“后让与担保”，以与传统让与担保（先让与担保）相区别。[②]

附带说明，传统上还有所谓买卖式担保，也称卖渡担保，是指“以买卖形式转移权利，而信用授予人不复留有其所授信用返还请求之债权，惟信用受取人得返还

---

① 谢在全：《民法物权论》（下册），中国政法大学出版社1999年版，第896页。

② 杨立新：“后让与担保：一个正在形成的习惯法担保物权”，载《中国法学》2013年第3期。

信用，而收回其标的物。”[①] 买卖式担保是广义让与担保的一种，也是在设定担保之时就已转移标的物的所有权，因此是物权性质的担保，与本文所研究的担保型买卖（纯以买卖合同作担保）并不相同。

二、担保型买卖合同的效力

（一）作为外形的买卖合同是无效的通谋虚伪表示

如前文所述，担保型买卖合同是名为买卖，实为代物清偿预约，作为外形的买卖合同属于通谋虚伪表示，无效。

通谋虚伪表示是指表意人与相对人相互串通作出与内心真实意思不符的虚假意思表示，实践中，主要表现为相互串通缔结的虚假合同。通谋虚伪的意思表示无效，但如果通谋虚伪表示中隐藏有其他法律行为的，适用关于该其他法律行为的规定。例如，在名为买卖实为赠与的场合，买卖属虚伪表示，无效，而隐藏于买卖外衣下的赠与则是真实的，至于该赠与行为是否有效，应依关于赠与的法律规定进行判断。[②]

分析担保型买卖合同是否属于通谋虚伪表示，必须区别作为物权变动原因的买卖合同的意思与作为物权变动结果的所有权转移的意思，分别进行考察。在担保型买卖合同中，如不存在欺诈、胁迫、乘人之危等因素，则双方关于如不能清偿债务，则转移房屋所有权的意思应该是真实的，但双方关于引起该物权变动的原因（买卖合同）的意思是不真实的，引起该物权变动的真实原因是以物抵债的约定，而非买卖合同。从卖方的角度看，其真实意思是即便不能按期还债，标的物也是“抵给你”，而不是“卖给你”；从买方的角度，其并没有支付价款的真实意思。双方没有买卖的意思，只有以物抵债的意思。我们不能因为物权变动的效果意思真实，就认为买卖合同也真实。这如同在名为买卖实为赠与的场合，不能因为所有权转移的意思真实，就认为买卖也真实一样，买卖仍是通谋虚伪表示，被隐藏的赠与才是真实行为。

对此，还可以类比让与担保场合下的买卖合同。让与担保通常也是以买卖的名

---

① 史尚宽：《物权法论》，中国政法大学出版社2000年版，第423页。

② 梁慧星：《民法总论》，法律出版社2001年版，第195页。

义来完成所有权转移。由于让与担保中的所有权转移是以担保为目的，与买卖系终局性的转移所有权有所不同，故自其产生之初就面临是否为通谋虚伪表示的质疑。在德国、日本早期的判例中，均曾将让与担保认定为通谋虚伪表示，但后来的学说、判例则认为，让与担保属于信托行为，双方当事人是真实希望发生所有权转移的法律后果，因此不是通谋虚伪表示。在我国台湾地区，亦曾有下级法院以通谋虚伪表示为由否定让与担保效力的判决，但最终被上级法院废弃。①

笔者发现，在关于让与担保是否属于通谋虚伪表示的讨论中，现有论说大多没有严格区分让与担保中所有权转移的意思与作为让与担保外形的买卖合同的意思，往往是笼统地说让与担保并非通谋虚伪表示，仿佛让与担保中所有的意思包括充当让与担保之外形的买卖合同的意思也是真实的。② 但实际上，让与担保中并不存在买卖的意思。对此，谢在全先生正确地指出，就让与担保场合下的买卖合同而言，“因地政实务上拒绝受理信托关系为原因之所有权转移登记，致以让与担保为原因之所有权转移，均系以买卖为原因之方式出现。实则当事人间并无买卖之法效意思，可见自登记原因之‘买卖’以观，确系双方通谋虚伪之意思表示，惟其间隐藏有为担保债务之清偿，而信托的将权利转移于担保权人之让与担保契约。”③ 同样道理，在担保型买卖中，作为外形的买卖合同属于通谋虚伪表示，无效。而代物清偿预约是被隐藏的真实行为，双方关于债务不履行时转移标的物所有权的效果意思实际存在于代物清偿预约之中。

（二）作为隐藏行为的代物清偿预约因违反法律规定而无效

代物清偿预约是担保型买卖合同的隐藏行为，其效力，应依关于代物清偿预约的法律规定进行判断。因我国现行法对代物清偿有关制度尚无规定，故对代物清偿

---

① 以上均见谢在全：《民法物权论》（下册），中国政法大学出版社 1999 年版，第 901 页。

② 如我国台湾地区“1985 年台上字第 2307 号判决”谓：“为担保债务，以买卖方式而将不动产所有权转移登记于债权人，系属信托的让与担保。如原审确定之事实，被上诉人之就讼争房地与上诉人书立买卖契约书并基以办理所有权转移登记于上诉人，其目的既在担保债务，是则，在法律上，应属于信托的让与担保行为，不得指为双方通谋虚伪而为之意思表示，并非无效”。参见谢在全：《民法物权论》（下册），中国政法大学出版社 1999 年版，第 902 页。

③ 谢在全：《民法物权论》（下册），中国政法大学出版社 1999 年版，第 906 页。

预约效力的判断只能求诸学理解释。

代物清偿预约是否有效，学者见解不一。孙森焱先生认为，代物清偿预约若约定代物清偿权在债务人一方，即成立任意之债，应认有效；反之，若代物清偿预约约定债权人得请求代物清偿，则应类推适用台湾地区“民法”第873条第2项或第893条第2项关于流担保禁止的规定，认其为无效。① 持反对观点的陈自强教授则认为，无论代物清偿权在何人一方，代物清偿预约均有拘束力，当发生债务不履行时，债权人可请求他种给付，而债务人负他种给付义务，但应参照让与担保，课债权人以清算义务，即将他种给付超过原债权额的部分退回债务人。② 杨立新教授也认为现实生活中以房屋买卖合同担保债务履行的（杨立新教授称之为后让与担保），该担保应属有效，在债务不履行时，担保人应转让担保物所有权给债权人，债权人可就担保物变价取偿或估价取偿，但为避免担保过度，应使债权人负清算义务。③

笔者认为，判断代物清偿预约的效力，不能脱离一国的实定法规定，更不能脱离一国的社会实际。

在制度层面，我国法律没有像有的国家或地区那样明文肯定代物清偿预约。④ 相反，我国《物权法》第186条、第211条明文禁止在抵押合同和质押合同中设定流担保约款。在债务清偿期前，当事人关于“届期不履行债务，则担保物归债权人所有”的流担保约款系我国法律禁止的无效约定。而流担保约款的本质就是以债务不履行为条件的代物清偿预约。因此，与其说是法律禁止流担保约款，不如直接说

---

① 孙森焱：《民法债编总论》，法律出版社2006年版，第853页。需注意的是，台湾地区“民法”第873条第2项及第893条第2项关于流担保禁止的规定已于2007年被修改。修改后的规定为，“约定于债权已届清偿期，而未为清偿时，抵押物（质押物）之所有权移属于抵押权人（质权人）者，非经登记，不得对抗第三人。”这说明，我国台湾地区已经不再禁止流担保契约。

② 陈自强：《无因债权契约论》，中国政法大学出版社2002年版，第330~331页。

③ 杨立新：“后让与担保：一个正在形成的习惯法担保物权”，载《中国法学》2013年第3期。

④ 比如台湾地区经“民法”修正，不再禁止流担保约款。日本的《假登记担保契约法》也正面肯定了代物清偿预约的效力，并辅之以预告登记制度，使得代物清偿请求权经预告登记后具有物权的排他效力。参见［日］近江幸志：《担保物权法》，祝娅等译，法律出版社2000年版，第234页以下。

是禁止代物清偿预约。在此意义上，前述孙森焱教授关于赋予债权人代物清偿请求权之代物清偿预约无效的观点，应予赞同。

从现实情况看，担保型买卖基本都是以房屋买卖的形式来担保民间借贷，其中绝大部分涉及高利贷。而供担保之房屋的价值与债权人未获清偿而又应受法律保护的借款本息之金额相比普遍要高出许多，有的甚至高出两三倍。而且实践中，没有任何一份担保型买卖合同会约定债权人负清算义务。在这样的背景下，如果认定担保型买卖有效，判令债务人履行买卖合同，无异于鼓励重利盘剥，显然是极不公平的，在情感上也让人难以接受。

所以，无论是从法律效果还是社会效果，担保型买卖合同所隐藏的代物清偿预约均应认定为无效。

（三）对相反观点的辩驳

实务中有观点认为，担保型买卖既非抵押也非质押，因此至少在形式上并不触犯流担保禁止的规定。而担保型买卖中关于不能清偿债务则以房抵债的约定是当事人真实意思表示，基于意思自治原则，应予尊重。即便存在欺诈、胁迫或显失公平也应由当事人自己主张撤销或变更，即便超过了行使撤销权的除斥期间，也还可以通过课以债权人清算义务的方式找回担保物与债权额的差额，因此债务人有救济途径，法院不应直接认定担保型买卖合同无效。而且担保型买卖并非仅存在于高利贷中，有一些担保物的价值与借贷债权额大体相当，认可这一代物清偿预约的效力也并非不公平。

上述观点值得商榷：

第一，看问题要看本质。流担保约款的本质是代物清偿预约，而担保型买卖的本质也是代物清偿预约，法律既然禁止前者，当无理由允许后者。我们不能因为担保型买卖在形式上不涉及抵押、质押合同，就认为其不违反强制性规定。真正为法律所禁止的是代物清偿预约，而不仅仅是抵押、质押中的代物清偿预约。

第二，意思自治的边界是法律的强制性规定和社会公共利益。法律之所以禁止流担保约款，就是因其极易引发利益失衡，需要从立法上加以规制，这与国家对民间借贷的利率进行必要限制的出发点是一致的，是契约正义对契约自由的必要矫正。对代物清偿预约的效力是规定为可撤销还是直接规定为无效，是立法论如何选择的问题，但从解释论说，不能无视我国关于流担保禁止的规定。即便在立法论上，无效说也更为简洁明快，因为实务中，对可撤销事由的举证非常困难，且行使撤销权有除斥期间的限制，合同被成功撤销的事例并不多见。与其让债务人费尽周章主张撤销，不如直接规定无效。

第三，课以当事人清算义务，固然能缓解当事人间的利益失衡，但却缺乏契约上或制度上的依据。清算义务不是当事人约定的事项，也不是法律规定的内容，那么法官根据什么课以债权人清算义务？或谓：公平原则！然而这实际是在找不到依据时，“向一般条款逃逸”。与其适用公平原则课以清算义务，不如直接依《物权法》流担保禁止的规定认定无效，反而更为公平。而且，从诉讼法上说，原告的诉讼请求是要求履行买卖合同，而被告抗辩合同无效，双方均未就对价是否公平提出主张。法院如判决原告负清算义务，将标的物价值超过债权的部分返还被告，则该判项既非原告请求事项，也非被告抗辩事项，似与民事诉讼的辩论原则不符。①

第四，判断代物清偿预约（流担保约款）的效力必须有划一的标准，不能认为担保物价值与债权额基本相当就有效，不相当就无效。如前述，如果认为代物清偿预约有效，则在担保物价值明显大于债权额的时候，会形成实质的不公。而如果认为代物清偿预约无效，则即便在担保物价值与债权额基本相当的场合，也不会产生不公平。因为认定担保型买卖（代物清偿预约）无效，并未否认债权人合法的债权，如债务人自己就是担保型买卖之卖方，则担保物本身就是债务人的财产，此时与无担保的借贷无异，债权人可通过执行程序就债务人的一般责任财产（包括担保型买卖的标的物）获偿。如果是第三人充当卖方，则第三人实际上具有以标的物价值为限提供有限保证的意思（这也是经探求真意，对当事人的意思表示进行实质解释的结果），第三人应在标的物价值范围内就债务清偿承担连带责任。② 如此处理，并无不公平可言。

要强调的是，即便认为代物清偿预约（担保型买卖合同）有效，债权人对标的物也不享有优先受偿权，因此，认定代物清偿预约无效使债权人通过执行程序取偿并不会使债权人地位恶变。有学者认为，担保型买卖合同（后让与担保）创设了一

---

① 根据辩论原则，没有在当事人辩论中出现的事实不得作为裁判的依据。参见张卫平：《民事诉讼法》，法律出版社 2009 年版，第 23 页。

② 关于有限保证，参见邱聪智：《新订债法各论》（下册），中国人民大学出版社 2006 年版，第 369 页。

种法无明文的非典型担保物权，债权人对担保物享有优先受偿权。① 该观点值得商榷。在担保型买卖中，只有一份名义上的买卖合同，并没有发生任何物权变动，债权人对标的物应不享有担保物权。即便假定担保型买卖合同有效，债权人也只能请求债务人履行所谓买卖合同以抵偿债务，其享有的也不过是债权性质的请求权，没有优先受偿效力。而且担保型买卖（代物清偿预约）无法进行外在公示，与成立担保物权所要求的公示原则不相符合，认定其有物权的优先受偿效力，对其他债权人是不公平的。

三、基本的审理思路和裁判对策

（一）债权人起诉要求履行买卖合同或赔偿违约金的案型

从实践情况看，担保型买卖合同纠纷多系买方（实际是借贷关系中的贷方或其关系人）作为原告起诉卖方（实际是借贷关系中的借方或其关系人）要求履行买卖合同，有些原告会在诉讼中将诉讼请求变更为赔偿违约金，而被告则通常抗辩双方并非真实买卖关系，不同意履行。笔者认为，审理此类案件，可循下列思路进行：

1. 确定诉争买卖合同是否为担保型买卖合同

如果双方一致认可买卖合同是为担保目的而签订，则该事实即可直接认定。但实践中，很多原告坚称就是正常的买卖，与借贷担保无关，此时需要结合证据来认定事实。

与正常的买卖合同相比，担保型买卖合同普遍存在诸多反常之处。比如在最常见的以房屋买卖合同作担保的场合：合同载明的房价一般比同地段相同房屋的通行价格要低；合同上直接写明原告已经支付了全部或大部房款，但原告往往无法提供具体交款凭证；② 被告作为卖方本应是收款方，但被告手中却有向原告付款的证据（实际是被告在向原告偿还借款本金或利息，这也是认定双方实系借贷关系的关键证据）；合同约定的内容极其简单，通常只有房屋地址、价款（并注明价款已交）、

---

① 杨立新："后让与担保：一个正在形成的习惯法担保物权"，载《中国法学》2013年第3期，第77页。

② 原告作为贷方，其因放贷而实际支付的借款通常比房屋买卖合同上写明的已支付房款要少很多，也即原告根本没有支付过这么多款项，所以自然无法提供付款凭证。

何时交房、过户等核心内容，而对其他事项大都没有约定；约定的交房、过户时间（实际是借贷的还款期限）与合同落款的签订时间往往相隔较远，有的甚至在一年以上；通常都约定如果卖方违约要支付高额违约金，而对买方的违约责任则只字不提；合同订立一般没有通过房屋中介机构；被告手中往往握有原被告之间的通话录音，录音显示双方实际系借贷关系。

显然，上述买卖合同存在诸多难以解释的疑点，即便原告否认买卖合同与借贷有关，但法官根据既有证据，结合被告抗辩意见，运用逻辑推理和日常生活经验，通常也能够还原案件事实并形成心证。如果法官已经形成“诉争买卖合同实质上是对借贷关系进行担保”这一心证结论，则根据前文论述，该买卖合同本质上是法律所禁止的代物清偿预约，可直接宣告买卖合同及其隐藏的代物清偿预约无效。如果法官比较保守，不敢认定买卖合同是对借贷的担保，那么因诉争合同存在诸多难以解释的疑点，至少也应认为现有证据不能证明买卖合同真实。只要不能认定买卖合同真实有效，则原告无论是要求履行合同，还是要求违约损害赔偿，都不能得到支持。

2. 清理当事人之间的债务关系

案结事了是我国民事审判追求的目标。仅仅认定担保型买卖合同无效或不真实只是否定了当事人基于买卖合同而产生的请求权，但并未彻底解决当事人之间的争议，因此在可能的情况下，应尽量对当事人的债务关系进行清理。

《最高人民法院关于民事诉讼证据的若干规定》第 35 条第 1 款规定，“诉讼过程中，当事人主张的法律关系的性质或者民事行为的效力与人民法院根据案件事实作出的认定不一致的，不受本规定第三十四条规定的限制，人民法院应当告知当事人可以变更诉讼请求”。据此：

（1）如果双方已经承认买卖合同实际是为借贷作担保，则人民法院可以根据上述规定，告知当事人可以变更诉讼请求，将诉讼请求改为要求债务人偿还借款本息。如原告同意变更，则诉讼标的和案由发生变化，案件不再是买卖合同纠纷，变为民间借贷纠纷。在民间借贷这一诉讼标的中，所谓的买卖合同（代物清偿预约）只是从属于借贷关系的担保，而且是一种法律禁止的无效担保，在最终的判决中法院应对该买卖合同（代物清偿预约）的效力作出否定评价。需注意的是，如果买卖合同的卖方并非债务人本人，则此时所谓卖方实际是担保人，买卖合同（代物清偿预约）虽然无效，但所谓卖方实际上具有以标的物价值为限提供有限保证的意思，其应在标的物价值范围内就债务清偿承担连带责任。

如果经释明后，当事人不同意变更诉讼请求，仍坚持要求依买卖合同主张权利，则只能驳回其请求，判决只需对买卖合同及其隐藏的代物清偿预约的效力予以否定即可，对有关借款的清偿问题无需涉及。

（2）如果原告不承认买卖合同是借贷的担保，但法官已经形成了买卖合同是借贷的担保这一心证，此时也应按照上述方法处理。法官应在审理过程中向原告适度披露自己的心证，向原告讲明可以变更诉讼请求，按照借贷关系主张权利。如原告不同意变更，坚持依买卖合同主张权利的，只能驳回其请求。

（3）如果法官认为现有证据尚不能认定买卖合同是对借贷的担保，但也不足以认定买卖合同真实有效，这实际是关于借贷和买卖的事实均属真伪不明，此时无需依《最高人民法院关于民事诉讼证据的若干规定》第35条的规定释明原告变更诉讼请求，直接以证据不足以证实买卖合同真实有效为由驳回原告的诉讼请求即可。

（二）买卖合同业已履行，债务人或担保人起诉主张确认买卖合同无效的案型

如果担保型买卖合同已经实际履行完毕，而卖方反悔要求确认买卖合同无效，则不应支持其请求。担保型买卖的本质是代物清偿预约，其之所以无效是因为其成立于债务清偿期之前，容易诱发重利盘剥。而对于清偿期之后当事人所达成的以物抵债约定，法律是不禁止的。比如《物权法》第195条规定“债务人不履行到期债务或者发生当事人约定的实现抵押权的情形，抵押权人可以与抵押人协议以抵押财产折价”，此处的“协议以抵押财产折价”就是约定以物抵债。清偿期之后的以物抵债约定如果被实际履行，就构成代物清偿，原债之关系归于消灭。

担保型买卖合同（代物清偿预约）成立于清偿期之前，本属无效，但如果在清偿期届至之后，当事人履行了该代物清偿预约，则说明在清偿期之后，当事人仍具有以物抵债的意思。清偿期前的代物清偿意思不受法律保护，债权人不能强求债务人履行代物清偿预约；但清偿期之后的代物清偿意思受法律保护，已经履行的，产生债之消灭的效力，不容再任意反悔。因此，这一履行行为虽然表现为是对清偿期前无效代物清偿预约的履行，但在规范意义上应解释为是对清偿期之后有效的代物清偿协议的履行。

需要说明的是，业已履行的担保型买卖合同如果确实存在欺诈、胁迫或显失公平的情形，则债务人或担保人仍可主张行使撤销权或变更权，要求债权人将标的物价值过分高于债权额的部分予以适当找回，从而尽量实现利益平衡。

（高治　天津市河北区人民法院）

后让与担保：一种新型担保物权的实务处理与制度构造

【司法精要】

近年来，通过订立商品房买卖合同为债权提供担保的新型担保方式在融资领域运用日益广泛，这种新型担保方式因其可以将房产资源金融化、安全性较高且操作便捷高效而受到融资主体的肯定。但我国现行法律并未对这种新型担保方式作出明确规定，其在交易实践中引发的大量纠纷给司法实践带来了困扰和挑战，亟待予以关注和破解。

本文即从辨析这种新型担保关系的性质入手，对其是否与物权法定原则冲突进行了解读，并对其效力认定依据和实务处理方式进行了探讨。这种名为商品房买卖实为债权担保的新型担保方式其性质应为后让与担保，这种新型担保方式与物权法定原则并不冲突，其效力不应被一概否定，而应结合设立物权的合同是否有效、物权的设立与变动是否依法进行了公示等综合判定。后让与担保在实行过程中，需对担保物价值进行清算，担保权人并不能直接取得担保物所有权以抵偿债务。最后，文章从担保的设定、担保的效力、担保的实行与消灭三方面对后让与担保法律制度的构造进行了探索，希望对完善担保制度、指导司法实践、规范和引导市场交易有所裨益。

近年来，随着各类经济主体融资需求的日益强烈和社会融资环境的日益严峻，经济主体要求将各种财产权金融化的呼声越来越高；同时，融资双方为了对抗交易风险，确保债权安全，不断探索新的融资担保形式以求在最大限度追求利润的同时保障交易安全。在这种经济环境下，以签订商品房买卖合同的形式为债权进行担保的交易方法在实践中应运而生，其基本模式为：债权人与债务人在订立债权债务合同的同时与担保人（可以是债务人本人，也可以是第三人）订立商品房买卖合同，约定如债务人未能按期偿还债务，则履行商品房买卖合同，担保人将房屋过户到债权人名下，以抵偿债务；如债务人按期偿还债务，则商品房买卖合同不予履行。这种融资担保方式因可担保数额较大、安全性较高且高效便捷而被日益广泛运用。

与此同时，这种担保方式在实践中引发的纠纷也大量涌至法院，主要涉及这种以签订商品房买卖合同形式体现的借款担保关系是否有效、担保权人能否据此取得房屋所有权以抵偿债务的债务等具体问题。对此，现行法律并未作出明确规定，理论界及实务界也存在较大争议，司法实践中应如何审理此类案件非常值得探讨。

一、概念引入：后让与担保——交易实践中出现的一种新型担保物权

（一）权利分野：为借款担保而签订商品房买卖合同所形成的法律关系并非合同之债，而是新型担保

实践中出现的以签订商品房买卖合同形式体现的借款担保关系中，各方主体虽然签订了商品房买卖合同，但这种商品房买卖合同与普通的以买卖商品房为目的的商品房买卖合同有着明显不同：

其一，双方订立的商品房买卖合同不具有独立性，它是债权债务合同的从合同，它的产生以债权债务合同成立为前提条件，并伴随着债权的清偿或消灭而消灭，具有明显的担保合同的从属性，而以买卖商品房为目的的商品房买卖合同具有合同独立性，并非从合同；

其二，双方订立的商品房买卖合同赋予债权人请求债务人将相关房屋登记到债权人名下的期待权，但是这种期待权具有暂时性，是可以回转的，如果债务人按期清偿债务，债权人的期待权则灭失，而以买卖商品房为目的的商品房买卖合同中买受人的此项权利是必然要实现的，否则，对方可能承担违约或赔偿责任；

其三，双方订立的商品房买卖合同赋予债权人的期待权是一种受限制的权利，即在债权债务合同约定的债务履行期届满以前，债权人不得行使该请求权，只能在债务人届满未如期清偿债务的情况下才可以行使，而以买卖商品房为目的的商品房买卖合同中买受人的权利并不受此限制。

由此可见，债权人与债务人在订立债权债务合同时与担保人所订立的这种商品房买卖合同并非一般意义上的商品房买卖合同，结合债权债务合同约定的内容来看，双方并无买卖房屋的合意，签订商品房买卖合同的主要目的是为债权提供担保，用以对抗交易风险、确保债权安全。因此，双方签订商品房买卖合同所形成的法律关系并非买卖合同之债，而是担保关系。

（二）性质归属：后让与担保概念的提出

那么，这种以签订商品房买卖合同形式体现的借款担保关系从性质上讲属于何种担保呢?《中华人民共和国物权法》（以下简称《物权法》）规定的担保形式包括人的担保、物的担保和金钱担保三大类，其中物的担保又包括抵押、质押和留置三种形式，以签订商品房买卖合同形式体现的借款担保关系并不属于这些法定担保类型。首先，担保人通过签订商品房买卖合同为债权提供担保，并非由具备清偿能力的第三人承担清偿责任，不属于人的担保；其次，债务人或第三人也未提供定金，这种担保也不属于金钱担保。在这种新型担保关系中，实质上对债权起担保作用的并非该合同债权，而是商品房买卖合同的标的物，即相关房屋，债权人可通过请求履行商品房买卖合同获得房屋所有权，用房屋的价值来抵偿债务，从这一点可以看出，以签订商品房买卖合同形式体现的借款担保关系并非是债权的担保，而是物的担保。那么，这种新型的担保关系是否属于法定的三种物的担保形式之一呢?首先，担保人并未把相关商品房抵押给债权人，更未依法进行登记，故这种担保不属于抵押；其次，商品房系不动产，以商品房作为担保标的物，当然不构成《物权法》规定的质押；最后，债权人没有基于某种法律关系实际占有商品房，不具备适用留置权的前提条件，因此这种担保也不构成留置。

除了上述法定物权类型外，有学者对照优先权、所有权保留和让与担保等非典型担保后认为，这种以签订商品房买卖合同形式体现的新型担保关系属于非典型担保中的让与担保。“所谓让与担保，是指债务人或者第三人为担保债务人的债务，将担保标的物的所有权等权利转移于担保权人，而使担保权人在不超过担保之目的范围内，于债务清偿后，担保标的物应返还于债务人或者第三人，债务不履行时，担保权人得就该标的物优先受偿的非典型担保物权”。[①] 实践中，债权人与债务人之间形成的以签订商品房买卖合同形式体现的新型借款担保关系的某些法律特征的确与让与担保相吻合，如担保人在担保期限届满前有权回购担保物、担保权人在债务人全额履行债务后负有返还担保物权利的义务等，但杨立新教授认为这种以签订商品房买卖合同形式体现的借款担保关系与让与担保有着明显不同，不应划入让与担保的范畴，并提出了后让与担保这一新概念。所谓后让与担保，是指债务人或者第三人为担保债权人的债权，与债权人签订买卖合同，约定将买卖合同的标的物作为担保标的物，但权利转让并不实际履行，于债务人不能清偿债务时，须将担保标的物的所有权转让给债权人，债权人据此享有以担保标的物优先受偿的非典型担保物权[②]。

笔者认同杨立新教授的观点。因为比较二者的概念可以发现，后让与担保与让与担保虽比较接近，但有明显区别，其核心区别体现于以下两方面：其一，从担保物权利转移的时间来看，让与担保是在担保设定之初就将担保物的所有权等权利转移于担保权人，而后让与担保则是在债务人未依约履行债务后才转移担保物权利给担保权人，即担保物权利转移的时间有先后之分；其二，换个角度，从担保权人就担保物所取得的权利状态来看，让与担保权人实际取得了担保物权利，其对担保物所享有的权利处于既得状态，只是这种权利具有从属性、暂时性和受限制性，而后让与担保权人取得的是期待权而非现实物权，担保权人可以期待后让与担保约定的条件成就时要求担保人转移担保物权利，其对担保物所享有的权利处于期待状态。

以签订商品房买卖合同形式体现的借款担保关系中，担保权人并未依据合同直接取得相关房屋所有权，仅有权在担保期满后债权未获全额清偿时可以选择要求履行商品房买卖合同来实现自己的债权。可见，此种借款担保关系中，担保物所有权并未在担保设定之初就转移给担保权人，担保权人仅依据债权债务协议以及商品房买卖合同中约定的内容对担保物所有权享有期待权，此种担保关系符合后让与担保的构成特征，应认定为后让与担保。

---

① 参见谢在全：《民法物权论》（下册），台湾新学林出版股份有限公司2010年修订五版，第393页。

② 杨立新：“后让与担保：一个正在形成的习惯法担保物权”，载《中国法学》2013年第3期。

二、效力认定：后让与担保作为一种新型担保物权在司法实践中的意义

（一）后让与担保与物权法定原则并不冲突

后让与担保作为一种非典型担保物权并未被纳入我国现行法律框架，那么它在司法实践中会产生什么样的法律效力呢？对此，存在两种不同意见：第一种意见认为，后让与担保设定的是物权，而我国实行物权法定原则，除《物权法》规定的物权种类外，当事人不得自主创设物权，而后让与担保并未纳入我国物权法体系，因此，旨在设定后让与担保物权的合同及有关条款均无效；第二种意见认为，后让与担保的设立是为了避免担保标的物发生交易变动而引起具有排他性的物权之间的冲突，从而确保交易安全，这与物权法定原则的立法本意相吻合，而且通过习惯法来缓和物权法定原则带来的法条僵化已成为学界共识，因此，后让与担保的效力不应被一概否定，而应结合设定物权的合同是否有效、物权的设立与变动是否依法进行了公示来综合判定。

笔者认为，第二种意见是正确的，后让与担保与物权法定原则并不冲突，主要从以下两方面来考虑：

其一，从物权法定原则的立法本意来看，贯彻物权法定主义的意义不仅在于表明立法至上主义，更主要的是可以避免因契约自由所产生的交易上动态发展而引起的具有排他性物权之间的冲突，以确保市民社会财产的静态安全和动态安全（即交易安全）①；而后让与担保设立的目的和意义也在于通过赋予担保权人请求履行商品房买卖合同的期待权来保证其对担保物享有排他性权利，避免担保人在担保设立后将担保物出售或在担保物上设置其他权利负担，从而保障担保权人的债权安全，这与物权法定原则的立法本意一致。

其二，物权法定原则中的“法”并不仅仅包括成文法，也可包括习惯法，通过习惯法对非典型物权的认同来实现非典型物权与物权法定原则的融合，对破除物权法定原则的过度僵化具有积极意义，有利于适应市场交易和社会发展之需。正如谢在全教授所指出，物权法定主义之意旨应仅在限制当事人创设物权，尚无禁止经由

---

① 高建新、樊建兵：“是合同转让，还是让与担保——兼议现行法律框架下让与担保合同的效力认定与实务处理原则”，载《法学》2001 年第 9 期。

习惯法形成新物权之理①。因此，可以通过习惯法来确认后让与担保的担保物权效力，实现其与我国现行法律体系的融合。

综合以上两方面因素，后让与担保与物权法定原则并不冲突，不能以此为理由否定其有效性。

另外，从公平原则来考量，以签订商品房买卖合同的形式进行债权担保，是债权人与债务人双方自愿以商品房的价值提供担保以确保债权的安全，如果直接否定这种新型担保形式的担保功能，则债权人将会失去已设定的债权担保，这不符合各方当事人当初的真实意思表示，并会使债权人一方的利益明显失衡。从这一角度考量，后让与担保的效力也不应一概被否定。

（二）后让与担保的效力认定依据

在肯定后让与担保与物权法定原则相吻合的基础上，在具体案件中判断后让与担保的效力，应依据合同法、物权法等相关法律法规的规定进行认定，具体认定依据包含以下两个方面：

1. 设定后让与担保的合同是否有效。《中华人民共和国合同法》（以下简称《合同法》）第44条规定，依法成立的合同，自成立时生效。同时，《合同法》第52条对合同无效的情形进行了明确，即：（1）一方以欺诈、胁迫的手段订立合同，损害国家利益；（2）恶意串通，损害国家、集体或者第三人利益；（3）以合法形式掩盖非法目的；（4）损害社会公共利益；（5）违反法律、行政法规的强制性规定。上述规定是判断后让与担保物权效力的重要依据之一，当事人之间用于设立后让与担保物权的合同只有符合《合同法》的规定，不具备合同无效的情形，后让与担保物权才具备有效的前提。

2. 后让与担保物权的设立和变动是否依法进行了公示。依据《物权法》第6条的规定，物权设立和变动须依法进行公示。这一程序性规定，是为了将物权设立或变动的事实向社会公开，使第三人获知权利状态，从而减少交易纠纷，避免第三人遭受损失并维护交易秩序。其中，不动产物权设立和变动的公示方法为登记，动产物权设立和变动的公示方法为交付。后让与担保作为一种新型物权，也应采取合

---

① 参见谢在全：《民法物权论》（下册），台湾新学林出版股份有限公司2010年修订五版，第51页。

法方式进行公示，使其物权效力具有对世性。笔者认为，根据后让与担保物权的标的物不同，实践中对后让与担保物权公示的方式和公示的效力也应有不同要求。具体来看，以不动产作为标的物的后让与担保物权，其公示方式应为登记，未经依法登记，后让与担保物权不发生效力。这与不动产抵押权等其他不动产担保物权类型的公示方式相一致，在实践中也有较为成熟的操作基础，而且较好地平衡了后让与担保债权的安全性和后让与担保设立的制度成本。但以动产作为标的物的后让与担保物权却不能以交付作为其公示方式，因为一来后让与担保物权是一种期待权，后让与担保物权人在物权生效时并未实际获得标的物或其有关权利，当然也就不可能实际占有动产，二来后让与担保的设立本身是为了提高交易效率、降低交易成本，如果要求动产后让与担保均以交付为公示方式，其社会价值将会大打折扣而失去存在的实践意义。因此，笔者认为，以动产为标的物的后让与担保物权可以不以交付为公示方式，但需通过在动产上粘贴、刻印表明后让与担保物权的标识来向社会公示，以保障第三人的权利。同时，以船舶、航空器、机动车等特殊动产作为标的物的后让与担保物权未经登记公示不得对抗善意第三人。

综上，审判实践中，如果后让与担保合同有效，在内容上没有违反法律法规的强制性规定，物权的设立与变动也通过适当方式进行了公示，则后让与担保物权的效力应当予以肯定。当然，由于目前后让与担保的操作缺乏明确的法律依据，在实践中也未形成较为成熟的做法，所以后让与担保的操作不免存在一定的瑕疵，但并不能据此完全否定后让与担保的效力。例如，目前实践中以订立商品房买卖合同形式设定的后让与担保，虽然没有法定的登记公示机关，但如果进行了预告登记，即可视为公示。

三、实务处理：担保权人不能直接取得担保物所有权以抵偿债务而应进行担保清算

在审判实务中，在认定后让与担保有效成立后，担保权人能否依约直接取得担保物所有权以抵偿债务呢？这关系到后让与担保的实行方式问题。

在后让与担保的实行过程中，担保权人不能直接取得担保物权利，这主要是为了遵守流质契约强制禁止的规定。所谓流质契约，是指在抵押权设立时，于抵押合同中约定在债权已届清偿期而未受清偿时，则抵押物的所有权移转于抵押权人所

有，在学说上又称为流押契约、流抵契约、抵押物代偿条款。流质契约因对公平正义的损害而被我国法律所禁止，对此《中华人民共和国担保法》（以下简称《担保法》）及其司法解释均有明确规定。其中，《担保法》第40条规定，“订立抵押合同时，抵押权人和抵押人在合同中不得约定在履行债务期限届满抵押权人未受清偿时，抵押物的所有权转移为债权人所有。”《最高人民法院关于适用〈中华人民共和国担保法〉若干问题的解释》第57条则规定，“当事人在抵押合同中约定，债务履行期届满抵押权人未受清偿时，抵押物的所有权转移为债权人所有的内容无效。”据此，在后让与担保中，任何关于担保权人直接取得担保物所有权以抵偿债务的约定均无效，担保权人在担保期限届满后不得依据后让与担保合同直接取得担保物所有权以抵偿债务。

因此，在后让与担保的实务处理中，担保权人负有清算义务。依据后让与担保的原理，后让与担保的清算方式包括两种：一种是处分清算型，由债权人将担保物变卖，价款用以清偿债权，多余部分归还担保人；第二种是归属清算型，即对担保标的物进行估价，债权人取得担保物权利，超出的价值归还担保人。

在此需要特别说明的是，如果后让与担保合同中约定了债权期满未获清偿时担保物所有权直接转移于债权人所有的流质契约内容，虽然违反了禁止流质契约的规定，但并不导致整个后让与担保合同无效，因为《最高人民法院关于适用〈中华人民共和国担保法〉若干问题的解释》第57条规定，流质契约内容的无效不影响抵押合同其他部分内容的效力。据此，后让与担保关系中仅关于流质契约的内容无效，该实行方式不受法律保护，但其他内容依法有效，担保权人可就担保物享有优先受偿权。

四、制度出路：后让与担保制度的法律构造

目前，后让与担保作为实践中存在的一种新型担保物权并未获得现行法律的认可与规范，仅有最高人民法院《2011年全国民事审判工作会议纪要》提及了以订立商品房买卖合同形式进行担保的方式进行，但该纪要并非正面回应这种担保形式的效力，仅暗含如果能够证明债权人债务人之间确实存在借贷关系则默认担保人与担保权人之间订立的商品房买卖合同具有担保性质的意思。

立法上的空白对肯定后让与担保的合理性、充分发挥其市场价值是不利的。随

着我国金融政策的调整和民间融资渠道的放开，尤其是随着房地产市场调控的不断开展，后让与担保的运用将会越来越频繁，如果不及时加以引导规范，其引发的纠纷将会越来越多，给审判实践带来的困扰和挑战将会越来越大。正如杨立新教授所言，“在我国，后让与担保在社会中现实地存在着。它要求法学家以及法官能够发现它，确认它，让它由‘地下’的潜伏状态转入‘地上’，剥开其买卖合同的外观，还其担保物权的本来面目，能够公开地存在并发挥作用，而不是借口物权法定主义而将其扼杀在摇篮之中，断绝了企业融资的一个良好通道。”① 因此，对后让与担保进行准确的把握和总结，探索习惯法或成文法中后让与担保制度的法律构造，拓展其法律生存空间，才是对其进行规范引导，发挥其市场价值的根本出路。

（一）后让与担保的设定

1. 后让与担保的担保标的物范围。虽然目前所见的后让与担保实例均是将商品房所有权作为担保标的物，但这并不意味着后让与担保的标的物只能是商品房所有权。依据后让与担保的性质和实现方式，后让与担保是在债务人逾期不履行债务的条件下将担保标的物权利转移于债权人以保障其债权，所以笔者认为，具有可转让性质的物权均可纳入后让与担保的标的物范围。

2. 后让与担保的设定方式与具体内容。《物权法》第172条规定，担保物权应以订立担保合同的方式设立，因此，后让与担保物权也应通过订立后让与担保合同来设定，而且合同应采取书面形式，为要式合同，以最大限度减少纠纷。

后让与担保合同应当包括但不限于以下具体内容：（1）合同主体，包括后让与担保的设定人、担保物所有权人、担保权人等权利义务主体的具体情况；（2）被担保债权的数额、清偿期限等；（3）担保标的物（或者权利）的具体名称、性质、位置、有无其他权利负担等详细情况；（4）担保存续期间担保标的物的占有、使用、收益情况以及相关费用的分担；（5）后让与担保的期限以及消灭条件；（6）后让与担保的实现条件及实现方式；（7）合同争议事项的解决方式；（8）合同约定的其他事项②。

---

① 杨立新：“后让与担保：一个正在形成的习惯法担保物权”，载《中国法学》2013年第3期。

② 杨立新：“后让与担保：一个正在形成的习惯法担保物权”，载《中国法学》2013年第3期。

当然，目前实践中常见的用于设定后让与担保的债权债务合同以及商品房买卖合同在名称、内容等诸多方面均不能等同于后让与担保合同，但也不能据此否定后让与担保的成立，只要债权债务合同及其从属的商品房买卖合同对后让与担保约定明确，符合实质要求，就应当认定后让与担保成立。

（二）后让与担保的效力

1. 后让与担保的生效条件

后让与担保的生效条件主要在于其是否需要公示的问题。笔者认为，后让与担保物权应当按照《物权法》的规定通过一定的方式予以公示，而且后让与担保物权作为一种期待权，其权利状态相比既得权更不容易被外界所了解，因此也更容易被外界所侵害，进行必要的公示也是保障后让与担保物权的必然要求。正如前文所述，不动产后让与担保物权应以登记为公示方式，但动产后让与担保物权不能以交付为公示方式。为了避免未经公示而带来的动产担保标的物被擅自处分或一物多保，同时避免交付给动产利用带来的障碍，可借鉴日本法中关于动产让与担保的公示规定，在动产上粘贴或者刻印表明后让与担保物权的标识作为公示方式，既便捷高效，又起到了向社会公开其权利负担的效果。

2. 后让与担保的实现条件

后让与担保的实现条件就是其由期待权转化为既得权的条件，即债务人未能按期清偿债务。

3. 后让与担保对各方主体的效力

（1）对债权人的效力：债权人可在债务已逾清偿期而债务人未清偿时行使后让与担保物权，要求就担保标的物的价值优先受偿；同时，债权人基于后让与担保权对担保标的物享有保全请求权，如果担保设定人或者担保物所有权人对担保标的物进行不当处置，债权人可以行使保全请求权以恢复担保标的物原状，确保债权的实现；

（2）对担保人的效力：基于后让与担保的设定，担保人对担保标的物的权利受到限制，如果该标的物要流转，则须经过债权人的同意，否则流转行为不发生效力；同时，担保人负有妥善保管标的物的义务，否则需对债权人因担保标的物保管不善遭受的损失进行赔偿；在后让与担保的实现条件成就时，担保人需以担保物的价值优先清偿所担保债务，担保人非债务人时，可就此向债务人追偿；

（3）对债务人的效力：若债务人即为担保人，则后让与担保对债务人的效力与上述对担保人的效力相同；若债务人非担保人，则在担保人就所担保债务进行清偿后，债务人负有向担保人清偿的义务。

（三）后让与担保的实行与消灭

如前所述，为了遵守流质契约强制禁止的规定，在后让与担保的实行过程中，担保权人负有清算义务，而不能直接取得担保物权利，具体清算方式有两种：一种是处分清算型，由债权人将担保物变卖，价款用以清偿债权，多余部分归还担保人；第二种是归属清算型，即对担保标的物进行估价，债权人取得担保物权利，超出的价值归还担保人。

参照《物权法》的相关规定，后让与担保消灭主要基于以下三方面原因：1. 被担保的主债权消灭；2. 后让与担保物权实行；3. 担保标的物所有权及其他物权的消灭。

（马艳华　浙江省宁波市北仑区人民法院）

独立性原则在独立保函纠纷审理中的守与变

【司法精要】

独立保函是较新型的金融工具，我国并无针对独立保函的立法，导致审理独立保函纠纷时迷思较多。最高人民法院于2013年11月发布《关于审理独立保函纠纷案件若干问题的规定（征求意见稿）》（以下简称《征求意见稿》），但对该意见稿争议较大，尚未落实。本文以一线法官司法实践之经验，紧抓独立保函的灵魂“独立性原则”，阐述了独立保函纠纷的审理方案，强调在坚守独立性原则的同时，亦要做适当的退让，并兼对《征求意见稿》略抒己见。

一、独立保函纠纷审理之惑

独立保函又称见索即付保函，是指担保人根据申请人的指示向受益人开立的，保证当收到受益人书面索付请求及其他符合保函规定的单据时，即无条件向受益人支付款项的书面承诺。实践中担保人一般限于银行①，银行出具的独立保函又被称为“手中现金”②。

现国际上关于独立保函的立法主要有《联合国独立保函与备用信用证公约》（以下简称《联合国公约》）以及国际商会《见索即付保函统一规则》（以下简称URDG758）。由于独立保函与备用信用证同属独立保证，跟单信用证又与独立保函被认为互为镜像③，信用证规则一般也被公认为独立保函规则的参照，信用证国际立法主要有国际商会《跟单信用证统一惯例》（简称 UCP600）以及《国际备用信用证惯例》（简称 ISP98）。我国目前尚未批准《联合国公约》，而 URDG758、ISP98、UCP600 均是自治性商业惯例，仅适用于当事人约定适用的情况。

我国金融界自上世纪 80 年代即引入独立保函，但 1995 年 10 月施行的《中华人民共和国担保法》将担保限制为从属性担保，未为独立保证提供规则。直至 2005 年，最高人民法院始对独立保证中的备用信用证提出了裁判准则。现独立保函纠纷案件日多，涉案金额庞大④，审理法院普遍反映该类案件缺乏程序和实体法依据，最高人民法院遂于 2013 年 11 月 29 日发布《征求意见稿》，意欲弥补独立保函立法空缺之现状，但对该意见稿争议较大，尚未落实。

实践中，独立保函纠纷审理中争议也多发。概叙如下：

（一）独立保函的识别问题。有认为，银行作出的一经请求即付款的承诺就是独立保函；还有认为，识别独立保函的关键在于承诺直接清偿责任，而非连带责任。究竟如何识别独立保函有不同意见。

（二）法律依据的选择问题。申请人以基础合同欺诈为由对保函提出止付请求时，是以合同法为依据，还是以侵权法为依据，有不同意见。

---

① 有些国家甚至限定独立保函的担保人专指银行，例如德国。

② Intraco Ltd. v. Notis Shipping（The Bhoja Trader）［1982］2 Lloyd’s Rep. 256.

③ 丹宁勋爵在 Edward Owen 案的判决意见中声称两者是“in the same footing”。Edward Owen Rngineering Ltd. v. Barclays Bank International Ltd. And Umma Bank［1978］1 Lloyd’s Rep. 166 at 171 per Lord Denning.

④ 最高人民法院起草《关于审理独立保函纠纷案件若干问题的规定》时，曾做摸底调查，发现 2000 年以来我国各地法院受理独立保函纠纷案件共 42 宗，涉案金额超过 13 亿人民币。

（三）管辖问题。如果当事人的基础交易约定了管辖法院或仲裁机构，是否影响独立保函纠纷的管辖？如果保函约定了管辖法院或仲裁机构，是否全然适用于申请人、受益人、保证人之间的各种保函纠纷？再者，能否以基础合同管辖权为依据，取得保函纠纷审理权限？实践中争议较大。

（四）禁令证明标准问题以及禁令的选择。主要是对禁令启动标准有争议，对禁令的性质、依据有不同展望。

（五）欺诈审查问题以及违法性例外问题。主要是各法院对欺诈认定标准不一，对基础合同违背公序良俗或者违法、甚至涉嫌犯罪，是否影响独立保证下的付款，意见不一。从新加坡、马来西亚和澳大利亚的案例看，除国际公认的欺诈例外情形外，独立保证现又逐渐发展出了“显失公平例外”，我国理论及实务界对“显失公平例外”在我国是否可适用的意见也不一。

总之，独立保函纠纷目前国内无法可依，审理中迷局较多，各法院处理有异，亟待厘清思路，破解迷局。

二、独立保函纠纷审理之基则：独立性原则的坚守

独立性原则是指独立保证中，担保与基础合同无关。这一原则是独立保证的根基，是保函之所以成为独立保函的原因，正是由于独立性，银行付款责任始为不可撤销，保函始能成为“国际商业生命的血液”①。普遍认为，法理上的诉因可以解释独立原则，即开证行与申请人之间是委托合同关系，受益人与付款行是保证合同关系，受益人与申请人是基础合同关系，各合同主体、意思表示完备，能单独成为一种完备的法律关系，故独立性并非法理之例外。UCP600 第 4 条 a 款明确“就性质而言，信用证与可能作为其依据的销售合同或其它合同，是相互独立的交易”。大陆法有理论将其引申为“先支付，后起诉”原则②，意即开证行先付款，而后申请人和受益人再自行解决基础合同项下的争议。英美法系也在判例中有明确论述，例如 Howe Richard 案的阐述：“不论是信用证还是履约保函，付款与否并不取决于买卖合同下当事人争议是否已然正确解决，银行的责任只是依合同付款，它只关心

---

① R. D. Harbottle (Mercantile) Ltd. v. National Westminster Bank [1978] Q. B. 146 per Kerr J.

② 金赛波、李健：《信用证法律》，法律出版社 2004 年版，第 177 页。

影响其付款义务的事件是否发生[①]。以及 R. D. Harbottle 案的法官陈言："应当让商人们依据合同解决他们之间的争议，至于索赔过程中面临的困难则属于当事人承担的风险范围。"[②] 国际上一般认为，独立原则是国际贸易主要支付机制的根本，也是国际互信规则，是独立保函纠纷审理的基础原则。

笔者于2013年7月审结浙江省首例判令终止独立保函支付的案件[③]，在一年多的审理过程中，亦发现坚持独立性原则，可以在审理中拨开许多迷雾。简概独立性原则的作用如下：

（一）识别独立保函

担保一般认定为从属性保证，以认定独立保证为例外。故识别独立保函应有苛刻要求。国际商会在对保函识别进行辅助说明时，列举了以下三项保函均不能认定为独立保函："（1）如果申请人在履行基础合同中违约，我将不超过1000万DM的范围内，赔偿你方损失；（2）如果申请人在履行基础合同中违约，我将在你方第一次书面请求下，在不超过1000万DM范围内立即偿付你方；（3）在不超过1000万DM的范围内，我将在你方第一次书面请求时，偿付你方与基础合同有关的任何损失。"而后又列举了类似的一项陈述："我承诺一经你书面请求，在不超过1000万DM的范围内，立即偿付你请求的数额"，并认为该保函可以认定为独立保函。这充分说明，并非一经请求即付款的承诺都是独立保函，只有独立性才是识别独立保函的关键。

仔细对比四种保函陈述，笔者确认两个方面的独立性是识别的核心。一是保证的独立性，保函不应约定以基础合同违约为支付条件；二是标的的独立性，标的应当是明确的、预先确定的金额，不以申请人未确定的义务为标的。国际商会列举的三项不能认定为独立保函的情形，或是以基础合同违约为支付条件，或是以基础合同下不明确的损失为标的，故形式为独立保函，实质不能作独立保函之认定。需要

---

① Howe Richard scale Co. Ltd. v. Polimpex—Cekop&National Westminster Bank Ltd. [1978] l Lloyd’s Rep. 161.

② R. D. Harbottle (Mercantile) Ltd. v. National Westminster Bank [1978] Q. B. 146 per Kerr J.

③ 浙江金盾压力容器有限公司诉油金属制造有限公司、第三人中国银行股份有限公司浙江省分行国际货物买卖纠纷案［案号：(2011) 浙绍商外初字第68号］。

注意的是，倘若以受益人声明基础合同违约为条件，则不等同于以基础合同实际违约为条件，前者重在受益人的声明，不重事实，是将付款条件予以单据化，仍应识别为独立保函。URDG758也特别申明“保函中为指明所对应的基础关系而予以引述，不改变保函的独立性”。

独立性的识别点也更优于“直接清偿责任”的识别点。在实践中，常发现既有保证独立、标的独立，单据化付款的表述，但同时还有譬如“承担连带责任”等矛盾陈情的情况。此种情况下，保证的独立、标的的独立较第一性付款责任更易识别真意，故仍应识别为独立保函。

（二）区分诉因

从独立性原则出发，还可以区分诉因，从而区分法律依据。譬如：原告申请开证行向受益人止付时，首先考虑适用合同法依据，以原告与开证行、原告与受益人之间存在直接合同关系为诉因；而原告申请间接保函的担保行、保兑行止付时，由于原告和两者没有合同关系，则优先考虑侵权法上的诉因，即原告可以主张保函的索付有欺诈嫌疑并已告知银行时，银行有合理审查之义务，使付款的最后承受人避免损害，此援引的是侵权法上的依据。

（三）厘定管辖

独立性原则可以厘定管辖。比如，如果保函约定了管辖，保函申请人提起保函欺诈纠纷时，不受保函约定管辖的束缚。因为，保函的当事人是担保人和受益人，并非申请人。同理，申请人、受益人基础交易中有管辖约定，担保人与受益人、指示行与保兑行等之间的保函纠纷也不受该约定约束。这均是独立性原则之作用。

独立性原则还可以厘清诸多管辖难题。譬如保函欺诈纠纷的管辖。司法实践中有准用信用证欺诈纠纷的处理方式，也即采用“约束说”，认为如果受益人出现实质欺诈，且判决结果对银行有利害关系时，对基础交易有管辖权的法院可以追加银行为第三人，法院同时对基础交易和信用证交易有管辖权。但是，如果注意保函与信用证在独立性交易上的差异，则信用证欺诈与保函欺诈处理就应有区别。信用证保障的是买方获得价款，欺诈表现为单据欺诈，应考察受益人在基础交易项下有无实质欺诈行为，独立保函保障的是卖方履行基础交易，欺诈表现为申请人并未违约，受益人仍恶意索赔，受益人不是在基础交易项下对债务人实施欺诈，而是在履行保函合同过程中对担保进行欺诈，因此，应认定基础交易中的约定管辖不能约束保函欺诈纠纷。

（四）明确有限审查

即法院就保函的索款纠纷、追偿纠纷进行审理时，不应审理基础交易，就保函欺诈、请求止付纠纷进行审理时，则只对构成例外情况予以审查。

（五）限制例外

目前国际上唯一被公认的可以突破独立保函独立原则的情形是欺诈行为①，虽然1980年以后英美等国的判例认为基础合同违法可以突破独立性原则，据以止付独立担保项下的款项，譬如英国的 United City Merchants 案②、Mahonia 案③、Group Josi 案④，美国的 Twist Cap，Inc 案⑤，但是，该系列案件的法官虽然均承认违法性例外，但均使用一切方法认定基础交易不违法，或者违法程度较轻不形成例外。笔者认为，独立性原则要求限制乃至拒绝例外，不得已存在例外时，则要求尽可能少的例外，基础合同的违法性又存在着极大的多样性和不确定性，故违法性例外应当只适用于严重犯罪的情况。比如开立信用证、保函来支付商业贿赂、高利贷、毒品买卖的货款、绑架的赎金，或者作为雇凶谋杀的保证金的情形。毕竟，正如 Mahonia 案中 Cloman 法官的评述，“人们虽对欺诈例外一致接受，但对于基础交易违法

---

① 由1941年美国纽约州上诉法院审理的里程碑式的 Sztejn 一案首次确立，即受益人故意欺诈，即不得享有保函不受基础合同瑕疵影响的利益，保函因基础合同之欺诈可予止付。这一认定被称为欺诈例外规则，现得到学术界及各国司法实务界的承认。Sztejn 一案参见 Sztejn v. Henry Schroder Banking Corp. ［1941］31 N. Y. S. 2d 631. 该案中，原告向印度公司购买鬃毛，印度公司实际装运的是垃圾，原告请求法庭禁止开证行付款，得到法院支持。

② United City Merchants （Investment） Ltd. v. Royal Bank of Canada ［1979］ 1 Lloyd' Rep. 267；［1981］ 1 Lloyd' s Rep. 605；［1982］ 1 Lloyd' s Rep. 1. 。该案确认当事人通过信用证付款来保证卖方从秘鲁买方处获得货款，违反了秘鲁外汇管制，应予无效。

③ Mahonia Ltd. v. J. P. Morgan Chase Bank ［2003］ 2 Lloyd' s Rep 011， ［2014］ EWHC 1938（Comm），2001/1400. 该案中，付款行 West 银行认为基础交易在会记账目上掩盖贷款真实性质的行为违反了美国财务会计标准，故而拒付。该案一致诉争至王座法庭，最终判决以未能证明基础交易的违法性为由驳回了 West 银行的意见。但法官明确道：依据英国法，独立担保义务确实受制于“违法性”抗辩。

④ Group Josi v. Walbrook Insurance Co. Ltd. ［1994］ 4 All ER 181，［1995］ 1 Lloyd' s Rep 153. 法官认为基础合同确系违法，但信用证的独立性不被较低的违法性所侵染。

⑤ Twist Cap，Inc. v. Southeast Bank. ［1979］ 1 B. R. 284（Bankr. M. D. Fla. 该案中，信用证交易发生在破产诉讼前4个月，法院以构成“偏颇转让”违反破产法为由发出止付令。

性是否能成为拒付理由，或者在什么情况下能够成为拒付理由，尚不存在确定的权威性的结论”。至于显示公平例外，较基础合同违法性例外更未能获得国际一致认可，亦不能作为突破独立性原则之由。

（六）例外标准严苛化

虽然国际公认欺诈可突破独立性原则，但是在主张欺诈时独立性原则仍然在场，它要求苛刻的例外标准，以免例外成为原则，原则成为例外。

首先，应明确不是所有的欺诈都能构成例外。美国曾于上世纪70年代在判例中提出了强调欺诈行为必须损害到整个合同交易的“绝对欺诈说”①，强调欺诈必须是故意的“蓄意欺诈说”②，以受益人一般性合同违约等同于欺诈的“推定欺诈说”③，以及强调灵活认定的“变通欺诈说”④，经多番论证，直至1995年《统一商法典》（简称UCC）以立法的形式明确了“实质性欺诈标准”，即“单据中虚假成分或交易中的欺诈行为必须对交易本身具有实质性意义，对交易者的利益产生实质性影响”。UCC提出的“实质性欺诈标准”是目前世界上唯一的关于保函欺诈程度的立法，且从多案例、学说中淬炼，我国司法实践宜于参考。也即，只有申请人主张的欺诈行为严重影响了基础交易，以至于无法实现合同目的、严重背离预期，才可以对付款承诺发出禁止令。

其次，实质性欺诈应做狭义理解。从国际案例具体而言，仅适用于错误的交付、未交付、对方已交付而谎称其未交付的情况，而货物质量不良、数量不足、迟延交付则属于一般欺诈的范畴，尚无据以认定保函欺诈的成例。有观点认为，在某些具体法律场景中，一般欺诈也可能构成实质性欺诈。譬如，时令性货物迟延交付时的倒签提单，对合同目的产生了影响，应可据以止付保函⑤。然而，如作此扩大理解，则质量瑕疵以及短装都可以解释为对合同目的产生影响，这将严重影响保函

---

① NY Life Insurance Co v. Hartford National Bank &Trust Co. [1977] 378 A 2d 562.

② American Bell International v. Islamic Republic of Iran. [1979] 474 F Supp 420.

③ Dynamics Corp of America v. Citizens &Southern National Bank. [1973] 356 Supp 991.

④ United Bank Ltd v. Cambridge Sporting Goods Corp. [1976] 392 NYS 2d 265.

⑤ 白慧林：“信用证欺诈例外原则研究”，载《法学论坛》第19卷第4期，第95页。

的独立性，既无英美法系判例支持，也难以符合大陆法系对欺诈例外的认定标准[①]。而且，当申请人提示银行止付时，将课以银行其不熟悉的、判断标准不明的审查义务。故仅宜以错误交付、未交付、谎称对方未交付这三种欺诈情形为独立性例外的范域，余者均需慎议。

再次，不能忽略欺诈例外的例外，或称欺诈例外的豁免。笔者认为，欺诈例外原则应不适用于正当持票人。United City Merchants 案[②]中，承运人的经纪人在记载货物装船时间上进行了欺诈，英国法院即认为："例外原则的适用应当限于信用证受益人实施欺诈的行为，不能扩展适用于受益人是无辜者情形下的第三人实施的欺诈行为"。同理，正当持票人如果未参与欺诈，其向开证行提示付款时，应当作为善意第三人，其对保函的信任利益应得到保护，不得以欺诈例外支持银行对善意第三人止付。欺诈例外的豁免情形在 UCC 以及我国《最高人民法院关于审理信用证纠纷案件若干问题的规定》中也均有表述。

三、独立保函纠纷审理之变数：独立性原则的退让

（一）出于国内利益衡量的退让

独立保函多出现在国际担保中，为防止欺诈和滥用权利，我国最高人民法院也仅承认具有涉外因素的独立保函的有效性[③]。而遵照涉外案件的审理原则，我国司法既要公平公正，又要最大化谋取对国内利益的保护。也即，要顾虑择取的处理方案能否实现司法权威，同时能否对我国公民索款权、我国银行追偿权、我国银行国际信誉及发展前景有所裨益。这些利益考量有可能突破理论上应坚持的独立性原则。目前常见的突破如下：

---

① 大陆法系国家认可的构成例外的欺诈都很关注欺诈的主观恶意，譬如法国要求"共谋"，德国要求"故意"，荷兰则以诚信第三人眼光评判受益人主观的恶意。参见赵蓓："独立担保中'欺诈例外'规则比较研究"，载《中国外资》第 267 期。由于一般欺诈的主观恶意较难评定，故将一般欺诈认可为欺诈例外，难以符合大陆法系之观点。

② United City Merchants (Investment) Ltd. v. Royal Bank of Canada [1979] 1 Lloyd' Rep. 267; [1981] 1 Lloyd' s Rep. 605; [1982] 1 Lloyd' s Rep. 1.

③ 最高人民法院屡次以判决形式表明了该态度。如最高人民法院关于"湖南机械进出口公司、海南国际租赁公司与宁波东方投资公司代理进口合同案"的判决，见最高人民法院（1998）经终字第 184 号民事判决书。

一是保函涉外因素的认定。《联合国公约》认为，担保行、受益人、申请人、指示人、保兑人有任何两方位于不同国家的，担保即是国际性的。这种通行观点突破了独立原则。因为，银行与受益人、银行与申请人、银行之间、受益人与申请人之间本应是两两关系，而在涉外因素的认定时，是在任一两两关系处理时将全部合同关系的参与人的因素予以了考虑。我国显然应认同《联合国公约》关于涉外因素的认定，原因在于，我国不认可无涉外因素的独立保函的有效性，如不将涉外因素做宽泛的解释，独立保函可能被视作一般担保，对我国公民索款权、我国银行追偿权、我国银行国际信誉及发展前景都将不利。而且，还有观点认为，从考量国内利益原则出发我国独立保函涉外因素的认定还应较《联合国公约》更为拓展。因为现履约保函较多地使用于我国企业在亚、非、欧等地区的工程，其中有我国银行为我国企业向国外业主出具独立保函后，要求我国企业提供其他国内银行出具独立反担保函；也有我国企业将部分工程分包给我国其他企业，总包商申请国内银行向国外业主出具独立保函后，要求分包商提供其他国内银行出具以总包商为受益人的独立保函。这两种情况下，反担保函和子担保函均不具有涉外因素，但都是因境外履行的基础交易而产生的，并在欺诈例外情形下，独立性可能被否定。因此，独立保函所对应的基础交易在我国领域外履行的，也应认定独立保证的有效性。笔者认为，该观点应予采纳，其既有利于担保我国境外工程的整体履行，也可以解决实践中因一项基础交易引起的各份保函必须区分涉外与否进而分别认定不同效力的混乱现象。

二是管辖权的争取。争取管辖常常是维护域内利益的手段。独立性原则虽厘清了管辖，但实践中常在此被国内利益衡量的考虑所突破。譬如，依照独立性原则，基础交易中的约定管辖不能约束保函欺诈纠纷。但实践中，由于独立保函缺乏国内规则为依据，保函申请人为达到止付之目的，亦为法院能避开保函独立性原则全面审查基础交易，确认欺诈之事实，申请人一般不直接提起保函欺诈之诉，而是以基础合同为诉由，再要求追加银行为第三人，由此实现了基础交易管辖法院管辖保函欺诈纠纷的目的。最高人民法院对此是支持的，他认为“如认为受益人构成欺诈，保证人可援引基础合同要求止付。但保证人仅负审单义务，并不承担调查、核实义务……难以审查基础合同中的欺诈……而且保证人可以向申请人追偿，转嫁损失……往往缺乏动力提起欺诈例外抗辩。因此有必要赋予申请人突破保函独立性的权利，使其能根据基础合同向法院申请止付令”[①]。

（二）出于平衡申请人利益的退让

虽说信用证与独立保函互为镜像，但二者的实质不同。信用证交易中，卖方占优势地位。因为对银行而言，卖方实际交货义务被忽视，只需形式交单。Semetex案中有人明确指明了这一点：“卖方事实上是否交付货物完全无关紧要”[②]。我国亦有观点声称：信用证欺诈的“甚至于连一艘船都不需要”[③]。而独立保函的交易中，天平又过度向买方倾斜。履约保函、预付款保函中，担保行常受到作为受益人的买方的不公平索付乃至欺诈，保函申请人被置于受益人的怜悯之下。而且，在易受欺诈方面，独立保函甚至比信用证更严重。信用证欺诈至少需要运输单据，而独立保函欺诈连运输单据都不需要，只需要受益人索款的声明。故独立保函一度被称为“自杀式付款”[④]。实践中看，以保函欺诈为由来申请保函止付的情形也大大多于信用证。基于这种情况，司法日渐偏向于思考如何给予保函申请人以救济。国际立法的发展趋势目前也正是如此。譬如，2010年7月1日生效的URDG785与URDG458相比，既对独立保函的独立性原则进一步声明，也在受益人、申请人利益平衡上予以了改进。国际公认的欺诈例外也是出于对申请人利益的保护，而由独立性原则作出的退让。

笔者认为，平衡独立保函买卖双方地位的努力在理论上还应大于信用证范域内的同等尝试，故而不排除这一倾向对独立性原则下衍生的其他要求也产生影响。

比如，禁令的启动标准要求。应独立性原则之要求，当申请人向法院请求止付令以制止银行向受益人赔付时，应当课以申请人严格的责任[⑤]。英国法院就认为，申请人对欺诈的举证标准应该达到下述程度：在受益人未答辩时，申请人的举证足

---

① 刘贵祥：“独立保函纠纷法律适用刍议”，载《人民法院报》2009年6月25日第6版。

② Semetex corp. v. UBAF Arab American Bank [1995] 4 Bank L. r. 73.

③ 魏希贵：“信用证纠纷案件审理若干问题研究”，山东大学2007年学位论文。

④ 郭德香：“见索即付保函的担保风险及其防控对策”，载《法商研究》2012年第5期。

⑤ 一般而言，有如下五项要求：1. 申请人在申请禁令时，不能仅是声称、怀疑或认为可能存在欺诈，而须举证证明；2. 受禁令的银行必须已知晓；3. 申请人主张的欺诈程度须实质性地破坏了整个交易；4. 便利衡量的结果显示颁布禁令是适当的；5. 申请人提供足额的交易义担保。

以排除无辜受益人可能提出的每一项抗辩理由。[1] 然而，笔者认为，面向独立保函受益人、申请人利益极端不平衡之情形，以严苛的欺诈认定标准应以守护独立性原则为已足，诉前、诉中的禁令许可标准可以更为宽松。而且，申请禁令往往时机紧迫，分秒必争，要求申请人在短时间内完成苛刻之举证责任，无疑是授之以不能。事实上，现美国、加拿大也采用了较宽松的禁令申请标准。加拿大 Rosen 案中 Craig 法官陈言道：在案件尚未实质审理阶段要求证明明显欺诈，不符合逻辑，……申请人能证明受益人索付文件中声称的某一关键事实不真实即足以启动禁令[2]。美国纽约法院则表明，如果申请人举证能使法院认为其有较大胜诉机会，则可以启动禁令。应认为，努力救济申请人之倾向，是对独立性原则要求的苛刻标准的合理调整。

四、独立保函独立性规则之展望：兼论《征求意见稿》

最高人民法院于 2013 年 11 月 29 日发布的《征求意见稿》力图响应司法实践以及银行界的呼吁，弥补独立保函立法空缺，有诸多可取之处。比如，在独立性原则的坚守上，明确提出了独立性原则以及担保人无因付款责任，赋予担保人对不符点的独立判断权，摒弃了一度热议的“公共政策例外”“不可抗力例外”，确立了基础法律关系的有限审查原则。在独立性原则的退让上，则注意到了为申请人提供救济，平衡申请人、受益人利益的倾向。比如禁令的许可标准采用了“欺诈具有较高可能性”的表述，摒弃了起草阶段提出的“清楚明确证明标准”。

然而，从独立性原则的退让出发，笔者认为，《征求意见稿》还应明确涉外因素的识别，以避免实践中的不同理解。现有《征求意见稿》取消了起草阶段对保函涉外因素的界定，似有不妥。另外，诉由的选择以及管辖权的争取是独立性原则坚守与退让并存的范域，《征求意见稿》全然未提及不同诉由的不同情形以及最棘手的约定管辖情形，实践中易起纷争，故建议补充诉由选择以及约定管辖时的处理方案。

---

① 李燕：“论见索即付保函中受益人不当索赔的抗辩机制”，载《西南民族大学学报》（人文社科版）2007 年第 9 期。

② Rosen v. Pullen 126 D. L. R. （3d）62. 该案中，申请人已发运设备，而受益人索付文件中称申请人未发运设备。

从独立性原则的守护出发，笔者则认为，征求意见稿可考虑以下补充：

1. 应从实质欺诈角度细化有限审查的范围与理解。《征求意见稿》虽确立了有限审查原则，但并未明确实质欺诈标准，仅采用情景列举方式。其第18条第2款列举的欺诈情形，易产生受益人伪造单据即认定构成欺诈例外的误解。应确认，不构成实质性欺诈的单据虚假或伪造，比如笔误的涂改、倒签提单、短装的修改等均不认定为突破独立性原则的欺诈。

2. 应补入欺诈例外的豁免情形。《征求意见稿》没有明确正当持票人的利益，也即没有考虑欺诈例外的例外。

3. 应明确禁令之性质。《征求意见稿》提出了止付令，但没有明确止付令之性质。笔者认为可以考虑发展玛瑞瓦禁令①形式。玛瑞瓦禁令“可以对被告取得的款项发生效力，但同时并不阻止银行在信用证或保函下的付款”②，也即卖方、买方可以对方违约为由申请此禁令，不需要动用欺诈例外。比如 Introco Ltd③ 案，申请人虽未能证明受益人存在欺诈，Straughton 法官仍以玛瑞瓦禁令为申请人的救济。笔者认为，玛瑞瓦禁令虽然不至于如丹宁所言，是“在我时代最重要的司法改革”，但与著名的安顿·皮勒命令一起确实不愧为“衡平法的两个核武器”。它能提供快捷的救济，并且不触犯独立保函的独立性原则，相应不破坏保函的信誉以及安全、快捷的效用。知识产权法中可以实践安顿·皮勒命令，推出诉前保全规则，独立保函的规范中亦可确立玛瑞瓦禁令，实现衡平的救济。

（李　志　浙江省绍兴市中级人民法院
李籽苏　浙江省绍兴市柯桥区人民法院）

---

① 玛瑞瓦禁令是英国丹宁法官的得意之作，它限制受益人处置他已经取得的保函项下的款项，以防止将来胜诉的原告找不到可供执行的债务人的财产而作出的裁定。它不是对物的财产扣押令，效力比较弱，因为银行收到此禁令时可以行使抵销权，第三方如果对其取得了物的禁令，也优先于玛瑞瓦禁令的效力。

② Z Ltd v. A – Z and AA – LL［1982］Q. B. 558 at 574.

③ Intraco Ltd. v. Notis Shipping（The Bhoja Trader）［1982］2 Lloyd’s Rep. 256.。该案案情为：被告将船出售给原告，并承诺船不存在权利瑕疵，原告申请保函，由银行凭受益人作出的未付款声明即付款，但此船随即被扣押，原告为此付出20万美元，原告遂以被告违约为诉。

混合共同担保人内部责任的分担

【司法精要】

混合共同担保即人保和物保并存于同一债权担保。实践中，由于混合共同担保关系复杂，特别是担保人内部责任分担的行使条件及法律规定不明确或存在缺漏，导致法官在个案审理中适法无据。基于此，本文以当下担保法律体系为基础，探讨了当前混合共同担保案件中担保人内部责任分担法律适用的几个难题，对先诉抗辩权、内部追偿行使条件及追偿份额等影响混合共同担保人内部责任分担的基本原因进行了系统的梳理与分析，对影响混合共同担保人内部责任分担的复杂结构模式这一深层因素进行了重点阐述，并以混合共同担保的结构模式为指引，探讨了担保人内部责任分担的规则适用体系。

在现代市场经济条件下，商品生产经营者所需要的大量资金主要来源于银行、信托等金融机构的贷款，通过担保手段获取金融授信、融通资金已是常态，为适应市场经济发展的客观需要，担保的方式和形态日趋多样化。同一债权既有物的担保又有第三人的保证担保，此种情况不同于共同保证、共同抵押，各担保人之间的责任关系与法律适用更为复杂，形成所谓的混合共同担保。混合共同担保是共同担保的一种特殊形式，也是经济活动中的常见形态。由于混合共同担保各当事人之间复杂的法律关系，导致担保人担保责任确定难，内部责任分担更成为实践中的难点，在法的适用方面产生极大的困扰。

一、混合共同担保人内部责任分担法律适用难题

案例：山东中海化工集团有限公司（以下简称中海公司）诉东营黄河口家具实业有限公司（以下简称黄河口公司）担保追偿纠纷案[①]

---

① 案例来源：http：//www. court. gov. cn/zgcpwsw/sd/sdsdyszjrmfy/ms/201404/t20140401_677473. htm，载中国裁判文书网，最后访问日期：2014 年 4 月 27 日。

2012年12月13日，东营锦华设备安装工程有限公司（以下简称锦华公司）与山东河口农村商业银行股份有限公司（以下简称河口农商行）签订《物流资金借款合同》，由锦华公司向河口农商行借款700万元，年利率12.96%，借款期限为2012年12月13日至2013年11月25日。中海公司与黄河口公司分别为上述借款提供保证担保和抵押担保。借款到期后，锦华公司无力偿还借款，由中海公司向河口农商行还清全部本息共计7613476.61元。中海公司偿还借款后，多次向锦华公司追偿，2013年12月4日，中海公司、黄河口公司与锦华公司达成三方协议，约定由黄河口公司承担担保责任3806738.305元，并代锦华公司偿还债务3806738.305元，以上共计7613476.61元，于2013年12月15日前全部支付给中海公司。当借款合同到期后，中海公司作为连带责任保证人依约履行保证责任，由于其与锦华公司、黄河口公司达成了追偿协议，故其向黄河口公司追偿得到法院的支持。

在上述案例中，中海公司为锦华公司借款提供连带责任保证，黄河口公司提供抵押担保，该借款担保即为混合共同担保的基本形态。实践中，随着混合共同担保法律关系的复杂化（如存在多个保证人和物的担保等情况），承担担保责任的担保人要求其他担保人分担责任时面临诸多法律适用上的难题，具体可以归纳为：

其一，责任分担主体界定难。《中华人民共和国担保法》（以下简称《担保法》）及其司法解释虽然肯定了物的担保与人的保证并存时担保人之间的责任分担，但是其前提是担保人对于担保范围没有约定或者约定不明确的情形，对于保证或者物的担保已经明确约定担保份额的，既未肯定亦未否认其责任分担，按份担保人能否成为责任分担的主体尚待明确。案例中，中海公司与黄河口公司均未约定担保份额，可依法推定为对全额担保，如中海公司或黄河口公司之一或二者均约定担保份额，那么中海公司承担责任后能否要求黄河口公司分担责任？

其二，追偿权行使条件认定难。中海公司与锦华公司、黄河口公司签订了追偿协议，最终按照协议承担了各自的责任，但如果三方并未签订追偿协议，中海公司的追偿请求能否得到支持？如果中海公司并非承担连带责任保证而是承担一般保证担保，那么其在未主张先诉抗辩权的情形下承担了担保责任，是否能够主张追偿权？《最高人民法院关于适用〈中华人民共和国担保法〉若干问题的解释》（以下简称《担保法司法解释》）规定“承担了担保责任的担保人”可以要求其他担保人进行内部责任分担以清偿其应当分担的份额，但承担的“担保责任”该如何认定，是否只要承担了担保责任，即不论承担的份额多少均可以主张追偿？诸如此种，皆需对追偿权行使条件予以认定。

其三，内部责任分担份额确定难。由于担保追偿份额确定规则不明确，计算规则的不同可能导致担保人被追偿的份额超过其约定提供担保的份额。[①] 在上述案例中，追偿协议确定了其他担保人应当承担的份额，但如果没有明确约定，追偿份额该如何确定？如担保人约定有担保份额，内部责任分担的份额是否以保证合同中确定的担保额度为限？诸多问题，皆有待明确。

二、混合共同担保人内部责任分担困难的成因分析

（一）先诉抗辩权影响担保人之间的责任分担

混合共同担保人先诉抗辩权的确认与行使不仅是解决担保人对债权人承担责任顺序的依据，亦是担保人内部责任分担的前提。因此，在探讨混合共同担保人内部责任分担之前有必要对其进行明确。在混合共同担保中，债权人要求共同担保人承担责任时，首先需要解决的是混合共同担保人的责任优先问题。通过对相关的担保法律及司法解释进行梳理发现，混合共同担保人先诉抗辩权往往基于以下两种情形而产生：一是担保合同中约定担保责任方式为一般保证，在此情形下保证人享有先诉抗辩权[②]；二是基于《中华人民共和国物权法》（以下简称《物权法》）第176条所规定的物的担保责任优先规则[③]。混合共同担保中存在债务人提供物的担保时，除当事人对物的担保责任和人的担保责任优先问题作出约定之外，其他担保人可依此行使先诉抗辩权。

有学者指出，只有在保证人行使先诉抗辩权后，债务人仍不能清偿债务，保证人才有义务向债权人承担保证责任，承担了保证责任的保证人依法可以要求其他共

---

① 杨文杰：“混合共同担保人内部追偿问题研究”，载《河北法学》2009年第10期。

② 《担保法》第17条第2款规定：“一般保证的保证人在主合同纠纷未经审判或者仲裁，并就债务人财产依法强制执行仍不能履行债务前，对债权人可以拒绝承担保证责任。”

③ 《物权法》第176条规定：“被担保的债权既有物的担保又有人的担保的，债务人不履行到期债务或者发生当事人约定的实现担保物权的情形，债权人应当按照约定实现债权；没有约定或者约定不明确，债务人自己提供物的担保的，债权人应当先就该物的担保实现债权；第三人提供物的担保的，债权人可以就物的担保实现债权，也可以要求保证人承担保证责任。”

同担保人承担各自应当承担的担保份额。[①] 因此，放弃先诉抗辩权的担保人不能向其他有先诉抗辩权的担保人要求分担内部责任。笔者认为，如果担保人行使先诉抗辩权，则债务人的财产被先予执行，那么共同担保人实际应当承担的担保责任总额将会减少，担保人实际应当承担的担保责任也会相应减少，甚至可能因债务人直接清偿而无需承担担保责任。而如果共同担保人放弃行使先诉抗辩权承担了全部担保责任，那么其实际应当承担的担保责任总额与债务总额相等，即可能导致担保人实际承担的担保责任相对扩大。因共同担保人其中之一放弃自己的先诉抗辩权对担保方所产生的不利后果，其追偿情况则需区别对待：放弃先诉抗辩权的担保人对其他有先诉抗辩权的担保人追偿将受到限制，对其他连带责任担保人追偿则不受限制；放弃先诉抗辩权的担保人，可以向其他连带责任担保人追偿，也可以在先向主债务人追偿后，就仍不能清偿的部分要求有先诉抗辩权的其他担保人分担。

（二）内部追偿权行使条件不明确

根据《担保法》第12条[②]，《担保法司法解释》第20条、第38条的相关规定[③]，承担担保责任的担保人的追偿权除向债务人行使外，主要是要求其他连带共同担保人进行内部责任分担。然而，实践中，由于混合共同担保人内部追偿的限额以及顺序等追偿权行使条件不明确，导致发生追偿时各担保人之间无所适从。

担保人追偿的前提是“承担了担保责任”，但现行法律却未对所承担的担保责任进行限定。担保人实际所承担的责任是否在超过自己应当承担的担保份额时才有权就向债务人不能追偿部分要求在担保人内部加以分担，对此存在积极说和消极说。积极说强调，只有在连带担保人超出自己应当分担的部分履行债务从而使其他债务因此全部或部分免责，该担保人对于其他担保人才享有追偿权。消极说则认

---

① 江必新、何东宁：《最高人民法院指导性案例裁判规则理解与适用·担保卷》，中国法制出版社2011年版，第122页。

② 《担保法》第12条规定：“已经承担保证责任的保证人，有权向债务人追偿，或者要求承担连带责任的其他保证人清偿其应当承担的份额。”

③ 《担保法司法解释》第20条第2款规定：“连带共同保证人承担保证责任后，向债务人不能追偿的部分，由各连带保证人按其内部约定的比例分担。没有约定的，平均分担。”第38条规定：“当事人对保证担保的范围或者物的担保的范围没有约定或者约定不明的，承担了担保责任的担保人，可以向债务人追偿，也可以要求其他担保人清偿其应当分担的份额。”（该条规定中物的担保和人的保证推定为连带共同担保）

为，即因担保人承担责任所致使免责没有超过该担保人应当负担的部分也发生追偿权问题。笔者认为，担保人向其他共同担保人追偿是基于其承担了担保责任导致主债务消灭，其他担保人免于承担担保责任，基于公平原则考虑应当将担保责任在各共同担保人之间进行分担，以避免担保责任仅由部分担保人承担而导致各担保人之间显失公平。因此，上述案例中，担保人所承担的"担保责任"以不超过担保人共同合意约定的担保总额为上限（超过担保人共同合意约定担保总额承担责任，根据现行法律规定担保人不能基于担保关系向债务人追偿，更不可能向其他担保人追偿[①]），以自己应当分担的份额为下限，超过其应当分担份额的部分才可以要求责任分担。此处所应当分担的份额可以根据共同担保人的内部约定确定也可以根据各担保人公平承担的原则推定。

另外，担保人追偿的对象包括债务人和其他连带共同担保人，但在追偿的顺序上却存在混乱。根据《担保法》第12条及《担保法司法解释》第38条规定，担保人对债务人和其他连带共同担保人的追偿是具有选择权的，而《担保法司法解释》第20条规定，担保人只有就向债务人不能追偿的部分才能向其他共同担保人追偿，即"当一个追偿权未获得清偿时再行使另一个追偿权"[②]。笔者认为，债务人才是债务的最终承担者，而各混合共同担保人均是债务的补充清偿者，从成本角度考量，已承担担保责任的担保人先向债务人追偿，不足部分再要求其他混合共同担保人进行分担，可以避免程序重复，降低社会成本。

（三）内部份额确定规则缺失

《担保法》及其司法解释的条文中多次出现"应当承担的份额""应当分担的份额"的概念。此处"应当承担的份额""应当分担的份额"是在共同保证人、共同抵押（含质押等担保方式，下同）担保人承担担保责任后对其他共同保证人或抵

---

① 若其中一个担保人与债权人达成合意，对债务人不履行的债务超出担保人约定的担保总额履行义务，对于债务人，由此导致其债务消灭或减少，但是这种情形下担保人履行担保义务的代价应当划分为两部分债权，一部分是因履行约定份额担保义务从而基于担保关系产生的追偿权，另一部分是其善意履行超出约定份额的担保义务从而基于无因管理产生的债权；对于其他担保人，若允许该担保人就所履行义务对其他担保人有追偿权，则会导致增加担保人的共同担保责任，超出了其他担保人担保的预期。

② 李国光等著：《最高人民法院关于适用〈中华人民共和国担保法〉若干问题的解释理解与适用》，吉林人民出版社2000年版，第116页。

押人行使内部追偿权时出现的，该份额即在对债务人不能全部追偿的情况下，各共同保证人、抵押人需要承担的担保份额。关于混合共同担保人应当分担的份额，根据《担保法》及其司法解释相关规定，一是混合共同担保人约定的份额，二是连带共同保证人"没有约定的平均分担"。但在实践中以此来确定已承担担保责任的担保人要求其他混合共同担保人承担的份额则会出现矛盾。

首先，保证份额是指保证合同中约定保证人只对确定数额的债权承担担保责任，而非对全部的债权都承担保证责任。实际上，混合共同担保人应当分担的份额可能等于或小于其约定的保证份额，如超额按份混合共同担保情形。其次，担保人应当分担的份额的计算规则除连带共同保证人"没有约定的平均分担"情形外未有其他规定。由于连带混合共同担保人担保份额均为债务总额，以平均分担作为计算规则并无不可。但按份混合共同担保人的内部责任分担计算规则却无参照依据。笔者认为，按份混合共同各担保人内部责任分担可以根据各担保人约定担保额占约定担保总额的比例予以确定。

此外，由于债权人放弃部分担保权利或者债务人偿还部分主债务也会导致其他共同担保人的担保责任分担发生变化，各担保人具体应当承担多少责任，如何要求其他担保人清偿相应的份额，《担保法》及其司法解释未作出明确规定。且人保与物保并存时各担保人所应当承担的份额的计算亦未作明确规定，物保是应当以约定担保额为计算基础还是以物保实际作价数额为计算基础确定担保份额尚存在争议。仅根据《担保法》及其司法解释的规定无法解决各担保人的内部责任分担问题。

三、混合共同担保人内部责任分担的深度探析

《担保法》及其司法解释虽对不同类型担保有相应规定，但各规定之间并不协调，单从混合担保类型基本模式的角度而言，先诉抗辩权、追偿限额及顺序、求偿份额等情形都相对简化，但混合共同担保是多种担保类型的重合、交叉，其复杂的结构形态在立法中无法通过精炼的法律语言进行系统的概括与表述。不同结构形态下的混合共同担保，各担保人对债权人承担担保责任的份额及其内部责任分担存在差别，只有明确混合共同担保的各种形态及其可能产生的影响，才能厘清各担保人与债权人、债务人以及担保人相互之间的复杂责任关系，进而适用不同的规则确定各担保人之间的责任情况，明确担保人之间的追偿权及其求偿额。因此，混合共同

担保人之间责任确定与分担难题的深层因素表现为结构形态的复杂化，其解决有赖于对各种形态组合的深入剖析。

其一，不同担保方式组合，既是混合共同担保的基本特征也是混合共同担保结构形态复杂的主要原因。根据担保方式不同可以分为保证担保、抵押担保、质押担保、留置担保和定金担保，实践中还有保证金担保等非法定形式的担保方式。混合共同担保的基础结构形态是物的担保与人的担保并存，实践中最常见的结构形态是"保证担保 + 抵押担保""保证担保 + 质押担保""保证担保 + 抵押担保 + 质押担保"，并且随着其他担保方式运用的日渐广泛而逐渐复杂，如银行贷款的保证金担保（根据货币的特性，保证金担保可视为特殊物的担保）。

担保人提供担保的方式不同，其责任承担与分担在立法与实务中有不同的见解，具体包括"物的担保责任优先说"与"物的担保责任与人的担保责任平等说"。主张"物的担保责任优先说"的学者认为，保证人先为清偿时可向物上担保人主张担保物权，即可行使求偿权；但物上担保人先清偿时，因其本应优先负责，故无向保证人行使求偿权的可能。[①] 主张"物的担保责任与人的担保责任平等说"的学者则认为，物上担保人与保证人地位平等，除合同另有约定之外，两者间应连带负担保责任，无论谁先清偿，彼此之间均发生求偿问题。[②] 笔者认为，人的担保与物的担保在混合共同担保中的性质与目的实际上是相同的，即都是为了确保债务的最终清偿，从而强化债权实现，维护债权人的权益。尽管物的担保与人的保证存在性质上的差异，但是物上担保人与保证人的担保责任属于同一层次的债务，物上担保人与保证人只有责任履行先后的问题，而不应存在责任分担不能的问题，《担保法司法解释》第38条正是采用"物的担保责任与人的担保责任平等说"承认物的担保人与保证人之间的责任分担。

其二，不同担保主体组合，受法律规制的差异是导致混合共同担保结构复杂化的原因之一。根据担保主体不同，可以将担保区分为债务人提供的担保和第三人提供的担保。债务人是主债务的主要责任人，担保人仅是主债务的代为清偿者，而实践中债务人也提供连带保证担保或者物的担保，从而导致混合共同担保结构比较复

---

① 郑玉波：《民法债篇各论》（下册），1981年作者自版，第856页。

② 黄茂荣：《法学方法与现代民法》，1993年作者自版，第361页。

杂，常见的形式有“债务人连带保证担保 + 第三人抵押担保/第三人质押担保”“债务人抵押担保/债务人质押担保 + 第三人保证担保”等。

除第三人提供的担保外，根据债务人提供担保的方式不同可以分为债务人提供保证担保和物的担保两种类型。笔者认为，债务人提供保证担保的只能是连带责任保证担保（根据一般保证的定义，债务人不可能提供一般保证担保），且不对其他担保人的责任承担与内部责任分担产生影响。其他担保人提供一般保证担保的，如主张先诉抗辩权，债务人的财产需要先予执行，其效果与债务人连带责任保证担保相同；其他担保人提供连带责任保证担保或物的担保的，需要承担担保责任时已是债务人违约不履行债务或者丧失偿债能力，此时要求债务人承担连带责任保证担保无任何意义。债务人提供物的担保的，由于现有法律对不同主体提供物的担保采取区分对待，债务人物的担保主要是影响其他担保人的先诉抗辩权进而影响内部责任分担顺序。根据法律的相关规定，在各当事人没有约定的情况下，债务人物的担保先予履行，在此情况下责任分担参照先诉抗辩权情形。

其三，不同共同担保方式与担保责任方式组合，亦是混合共同担保结构复杂的原因之一。混合共同担保人共同担保的方式，有按份混合共同担保和连带混合共同担保，且根据各共同担保人承担责任方式不同还有一般保证担保和连带责任保证担保之分。按份共同担保与连带共同担保的划分方式与一般保证担保和连带责任保证担保的划分方式是相容的，按份共同担保与连带共同担保中混合共同担保人的担保方式尚有一般保证担保及连带责任保证担保之分。因此，混合共同担保各担保人可能均有先诉抗辩权，也可能均无先诉抗辩权，还可能有的有，有的无[①]。混合共同担保人的不同责任方式及共同担保方式的组合不仅决定着各担保人对外的责任承担方式，也影响着担保责任在各担保人内部的划分。对于一般保证担保人放弃先诉抗辩权后的内部责任分担问题，笔者认为应区别对待：对其他有先诉抗辩权的担保人追偿将受到限制，对其他连带责任担保人追偿则不受限制；对具有先诉抗辩权的担保人，需先向主债务人追偿后，就仍不能清偿的部分才能要求有先诉抗辩权的其他担保人分担。

其四，担保额度不同，不仅影响混合共同担保的结构形态，而且导致混合共同担保人关系复杂多变。根据各担保人的担保份额之总和与债务总额的关系，有非足

---

① 刘保玉：“共同保证的结构形态与保证责任的承担”，载《中国法学》2003 年第 2 期。

额担保、足额担保与超额担保三种情况：各保证人的保证份额相加，与全部债务额相等的，为“足额共同担保”；小于债务总额的，为“非足额共同担保”；大于债务总额的，为“超额共同担保”。现有法律未对担保份额总和与债务总额关系不同情形下的担保责任内部划分予以规定。在不足额担保及足额担保的情形下一般不会发生内部责任分担，但在超额担保情况下却必然产生内部责任分担，而对超额担保的份额采取不同计算规则将导致担保人责任分担份额结果相异。例如在按份共同担保中，对于200万元的债务，有A提供50万元连带保证担保，B提供100万元保证担保，C提供价值100万元房产对50万元抵押担保。各担保人对债务的担保份额已经明确约定，当债务人不履行债务或丧失偿债能力时，上述3个混合共同担保人所约定的担保份额全部实现，各担保人之间不存在内部责任分担，只能向债务人追偿。但当债务人主动清偿或只能清偿部分债务（如100万元）时，上述3个混合共同担保人所约定担保总额超过实际应当承担的担保总额，此时债权人对承担担保责任的混合共同担保人具有选择权，若不承认按份混合共同担保人的内部责任分担，则部分担保人的担保责任将减轻或免除，导致各担保人之间显失公平。笔者认为，在现有法律规定对诸如按份共同担保的责任划分未予以明确的情况下，当约定担保总额超过实际应当承担债务额度的情况下，应认可担保人之间的内部责任分担。

上述担保类型的划分并非互相排斥，而是可相容的，见下图：

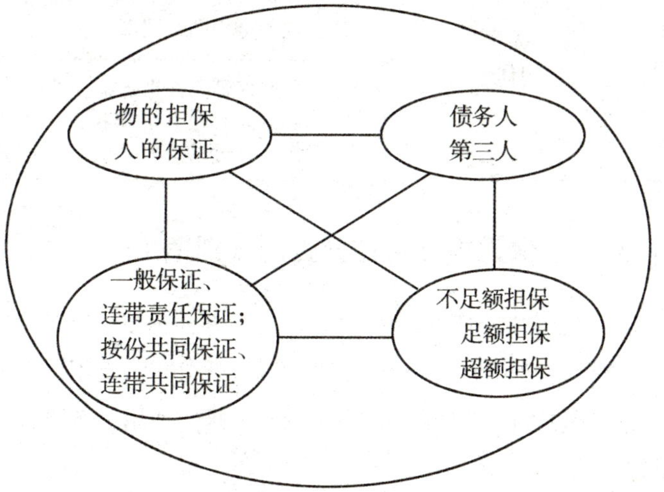

图一：混合共同担保结构形态模式

实践中，混合共同担保往往是由上述各担保类型交叉组合后构成，其结构形态组合可具体细分为以下情形：

表一：混合共同担保具体结构形态

<table>
<tr><th>人的保证</th><th colspan="2">物的担保</th><th>备注</th></tr>
<tr><td rowspan="2">一般保证按份共同担保</td><td rowspan="2">债务人物的担保</td><td>一般责任</td><td rowspan="2">一般保证按份共同担保是指具有先诉抗辩权的约定份额的共同保证。
物的担保保证责任方式除有一般保证或连带责任保证之分外，还有约定份额的限额担保及全额担保之分。
同时第三人保证及物的保证均为限额按份担保时还可以有不足额担保和足额担保之分。
不论限额担保还是全额担保，当担保总额大于债务总额时构成超额担保。</td></tr>
<tr><td>连带责任</td></tr>
<tr><td rowspan="2">一般保证连带共同担保</td><td rowspan="2">第三人物的担保</td><td>一般责任</td><td rowspan="2">一般保证连带共同担保是指具有先诉抗辩权的全额共同保证。
由于第三人提供连带共同保证系对主债务全额担保，因此不存在不足额担保及足额担保情况，只存在超额担保情况。</td></tr>
<tr><td>连带责任</td></tr>
<tr><td>连带保证按份共同担保</td><td rowspan="3">债务人物的担保及第三人物的担保</td><td rowspan="2">一般责任</td><td>连带保证按份共同担保是指没有先诉抗辩权的约定份额的共同保证。</td></tr>
<tr><td>连带保证连带共同担保</td><td>连带责任连带共同担保是指没有先诉抗辩权的全额的共同保证。</td></tr>
<tr><td>一般保证及连带保证</td><td>连带责任</td><td>一般保证及连带保证，即在人的保证方面，部分人有先诉抗辩权部分人没有先诉抗辩权，且可以为限额担保也可以为全额担保。</td></tr>
</table>

四、混合共同担保人内部责任分担的规则适用

如前文所述，混合共同担保是由多种担保类型重合、交叉所导致的，不同担保结构形态组合对混合共同担保人的追偿权及内部责任分担影响不同，适用的法律规则也迥异。因此，探讨不同结构形态组合下的担保规则适用是解决混合共同担保人内部责任分担的关键。

（一）担保人的风险预期是内部责任分担的首要原则

担保活动应当遵循平等、自愿、公平、诚实信用的原则。混合共同担保中，履

行了担保责任的担保人向其他担保人追偿正是公平原则的体现。担保人在设定担保时，都知道自己即将面临的风险：债务到期时，如果债务人不履行债务或失去偿债能力，自己就要履行到期债务，遭受损失。此为担保人设定担保时最为正常的风险，且可以预见，必须由自己承担。当混合共同担保人之一承担了担保责任，除非该担保人担保能力不足，否则必然导致主债权实现，其他担保人无需再承担担保责任；即使该担保人担保能力不足，也会部分实现债权，减轻其他担保人的担保责任。这种情形可以理解为承担担保责任的担保人遭受财产损失而使其他共同担保人免受财产损失（可视为获得财产利益），构成不当得利。故只要其中一个担保人实际承担的担保责任超出其在混合共同担保人之间的应负之责，则在其他共同担保人免责范围内享有追偿权。因此，尊重担保人的自由约定并在最大程度上平衡各担保人的风险，实现担保责任在各担保人之间的公平分担，是确认混合共同担保人内部责任分担的最主要原则和依据。

（二）不同担保主体与担保方式组合下内部责任分担的规则适用

根据与担保有关的法律及司法解释的规定，在混合共同担保中，第三人或债务人提供的是保证还是物的担保，其所产生的法律后果是不同的。因此，针对不同担保主体不同担保方式下的规则适用应予以分类讨论。

1. 债务人与第三人担保并存的混合共同担保的内部责任分担规则

根据《物权法》第 176 条和《担保法司法解释》第 38 条的规定，现行法律及司法解释对债务人与第三人担保并存的混合共同担保区别对待：①债务人提供物的担保与第三人保证担保并存的混合共同担保。保证人、债务人以及债权人对担保范围及担保责任履行先后顺序有约定的从其约定；没有约定或者约定不明的根据《物权法》第 176 条规定，债权人应当先就债务人提供的物的担保实现债权，不足以清偿的部分再由保证人承担担保责任；且保证人承担担保责任后可以向债务人追偿，就不能追偿的部分可以向其他连带共同保证人追偿，担保人之间就内部责任分担方式有约定的从其约定，无约定的平均分担。②债务人提供物的担保与第三人提供保证、物的担保并存的混合共同担保。担保人、债务人以及债权人对担保范围及担保责任履行先后顺序有约定的从其约定；没有约定或者约定不明的根据《物权法》第 176 条规定，债权人应当先就债务人提供的物的担保实现债权，不足以清偿的部分再由其他混合共同担保人承担担保责任；第三人提供保证担保和物的担保并存的，根据《担保法司法解释》第38条规定，债权人可以任意选择保证人或物的担保人承担责任，且承担了担保责任的担保人可以向债务人追偿，就追偿不能的部分可以向其他共同担保人追偿，担保人之间就内部责任分担方式有约定的从其约定，无约定的平均分担。

2. 第三人保证与第三人物的担保并存的混合共同担保的内部责任分担规则

混合共同担保人与债权人就担保范围和担保责任履行顺序有约定的依其约定；没有约定或约定不明的根据《担保法司法解释》第38条规定，债权人对保证人或物的担保人承担担保责任具有选择权，承担了担保责任的担保人可以向债务人追偿，就追偿不能的部分可以向其他担保人追偿，担保人之间就内部责任分担方式有约定的从其约定，无约定的平均分担。

（三）不同担保责任方式及担保额度组合下内部责任分担的规则适用

根据担保份额约定以及担保人之间的关系，可以将混合共同担保划分为按份混合共同担保、连带混合共同担保以及两者并存的混合共同担保，且在不同担保额度下混合共同担保人之间的责任分担规则及求偿额计算规则不同，具体情况如下：

1. 按份混合共同担保的内部责任分担规则

债务人提供物的担保，且各当事人对责任承担先后没有约定或约定不明的，根据《物权法》第176条规定，债务人提供的物的担保应当先予实现债权，就不足部分或债务人没有提供物的担保的，债权人可以自主决定以物的担保或保证予以实现。混合共同担保人实际承担的债务总和大于或等于担保总额的，各担保人根据约定份额承担责任，且不得向其他担保人要求责任分担；小于担保总额的（即超额担保），各担保人没有约定的，应当以担保人约定的担保份额为计算标准确认应分担的份额。具体计算公式为：按份混合共同担保人应当分担的份额=实际承担的担保额＊（约定担保额/约定担保总额）。

2. 连带混合共同担保的内部责任分担规则

没有约定或约定不明确的情况下，根据《物权法》第176条规定，债务人提供的物的担保应当先予清偿债务；放弃先诉抗辩权的担保人可以要求无先诉抗辩权的担保人分担责任，但要求有先诉抗辩权的其他担保人分担责任时应当先向债务人追偿，就追偿不能部分才能要求内部责任分担；由于各混合共同担保人均对全部债务承担担保责任，当事人没有约定或约定不明确的，根据《担保法司法解释》第20

条规定，承担担保责任的担保人得要求其他担保人平均分担责任。

3. 连带担保与按份担保并存的混合共同担保的内部责任分担规则

没有约定或约定不明的情况下，根据《物权法》第 176 条规定，债务人提供的物的担保先予清偿债务；全额担保的连带担保人或限额担保的按份担保人承担担保责任的，根据《担保法司法解释》第 38 条得以要求其他担保人分担责任，各担保人应当分担的份额 = 实际承担的担保额 * [约定担保额（按份担保人）或债务总额（约定或推定连带担保人）/约定担保总额]。

混合共同担保之内部追偿权分析及裁判路径展开

【司法精要】

《最高人民法院关于适用〈中华人民共和国担保法〉若干问题的解释》（以下简称为《担保法司法解释》）第 38 条明确了混合共同担保人间的连带责任，肯定了混合共同担保人的相互追偿权，其后出台的《中华人民共和国物权法》（以下简称《物权法》）第 176 条对混合共同担保人间是否有相互追偿权未明确规定，导致司法实践中及学理上对该问题均出现认识分歧。本文认为，《物权法》关于物上保证人、保证人与债权人之间法律关系的描述符合多数人之债的特征，担保人承担担保责任后对其他担保人发生绝对的效力，我国民商事审判实践也一直承认混合共同担保人间的相互追偿权，肯定混合共同担保人间的相互追偿权不仅对担保人有利，而且也有利于担保物上的后次序担保物权人、混合共同担保人的其他债权人等利害关系人。反之，否定相互追偿权不仅违背基本商业惯例并危及交易秩序和安全，还可能导致恶意串通行为发生，诱发道德风险，在混合共同担保人间构成不当得利，使《物权法》与《中华人民共和国担保法》（以下简称《担保法》）的规定发生抵触，破坏法律的统一性。混合共同担保人间应成立连带之债的法律关系，具有相互追偿权。混合共同担保人间追偿权的实现在司法实践中较为复杂，在份额确定上，共同保证中各保证人间应平均确定份额，物上保证人与保证人应按照比例原则确定各自应承担的份额。在评估基准选择上，应将担保物交易时纳税的评估基准作为估价的基准。在评估时点选择上，应将债权人向任一混合共同担保人主张担保责任的时点作为确定担保物价值的基准时点。当保证人兼为物上保证人时，应将其所提供担保物之价值与保证人应负之责任两者综合之平均值视为应负担份额。在未受完全清偿的债权人对该物上保证人的请求权与已为部分清偿的担保人对该物上保证人的追偿权的并列时，应优先保护债权人利益。

共同担保尤其是混合共同担保所涉当事人众多，跨越物权法（物上保证）与债权法（保证）两大领域，法律关系甚为复杂。我国民商事审判实践对于混合共同担保一直承认担保人间有相互追偿权，2000 年出台的《担保法司法解释》第 38 条第一款规定："同一债权既有保证又有第三人提供物的担保的，债权人可以请求保证人或者物的担保人承担担保责任。当事人对保证担保的范围或者物的担保的范围没有约定或者约定不明的，承担了担保责任的担保人，可以向债务人追偿，也可以要求其他担保人清偿其应当分担的份额"，明确了混合共同担保人间的连带责任，肯定了混合共同担保人的相互追偿权。然而 2007 年出台的《物权法》规定提供担保的第三人承担担保责任后，有权向债务人追偿，对于混合共同担保人间是否有相互追偿权并未作出明确规定。立法上的沉默导致否定声音的出现，如有观点指出，"在当事人没有明确约定承担连带担保责任的情况下，规定各担保人之间相互追偿是不妥的。"① 然而，司法实践并未完全摒弃《担保法司法解释》第 38 条的立场，通过收集重庆、上海、浙江等省市的判决可发现，相当一部分的判决仍然沿袭《担

① 参见胡康生主编：《中华人民共和国物权法释义》，法律出版社 2007 年版，第 381～382 页。

保法司法解释》第38条的立场，肯定了混合共同担保情形下各担保人之间的追偿权，[①] 并且此类判决也并未因涉嫌对《物权法》第176条的“违反”而被改判，[②] 甚至也未见有当事人以一审判决结论“违反”《物权法》第176条而提出申诉。

一般而言，新颁布的法律对既有规则的沉默并不必然意味着对其的否定，而存在两种可能性，既可能是对既有规则的否定，也可能是对既有规则的默许。如2009年开始实施的《中华人民共和国侵权责任法》（以下简称《侵权责任法》）在人身损害的赔偿项目中并未对被扶养人生活费予以明示，显然并不意味着《侵权责任法》已经放弃了对被扶养人扶养费的支持。[③] 至于《物权法》第176条对《担保法司法解释》第38条混合共同担保人间相互追偿权规范的沉默态度，属否定还是默许不能简单作文义解释，仅基于《物权法》第176条的文义能否直接推导出《物权法》已废弃了《担保法司法解释》第38条这一结论，尚需围绕混合共同担保之内部追偿的法律基础和利益关系进行细致考量，做出科学、妥当的解释。

一、混合共同担保人间相互追偿权的判断及理由

如果保证人与物上保证人之间不存在任何法律关系，那么允许混合共同担保中各担保人之间相互追偿，实质是法律强行在各担保人之间设定相互担保。既违背担

① 参见浙江省瑞安市人民法院（2009）温瑞商初字第1321号民事判决书；浙江省杭州市西湖区人民法院（2009）杭西商初字第2685号民事判决书；浙江省宁波市海曙区人民法院（2010）甬海商初字第1002号民事判决书；浙江省杭州市江干区人民法院（2010）杭江商初字第391号民事判决书；浙江省杭州市萧山区人民法院（2011）杭萧商初字第3203号民事判决书；浙江省杭州市萧山区人民法院（2011）杭萧商初字第3205号民事判决书；浙江省嘉善县人民法院（2011）嘉善商初字第109号民事判决书；浙江省象山县人民法院（2011）甬象商初字第1140号民事判决书；浙江省金华市中级人民法院（2011）浙金商终字第1524号民事判决书；浙江省宁波市中级人民法院（2011）浙甬商终字第531号民事判决书；浙江省金华市婺城区人民法院（2012）金婺商初字第250号民事判决书。

② 参见浙江省金华市中级人民法院（2011）浙金商终字第1525号民事判决书；浙江省金华市中级人民法院（2011）浙金商终字第1526号民事判决书；浙江省金华市中级人民法院（2011）浙金商终字第1524民事判决书；浙江省宁波市中级人民法院（2011）浙甬商终字第531号民事判决书。

③ 参见《最高人民法院关于适用〈中华人民共和国侵权责任法〉若干问题的通知》（法发〔2010〕23号）第4条；最高人民法院侵权责任法研究小组编：《〈中华人民共和国侵权责任法〉条文理解与适用》，人民法院出版社2010年版，第140页。

保人的初衷，也不合法理。[①] 所以判断混合共同担保人之间是否存在内部追偿权，首先应辨识混合共同担保人之间的法律关系——是否存在法律关系以及存在何种类型的法律关系？

混合共同担保人间存在法律关系，其理由主要在于以下三个方面：

理由一：《物权法》关于物上保证人、保证人与债权人之间法律关系的描述符合多数人之债的特征

《物权法》第176条在规定债权人与物上保证人及保证人的关系时采取了与《侵权责任法》第43条、第59条、第68条、第83条等相同的表述。此种“可以……也可以……”的表述常被解释为是成立连带责任或不真正连带责任的语词。[②] 可见，就外部关系而言，物上保证人、保证人和债权人之间成立了连带的关系——否则，债权人就不可以任意选择就物的担保实现债权，或是要求保证人承担保证责任，并且当某一（或部分，下同）担保人向债权人承担保证责任后，也就不能对其他担保人发生绝对效力。按照多数人之债的基本逻辑，引发此种外部的连带关系在理论上存在不真正连带之债[③]或连带之债[④]两种解释空间。而无论是何种解释，按照各自的逻辑推论，物上保证人与保证人在对外承担了担保责任后均存在单向或相互的追偿。

---

① 参见王胜明主编：《中华人民共和国物权法解读》，中国法制出版社2007年版，第374页；胡康生主编：《中华人民共和国物权法释义》，法律出版社2007年版，第381页；金延花：“混合双重担保中的求偿关系分析”，载《法制与经济》2009年第7期；江海、石冠彬：“论混合共同担保——兼评《物权法》第176条”，载《海南大学学报》2012年第3期；江海、石冠彬：“论共同担保人内部追偿规则的构建——兼评《物权法》第176条”，载《法学评论》2013年第6期。

② 参见张新宝：《侵权责任法原理》，中国人民大学出版社2005年版，第406页；杨立新：《侵权责任法》，法律出版社2010年版，第327页；高圣平：“论产品责任的责任主体与归责事由”，载《政治与法律》2010年第5期。

③ 张艳、焦阳：“保证与物的担保并存的责任承担”，载《滨州学院学报》2007年第4期；代晨：“论物保与人保并存之法律适用”，载《昆明大学学报》2008年第1期。

④ 参见程啸：《保证合同研究》，法律出版社2006年版，第608页；孔祥俊：《担保法及其司法解释的理解与适用》，法律出版社2001年版，第174页；苏号朋主编：《担保法及其司法解释的应用与例解》，中国民主法制出版社2001年版，第113页；高圣平：“混合共同担保之研究”，载《法律科学》2008年第2期；徐磊：“同一债权上保证与物的担保并存之法律分析”，载《法学杂志》2008年第3期。

理由二：担保人承担担保责任后对其他担保人发生绝对的效力

就传统的连带责任（债务）之发生机理而言，混合共同担保人之间因为缺乏共同的意思联络，表面上看似乎不存在发生连带责任的空间，且物上保证人、保证人与债权人的担保责任多是基于不同的担保合同发生，相互之间多为孤立，各类担保行为也看似各自独立，不发生相互关联。但就实际的法律效果而言，物上保证人或保证人向债权人承担了担保责任后却对其他担保人发生了绝对的效力。无论是物上保证人抑或是保证人，只要其中之一向债权人承担了保证责任，那么其他保证人抑或物上保证人就在该部分额度内相应免责。《物权法》第176条在明确了物的担保责任与人的担保责任平等的同时，其实也隐含了物上保证人与保证人之间存在多数人之债的假设，否则如果物上保证人与保证人之间并无多数人之债的关联，而是数个毫无联系的单一之债的简单并存，那么某一担保人承担保责任后就不能对其他担保人发生绝对的效力。且基于风险规避的考虑，担保人为他人的债权提供担保，并非以追求承担担保责任为目的，而是基于相互信任的互助行动。当承担了担保责任的担保人向债务人追偿未果时，如果能够通过追偿权的设计使其他担保人分担部分责任份额，应符合民商事主体的真实意愿。

理由三：我国民商事审判实践对混合共同担保人相互追偿权一直有承认的传统

《担保法司法解释》第38条肯定了混合共同担保人间的相互追偿权，该解释施行以来，司法实践已经据此作了大量判决，形成了司法上的惯例。即使是在《物权法》颁布之后，最高人民法院的法官还特别指出：不管人保还是物保，其中一个人承担全部责任后，也意味着其他担保人的担保责任相应消灭，相当于一个担保人承担了其他担保人应当承担的份额，其他担保人等同于得到了利益，既然得到了利益就应当相互补偿。①

如果否认混合共同担保人间存在法律关系，否认担保人间有相互追偿权，则易导致以下后果的出现：

后果一：导致恶意串通行为发生

就外部关系而言，如果否定混合共同担保人之间的相互追偿权，某些物上保证

① 刘贵祥：“物权法关于担保物权的创新以及司法实务面临的几个问题”，http://www.civillaw.com.cn/Article/default.asp?id=37482，最后访问日期：2014年6月20日。

人或保证人终局地承担百分之百的担保责任抑或是完全不承担任何担保责任，会在混合共同担保人之间造成不公。且各混合共同担保人之担保责任的最终承担与否就并非由担保人所控制，而完全系于债权人的选择。可能诱使某一混合共同担保人为了规避向债务人无法追偿的风险，而主动与债权人串通，进而去损害其他担保人的利益，造成市场经济秩序混乱，[①] 使共同担保演化成为一项完全由债权人控制的博彩活动。[②] 而允许担保人之间享有追偿权，则可以有效地制约这种权利滥用，分摊损失，实现权益平衡。可见，肯定共同担保人之间的相互追偿权是基于“负担与利益相平衡”这项衡平法原则的考量结果，[③] 具备正当性。

后果二：构成不当得利

如果否定相互追偿权，无异于免除了某一混合共同担保人的担保责任。很明显，某一混合共同担保人仅仅是因为其他担保人向债权人承担了担保责任，就相应地免除了担保责任，不仅构成与其“将来要承担担保责任”之预期意思的违背，而且还在法律上构成一种利益的意外获取。而这种利益的获取其实并没有法律的明确规定和当事人的明确约定作为前提，并且某一混合共同担保人之担保责任的免除与其他担保人承担担保责任之间具有直接的因果关系，自然可以构成不当得利，进而引发追偿权的发生。

后果三：违背基本商业惯例并危及交易秩序和安全

《担保法司法解释》第38条已然在民商事活动中确立起混合共同担保人之间相互追偿的惯例，就混合共同担保的运作实践而言，承认相互追偿权要比否定相互追偿权更为符合我国的司法实践，更为合乎担保人的真实意愿。法律既是历史的存在，也是实践的总结，在解释《物权法》第176条时不得不遵循这一惯例。如果违背基本的商业惯例，随意更改已有的裁判规则，将给民商事主体的担保活动增加不确定性，影响担保行为的正常开展。此外，在考察混合共同担保的内部追偿问题时，还须关注担保物上的后次序担保物权人、混合共同担保人的其他债权人等利害

---

① 王东红：“人保与物保并存时的追偿问题研究”，载《新东方》2009年第4期；刘贵祥：《物权法关于担保物权的创新以及司法实务面临的几个问题》，http：//www.civillaw.com.cn/Article/default.asp？id=37482，最后访问日期：2014年6月20日。

② 叶金强：《担保法原理》，科学出版社2002年版，第15页。

③ 董安生：《新编英国商法》，复旦大学出版社2009年版，第352页。

关系人以及整体社会经济利益的问题。如果否定混合共同担保的内部追偿规则，将不仅出现担保人之间的严重不公，而且还会波及承担了担保责任的担保人的其他债权人以及后次序担保物权人的利益，危及交易秩序和安全。

后果四：破坏法律的统一性

如果将《物权法》第176条解释为是对内部追偿规则的否定，会与《担保法》的规定发生抵触。《担保法》第12条和《担保法司法解释》第75条在共同保证和共同抵押中明确规定，承担了担保责任的保证人或抵押人可以向债务人或其他担保人追偿其应当承担的份额。若将《物权法》第176条做否定的解释，必然会引发混合共同担保与共同保证或共同抵押规则上的矛盾，导致司法上的“类似案件的不同处理”，破坏法律的统一性。

在肯定混合共同担保人之间存在法律关系后，仍需进一步明确其法律关系的类型。从立法上看，我国民法上关于多数人之债的法律规定比较粗糙，《中华人民共和国民法通则》第87条仅规定“依照法律的规定或者当事人的约定”可成立连带债务，而未强调须有明文规定或当事人明确的意思表示，可以认为，在我国法上连带责任的发生是一个开放的系统，并不以法律的规定为限。[①] 将混合共同担保人之间的法律关系解释为连带之债并不违反连带之债的机理。一旦明确了混合共同担保人之间存在连带债务，那么承认混合共同担保人之间的相互追偿权就成为理所当然的结论。正如《侵权责任法》第14条第2款的规定：“支付超出自己赔偿数额的连带责任人，有权向其他连带责任人追偿。”因此，混合共同担保人间成立连带之债的法律关系。

二、混合共同担保之内部追偿的实现路径

明晰了混合共同担保人之间的法律关系类型，在司法实践中还需要进一步明确追偿权的具体运作规范。在如何确定混合共同担保中的内部追偿规范以明晰各担保人应当承担的份额的问题上争议较大，各法院在计算追偿份额时具体做法也有较大差异，一些判决认为在当事人无约定的情况下应由担保人平均分摊，[②] 也有一些判

---

① 冯静：“论混合共同担保中的追偿问题”，华东政法大学硕士学位论文（2011年）。

② 参见浙江省杭州市西湖区人民法院（2009）杭西商初字第2685号民事判决书；浙江省嘉善县人民法院（2011）嘉善商初字第109号民事判决书。

决则按照比例原则在担保人之间确定各自应承担的份额,[①] 需要进一步明确。

（一）各担保人之责任份额确定方法：均分抑或依比例？

确定各担保人应当承担的内部责任份额是设计混合共同担保内部追偿规则的关键。就此问题存在准用《担保法司法解释》第 20 条依担保人人数平均确定各担保人的应有份额，或依据一定的比例来计算各担保人的应有份额的分歧。

在共同保证中，依保证人的人数来平均确定各保证人的应有份额是合理的。在混合共同担保中，由于物上保证人与保证人在性质上存在有限责任和无限责任的差异，物上保证人系就特定物负有限责任，而保证人系以其全部财产负无限责任，两者的责任形态本不相同，如同样依担保人的人数来平均确定应有份额会出现明显不公，担保物的价值（即物上保证人本来应负责任之范围）可能高于也可能低于平均分担额，在后者之情形，平均分配的做法过于机械且显失公平。比如被担保的债务为 50 万元，而担保物的价值仅为 20 万元。在仅有一名保证人和一名物上保证人的情况下，若采平均分配的方式，则保证人和物上保证人均需承担 25 万元。很明显，在对外关系上，债权人只能向物上保证人主张 20 万元，而在内部追偿时物保责任却被增加到 25 万元，显然不公。按照王利明教授的观点，物上保证人与保证人的债务份额应当按照各自担保的范围占总担保的比例加以确定；如果担保物变价后的价金小于担保的范围，则物上保证人与保证人的担保份额应当按照其各自担保的范围占责任担保物变价价金总额的比例确定。我国台湾地区的规定亦值得借鉴，其民法物权编第 875 条第二款规定，为同一债权之担保，于数不动产上设定抵押权者，各抵押物对债权分担之金额，依下列规定计算之：1. 未限定各个不动产所负担之金额时，依各抵押物价值之比例。2. 已限定各个不动产所负担之金额时，依各抵押物所限定负担金额之比例。3. 仅限定部分不动产所负担之金额时，依各抵押物所限定负担金额与未限定负担金额之各抵押物价值之比例。计算前项第二款、第三款分担金额时，各抵押物所限定负担金额较抵押物价值为高者，以抵押物之价值为准。

小结：共同保证中各保证人按照人数平均确定份额；混合共同担保中物上保证人与保证人按照比例原则确定各自应承担份额。

---

① 参见浙江省杭州市萧山区人民法院（2011）杭萧商初字第 3205 号民事判决书。

（二）确定混合共同担保人之内部责任份额的基准与时点选择

在债权人向物上保证人请求履行担保责任时，需确定各担保人应当承担的内部份额，如果担保物尚未拍卖，便涉及如何确定担保物价值的问题。由于担保物的估价旨在确定各担保人应当承担的内部责任份额，属于私人利益的平衡，而与公共利益无涉，因此应当允许混合共同担保人自由协商予以确定。但若协商不成，就需要法律提供司法规范。

估价问题主要涉及两方面的考虑：一是评估的基准选择；二是评估的时点选择。评估基准选择主要是一个技术问题，可不纳入法律的讨论范围。特别是在担保物的交易需要纳税时，则可以以纳税的评估基准作为估价的基准。在审判实践中，估价问题更值得讨论的是评估的时点选择。由于市场不断变化，评估的时点选择将会影响各担保人应当承担的内部责任份额之确定。综合考虑，有两种时间节点可供选择，一是担保物实际拍卖之时，二是债权人向任一混合共同担保人主张担保权利之时。相较而言，在混合共同担保人就担保物的评估问题协商不成时，可以考虑以债权人向任一担保人主张担保权利的时点作为确定担保物价值的基准时点。虽然说以此时间来确定担保物的价值，进而确定各担保人应当承担的内部责任份额可能会因为嗣后担保物价格发生剧烈波动而出现不公的问题，但从混合共同担保的机理而言，各混合共同担保人的责任应当以债权人主张担保权利时为准，所以以此为时点确定担保物的价值，较为符合混合共同担保人的基本预期。如果选择以担保物的实际拍卖时间作为评估基准，将会使法律关系变得异常复杂，① 增加司法成本，不利于尽快确定各担保人应当承担的内部责任份额。

小结：在评估基准选择上，应将担保物交易时纳税的评估基准作为估价的基准。在评估时点选择上，应将债权人向任一混合共同担保人主张担保权利的时点作为确定担保物价值的基准时点。

（三）保证人兼为物上保证人时的责任份额确定

保证人兼具物上保证人双重身份时，责任份额究竟应以实际人数平均计算还是以资格数计算，若以实际人数计算是应视其为保证人还是物上保证人，对此问题一

---

① ［日］我妻荣：《新订担保物权法》，申政武等译，中国法制出版社 2008 年版，第 466 ~467 页。

直存在争议。将双重资格者视为一人的，有作为物上保证人的也有视为保证人的，但两者均可能存在不公平的现象。为求平衡，理论上还出现了资格选择说和责任竞合说。其中资格选择说认为，双重资格者可就保证人及物上保证人责任中任选其一负责。此种处理方式对双重资格者相对有利，但却因有过度保护双重资格者之嫌，而有害及法的安定性之弊。[①] 责任竞合说认为，应就保证人之应分担额与物上保证人应分担额个别计算，何者之应负担额较重，就据此来确定究竟视其为保证人抑或物上保证人。此方式在实际运作上会产生因承受权人行使权利之先后次序不同，致使受行使权利人之相对人分担额亦因而不确定之弊端，[②] 两种处理方式均欠缺合理性。将双重资格者视为二人的，认为双重资格者既承担较重之责任，自应忍受较重之财产牺牲，其他共同担保者亦对其有应忍受较重负担之预期，故应视其为二人，分别计算应分担额后，再予合计，即为双重资格者之总应分担额。[③] 双重资格者系一人身兼物上保证人与保证人二职，其理应比纯粹的保证人或物上保证人承担更重之责任，但此等较重之责任是否应在数量上达到加权至双倍的程度，确有斟酌之余地，并且此种处理方式还会对双重资格者所担保物上之后次序担保权人之利益造成超乎其预期的伤害。无论采取何种处理方式，都有顾此失彼之不足。基于中庸的考虑，可以将所提供担保物之价值与保证人应负之责任两者综合之平均值视为双重资格者应负担之份额。将其视为一种特殊身份，将所提供担保物之价值与保证人应负之责任两者综合平均，才能做到不仅兼顾了两者之特性，而且还消除了两者之弊端。[④]

小结：保证人兼为物上保证人时可将其所提供担保物之价值与保证人应负之责任两者综合之平均值视为应负担额。

---

① 参见［日］佐久间弘道：《共同抵当之理论与实务》，金融财政事情研究会 1995 年版，第 579 页。

② 参见［日］佐久间弘道：《共同抵当之论与实务》，金融财政事情研究会 1995 年版，第 579 页。

③ 参见［日］我妻荣：《新订债权总论》，王燚译，中国法制出版社 2008 年版，第 261 页；史尚宽："论清偿代位"，载郑玉波主编：《民法物权论文选辑（中）》，五南图书出版公司 1984 年版。

④ 陈重见：《共同抵押权论》，新学林出版股份有限公司 2007 年版，第 153 页。

（四）部分清偿时的追偿权与债权人之请求权的顺位

在混合共同担保中会出现一部清偿的情形，此时如果依据价值比例计算出一部清偿的担保人得向其他担保人，尤其是物上保证人追偿的份额，就会出现该追偿权与未受完全清偿的债权人对该物上保证人的请求权的并列，进而引发此时两种请求权何者优先的问题。从国外立法上看，有“债权人优先主义”与“平等主义”两种类型。但不论从担保物权之不可分性来看还是从债权人自由选择权之保障而言，债权人之利益均应优先获得保护，否则，就会造成因担保物拍卖次序的先后而出现债权人受偿额之巨大差异，与混合共同担保之目的相悖，因此债权人的请求权要优先于已为一部清偿的担保人对物上保证人的追偿请求权。

小结：债权人利益优先保护。

结论：应依《担保法司法解释》第 38 条解释《物权法》第 176 条

当一项法律制度涉及多数人时，其间利益之平衡总是颇为复杂的，混合共同担保之法律关系便是如此。对《物权法》第 176 条的解释，不应以否定混合共同担保人之间的追偿权为代价达到的“简化”法律关系与息诉之目的，这一做法将严重损害混合共同担保人之利益。基于《物权法》第 176 条已经存在的被误读的现实和风险，建议最高人民法院秉承《担保法司法解释》第 38 条的立场，对《物权法》第 176 条的含义作出澄清，以明确混合共同担保人之间的追偿权和具体的追偿规范，避免司法上的无所适从。

（黄　忠　重庆市沙坪坝区人民法院
薛海明　重庆市高级人民法院
戴　乔　重庆市大渡口区人民法院）

动产“动态质押+第三人监管”模式下权利冲突的解决路径

【司法精要】

近年来，动产“动态质押+第三人监管”模式在实践中引发权利冲突，各地司法裁量不一。本文通过分析动产质权的构成要件，认为该模式之设计初衷在于，通过质物流动，在盘活库存同时不断成立新质权而消灭旧质权，仍符合动产质权的质物特定要件；间接占有人质权银行凭藉直接占有人物流企业的他物控制与他主介绍，以较为经济的方式实现质物留置与质权公示，亦符合动产质权的质物占有要件。然而该模式在实践中操作走形，如质权银行委托的物流企业以“报表式监管”放弃直接占有，使直接占有回归于提供监管场地的出质企业或其委托仓储的第四方企业，构成实质上的占有改定；又如质权银行委托的物流企业虽然直接占有，但作该质权银行以外的别主认可，因此引发权利冲突。对此，本文提出以下裁判规则：以直接占有人物流企业作他人质物控制与质权介绍的范围和指向，识别质权的标的和归属；以直接占有人物流企业作他人所有物控制与所有权介绍的指向，识别多重所有权转让中后重转让的归属以及首重转让的对抗力。

动产“动态质押+第三人监管”，系由商业银行借助物流服务开发的一项动产担保融资创新模式[①]；于近年来迅猛发展成为动产担保的主流。然而该担保模式在

---

① 笔者搜索“动态质押”的发端：2009年4月，深圳发展银行北京分行为解决中小企业融资难的问题，开展“动态质押”；并称该模式对客户，“将原本积压在存货上的资金盘活，从而扩大经营规模”，对银行，“在无法得到其他抵质押物的情况下，获得相对变现能力较强的质押物”。参见朱文卿：“动产质押担保贷款物流金融模式研究——基于动态质押条件”，第21～22页，载中国知网中国优秀硕士学位论文全文数据库。

“动态质押”需以“第三人监管”为辅助，缘由余文详解。

实践中引发一系列权利冲突，各地司法裁量不一。本文试分析该模式下质权构成的要件和权利冲突的原因，并对裁判规则作一思考。

一、动产“动态质押+第三人监管”之模式设计与权利冲突

（一）动产“动态质押+第三人监管”模式的设计优势

1. 动态质押：质物在价值控制线上流动，用以盘活出质企业库存

	动态质押	静态质押
模式设计	质物可补新、出旧，品种、规格、质量、数量处于不断变化中，但价值需保持在最低控制线上	不允许更换质物
实践功能	库存“核定”：可根据出质企业的生产经营需要，在保持质物价值的前提下，置换质物内容，对盘活库存的作用明显	库存“特定”：损害质物流动性，无法兼顾经营与融资双重需求

2. 第三人监管：质权银行委托物流企业原地监管质物，用以解决质物交付、占有中的运输、管理难题

一是物流企业的监管，系在原地实施。这一设计对“动态质押”有重大经济意义，否则，质物每进出流动一次，便增加一次往返运输费用，足以令“动态质押”丧失可操作性。

【模式一】物流企业场库内的质押监管：如出质企业的动产仓储于物流企业，对其中拟出质部分，将物流企业的委托人由出质企业变更为质权银行。

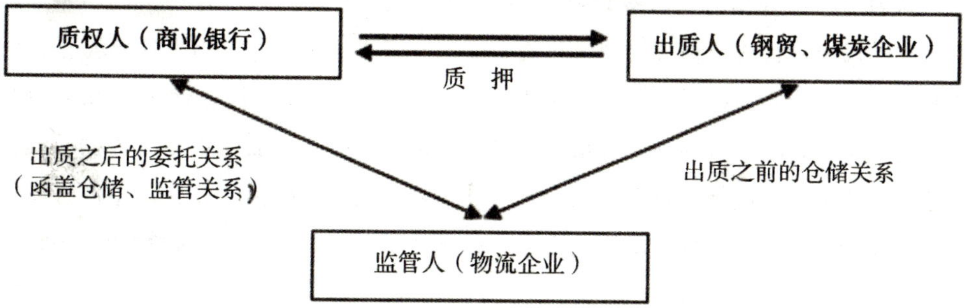

【模式二】出质企业场库内的质押监管：如出质企业的动产仓储于本企业，对其中拟出质部分，由物流企业以象征性租金租赁出质企业场库监管。目前约80%以

上的“第三人监管”采取这一模式。

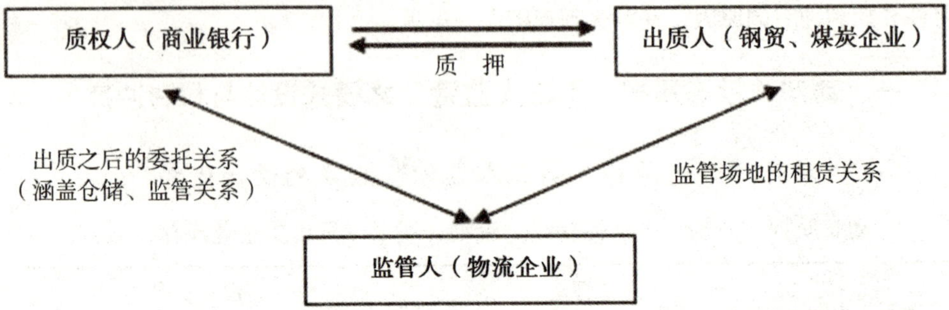

【模式三】第四方企业场库内的质押监管：如出质企业的动产仓储于第四方企业，对其中拟出质部分，由物流企业以象征性租金租赁第四方企业场库监管。

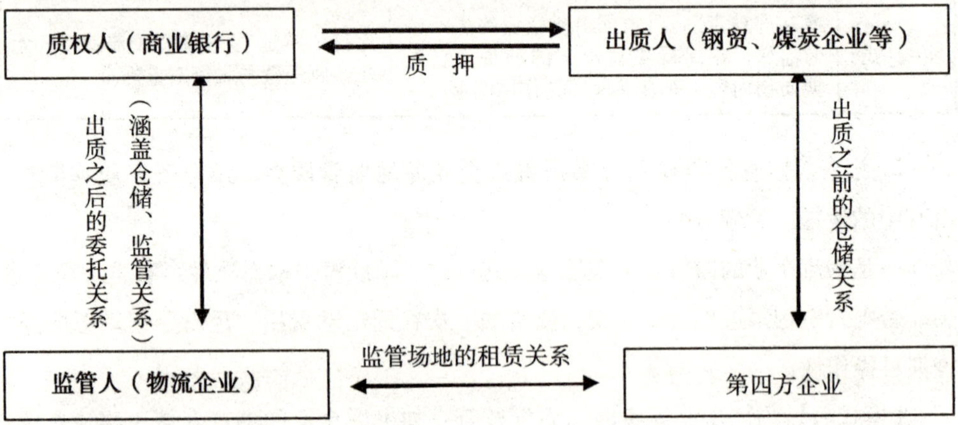

二是物流企业的监管责任，实为仓储责任与监管责任之和。尽管理论界追溯词源，认为“监”仅指“从旁察看”“监视”然而为满足质权设立及存续的需要，几乎所有的设质银行均以格式合同将物流企业的监管责任设计为仓储责任与监管责任之和：物流企业必须以自营场库或租赁场库对已入库质物实施仓储占有和质权公示；对拟设质货物进行品种、规格、数量、质量的验收和权属的审核；根据质权银行给出的单价和拟质押、解押货物的数量计算剩余质物的价值，在确保不低于质物价值控制线的基础上，控制质物出入库；就质物出入库以及已入库质物的状态等与出质企业进行书面确认等。

（二）动产“动态质押+第三人监管”模式下的权利冲突

【案例①】甲企业将堆放于厂区的钢材以“动态质押+第三人监管”模式，先后向A1、A2、A3银行提供融资担保；A1、A2、A3银行分别委托物流企业租赁甲企业厂区原地监管。3份质押合同记载的初始质物不同：A1银行是1200吨螺纹钢，A2、A3银行是1000吨冷轧卷。后A1、A2、A3银行收贷未果诉至W市中院，W市中院分别判决A1银行对1200吨螺纹钢、A2和A3银行对1000吨冷轧卷享有质权。

与此同时，甲企业还将前述1000吨冷轧卷先后出售给B1、B2公司，B1、B2公司亦采取“第三人监管”模式，分别委托物流企业租赁甲企业厂区原地监管②。后B1、B2公司分别诉至S市、H市中院，两院分别判决B1、B2公司对1000吨冷轧卷享有所有权。

其后，甲企业进入破产清算，管理人接管现场发现：甲企业厂区已无1200吨螺纹钢，但有1000吨冷轧卷和230吨热轧带钢。冷轧卷和热轧带钢堆放处贴有A2银行质权标签，并由A2银行委托的物流企业监管；无其他权利标签以及权利人或其委托的物流企业监管。

至此，A1、A2、A3银行均向管理人申报质权，A1银行主张质物被置换为1000吨冷轧卷和230吨热轧带钢，就1000吨冷轧卷，提供其委托的物流企业与甲企业签署的质物库存日报表；就230吨热轧带钢，无法提供质物库存日报表，但主张进入其委托的物流企业租赁的甲企业厂区即为质物。A2、A3银行主张除原质物1000吨冷轧卷外，又补充新质物230吨热轧带钢，理由同前。B1、B2公司均向管理人行使取回权，主张对1000吨冷轧卷享有所有权。

甲企业其他债权人则认为A1银行的质物1200吨螺纹钢已灭失，质物库存日报表并非质押合同，所载1000吨冷轧卷与另230吨热轧带钢均为未设质货物。还认

---

① 采自J省W市中级人民法院（本文称中院）一破产案件，其间涉及J省W市、S市和Z省H市中院就堆放于破产企业厂区的同批钢材分别确认质权或所有权之多份生效判决。

② “融资型贸易”的典型模式为“第三人监管”与“占有改定”：托盘企业（以货物托管充当“影子银行”的大型企业）先向钢材、煤炭商购货并付款，但委托物流企业原地监管或占有改定。待钢材、煤炭商出售货物时，向托盘企业支付货款、利息、佣金等，取回货权。有“以合法形式掩盖非法目的”之嫌，但对其融资目的很难举证。本文对其效力暂不置评，仅涉及对托盘企业所有权主张的讨论。

为A1、A3银行与B1、B2公司的权利证据仅为书面资料，有与甲企业串通作假的嫌疑，故不认可。

1. 质权标的的冲突：如何识别未出质货物与已出质货物？

书证识别法：一是按质押合同记载的初始质物，确定质物的范围；如W市中院对A1、A2、A3银行质物的确认。二是按最后一份质物库存日报表，或按质押合同记载的初始质物结合质物出入审批表，确定质物的范围。据此，前述案例中的质物是1000吨冷轧卷。

现场识别法：入监管场地者为质物。据此，前述案例中的1000吨冷轧卷和230吨热轧带钢，均归入质物范围。

书证与现场重叠识别法：要求既入监管场地，又见书证记载。故前述案例中的质物仅为1000吨冷轧卷。

2. 质权与质权的冲突：一物数质，何者成立？

W市中院：分别成立质权，平均分配质物。该院认为，法院无法在某一个案中穷尽权利冲突的全部情形。据此分别判决各家银行均有质权，至执行程序，多重质权浮出水面时，再统筹各家银行平分质物。此法实为“和稀泥”，但社会效果好，操作至今无人异议；且多家银行通常均为本地银行，由地方中院统筹分配并无障碍。

S市中院：均不成立质权，债权人共享质物。该院认为，动产“动态质押+第三人监管”之质物流动、原地监管的做法，不符合动产设质之质物特定、质物交付要件，多重质权悉不成立，质物由全体债权人共享。

H市中院：以质权之善意取得，认定后质权成立则先质权丧失。质权成立之节点，是质权银行与物流企业签订监管协议之时。因此在前述案例中，质权由A3银行最终取得。

3. 质权与所有权的冲突：同一物上叠有多重质权与所有权主张，何者成立或优先？

问题一，多重所有权主张中，何者成立？多重所有权转让中，除首重转让外，其余均为无权处分。无权处分之善意受让人得主张善意取得，但在善意受让人委托物流企业原地监管而物流企业不作实地监管，以及善意受让人与无权处分人作占有改定的情况下，能否适用善意取得？

问题二，已成立、未公示的所有权，能否对抗质权、破产债权、查封债权、申请执行分配债权等，即何者优先？

二、动产“动态质押+第三人监管”模式下质权构成的要件

动产“动态质押+第三人监管”并未见诸法律的明文规定。根据物权法定原则①，商业银行以该模式设立动产质权，应符合法定要件。

（一）质物流动是否符合动产质权之质物特定要件：随着质物的出旧补新，旧存质权不断丧失，新设质权不断产生，但任一时点的质物内容始终明确具体

“动态质押”的法律效力素来为人质疑，认为其质权标的系在价值控制线之上品种、规格、数量、质量不断变化的种类物，与动产质权的质物特定要件②形成悖离③。

本文认为，“动态质押”系以一份留白质物条款的质押合同，统领质物条款的初次填白与多次变更④，并于质物的首次交付与出旧补新中，完成对填白与变更后质押合同的履行，设立初始质权与产生新质权、消灭旧质权。但就任一时点而言，质物内容始终明确具体，并不违反动产质权的质物特定要求。本文就其关键节点图解示之：

① 物权的种类和内容由法律强行规定，不允许当事人自由创设。该原则发端于罗马法，为日本、我国台湾地区等沿袭，并为我国借鉴。参见《日本民法典》第175条、“台湾民法典”第757条、《中华人民共和国物权法》（本文称《物权法》）第5条。

② 《物权法》第210条第2款第3项。

③ 翟立新：“从法律角度看动态动产质押的风险点”，载《现代金融》2011年第4期。

④ 《中华人民共和国担保法》（本文称《担保法》）第65条第2款规定：“质押合同不完全具备前款规定内容的，可以补正。”据此，填白或变更质物条款，可得法律依据。

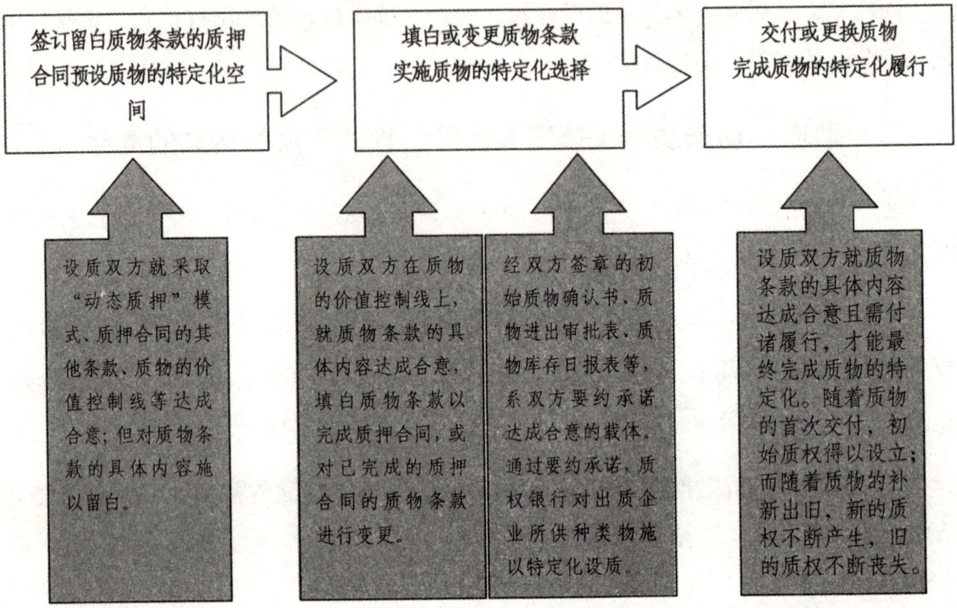

因此，对于“动态质押”，尽管未有针对性的法律规定，仍可得出符合动产质权法定要件的结论。“市场主体所创立的商业模式并不一定像法条规定得那么典型，但如果它们对经济生活的意义重大，立法者、司法者应当谨慎处理，尽量给它们以合理、有效的解释①”。

（二）质权银行委托物流企业原地监管质物是否符合动产质权之质物占有要件：间接占有人质权银行凭藉直接占有人物流企业的他物控制与他主介绍，能够实现质物留置与质权公示

1. 动产质权之质物占有，需实现质物留置与质权公示——排除占有改定

动产质权以质物交付为设立要件②。关于交付，除现实交付外，又有简易交付、指示交付、占有改定三种观念交付③，故有各类交付均能设立动产质权的论断。然而作比较法上的考察，可以得出这样的结论：占有改定普遍被排除于动产质权的设立方式之外。

---

① 高伟：“物流企业质押监管业务的法律分析”，载《中国海商法研究》2012 年第 1 期。

② 参见《物权法》第 212 条、《担保法》第 64 条第 2 款。

③ 参见《物权法》第 23、25、26、27 条。

	《德国民法典》	"台湾民法典"	我国立法
立法考察	第1205条第1、2款分别规定可以直接交付与简易交付、指示交付设立动产质权。但未提及占有改定，实质上排除了以占有改定设立动产质权	第885条第2款明文禁止以占有改定设立动产质权	对简易交付、指示交付，《物权法》第25、26条规定为动产物权的设立和转让方式。但对占有改定，《物权法》第27条仅规定为动产物权的转让方式，意即否定了以之设立动产质权的可能性；《最高人民法院关于适用〈中华人民共和国担保法〉若干问题的解释》（本文称《担保法解释》）第87条亦规定"出质人代质权人占有质物的，质押合同不生效。"
立法理由	"台湾民法典"立法理由书："易于移转，乃动产之特色，凡以动产担保债权之标的物者，须使债权人占有动产，始能保全债权之效力，否则债权人实行担保物权，既涉困难，第三人亦蒙不测之损害；使债权人占有动产，则无此弊，各国立法，皆用此主义，本条亦从之。"引申之，即动产质权之设立方式，需实现质物控制与质权公示。占有改定，恰因无法实现这一机能而遭否定。		

第一，设立动产质权，不同于转让动产所有权，需实现质权公示，故排除占有改定。简易交付、指示交付、占有改定三种观念交付，较之现实交付，公示效果依序递减，系在"转让动产所有权"公示生效主义的立法例中，对公示手段所作"软化"，以便捷交易、因应社会经济的复杂性、多样性①。

交付类型与占有形态		公示效果
现实交付：形成最直观的物权人直接占有		物权变动与物权归属均具强公示力，被设定为最原始的动产物权公示方法
观念交付	简易交付：交付在前、合意在后，合意时，物权人已实现直接占有	物权变动虽无公示，但物权归属的公示效果与现实交付并无二致
	指示交付：虽未形成物权人直接占有，但将直接占有人的占有意思，由"为原物权人占有"变更为"为新物权人占有"	物权变动与物权归属能为交易双方之外的直接占有人知晓，有一定公示力；但公示范围存在局限，通过直接占有人的他主介绍才得传广
	占有改定：将直接占有人的占有意思，由"自主占有"变更为"为新物权人占有"	物权变动与物权归属仅被交易双方知悉，无公示效果；如获直接占有人的他主介绍，可得一定公示，但该公示，一则依赖交易对方的信用，二则由交易对方施以公示，易引发造假嫌疑

① 就公示与物权的关系，存在两种立法例，一为公示生效主义，如德国，公示是物权变动的生效要件；二为公示对抗主义，如法国，物权变动经当事人合意即告完成，公示仅是物权对抗善意第三人的要件。仅在前者立法例中，才有软化公示促进交易的必要。参见吴光荣：《物权诉讼：原理与实务》，人民法院出版社2009年版，第195～197页。

在“设立动产质权”的场合，仍以公示效果切实可靠为要求：动产质权系非所有人之他物权，需得一定公示，方能彰显内容，否则极易沉迹于同一物上所有人之自物权。故应采纳具备一定公示的现实交付、简易交付、指示交付，但排除仍由出质人直接占有、公示机能几近丧失的占有改定。

第二，设立动产质权，还需留置质物，故排除占有改定。一是造成债务人心理压迫，促使其从速清偿债务；二则无需担心出质人侵害质物，保障质权实现。

2. 质权银行委托物流企业监管质物，系间接占有人质权银行凭藉直接占有人物流企业的他物控制与他主介绍，实现质物留置与质权公示

首先，同一物上可能存在多重占有，其中间接占有系直接占有的“上位占有”，间接占有人依据与直接占有人之间的占有媒介关系（出质、出租、出借、保管、仓储、委托等法律关系），对直接占有人享有返还请求权，实施“精神化的物之支配”。

物权人亲自占有 （如现实交付、简易交付）	物权人让他人为自己占有 （如指示交付、占有改定）
单一占有：物权人直接占有	多重占有：物权人间接占有＋他人直接占有
占有心素与占有体素合一	占有心素与占有体素分离

其次，间接占有人对物的留置与物权公示，以直接占有人认可他物控制并作他主介绍为条件。间接占有人的自主主张，唯有与直接占有人的他主认可相结合，才能成就间接占有的心素要件，对抗直接占有的体素外观：直接占有人作为下位占有人，必须承认间接占有人的上位地位，意识到自身权利得受间接占有人限制，并向他人指明这种限制，“间接占有中唯一可以被认知的，并可以提出一个信任基础的，是直接占有人返还物品的意愿①”。但“间接占有因占有媒介人不愿继续为间接占有人介绍间接占有而丧失②”，一旦直接占有人向外界传达的意思发生变化，原间接占有即不复存在，这可以打破任何上位的间接占有③；并且该意思的转变具有单

---

① 周梅：《间接占有中的返还请求权》，法律出版社2007年版，第104页。

② ［德］M. 沃尔夫：《物权法》，吴越、李大雪译，法律出版社2004年版，第79页。

③ 姚宁怡：“观念交付与动产善意取得隔离论”，第28页，载中国知网中国优秀硕士学位论文全文数据库。

向性，即使直接占有人恢复对原间接占有人的介绍，原间接占有亦不得回转，仅可理解为产生了一个新的间接占有。

由上，考察“第三人监管”的要点，系由出质企业、质权银行、物流企业三方之间相继发生两次现实交付的直接跳跃，构成三重占有之“大厦[①]”，质权银行以物流企业的听命与介绍，实现质物留置与质权公示。

3. 物流企业需与出质企业存在某种牵连，方能使其直接占有，得在原地简易为之

原地监管的模式	物流企业与出质企业之间的牵连关系
物流企业场库内的质押监管	物流企业原受出质企业委托而为仓储，仅在出质企业出质部分仓储动产后，就该部分仓储动产转受质权银行委托监管
出质企业场库内的质押监管	物流企业系租赁出质企业场库而为监管；物流企业对质物的仓储占有、流动控制、质权公示，需出质企业配合
第四方企业场库内的质押监管	物流企业系租赁出质企业委托仓储的第四方企业场库而为监管；需出质企业委托的第四方企业配合

实践中，鲜有出质企业将全部动产出质于一家银行；多数情况下，出质企业仅出质部分动产，且出质给数家银行。因此，原地监管会导致多家银行的质物与出质企业的未出质货物仓储于一地，委托一家甚至分别委托数家物流企业监管的混杂局面，由此产生对质物内容、质权归属的辨识困难。

当然，无论何种牵连，倘若物流企业能排除出质企业干涉而以委托银行名义实施质物控制与质权介绍，则质权银行之质物留置与质权公示仍得确保，动产质权仍得成立，并以此种牵连活化动产质权的融资功能[②]。其中关键在于物流企业是否切实履行受托之责。

---

① 出质企业基于质押合同关系将质物交付质权银行，质权银行基于委托合同关系将质物交付物流企业；出质企业以所有人意思为间接占有，质权银行以质权人意思为间接占有，物流企业以质权银行受托人意思为直接占有。此种由一定法律关系维系的多层次的间接占有，被称为“占有建筑”。参见王泽鉴：《民法物权之用益物权．占有》（第2册），中国政法大学出版社2001年版，第186～187页。

② 我国台湾地区谢在全法官援引当地案例，以论证质权人指定保管人代为保管质物，或者派员驻厂占有，可以设定质权。参见谢在全：《民法物权论（下）》，中国政法大学出版社2011年版，第972～973、1156～1157页。

三、动产“动态质押 + 第三人监管”模式下权利冲突的原因

案例所示权利冲突，究其实质，系在同一物上出现若干均作自主主张的间接占有人（质权银行或托盘企业[①]），构成“占有重叠[②]”。然而不论自主主张的间接占有数量几何，同一物于同一时间仅能为一人直接占有，该直接占有人就同一性质的物权，仅能作一主认可（包括他主认可与自主主张）。其余间接占有人不被认可，系源于其委托的物流企业所作原地监管的实践变异。

（一）间接占有人（质权银行或托盘企业）委托的物流企业以“报表式监管”放弃直接占有，使直接占有回归于提供监管场地的出质企业或其委托仓储的第四方企业，构成实质上的占有改定

这一情形多见于“出质企业场库内的质押监管”和“第四方企业场库内的质押监管”，系由物流企业的“报表式监管”导致：物流企业对质物进出库、已入库质物的状态等，仅与出质企业或第四方企业签署“报表”（初始质物确认书、质物进出审批表、质物库存日报表等），而不作实地监管，放任监管场地回归出质企业或第四方企业管领，堆放多家银行的质物与出质企业的未出质货物，且不作区域隔离和权属标识。然而纸质文件不代表现实占有，“报表式监管”不具备直接占有的体素要件，直接占有因此回归于出质企业或第四方企业，构成实质上的占有改定。

前述占有改定情形下，出质企业或第四方企业通常不作质权介绍；即使作此介绍，如前所述，交易一方保持直接占有却改为为交易对方介绍，难免交易双方恶意串通伪造交易合同损害债权人利益的嫌疑，反致质权与出质企业债权的冲突。

（二）间接占有人（质权银行或托盘企业）委托的物流企业虽然直接占有，但作该间接占有人以外的别主认可

原因之一是在“物流企业场库内的质押监管”中，物流企业原受出质企业委托

---

① 如前所述，权利冲突并不限于质权与质权的冲突，还包括质权与所有权的冲突。但基于均由“第三人监管”实践变异引发，情况类同，故为行文方便，本节仅以质权样态详述。

② “占有重叠”与“占有建筑”的区别在于：后者系以一定法律关系有机维系间接占有与直接占有，权利主张指向一人而无冲突；前者则就法律关系本身重叠，多人主张权利形成冲突（内容重合或效力对抗）。

而为仓储，后就出质动产转受质权银行委托，但其业务及感情维系仍在出质企业，故有为出质企业重复质押而作别主认可的情况（如隐瞒此前的出质）。原因之二是出质企业选定的物流企业往往同时仓储多家银行的质物和出质企业的未出质货物，如物流企业未作仓储区域之隔离及权利归属之标识，确实很难辨别何为质物、何为未出质货物以及质物的归属，在此情形下，物流企业亦常因过失而作别主认可。

四、动产“动态质押＋第三人监管”模式下权利冲突的裁判思路

因动产“动态质押＋第三人监管”之实践变异，致同一物上出现若干内容重合或效力对抗的权利主张，何者成立或优先？本文认为，以物流企业是否直接占有、直接占有后作何种他物控制与他主介绍，可作识别。

（一）以直接占有人（物流企业）作他人质物控制与质权介绍的范围，识别质权的标的

正如前述，“动态质押”系以一份留白质物条款的质押合同，统领质物条款的初次填白与多次变更。然而实践中，为促进交易便捷，设质双方往往忽略对填白或变更质物条款合意的记载，在无初始质物确认书、质物进出审批表、质物库存日报表，或初始质物确认书、质物进出审批表、质物库存日报表记载与实际交付质物不一致的情况下，直接实施质物出入库。由此产生质权标的应以书面载体还是实际交付为准的分歧。

本文认为，质权标的应以实际交付为准。尽管《物权法》《担保法》规定质押合同应以书面形式订立，但未规定违反书面形式无效或违反书面形式有损害国家社会公共利益之情形，故仅属管理性规范。在“动态质押”存在不署书面条款即作质物交付的交易习惯的情况下，应当因循交易习惯而按质权人占有范围确定质权标的。《担保法解释》第89条亦规定“质押合同中对质押的财产约定不明，或者约定的出质财产与实际移交的财产不一致的，以实际交付占有的财产为准”。在“动态质押”与“第三人监管”结合情形下，质权银行系依赖物流企业直接占有而作间接占有，占有范围应按物流企业以质权银行名义所作质物控制与质权介绍进行识别。

（二）以直接占有人（物流企业）作他人质物控制与质权介绍的指向，识别质权的归属

1. 否定现行三种裁判思路

<table>
<tr><th>裁判思路</th><th>否定理由</th></tr>
<tr><td>分别成立质权，平均分配质物</td><td>违反一物一权原则（同一物上之多重质权主张，至多仅得一项成立），不属法律意义上的裁判思路，更多表现为平息纠纷的权宜之计</td></tr>
<tr><td>均不成立质权，债权人共享质物</td><td>对动产“动态质押＋第三人监管”模式的根本否定；但按前文分析，该模式不违反动产质权的法定要件，仅因实践变异产生权利冲突。该观点扼杀了市场创新</td></tr>
<tr><td rowspan="2">以质权善意取得，认定后质权成立则先质权丧失</td><td>若以质权银行与物流企业签订监管协议为质权成立，与动产质权的法律规定不符：“动态质押”对留白质物条款的质押合同和针对质押合同的监管协议签订在先，对质物条款的填白与变更在后，至现存质物交付物流企业直接占有，现存质权才成立</td></tr>
<tr><td>若以质物进入物流企业监管场库为质权成立，则多重质权同时成立而无谓先后：多家质权银行可能委托同一物流企业或各自委托多个物流企业租赁同一场库实施质物监管，即使与物流企业签订监管协议有时间先后，但就现存质物，必于同一时间进入监管场库，多重质权同时成立无谓先后，并无善意取得适用机会</td></tr>
</table>

2. 本文观点：直接占有人（物流企业）之质物控制与质权介绍，能指向唯一的质权归属

尽管同一物流企业可能接受多重委托，多个物流企业可能租赁同一场库，但就真正意义上的直接占有——实地监管而言，同一物于同一时间仅能为一个物流企业直接占有，其他物流企业只能作“报表式监管”。并且，实施直接占有的物流企业就某一质物只能作一主认可，被认可的主体得以成就唯一质权。当然，若实施直接占有的物流企业仅作他人所有物控制与所有权介绍，或放弃直接占有使之回归于出质企业或第四方企业，则质权不复存在。

正因“动态质押＋第三人监管”模式下的动产质权需直接占有人（物流企业）作他人质物控制与质权介绍，才得成立并延续，其鲜明的权利外观，有效排除了第三人善意信赖无权处分的可能。就此角度，在先质权有效成立的情况下，并无后质权善意取得的机会。

（三）以直接占有人（物流企业）作他人所有物控制与所有权介绍的指向，识别多重所有权转让中后重转让的归属（托盘企业能否取得所有权）以及首重转让的对抗力（托盘企业取得的所有权能否对抗质权、破产债权、查封债权、申请执行分配债权等）

1. 后重转让系无权处分，受让人善意取得所有权，应排除占有改定的情形

多重所有权转让，系出质企业凭藉实质上或约定的占有改定，延续所有权外观而实施。除首重转让外，后重转让均为无权处分，引发占有改定能否适用善意取得的现实争议。

关于占有改定能否适用善意取得，此前多为学术争议，形成肯定说、否定说、折衷说、共同分担损失说、类型说等①。本文则针对多重转让之现实风险，自制度激励形成观点：其一，自风险遏制角度分析，否定占有改定适用善意取得，会督促受让人公示所有权，终结权利外观与真实的背离，遏制无权处分的道德风险；反之“无权处分的恶行可能层出不穷，所有人因不知情而无法请求法律保护②”。其二，自风险责任角度分析，在以占有改定作所有权转让时，系由制造风险的交易双方自

---

① 肯定说认为，善意取得旨在保护交易安全，基于对无权处分权利外观的信赖而作受让，无论是现实交付还是占有改定，均成立善意取得。若无权处分人以占有改定作多重所有权转让，则之前多重受让人对无权处分人的信赖均被辜负，仅最后受让人的信赖未被辜负。参见［日］我妻荣著、有泉亨补订，罗丽译：《新订物权法》，中国法制出版社2008年版，第197页。

否定说认为，占有改定难以找到物权变动痕迹，若令占有改定适用善意取得，则使占有改定对所有权的秘密流转演化为对原所有权的秘密攫取，而令原所有权人无从察觉和补救。参见［日］近江幸治著，王茵译：《民法讲义Ⅱ：物权法》，北京大学出版社2006年版，第118页。

折衷说认为，占有改定适用善意取得以转化为现实交付为条件，在获得现实交付前，所有权的取得尚不确定。参见［日］我妻荣著、有泉亨补订，罗丽译：《新订物权法》，中国法制出版社2008年版，第233页。

共同分担损失说认为，应在占有改定人之间平摊损失。参见［日］谷口知平、加藤一郎：《新版．民法演习Ⅱ》，有斐阁1979年版，第98页。

类型说认为，若受让人唯一（单重所有权转让），应采肯定说；若受让人不唯一（多重所有权转让），则采折衷说。参见顾金伟：“占有改定情形下善意取得的适用问题研究”，第15～16页，载中国知网中国优秀硕士学位论文全文数据库。

② 苏永钦：《私法自治中的经济理性》，中国人民大学出版社2004年版，第183页。

负风险，出让人承担标的物灭失风险，受让人承担“一物二卖”风险，与他人无涉，由此造成的外部信赖可借善意取得保护；但若使占有改定原始取得所有权，则善意取得人作为信赖利益的被保护者，同时又扮演着信赖利益的破坏者的角色，制造出新一轮风险，导致原所有人和潜在交易人的利益均处于不稳定状态[①]。故本文赞同《德国民法典》第933条规定之“依占有改定进行交付，仅当受让人取得直接占有时，方适用善意取得”。并且，对占有改定，《物权法》第27条仅规定为动产物权的转让方式，排除其原始取得所有权的可能性，亦即否定其准用善意取得。

据此，后重受让人得获所有权善意取得，以其委托的物流企业作其所有物控制与所有权介绍为前提，而排除占有改定的情形。

2. 首重转让系有权处分，在占有改定的情形下，受让人取得的所有权不能对抗质权、破产债权、查封债权、申请执行分配债权等

有权处分得以占有改定为之，但欠缺公示的所有权，不足对抗第三人。第三人的范围如何界定？对此，判例与学说从无限制说转变至限制说，并就限制说形成正当利益说、有效交易说、“或者吃掉或者被吃”说[②]。

本文认为，“之所以需要公示方法，是为物权交易安全；相反，在与物权交易保护无关的场合，自然无需公示方法”[③]。“或者吃掉或者被吃”说，即基于交易安全而将第三人范围限定于物权——乃至准物权——之间的冲突[④]上：欠缺公示的所有权不能对抗第三人，“要么对标的物存在某种物权主张，要么作为债权人已经取得对标的物的直接支配关系[⑤]”，具体包括：一是物权人，如所有权受让人、地上权人、抵押权人、信托让与之受让人等；二是租赁人；三是对标的物有直接支配关

---

① 税兵：“占有改定与善意取得——兼论民法规范漏洞的填补”，载《法学研究》2009年第5期。

② 对第三人，正当利益说界定为“值得保护者”；有效交易说限制于对财产有有效交易关系者；“或者吃掉或者被吃”说界定为“拥有因内容不能同时存在、而在逻辑上理所当然被否定的权利的所有人”。参见孙鹏：“物权公示论——以物权变动为中心”，第181～184页，载中国知网中国优秀博士学位论文全文数据库。

③ ［日］舟桥谆一：《物权法》，日本有斐阁1960年版，第154页。

④ 孙鹏：“物权公示论——以物权变动为中心”，第184页，载中国知网中国优秀博士学位论文全文数据库。

⑤ 孙鹏：“物权公示论——以物权变动为中心”，第184页，载中国知网中国优秀博士学位论文全文数据库。

系的债权人，如扣押债权人、分配加入申请债权人、破产债权人、继承债权人、就诈害行为提起撤销之诉的债权人等，“当存在其他物权取得者时，特定债权人得否认其他物权取得者的权利”①。

依上而言，案例所示以占有改定受让之所有权，不仅无法对抗有效成立的质权，而且对虽未成立质权但已查封或申请执行分配标的物的债权、因出质企业破产清算已取得对标的物直接支配关系的债权，均不足对抗。

五、动产“动态质押＋第三人监管”模式下权利冲突的裁判方法

（一）如何识别并固定直接占有人他物控制与他主介绍的内容

1. 分配举证责任——物权主张者：多重权利主张中，无论主张质权成立，还是主张所有权善意取得或继受取得的所有权能够对抗第三人，均需证明所托物流企业已于现场以其名义实施了物之控制与物权介绍。

2. 引导举证路径——现场证据保全

<table>
<tr><th>证据类型</th><th>证据内容</th><th>证据载体</th></tr>
<tr><td>标的物特定证据</td><td>标的物有无特定监管区域（是否与物流企业、出质企业、第四方企业的经营场所、其他场库存在隔断，确保监管区域的独立化），标的物能否与物流企业、出质企业、第四方企业监管或所有的其他货物明确区分</td><td rowspan="5">监管场地的现场照片、物流企业的现场笔录、出质企业或第四方企业的现场确认等</td></tr>
<tr><td>标的物内容证据</td><td>标的物的品种、规格、数量、质量等，应作现场检点</td></tr>
<tr><td>物权公示证据</td><td>物流企业、出质企业、第四方企业的厂区内有无标的物监管区域示意图，标的物堆放处有无粘贴物权标签，标的物监管区域示意图与物权标签上有无注明物权人、物权内容、监管人、监管区域、标的物内容等</td></tr>
<tr><td>物流企业直接占有的证据</td><td>物流企业能否排除出质企业、第四方企业的干涉，亲自实施或有效控制标的物的出入库和库内操作等</td></tr>
<tr><td>他物控制与他主介绍的证据</td><td>物流企业之直接占有，是否听命于物权主张者，以及向他人作物权主张者之物权介绍等</td></tr>
</table>

① ［日］舟桥谆一：“对民法第467条第二项规定的第三人的批判”，载《民商法》1卷2号，第275页。

3. 固定物权内容——现场财产保全：实施直接占有的物流企业及其对物控制与物权介绍的内容常有更迭，因此，对标的物及其监管状态，应以财产保全封存，否则仍得变化而变更物权内容①。

（二）如何识别或排除潜在的权利冲突

动产“动态质押+第三人监管”之现实难题，系在某一个案中，无法囊括权利冲突的全部情形：当某一权利主张引发某一个案时，裁判者很难采集与之冲突的其他权利主张，但至裁判生效进入执行时，又往往冲突迭起。本文认为，这一难题，能由占有公示的唯一性而得纾解：

1. 对质权主张和所有权善意取得主张：其物权设立以占有公示为要件；而占有公示之唯一，又能排除潜在的权利冲突。

2. 对所有权继受取得主张：其物权受让不以占有公示为要件，且能与质权等定限物权、债权等并存，分别裁判即可。对并存权利的优先排序，至执行程序再作统筹，未作占有公示的所有权，无法对抗质权等定限物权、对标的物已作查封或执行分配申请的债权。出质企业财产不足清偿债务的，引导其破产清算，以破产债权对抗未作占有公示的所有权。

（陆晓燕　江苏省无锡市中级人民法院）

破产清算中担保物权实现的限制

【司法精要】

担保物权与破产清算两项制度设计存在冲突，担保物权之设立在于确保特定债权实现无虞，效力体现为对特定担保物的优先受偿。而破产清算最重要的

① 物流企业系受质权银行（或托管企业）委托履行质押合同（或转让所有权合同）而实施直接占有。实践中，该履行情况时有变化：物流企业可能时而放弃直接占有，时而恢复直接占有，在其放弃时，权利消灭或丧失优先性，但至恢复时（排除已为他人依法直接占有而恢复不能的情况），可理解为对质押合同（或转让所有权合同）的再次履行，并以该再次履行再次设立权利或设定权利优先性；物流企业亦可能时而作某一主介绍，时而作另一主介绍，引发的权利更迭情况类同。

立法旨意之一在于公平清偿各类债权，效力体现为对债务人财产的概括性清偿。破产财产整体价值最大化是所有破产债权人公平受偿并尽可能提高破产清偿率的前提，且由于破产财产中各生产要素经由债务人前期整合，整体变现价值往往高于个别变现价值的总和。为了能够实现这一前提，衡平有担保债权和无担保债权之间的紧张关系，破产清算程序在承认担保物权效力的同时，对其实现从主体、时间和方式上进行了适当限制。实务当中，法院出于实质正义、衡平各方当事人权益和保存企业整体营运价值的考量，一般都倾向于对担保物权做出更多限制。本文从三个案例入手，介绍了国外立法例的相关规定，着重从担保物权在民法体系和破产清算程序下实现存在差异的角度，对破产清算中担保物权实现的限制进行了分析。

引　言

随着担保制度的完善和担保物范围的扩张，企业破产时，其绝大多数资产上通常会附有各种形式的担保物权，清理和实现担保物权成为破产清算中最重要的工作之一。与担保物权实行个别受偿、优先受偿原则不同，集体受偿、平等受偿是破产程序的基本原则。英国著名破产法学者弗莱切曾指出："发达的破产法的一个最重要特点就是集体受偿原则……集体受偿原则的根本信条就是，在管理债务人资产和处理债权人请求时，不必考虑资产取得和债务发生的时间顺序。"① 为了确保全体债权人公平受偿，破产清算程序对担保物权的实现进行了一定程度的限制，下面三个案例体现了破产清算②程序对担保物权在实现时间、主体和方式上的限制，这些限制是否符合《中华人民共和国企业破产法》（以下简称《破产法》）规定？如果不符合，背后的动因是否存在合理性？

案例一：在甲企业破产申请受理后某银行以土地抵押的贷款已进入的执行程序被中止，甲企业至今尚未宣告破产为由，多次要求先行处置抵押物。

案例二：乙企业破产清算，信用社有 2500 万元不动产抵押贷款债权且抵押物

---

① 王卫国：《破产法精义》，法律出版社 2007 年版，第 45 页。

② 由于担保物权在重整与和解程序中的实现与在清算程序中的实现有诸多不同，本文讨论范围限于清算。

足值，企业资产由管理人整体变价，破产财产分配方案为5次偿付完毕，分配顺位为：第一，劳动债权、破产费用和共益债务；第二，按清偿比例计算的普通债权；第三，其他优先权和担保物权。后经信用社强烈反对，其上述债权改为与普通债权同一顺位在每次分配中按各自债权所占比例获得部分清偿。

案例三：丙企业破产，担保物处置后尚不足以清偿担保债权，管理人费用无法支付，法院决定从担保物变现所得中拨付。

一、《破产法》清算程序对担保物权实现的承认与限制

（一）高调宣示：对担保物权效力的承认

《破产法》第109条规定："对破产人的特定财产享有担保权的权利人，[①] 对该特定财产享有优先受偿的权利。"主流观点认为，此条规定的权利为破产法理论上的别除权。[②] 所谓别除权是指债权人因其债权设有物权担保或享有特别优先权，而在破产程序中就债务人（即破产人）特定财产享有的优先受偿权利。如日本破产法第92条规定："于破产财团所属财产上有特别先取特权、质权或者抵押权者，就其标的财产有别除权。"[③] 对于破产人的特定财产享有担保物权的权利人，可以不依照破产程序对该特定财产优先受偿。[④]

（二）语焉不详：对担保物权实现的限制

1. 担保物保全和执行的中止——时间上的限制一

担保物权人在破产清算中首先要承受对其变现权的（暂时）中止行使的限制。该限制的主要目的是实现债务人责任财产最大化，提高破产清偿率。理论上认为，

---

① 本文以破产人以其财产为自己债务提供担保为讨论平台。破产人为他人债务提供财产担保，和第三人为破产人债务提供财产担保的，不在本文讨论范围内。

② 需要指出的是，破产法中的别除权不同于担保物权。别除权是大陆法上的概念，英美法使用的是"有财产担保的债权"。我国现行法律没有使用"别除权"概念，而是仿照英美法使用了"有财产担保的债权"概念。别除权与担保物权的关系是，担保物权是别除权的基础权利之一，别除权的基础权利除抵押权、质权、留置权等担保物权外，尚有优先权等权利。这簇权利束在破产法理论上因其实现特点——不受破产程序的限制——被命名为别除权。

③ 王欣新："破产别除权理论与实务研究"，载《政法论坛》2007年第1期。

④ 赵雷主编：《新企业破产法讲读》，中国工人出版社、人民法院出版社2006年版，第246页。

如果没有类似制度，债权人会在债务人（濒临）破产时竭力抢夺和瓜分其现存财产而忽略债务人企业的继续经营价值，产生所谓的“公共池塘”[①] 问题，使通过破产程序清理债务人财产的目的之实现丧失必要的基础。[②]《破产法》第19条“人民法院受理破产申请后，有关债务人财产的保全措施应当解除，执行程序应当中止”被认为具有此类功能。有学者认为，除非当事人申请的是重整程序，有物权担保的债权人即别除权人就担保物提起的执行程序，不应受中止效力的约束。否则，“是对别除权人合法权利的不当限制，与担保法设置担保物权的立法宗旨相违背”。[③] 我国台湾地区也有学者认为“如有别除权之债权人于破产宣告前，业已实行别除权而经执行法院开始强制执行程序者，其执行程序不受影响，可继续进行，自不待言”。[④] 另有观点认为，该效力是否及于以及在多大程度上及于担保物权不甚明确，理由是立法机关编写的法律释义对此未置可否。[⑤] 与之相悖的是，法院系统人士认为，《破产法》第30条把担保财产也划入了债务人财产范围，因此持“自人民法院受理破产申请后，担保物权人不能直接行使其担保权将担保财产变现用于清偿自己的债权”之观点。[⑥] 一般而言，法院在实务操作中认可破产受理对担保物权执行产生中止效力的观点。值得注意的是最高人民法院认为“有物权担保的债权人即别除权人就担保物提起的执行程序，原则上不应受中止效力的约束，除非当事人申请的是重整程序”。[⑦] 那么该原则的例外情况是什么？本文将在文尾作出解答。

---

① 核心问题是：在处理与产生稀缺资源单位的公共池塘资源的关系时，如果占用者独立行动，他获得的净收益总和通常会低于如果他们以某种方式协调他们的策略所获得的收益，独立决策进行的资源占用活动甚至可能摧毁公共池塘资源本身。有关该理论，可搜索百度百科“公共池塘资源理论”词条，载 http://baike.baidu.com/view/5079120.htm，最后访问日期：2014年5月20日。

② 许德风：“论担保物权在破产程序中的实现”，载《环球法律评论》2011年第3期。

③ 王欣新：“破产别除权理论与实务研究”，载《政法论坛》2007年第1期。

④ 陈计男：《破产法论》，三民书局1992年版，第201页。

⑤ 许德风：“论担保物权在破产程序中的实现”，载《环球法律评论》2011年第3期。有关著述如安建主编《中华人民共和国破产法释义》，法律出版社2006年版，第35、36页；赵雷主编：《新企业破产法讲读》，中国工人出版社、人民法院出版社2006年版，第36~40页。

⑥ 蒋新华：“企业破产法对担保物权规定的不足与完善”，载《人民司法·应用》2010第21期。

⑦ 最高人民法院民事审判第二庭编著：《最高人民法院关于企业破产法司法解释理解与适用》，人民法院出版社2013年版，第152页。

2. 对担保物权优先受偿的限制——时间上的限制二

若只看到《破产法》第109条规定，会认为破产清算程序对担保物权实现没有任何限制。那么案例一中法院限制银行行使抵押权是否违法?《破产法》第107第2款规定："债务人被宣告破产后，债务人称为破产人，债务人财产称为破产财产，人民法院受理破产申请时对债务人享有的债权称为破产债权。"这意味着在破产清算程序中，只有在破产宣告后，对破产人的特定财产享有担保权的权利人，对该特定财产才享有优先受偿权。① 可见，在破产清算受理到破产宣告的期间，担保物权的实现是受到限制的，② 案例一中的限制合法。

3. 对担保物权个别受偿的限制——方式上的限制

《破产法》第16条规定："人民法院受理破产申请后，债务人对个别债权人的债务清偿无效。"如果认为第19条对担保物权的保全和执行有中止效力，那么第16条同样约束担保物权。反之亦然。笔者赞同该条对担保物权实现具有限制效力的观点。但有观点同时认为担保物权的行使在受到第19条限制的同时不受第16条限制。③ 笔者认为唯一合理的解释是：担保物权人在破产清算申请前已经启动对担保物的保全或执行，因裁定受理被中止，在破产宣告后，无担保的破产债权人按照破产财产分配方案受偿之前获得的个别清偿，虽然属于"人民法院受理破产申请后，债务人对个别债权人的债务清偿"，但不因此而无效。也即债务人对担保物权的个别清偿只有在破产宣告后才有效。

二、国外破产法对担保物权实现的限制性规定

（一）实现主体上的限制

美国法中担保物权人享有向法院申请强制执行的权利，以及在约定了出卖

---

① 赵雷主编：《新企业破产法讲读》，中国工人出版社、人民法院出版社2006年版，第221页。

② 《最高人民法院关于贯彻执行〈中华人民共和国企业破产法（试行）〉若干问题的意见》第39条第2款规定："担保物权人在破产案件受理后至破产宣告前非经人民法院同意，不得行使优先权。"但由于《破产法（试行）》已失效，该条的效力状况存疑。

③ 刘子平："破产别除权的认定标准及其行使"，载《法律适用》2007年第11期。

权条款[①]的情况下自主出卖担保物的权利，在破产开始后不得行使。即使存在“债权人出售权”条款,[②] 具体的市场变现过程也由破产管理人或债务人操作，债权人依信托关系受益，即担保物权人一般不享有直接的变现权。[③] 德国法中在破产程序开始（我国法上的“受理”）后，破产管理人或自我管理人自动取得对动产担保物变现的权利。日本法和英国法当中也有关于变现主体为管理人而并非担保权人的规定。[④] 即在大多数情况下，担保物权人将失去对担保物自行变现的权利，而由破产管理人代其行使变现的权利。[⑤]

（二）实现时间上的限制

美国法中在担保物权实现时间上，要受自动中止制度的限制。《美国破产法》第 362 条规定，破产申请一经提出，即可触发自动中止，暂时中止任何影响破产财产的行为。德国法中，时间上的限制体现在以下两个方面：其一，破产申请提出后（而非“受理后”），法院可以自行或根据临时破产管理人的要求发布禁令，禁止任何以强制执行程序扣押动产担保物或者强制实现动产担保物权的行为。其二，法院可以应临时破产管理人的申请，在破产程序开始以前暂时中止不动产抵押权人变现权的行使。可见，在破产程序终结前，或者至少在破产程序开始后的相当长时间，担保权人不得实现其担保物权。

（三）实现方式上的限制

在美国法中，破产中担保物的变现通常由破产管理人或自我管理的债务人通过司法拍卖或市场变现完成。在德国法中，在破产程序开始以后，破产管理人可以通过一定的措施有效地限制不动产担保物权人（抵押权人）独立变现的权利。根据《德国强制拍卖与强制管理法》第 30d 条第 1 款第 2 句，破产管理人暂时中止担保

---

① 指双方约定在一定情形下债权人可以自主出卖担保物，而无需申请法院强制执行。美国大约 25 个州的州法有此规定，尤其在抵押信托的安排中，若约定了该条款，则受托人可直接为抵押权人的利益出卖抵押物，无需经抵押人同意。

② 指不通过司法强制执行而直接将标的物出卖的制度安排。

③ 许德风：“论担保物权在破产程序中的实现”，载《环球法律评论》2011 年第 3 期。

④ 李飞：《当代外国破产法》，中国法制出版社 2006 年版，第 794 页；丁昌业译：《英国破产法》，法律出版社 2003 年版，第 75 页。

⑤ 许德风：“论担保物权的经济意义及我国破产法的缺失”，载《清华法学》2007 年第 3 期。

物强制执行的请求，仅在会严重影响抵押权人经济利益的情况下才能被拒绝。“在信贷业中，也许法院仅在中止抵押权实现会导致债权人银行自身陷入困境时，才会根据该句规定做出拒绝的决定”。[①] 日本法和英国法甚至规定了在特定情形下可以向法院申请不受担保物权限制而径行变卖。[②]

不难看出，与国外立法相比，我国破产法立法中对于清算程序中担保物权限制的规定是原则和模糊的。

三、担保物权在民法体系下与破产法限制下实现的不同

笔者认为，要深入理解破产清算程序对担保物权实现的限制，就要与担保物权在民法中的实现方式进行对比。

（一）实现的主体不同

1. 清晰明确：民法体系下的实现主体

根据《中华人民共和国物权法》（以下简称《物权法》）的规定，担保权人可以与担保人协议以担保财产折价或者以拍卖、变卖该担保财产所得的价款优先受偿。担保权人与担保人未就担保权实现方式达成协议的，担保权人可以请求人民法院或自行拍卖、变卖担保财产。当担保权人怠于行使该权利时，也可由担保人行使。[③] 即在民法中，担保物权的实现主体是担保权人或担保人。

2. 难以判断：破产法限制下的实现主体

在破产程序中，担保物权的实现主体很难判断。

认为实现主体是担保权人的理由是：从程序法（《破产法》）服务于实体法（《物权法》）的角度理解《破产法》第109条，只要人民法院宣告债务人破产，担保物权人就可以行使其担保权，将担保财产变现以实现自己的债权。另外，根据

---

① Obermüller, Auswirkung der Insolvenzrechtsreform auf die Kreditsicherheiten, in: Hadding et al. (Hrsg.), Sicherheiten - freigabe und Unternehmenssanierung: aktuelle Rechtsfrage / Bankrechtstag 1994, Berlin, de Gruyter, 1995. S. 127, 129; Smid, Kreditsicherheit in der Insolvenz des Sicherungsgebers, Stuttgart, Berlin, Köln, 2003, S. 167. 转引自 许德风：“论担保物权在破产程序中的实现”，载《环球法律评论》2011年第3期。

② 李飞：《当代外国破产法》，中国法制出版社2006年版，第794页；丁昌业译：《英国破产法》，法律出版社2003年版，第75页。

③ 见《物权法》第195、219、220、236、237条。

《破产法》第64条的债权人会议决议“双过半”规定，担保权人只算“人头”，不算债权额，事实上担保权人（实践中主要是银行等金融机构）在变现的事项上并没有真正的表决权。另外，在《破产法》第十章第二节关于变价和分配的规定中，完全没有提及担保物的变价和分配问题。因此从体系解释上，可认为《破产法》第109条指的是破产宣告后，担保权人可以直接将担保物变价。①

在《破产法》中也可以找到管理人是变现主体的依据。即：《破产法》第25条规定管理人应该接管、管理和处分债务人财产，第111条规定管理人应当制定破产财产变价方案，第59条和第61条规定担保权人仅有权参与债权人会议并通过破产财产变价方案。可见担保权人是无权自主变现的。

3. 价值衡量：破产法限制下的实现主体一般应为管理人

关于变现主体的问题，有观点认为，“鉴于我国目前尚未完全建立起健全的担保物变价执行制度，为保证担保物执行的公开、公平，保障其他破产债权人的利益，无论担保物是否在管理人的占有之下，别除权（担保权）人要求依法行使其优先受偿权时，应由管理人依法定程序处置担保物”。② 笔者认为，从破产法立法宗旨——公平清理债权债务与保护债权人和债务人合法权益——出发，应由管理人对担保物权变现。理由有三：一是《破产法》将设定担保物权的财产归为债务人财产，均应由管理人接管处分。二是担保物变现后清偿债权仍有余额时，余额大小关乎普通债权人利益。而由担保权人自行实现担保物权存在经济和道德上的双重风险，担保权人缺乏将担保物价值最大化的动力，为追求快速受偿，在担保物价格不低于所担保债权额时即会立即变现，这会损害无担保债权人和债务人的利益。三是若认可担保权人可以作为担保财产的变价主体，实际上就排除了特定担保财产与其他破产财产一并整体变价的可能，而破产财产整体变价往往有利于实现价值最大化。③ 在案例二中，出于对上述理由的考虑，法院确定破产财产变现的主体为管理人。

---

① 许德风：“论担保物权的经济意义及我国破产法的缺失”，载《清华法学》2007年第3期。

② 王欣新：“破产别除权理论与实务研究”，载《政法论坛》2007年第1期。

③ 蒋新华：“企业破产法对担保物权规定的不足与完善”，载《人民司法·应用》2010第21期。

4. 规避风险：特殊情形下实现主体不宜一律确定为管理人

由于我国现阶段管理人多由律师或会计师组成，并不具备出众的商业判断能力以及资产变现能力，[①] 而担保物的价值会随市场行情上下波动，担保物权的实现时机以及不同主体实现的专业能力不同，可能会极大影响担保物的变现价值。因此，管理人和担保物权人在担保物权实现时机的判断上难免出现分歧，简单赋予管理人以担保财产变现的主体资格，有时也有可能严重损害担保权人的利益。

为了避免管理人不适时变现可能带来的损害，笔者认为可以从以下两个方面进行规避：

第一，比较担保财产价值与担保债权数额的差值。如果担保财产价值远超担保债权数额，预期价格的波动对担保物权人实现债权影响不大，只是会影响其他无担保债权人的清偿比例，此时担保财产变现的时机应由管理人决定。如果担保财产的价值接近于甚至可能低于担保债权的数额，预期价格波动对担保物权人和其他债权人都将产生重要影响，则担保财产变现时机就需听取各方意见而定，不能任凭管理人决定。在这种情况下，管理人首先应听取担保物权人的意见，在无法达成共识时，可以通过债权人会议讨论，并将是否可以由其他债权人以受偿范围内的财产提供适当担保，保证担保财产价格下跌时担保物权人的利益[②]列为一项决议。

第二，考量担保物是否转移占有和变现的能力。根据《破产法》第37条第1款，管理人可以行使涤除权取回由担保权人占有的质物或留置物，也可以不取回，是否取回关键看质物或留置物对债务人整体财产价值最大化是否具有重要意义。一般而言，质物和留置物与企业其他财产的联系往往比较疏远，但对质权人和留置权人而言，常常比债务人具有更大的经济价值和变现能力，因此让其在破产程序中继续行使变现权更有效率；不转移占有的抵押权往往是对企业整体价值和持续经营能力具有重大意义的土地、厂房等，债权人多为银行等贷款人，其并不具有处置担保

---

① 当然，就中国法下资产变现的模式来看，管理人完全可以通过聘请专业的拍卖机构来提升资产变现能力，但是《破产法》规定变价方案由管理人拟定，何时启动变现事实上是由管理人决定的。

② 蒋新华："企业破产法对担保物权规定的不足与完善"，载《人民司法·应用》2010第21期。由债权人会议讨论固然可以摆脱管理人不审慎履职的嫌疑，但从债权人会议召开的成本来看，未必是最理性的选择。如果不涉及其他债权人提供担保，似乎可由债委会讨论决定。当然，此处讨论以担保物单独变现为前提。

物的专业技能，因此由管理人变现是比较有效率的安排，如案例二中的变现就是由管理人实施的。

（二）实现的时间不同

1. 引而不发：能动的起点不同

在民法中，一旦债务人不履行到期债务或者发生当事人约定的实现担保物权的情形，担保权人就可以着手实现。而在破产清算程序中，由于自动中止制度的存在，即使上述条件成就，担保权人也只有在法院宣告债务人破产之日才可着手实现担保物权。

2. 一触即发：启动的时机不同

民法体系下，担保权人可以单独通过与担保人协商或向法院申请控制担保物权的实现时机。在破产法的限制下，有观点认为，启动变现程序的决定权仍在别除权（担保权）人，[①] 笔者认为，该启动时机如前文和随后分析，首先取决于担保物是否与其他破产财产整体变现，若整体变现，则要受到其他债权人、法院以及拍卖机构等诸多主体及程序的影响。[②]

3. 优先受偿：限制消除之时的顺位保障

笔者认为担保物权优先受偿性分为两个层次：一是在清偿数量上足值，担保权人能够排除和抑制其他非担保权人假债权平等公平清偿之堂皇理由而追逐按比例清偿的冲动。二是清偿顺位（效率）上优先，“一千不如现八百”，即使担保物不足值，变现所得也应优先于其他顺位的债权受偿。即使受理破产有加速债务到期和概括清偿的涵义，在对担保物权的限制因素消失之时，其实现仍应体现上述两个特征。

在破产清算实践当中，对担保物权优先受偿的把握往往仅关注第一层次而忽略了第二层次。考虑到现阶段我国破产实务中无财产担保的债权人往往只能获得不到20%的清偿比例的现状，为平衡起见，案例二中的分配方案将担保物权的清偿顺位放在普通债权之后。笔者认为这种限制违法。从前文的分析不难看出，立法者的本

---

① 王欣新：“破产别除权理论与实务研究”，载《政法论坛》2007年第1期。

② 《破产法》规定，变价方案由管理人拟定，债权人会议通过，采取除拍卖外的变价方式也要债权人会议通过，若未通过法院可以强裁。见第61、65、111、112条。

义是在破产清算程序中安排担保物权在破产宣告后，无担保的破产债权人按照破产财产分配方案受偿之前获得清偿的。而且从《破产法》第59条、第61条来看，担保权人对分配方案根本不享有表决权，按照现代民主机制和权利义务相对应原则，可以得出担保权人的受偿并不在分配方案规定之中的佐证。关于这一点，《最高人民法院关于适用〈中华人民共和国企业破产法〉若干问题的规定（二）》（以下简称《破产法规定二》）第3条明确规定："债务人已依法设定担保物权的特定财产，人民法院应当认定为债务人财产。对债务人的特定财产在担保物权消灭或者实现担保物权后的剩余部分，在破产程序中可用以清偿破产费用、共益债务和其他破产债权。"明确了有物权担保的破产债权清偿的优先顺位。

4. 衡平顺位：法院现实考虑下的无奈之举

需要指出的是，案例二中乙企业为化工企业，若停产价值将迅速贬损，生产要素（熟练技术工人）也将迅速流失，若继续运转则会持续亏损。笔者认为，虽然继续经营会因开工不足、边际成本无法降低导致部分亏损，但少量亏损有益于保持公司整体资产价值，对于稳定原材料供应商和客户，吸引战略投资者都具有重要意义。从全体债权人利益和企业营运价值出发，将这部分亏损设置为共益债务从而优先于担保物权受偿，从某种程度上来说也不乏合理之处。

那么案例三中法院的做法是否违法？《破产法》第43条规定破产费用和共益债务由债务人财产随时清偿。所谓债务人财产，是破产申请受理时属于债务人的全部财产，负担了担保物权的财产仍然是债务人财产。只有在债务人被宣告破产后，担保物权才能优先受偿。而从受理破产到宣告破产可能有很长的一段时间，笔者认为，这段时间产生的破产费用和共益债务无疑可早于担保物权受偿。具体可根据是否宣告破产分析。一是破产宣告前，破产费用和共益债务能否用处置担保物的变现价值来清偿。一般而言，从保护担保权人利益角度，似乎不应处分担保物，而且担保物一般于企业的营运价值（going concern value）而言具有重要意义，担保物应该在没有负担担保物权的财产全部处置后才予以考虑，但在无其他财产可以处置之时，处分担保物也是破产法的题中应有之义，否则破产程序无法延续。① 二是破产

---

① 王欣新教授认为，破产费用和共益债务仅能针对无担保的破产财产行使。王欣新："破产别除权理论与实务研究"，载《政法论坛》2007年第1期。

宣告后，破产费用和共益债务的清偿顺位应劣后于担保物权。笔者认为除管理人对担保物维护、变现、交付等付出合理劳动的报酬请求权可从担保物变现价值中偿付外，法院在破产宣告后以担保物变现价值偿付其他管理人费用，是有违法律规定的。但是破产费用系为全体债权人的共同利益而支出，目的在于保障破产程序顺利进行，[①] 实践当中管理人费用无支付来源是困扰许多法院的问题，从该角度来看，案例三中法院的做法也属无奈之举。

（三）实现的方式不同

1. 适用程序不同：协商不成需以诉讼为之

在民法中，若担保权人和担保人无法达成折价协议，担保权人可根据《中华人民共和国民事诉讼法》（以下简称《民事诉讼法》）第196条、第197条申请实现。实现担保物权案件，作为《民事诉讼法》第十五章特别程序下的第七节，具有非诉程序的性质，法院进行形式审查，实行一审终审并在30天内结案，极大地降低了担保物权的实现成本。[②] 与普通债权实现方式相比，无需通过冗长的诉讼程序厘清权利义务和艰苦的执行程序发现债务人财产，效率远超普通债权之实现更高。

在破产法中，也可采取协商优先的模式。首先担保权人可以就特定担保财产与管理人达成协议，以该特定财产折价归担保权人以优先受偿（当然要在债权人会议、债委会和法院的监督之下）；其次若协商不成可通过委托管理人拍卖或者变卖的方式将该特定财产变价，在扣除管理人对财产的变价费用、管理费用后，担保权人从变价款中优先受偿。[③] 有观点认为，为督促管理人尽快履职和实现担保权人权益，应设置担保权人要求管理人实现担保物权的催告期，逾期则可由担保权人自行处置担保物。[④] 笔者认为，催告期应双向设置，若担保物由担保权人占有而怠于或不配合变现，催告逾期后管理人有权申请法院强制执行。

如果管理人和担保权人就债权或者担保物权存在争议时，担保权人可向法院提起“别除权纠纷之诉”，从减少讼累保障担保权人利益角度，笔者认为该诉可以适

---

① 赵雷主编：《新企业破产法讲读》，中国工人出版社、人民法院出版社2006年版，第89页。

② 程品方等：“关于实现担保物权案件审执工作的调研报告”，未公开发表。

③ 刘子平：“破产别除权的认定标准及其行使”，载《法律适用》2007年第11期。

④ 王欣新：“破产别除权理论与实务研究”，载《政法论坛》2007年第1期。

用实现担保物权的程序。在清算程序中为了不影响后续破产程序的进程，管理人可以先行对该特定财产进行变价并提存相关价款，如有余额应用于后顺位债权之分配。

2. 部分（单独）变现与整体变现不同：关乎清偿比例和生产力留存

在民法中，担保权人只需就特定财产单独变现即可。在破产法中，则涉及整体变现问题。一般来说，财产整体变现的价值要大于部分变现的价值，如果债务人企业破产财产能够整体出售，则其价值一般会高于部分出售。《破产法》第112条第2款规定了破产企业可以全部或者部分变价出售。破产企业整体变价，实践中被称为“转让性重整”“清算式重整”或“重整式清算”，实质是清算中以资产买卖形式发生的企业兼并重组，案例二就是一例。①

从提高普通债权人清偿比例和促使企业实质更生计，管理人完全应尽可能将破产企业整体变价出售。特别当担保财产是破产企业的核心经营性资产（如土地、厂房、大型机器设备等）时，如果一味坚持部分变现原则，则无法实现破产企业的整体出售，这可能会大大降低其他债权人的清偿比例，也不利于资源的优化配置和生产要素的重新整合。在整体变现优势显著大于分别变现的情形下，在保证担保物权人利益的前提下，应适当地限制担保物权人权利的行使，要求对包括担保财产在内的破产财产整体变现，以实现破产财产变现价值的最大化和企业整体营运价值的保存。本文前述“有物权担保的债权人即别除权人就担保物提起的执行程序，原则上不应受中止效力的约束”，与之对应的应受约束的例外情况即指担保物与其他破产财产整体变现将显著提高其他债权人清偿比例之情形。从这个角度看，案例一中的限制不仅合法而且有其背后的价值考量。

结　论

实践当中，为提高普通债权人清偿比例，法院倾向于对担保物权实现作出限制。从立法上来看，这种限制杂糅了主体、时间、方式，充分体现了纠结的价值考量。但对限制边界的语焉不详，对操作规范的设计缺失，导致实务中的限制有扩张

---

① 案例二中乙企业土地抵押给信用社，机器设备抵押给担保公司，若分别变现，普通债权人清偿比例不到30%，若整体变现，该清偿比例高达75%。

趋势。具体体现为对担保物执行的中止、对包括担保财产在内的破产财产整体变现以及对清偿顺位的调整，目的在于为实现破产财产变现价值的最大化、企业整体营运价值的保存和各方利益的衡平。

（程顺增　浙江省衢州市中级人民法院）

图书在版编目（CIP）数据

全国专家型法官司法意见精粹．合同与借贷担保卷／国家法官学院编．—北京：中国法制出版社，2017.3

ISBN 978-7-5093-7786-4

Ⅰ．①全… Ⅱ．①国… Ⅲ．①合同法-研究-中国②担保法-研究-中国 Ⅳ．①D920.4

中国版本图书馆 CIP 数据核字（2017）第 046478 号

责任编辑：任乐乐（lele_juris@163.com）　　封面设计：李　宁

全国专家型法官司法意见精粹·合同与借贷担保卷

QUANGUO ZHUANJIAXING FAGUAN SIFA YIJIAN JINGCUI · HETONG YU JIEDAIDANBAO JUAN

编者/国家法官学院

经销/新华书店

印刷/三河市紫恒印装有限公司

开本/730 毫米×1030 毫米　16 开　　印张/27.25　字数/384 千

版次/2017 年 3 月第 1 版　　2017 年 3 月第 1 次印刷

中国法制出版社出版

书号 ISBN 978-7-5093-7786-4　　定价：88.00 元

北京西单横二条 2 号　　值班电话：66026508

邮政编码 100031　　传真：66031119

网址：http：//www.zgfzs.com　　**编辑部电话：66071862**

市场营销部电话：66033296　　**邮购部电话：66033288**

（如有印装质量问题，请与本社编务印务管理部联系调换。电话：010-66032926）